经济与管理类毕业论文写作导论

冯光明　蔡运记　冯靖雯　编著

清华大学出版社
北京

内 容 简 介

经济发展需要科学研究,科学研究成果需要学术论文形式反映出来。大学生是未来的科学研究者,必须要掌握学术研究的写作能力,经济与管理类毕业论文写作正是为了满足他们的需要而创作,所以说市场前景比较乐观。

本书可作为经济与管理类专业及相关专业的本科生教材,还可以作为专科毕业论文写作教材,也可以作为科研工作者参考用书。

本书封面贴有清华大学出版社防伪标签,无标签者不得销售。
版权所有,侵权必究。举报：010-62782989,beiqinquan@tup.tsinghua.edu.cn。

图书在版编目(CIP)数据

经济与管理类毕业论文写作导论/冯光明,蔡运记,冯靖雯编著. —北京：清华大学出版社,2013(2023.8重印)

ISBN 978-7-302-32834-6

Ⅰ. ①经… Ⅱ. ①冯… ②蔡… ③冯… Ⅲ. ①经济管理－毕业论文－写作－高等学校－教材 Ⅳ. ①G642.477

中国版本图书馆 CIP 数据核字(2013)第 136340 号

责任编辑：陆浥晨
封面设计：常雪影
责任校对：宋玉莲
责任印制：沈　露

出版发行：清华大学出版社
　　　　网　　址：http://www.tup.com.cn,http://www.wqbook.com
　　　　地　　址：北京清华大学学研大厦 A 座　　邮　编：100084
　　　　社 总 机：010-83470000　　邮　购：010-62786544
　　　　投稿与读者服务：010-62776969,c-service@tup.tsinghua.edu.cn
　　　　质量反馈：010-62772015,zhiliang@tup.tsinghua.edu.cn
印 装 者：三河市铭诚印务有限公司
经　　销：全国新华书店
开　　本：185mm×230mm　　印　张：21.75　　字　数：459 千字
版　　次：2013 年 8 月第 1 版　　　　　　　印　次：2023 年 8 月第 12 次印刷
定　　价：55.00 元

产品编号：054341-02

前 言

毕业论文写作,是高等院校人才培养方案中一门必修课。撰写毕业论文是对大学生学过的专业基本理论、基础知识的全面衡量,是对学生独立认识问题、分析问题和解决问题的实际能力的综合考核,也是我国高等教育对培养一个合格大学生的基本要求。根据《中华人民共和国学位条例暂行实施办法》的规定,学士、硕士、博士学位的获得者必须撰写学位论文,通过学校答辩委员会组织的答辩,合格的才能授予学位。教育部也将毕业论文的质量列入高校评估体系,并作为一项重要的考核指标。目前,我国所有的高等院校均实行了大学生毕业论文写作制度,以确保提高毕业论文的质量。

对大学本科生而言,撰写毕业论文是初次深入科学研究并以论文形式体现研究成果的过程。想要撰写出高质量的毕业论文,不仅要有丰富的专业基础理论知识和较高的综合运用能力,而且需要大学生能熟练地掌握撰写毕业论文的理论知识、技术和方法,这样才可以收到事半功倍的效果。《经济与管理类毕业论文写作导论》就是适应这方面需要而编写的。

本书主要适用于普通高等院校经济与管理类专业本科生、成人教育、自学考试、网络远程教育等经济与管理类专业本科的论文写作课程。其结构完整、内容充实、例证丰富、体例活泼,便于教学和自学。在编写过程中,作者力求突出如下三个特点。

(1) 有明确的针对性。首先,针对的是论文的写作,希望能对学习者提高论文写作能力提供切实的帮助;其次,针对的是经济与管理类学科的学习者,希望能对经济与管理类和相关学科的本科生、研究生以及其他人士提供切实的帮助。不同的学科,具有不同的特点;但是,学问是相通的,怎样做学问和怎样写论文,其他专业的学习者也可以从这部教材中得到启示。

(2) 有合理的结构布局。本教材在简括介绍经济与管理类学科论文特点基础上,分三大部分作了多角度的深入阐述。第一部分毕业论文的写作与答辩,旨在帮助学生全面掌握撰写毕业论文的理论知识、技能和方法;第二部分毕业论文的组织与指导,旨在帮助教师有效地指导学生进行毕业论文写作,帮助高校提高毕业论文的管理水平与整体质量;第三部分附录,旨在帮助学生提高资料的收集效率和帮助学生提高写作规范。这三个部分不是孤立的,而是相互联系、相互渗透的。

(3) 注重动态的写作实践。具体地说,不是静态地讲述主题、题材、结构、语言等方面的知识与要求,而是强调"三个过程"。一是选题过程。常言道:题目选对了,文章成功了一半。二是研究过程。题目选定之后,必须对有关问题进行深入的研究。文章是否有新意、有深度、有说服力,都取决于这一过程。三是表达过程。有了研究成果,必须用文字形式表达出来。通过词语表达出来的概念是否准确,通过句子表达出来的判断是否严谨,通过句子关联表达出来的推理是否缜密,整篇文章是否明晰流畅,都取决于这一过程。当然,这三个过程不是孤立的三个阶段,而是相互联系、相互渗透的三个步骤。

本教材由山西财经大学和北京理工大学珠海学院冯光明、冯靖雯和蔡运记负责编写,冯光明(第一章、第二章、第四章、第五章、第六章),冯靖雯(第七章、第八章、第九章),蔡运记(第三章、第十章、第十一章)。冯光明和蔡运记提供了五篇具有经济与管理类专业代表性的毕业论文范文,蔡运记对全书进行统稿,冯光明对全书进行设计、总纂和定稿。在此谨对各位作者的辛勤劳动和大力支持表示衷心的感谢!

本书的编写参考了大量的文献资料,在此向书末参考文献目录中所列和未列参考文献的原作者表达深深的谢意。本书在编写的过程中,得到了清华大学出版社领导与编辑的大力支持,在此谨致谢忱!

毕业论文写作是一门理论性和实践性很强的课程,由于编者的水平与时间有限,书中难免有不足之处,敬请各位专家、学者和读者朋友们批评指正。

编 者

2013 年 4 月

目 录

第一章　毕业论文概述 1
第一节　毕业论文的概念与特点 1
第二节　毕业论文的类型与规格 7
第三节　毕业论文的创作过程 11
第四节　毕业论文写作的基本要求 13
第五节　毕业论文写作的意义 18

第二章　毕业论文的选题 21
第一节　选题的重要意义 21
第二节　选题的原则 25
第三节　选题的途径与方法 32
第四节　选题的技巧与步骤 35
第五节　选题常见的问题与风险控制 39

第三章　毕业论文研究方法 43
第一节　研究方法概述 43
第二节　文献研究法 49
第三节　案例研究法 53
第四节　访谈法 59
第五节　问卷调查法 68

第四章　材料的获取与整理 72
第一节　获取材料的意义 72
第二节　材料的获取 76
第三节　收集材料的方法 83

第四节　材料的阅读与整理 …… 85
第五节　材料的使用与常见问题 …… 90

第五章　毕业论文的结构设计 …… 93
第一节　毕业论文的结构概述 …… 93
第二节　毕业论文结构的组成要素 …… 96
第三节　毕业论文结构设计的基本内容 …… 102

第六章　毕业论文的格式与撰写 …… 108
第一节　标题、署名与目录 …… 108
第二节　摘要与关键词 …… 116
第三节　引言、正文与结论 …… 121
第四节　致谢、参考文献、注释与附录 …… 132

第七章　毕业论文的写作与修改 …… 140
第一节　毕业论文写作过程概述 …… 140
第二节　编写开题报告 …… 142
第三节　编写论文提纲 …… 147
第四节　撰写论文初稿 …… 153
第五节　论文的修改与定稿 …… 158
第六节　毕业论文的格式规范 …… 166

第八章　毕业论文的语言与表达 …… 170
第一节　毕业论文语言特点和要求 …… 170
第二节　毕业论文的表达方式 …… 174
第三节　毕业论文的图和表 …… 181
第四节　毕业论文的标点和翻译 …… 187

第九章　毕业论文的答辩 …… 196
第一节　毕业论文答辩概述 …… 196
第二节　毕业论文答辩准备工作 …… 199
第三节　毕业论文答辩程序 …… 204
第四节　毕业论文答辩技巧与注意问题 …… 209

第十章　毕业论文的评价与发展 213
第一节　毕业论文的评价 213
第二节　毕业论文的发表 220
第三节　毕业论文投稿注意事项 222

第十一章　毕业论文的组织与指导 228
第一节　毕业论文的组织机构与职能 228
第二节　毕业论文的管理工作 230
第三节　毕业论文的指导 234

参考文献 244

附录　经济与管理类毕业论文范文 245

第一章

毕业论文概述

撰写毕业论文是各专业的大学生必须完成的一门重要必修课,也是专业人才培养方案的重要组成部分。正确指导学生撰写毕业论文也是高等院校教学过程中的重要环节之一。应届大学毕业生只有在毕业前提交一份有一定学术价值的文章,并通过评审和答辩,才能获得毕业证书。所以,学会撰写毕业论文,切实掌握毕业论文的性质、类别、特点、功用、写作的规范格式和要求等写作的基本知识,对于经济与管理类大学生是十分重要的。

第一节 毕业论文的概念与特点

一、学术论文的概念与特点

在说明毕业论文的概念之前,先来了解一下学术论文与经济管理论文。

(一) 学术论文的概念

人们通常说的"论文",即指学术论文,是对社会科学和自然科学领域中某些现象、某些问题或某些课题进行了比较系统、深入的潜心研究、考察和分析,以探讨其本质、特征及发展规律的理论文章。国家标准局发布的GB7713—1987《科学技术报告、学位论文和学术论文的编写格式》中这样定义"学术论文":学术论文是某一学术课题在试验性、理论性或观测性上具有新的研究成果或创新见解和相关知识的记录;或是某种已知原理应用于实际中取得新进展的科学总结,用以提供学术会议上宣读、交流或讨论;或在学术刊物上发表;或作其他用途的书面文件。

从学术论文的定义来看有三个方面的含义。

一是学术论文是议论文的一类。文章根据其表达方式的不同,可以分为记叙文、抒情文、说明文和议论文,学术论文是议论文中的一种,是一种证明自己观点正确的文章。

二是学术论文是进行科学研究的一种手段。科学研究是一种相当复杂的思维活动。

其研究结果作为一种理性思维的产物，并不是一下子就能形成和产生的，需要经过研究者长期反复的缜密思考、推敲、琢磨和验证，这样才能逐渐形成比较清晰的、完整的和严谨的科学研究成果，得出科学的结论。在整个思维过程中，研究者仅仅依靠自己的大脑思索和记忆，是无法将研究的过程和结果准确无误地表述出来的，它必须依赖于写作这种特殊的手段，借用一定的书面形式作载体，而学术论文便是各种文种最好的一种表述形式。

三是学术论文是记述科研成果，进行学术交流的一种工具。研究人员也只有将自己的研究过程和结果形诸学术论文，才能在学术会议上宣读，在网络上交流和研讨，或在国内外学术期刊上发表，或成为用作其他用途的书面文件，进而为人们所了解，为社会所承认、接受和应用。

因此，学术论文不仅是我们描述科学研究成果的一种最好方式，亦是人们进行学术交流的一种很普通的重要工具。

（二）学术论文的特点

1. 科学性

科学性是一切学术性文章的灵魂和生命。学术论文的科学性有两个方面的含义。①内容的科学性。内容的科学性，要求论文内容要真实、成熟、先进和可行。"真实"是要求论文的内容必须是客观存在的事实或被实践检验的理论。论述和讨论的问题必须符合客观事物的发展规律，符合被实践证明的法则、公理。"成熟"是要求论文总结的成果或阐述的理论在相当长的时期能为生产的发展服务，在相同的条件下其成果能够推广使用，其理论能指导实践活动。"先进"是要求学术论文总结的成果具有当代科学技术的先进水平，是新的发现、新的技术、新的理论和新的应用。"可行"是要求学术论文总结的成果在技术上行得通、办得到，有应用价值。②表述的科学性。表述的科学性，立论要客观、正确、鲜明、集中，中心论点要贯穿全篇论文；论据要真实可靠，有典型性，做到言之成理、持之有故；对问题的思考要精确细密，有条不紊，使自己的认识能正确地反映客观事物本身固有的条理性和规律性；推理要有逻辑性，既符合形式逻辑，又符合辩证逻辑；结构要严谨自然、完整统一、首尾照应、通篇一贯，能根据不同的内容、体裁选择恰当的结构形式；语言要准确、清晰，不含糊其词、枝蔓丛生，没有疏漏、差错和歧义；对文中引用的各种专用名词、术语，要正确、全面地理解其语义上的内涵和外延，切不可望文生义、妄加解释。

2. 创新性

科学的本质是创新。有无创新性，是衡量学术论文价值的根本标准。科学研究就是要不断开拓新的领域、发现新的问题、探索新的方法、提供新的技术、阐发新的理论、提出新的思想。表述科研成果的学术论文，同样贵在创新。一篇论文的创新性可大可小，但如果没有一点创新性，就没有必要写学术论文。大多数创新属于继承性创新，也就是说是在前人工作的基础上的创新，因此，并不要求论文所提出的见解是空前绝后、绝无仅有的，也不一定限于重大的发明创造，而是需要在本专业的范围内，所写论文有真知灼见，有个人独创的看法，而不是简单重复、机械模仿或全盘抄袭别人的工作。大学生的毕业论文，虽然不能完全做到发现前人所未发现的真理，也要力求在前人已有成果的基础上提出一点新的见解，绝不能人云亦云，仅仅重复前人的成果，更切忌东抄西拼，改头换面，把别人的成果拿来充当自己的创新。

一篇论文如果仅是堆砌材料，罗列现象或复述别人已经取得的成果，提不出新见解，得不出新结论，哪怕文笔再优美，辞藻再华丽，也只能是人力、物力的浪费。撰写论文应当是"求异存同"，以"求异"的眼光发现别人没有涉及的问题，然后在综合别人认识的基础上进行创新。求异性是创造性的第一步，因此，不应该拘泥于别人的见解，要发现新问题，跳出原来的圈子，否则，就谈不上创新。

3. 学术性

论文探讨的是某一科学领域中比较专门化的问题，带有较强的研究、论争的性质。侧重于对事物进行抽象的概括的叙述或论争，反映的不是客观事物的外部直观形态和过程，而是事物发展的内在本质和变化演进的规律。这是学术论文存在的最基本条件。

学术性是学术论文的最基本特征，这也是它和其他文章的根本区别。学术性，又称理论性，是指在研究客观事物时，不是停留在具体的现象上、外表上，而是要透过现象、外表找出事物的本质，掌握事物的规律。因此，学术论文不是要求详细地描绘事物运动的全过程，或者简单地堆砌数据、机械地罗列证据，而是要求通过大量的概念、定义、定理、公理和真凭实据进行说理，令人信服；要求对形成和引用的材料进行认识上的深入加工，达到从具体到抽象，由感性认识上升为理性认识，把研究工作的结果提高到理论高度来认识。反之，失去了学术性，也就不成其为学术论文。

学术论文要以学术问题作为论题，以学术成果作为表述对象，以学术见解作为论文核心内容，运用科学的原理和方法，对课题进行抽象、概括的论述，具体、翔实的说明，严密的论证和分析，以揭示事物的内在本质和发展变化的规律，而不应只是客观事物外部直观形态和过程的表面叙述。学术性与理论性是密切结合在一起的。学术论文主要运用辩证思维，强调构筑一个严谨的理论体系，侧重理论论证和客观说明。也就是说，必须坚持摆事实、讲道理、辨是非的原则，将感性认识上升为理性认识，找出带规律性的东西，而不只是就事论事，满足于一般现象的罗列和材料的堆砌。因此，是否有一定的理论高度和深度，往往成为衡量论文学术水平和学术价值的重要标志。

4. 文献性

学术论文不仅是研究活动的重要组成部分，而且是记录、总结、储存、传播科学研究成果的必要手段。撰写学术论文是科学研究最后的必不可少的一个阶段，也是科研工作最后完成的标志。美国哈佛大学有句名言:"不发表即死亡!"科研成果如果不能最后写成文章,那么一切观点和见解、一切创造和发明,都不过是人们头脑里的一些思维活动罢了,别人是无法知道的。而科研成果一旦写成论文公诸于世,就进入科学积累的行列,将永久性地保存在人类的科学宝库之中,成为人类共同的精神财富。

学术论文具有交流、传播学术信息的功用,主要表现在以下方面:①任何人进行科学研究,都要站在前人的肩上攀登,即以前人已达到的成就为起点,再进行新的开拓;②论文一旦发表,就进入社会与同行进行交流,有助于进一步活跃学术思想,起到相互借鉴、启迪的作用;③现代人的科研成果,以论文的形式加以记录和储存,就可为后人的进一步研究,即在此基础上的开拓前进提供借鉴。

二、经济管理论文的概念与特点

(一)经济管理论文的概念

经济管理论文是学术论文中的一种。所谓经济管理论文,是一种专门研究经济管理现象、探讨经济管理规律、阐发经济管理理论、指导经济管理工作实践的学术论文。简言之,就是表达经济研究过程及其成果的议论文。

经济管理论文在经济研究中占有很重要的地位。它不仅是描述研究过程、反映研究成果的一种很重要的手段,同时也是进行经济学术交流的一种常用工具。所以,无论经济管理类专业的高等院校大学生,还是从事经济管理工作的研究人员,都要学会经济管理论文的写作,掌握经济管理论文的写作常识、要领和本领。

(二)经济管理论文的特点

经济管理论文的特点是由其内容的专业性所决定的。主要体现在创新性、科学性、实用性。

1. 创新性

创新性是衡量经济管理论文的根本标准。所谓创新性,就是它所表述的研究成果是论文作者在实践中反复探索、研究的基础上所获得的新进展或新突破,具有新的思想、新的见解、新的方法等,具有前瞻性或超前意识。

2. 科学性

科学性是经济管理论文最基本的特征。所谓科学性,就是针对经济管理领域中某个课题的研究,能够揭示事物的内在联系和本质及其发展变化规律,带有浓郁的科学理论色彩,能经得起社会实践的检验。

3. 实用性

实用性是经济管理论文的写作目的所决定的。所谓实用性,就是指经济管理论文对经济工作必须要有一定的指导作用,具有应用价值和实用价值。因此,它要求经济管理论文的作者在选择论题时,一定要优先考虑那些在当前经济管理工作中亟须解决的一些重大问题来写作,这样写出来的论文其实用性也就更大,更具现实意义。

三、毕业论文的概念及其特点

(一)毕业论文的概念

毕业论文属于学术论文的范畴,规格和要求与学术论文相同。所谓毕业论文是指高等院校应届毕业生在所在院系专业老师指导下按照学术论文标准,在规定的时间内独立完成的总结性、习作性文章。其基本含义是:必须是作者本人对所学专业领域内的某一课题研究的成果,表明作者对所研究的课题有一定的心得体会,能反映出作者的科学研究能力以及已经具有的学术水平。

毕业论文就其内容来讲,可分三种形式:一是就学科中某一问题,作者用自己的研究成果加以回答;二是只提出学科中某一问题,综合别人已有的结论,指明进一步探讨的方向;三是对所提出的学科中某一问题,作者用自己的研究成果,给予部分回答。毕业论文注重对客观事物作理性分析,指出其本质,提出个人的学术见解和解决某一问题的方法和意见。毕业论文就其形式来讲,具有议论文所共有的一般属性特征,即论点、论据、论证是文章构成的三大要素。文章主要以逻辑思维的方式展开依据,强调在事实的基础上,展示严谨的推理过程,得出令人信服的科学结论。

毕业论文是高等院校应届毕业生毕业前夕提交的一份具有一定学术价值的文章,是作者针对某一经济问题或课题,综合运用自己所学习的基础理论、基本知识和基本技能,进行探索和研究后写出的阐述解决某一问题(课题)、发表自己学术见解的理论文章。因此,毕业论文既是对高等院校应届毕业生学习成果的综合性总结和检阅,也是对学生掌握专业知识情况、分析问题和解决问题的基本能力的一次全面考核。

(二)经济管理类专业毕业论文的概念

经济管理类专业毕业论文是指高等院校经济管理类专业的学生在修业期满时撰写的总结自己专业知识与研究某一经济管理类问题(课题)的经济论文。

经济管理类专业毕业论文也是高等院校的本科生、硕士研究生和博士研究生为取得相应的学位而写作的论文,所以也称为"学位论文"。进入21世纪,为适应经济发展的需要,培养"能写、会说、精算、实干"的应用型人才,经济管理类专业论文越来越受重视。目前,在许多高等院校已开设了"毕业论文写作"的课程,写好毕业论文已成为当代大学生的共同心愿,因为没有一篇好的毕业论文,就难说明自己具有一定的科研能力和写作能力,要取得相应的学位更是根本不可能的。

（三）毕业论文的特点

毕业论文虽属学术论文中的一种，但与学术论文相比，又有自己的特点。

1. 指导性

毕业论文是在教师的指导下独立完成的科学研究成果。毕业论文作为大学生毕业前的最后一次作业，离不开教师的帮助和指导。对于如何进行科学研究、如何撰写论文等，教师都要给予具体的方法指导。在学生撰写毕业论文的过程中，教师要启发引导学生独立进行写作，注意发挥学生的主动创造精神，帮助学生最后确定题目，指定参考文献和调查线索，审定论文提纲，解答疑难问题，指导学生修改论文初稿等。学生为了写好毕业论文，必须主动地发挥自己的聪明才智，刻苦钻研，独立完成毕业论文的写作任务。

2. 习作性

根据人才培养方案的规定，在大学阶段的前期，学生要集中精力学好本学科的基础理论、专业知识和基本技能；在大学的最后一个学期，学生要集中精力写好毕业论文。学好专业知识和写好毕业论文是统一的，专业基础知识的学习为写作毕业论文打下坚实的基础；毕业论文的写作是对所学专业基础知识的运用和深化。大学生撰写毕业论文就是运用已有的专业基础知识，独立进行科学研究活动，分析和解决问题，把知识转化为能力的实际训练。写作的主要目的是培养学生具有综合运用所学知识解决实际问题的能力，为将来作为专业人员撰写学术论文做好准备，它实际上是一种习作性的学术论文。

3. 层次性

毕业论文与学术论文相比要求比较低。专业人员的学术论文是指专业人员进行科学研究后表述科研成果而撰写的论文，一般反映某专业领域的最新学术成果，具有较高的学术价值，对科学事业的发展起一定的推动作用。大学生的毕业论文由于受各种条件的限制，在文章的质量方面要求相对低一些。这是因为，第一，大学生缺乏写作经验，多数大学生是第一次撰写论文，对撰写论文的知识和技巧知之甚少；第二，多数大学生的科研能力还处在培养形成之中，大学期间主要是学习专业基础理论知识，缺乏运用知识独立进行科学研究的训练；第三，撰写毕业论文受时间限制，一般学校都把毕业论文安排在最后一个学期，而实际上停课写作毕业论文的时间仅为 10 周左右，在如此短的时间内要写出高质量的学术论文是比较困难的。当然这并不排除少数大学生通过自己的平时积累和充分准备写出较高质量的学术论文。

4. 专业性

专业性是经济管理类专业毕业论文的一个本质特点。根据毕业论文所属专业的不同，经济管理类毕业论文可分为经济学毕业论文、工商管理学毕业论文、市场营销学毕业论文、国际贸易学毕业论文、会计学毕业论文、经济信息科学毕业论文、审计学毕业论文等。无论在内容上，还是在形式上，经济管理类专业毕业论文都有着鲜明的专业性。

5. 规范性

经济管理类毕业论文由其性质、内容、特点、功用所决定，体例格式上具有一定的规范要求，这是它有别于文学作品、理工科毕业设计和其他学术论文的一个显著特点。毕业论文有着各自特有的规范、要领、要求、基本格式。世界上许多国家都对学术论文（包括毕业论文在内）的撰写和编排制定了国家标准。国际标准化组织也制定了一系列的国际标准，不同学科和专业的学术机构还制定了本学科和本专业的国际标准。在撰写毕业论文时，必须严格遵守、熟练地运用这些规范和标准。

6. 创新性

科学研究的价值在于它的创造性。毕业论文作为一篇学术论文，不仅要进行专门学术问题的研究，而且要有自己独到的学术见解。因此，创新性是毕业论文的最重要特点。创新性越强，毕业论文的价值就越大，毕业论文也就越优秀。在经济管理类毕业论文写作中，学生可从适应现代经济、社会发展需要出发，选择社会发展中急需解决的管理问题，运用经济学和管理学的理论，理论结合实际，提出解决问题的新思路与新方法，进行创新性研究。当然，论文的创新性，有大小与水平高低之分，具有相对性。学士学位毕业论文创新性由于受学术水平的限制，要求比专业人员、硕士研究生、博士研究生的论文创新性要低。但一篇优秀的学士学位毕业论文必须有一定的创新内容。

第二节 毕业论文的类型与规格

一、毕业论文的类型

毕业论文是学术论文的一种形式，又不完全等同于学术论文。为了进一步探讨和掌握写作规律和特点需要对毕业论文进行分类。由于毕业论文本身的内容和性质不同，研究领域、对象、方法、表现方式不同，因此毕业论文有不同的类型。

（一）按照所属的专业学科门类分类

毕业论文按专业学科不同，可划分为社会科学类毕业论文和自然科学类毕业论文两大类。社会科学类毕业论文又可划分为管理类、经济类、法律类、文学类、历史类、政治类等专业学科论文；自然科学类毕业论文又可划分为理学类、工学类、农学类、医学类等专业学科毕业论文。

每类毕业论文又可进一步划分为不同专业方向的毕业论文。如管理类可进一步划分为工商管理、市场营销、人力资源管理、农林经济管理、会计学、审计学、财务管理、公共管理、工程管理、信息管理、图书馆管理、情报与档案管理等专业毕业论文。

(二) 按照内容性质和研究方法分类

毕业论文按内容性质和研究方法的不同,可划分为理论型毕业论文、综述型毕业论文、描述型毕业论文、应用型毕业论文等。

理论型毕业论文是对研究课题的理论、学术观点有新的发展和深入发掘,或提出新的见解,或证明先说的错误,或对学术界尚未认识的事物有新的发现,或提出新假说、新理论的论文。理论型毕业论文要求在论述的问题上具有理论上或观点上的创造性。理论型毕业论文按研究对象不同,可分为两种:一种是以纯粹的抽象理论为研究对象,研究方法是严密的理论推导和数学运算,有的也涉及实验与观测,用以验证论点的正确性;另一种是以对客观事物和现象的调查、考察所得的观测资料以及有关文献资料数据为研究对象,研究方法是对有关资料进行分析、综合、概括、抽象,通过归纳、演绎、类比,提出某种新的理论和新的见解。理论型论文按创新的角度不同,可分为五种:提出新理论的、提出新假说的、提出新发现的、对先说进行补充和纠正的和其他创新的。

综述型毕业论文是作者对某一理论的发展历史与现状进行系统的阐述、分析、归纳、评价,以总结该理论发展的历史背景、代表人物、主要观点、主要贡献、存在问题及发展的趋势,并在综合归纳、总结前人或今人对某学科中某一问题已有研究成果的基础上,加以介绍或评论,从而发表自己见解的论文。

描述型毕业论文,也称为说明型论文,是对某一已经存在的社会管理现象或管理科学理论进行分析与描述的论文,如某种理论与观念的形成、某一社会现象生成的缘由、某一管理理论和方法在社会实践过程中应用的过程和产生的结果等。此类论文侧重于描述事实的真相,在描述事实真相的过程中反映作者所揭示的前人未曾发现的事物特性与本质,或在描述管理理论和方法运用过程中揭示新的实际成效对已有理论、观点或新的理论、观点的有效论证。

应用型毕业论文是将已有的理论、观点和方法应用于新的研究领域,进行研究并得出新的结论,或从新的途径论证已有理论的正确性或价值的论文。

(三) 按照议论方式分类

毕业论文按议论方式不同,可分为立论式论文和驳论式论文两种。

立论式论文是指从正面阐述论证自己的观点,用大量的材料、数据和理论直接论述对某一问题或现象的认识和主张的论文。具有论点鲜明,论据充分,论证严密,以理和事实服人的特点。

驳论式论文,也称争论型论文。驳论式论文是指通过反驳别人在经济活动中某些错误的或模糊的观点、陈旧的看法以及落后的理论展开辩论、争鸣来树立自己的论点和主张的论文。在与对方论争中，主要侧重于驳论，批驳某些错误的观点、见解、理论，除按立论文对论点、论据、论证的要求以外，还要求针锋相对，据理力争。

（四）按照研究问题的层次分类

按照研究问题的不同层次，可分为研究宏观问题的论文，研究微观问题的论文，研究地区、产业问题的论文。

（1）研究宏观问题的论文。研究宏观问题的论文是指从宏观的角度出发，把整个国家、整个社会的问题，都纳入它的研究范围。它运用宏观分析的理论来观察、研究所存在的问题中一些带有重要价值的普遍性现象，探索一些带有全局性、整体性、综合性的问题，揭示其内在联系和客观规律，从而使人们能够科学地把握它，加速社会建设的进程。它研究的面比较广，具有较大的研究范围，论题大，篇幅往往也较长。由于经济管理类学士毕业论文的写作时间短，篇幅有限，一般不主张写论题过大的宏观问题论文。

（2）研究微观问题的论文。它从小处着手，大处着眼，具体研究局部性、具体的微观问题，借助微观分析的理论，对这些微观问题进行辩证分析，帮助人们认识问题的现象，总结产生、发展的过程和客观自然规律的论文。研究的面窄一些，对具体工作有指导意义，是经济管理类学士毕业论文的最主要形式。

（3）研究地区、产业问题的论文。它是从研究某一地区（省、市）或某一部门某一行业问题着手所进行研究写作的论文。同样由于本科毕业生写作的时间有限，选择这种选题的论文不能将研究的面铺得太宽。

（五）按照学位层次分类

毕业论文按学位不同，可分为学士毕业论文、硕士毕业论文和博士毕业论文三种。

大学本科毕业论文是学士学位论文，它是大学生在大学的最后一年，运用所学的基础理论、基本知识和技能，独立地探讨和解决本学科某一问题的论文。硕士毕业论文是硕士研究生运用坚实、系统的专业知识，对本学科中的某一问题展开独立和系统的研究，并有新的见解的论文。博士毕业论文是博士生运用坚实宽广、系统深入的专业知识，对本学科中的某一问题展开突破性的研究，并提出创造性的见解，要求其达到国内同行或者国际研究的先进水平的论文。

二、毕业论文的规格

（一）毕业论文规格的含义

"规格"泛指规定的标准要求或条件。所谓毕业论文"规格"这里是专指毕业论文的标准要求。这个标准，既包括质量方面的标准，也包括数量方面（即篇幅长短、文字多少)的标准。高等院校的应届毕业生由于学历层次的不同,毕业论文的标准要求,无疑也就应该有所不同。

《中华人民共和国学位条例》明确规定:高等学校本科毕业生完成计划的各项任务要求,经审核准予毕业,其课程学习和毕业论文(毕业设计或其他毕业实践环节)成绩良好,表明确已较好地掌握本门学科的基础理论、基本技能和专门知识,并且有从事科学研究工作或承担专门技术工作的初步能力的,授予学士学位。这就十分清楚地告诉我们,授予学士学位的论文水平的标准主要包括两个方面:一个是"必须较好地掌握本门学科的基本理论、基本技能和专门知识",也就是说,他们撰写论文的范围并不要求超出自己所学专业的基本理论(专门知识和基本技能),所谓"较好地掌握"就是要求他们能够把教学大纲和教学计划所规定的学习内容有重点、有系统地加以掌握,而所有这些又是完全能通过他们的毕业论文这种形式反映或体现出来;另一个是毕业论文实际成绩还应说明作者已真正具备了"从事科学研究工作或承担专门技术工作的初步能力",这就是说,他们能够在理论联系实际的原则指导下,紧紧把握与本专业密切相关的重要问题,并且能够通过精心选择的论题加以清楚阐述,能明白无误地表明自己的见解和学识,并在学术探讨上具有一定的启迪作用。

很显然,上述两个方面就是国家对本科生毕业论文提出的"规格"要求。

(二)毕业论文的规格

1. 本科生毕业论文

我国高等院校的本科生学习时间大都为四年或五年。本科生的毕业论文是他们在最后一个学期所必须撰写的。要求作者能够运用自己所学到的基础课和专业课知识,独立地探讨或解决本学科范围内的某一实际问题(课题)。根据《中华人民共和国学位条例》的要求,其毕业论文的规格应为:通过自己所撰写的毕业论文,能较好地反映自己能够运用在大学三年级、四年级或五年级所学到的基础知识来分析和解决本学科内某一基本问题或具体问题的学术水平和能力,并要求有一定的科学性和创新性。大学本科生的毕业论文一般在 8 000~10 000 字左右为宜。选题不能太大,内容也不能太复杂。选题太大了,难以驾驭。内容复杂了,就可能喧宾夺主,把握不住中心,造成顾此失彼,吃力不讨好。

本科生的毕业论文如果写得不错,能够较好地运用自己所学基础知识的技能去解决不太复杂的课题,篇幅在 10 000 字左右的,也可以作为学士学位论文。

2. 硕士毕业论文

硕士毕业论文,就是攻读硕士学位研究生的学位论文,也属于毕业论文之列。其学术水平自然要比学士学位论文的学术水平要高出许多。硕士毕业论文篇幅一般在 40 000~50 000 字之间。《中华人民共和国学位条例》第五条规定:高等院校和科研机构的研究生，或具有研究生毕业同等学力的人员，只有在本学科上掌握坚实的基础理论和比较系统的专门知识，具有从事科研工作和专门技术工作的独立能力者，才可通过论文答辩，取得硕士学位。这就是说，硕士学位论文要能够充分反映自己独立从事研究工作的能力，反映对研究的课题具有新的见解，在学术上和实际上都要对国家建设事业具有一定的作用和意义。

由于硕士论文要求比较高，撰写者一是要学好专业基础知识，不断扩大知识面，并深入社会实际多作调查研究，采集和积累素材；二是要大量阅读和查询文献资料；三是要努力提高自己的写作水平。这样，毕业时才有可能写出高质量的硕士论文，获得硕士学位。

3. 博士论文

博士论文，就是攻读博士学位研究生的学位论文，也属于毕业论文之列。博士论文是作者的重要科研成果的载体，篇幅要在 60 000 字以上。博士论文要求论文作者必须在某一学科领域中具有渊博的知识和娴熟的科研能力，必须有独创性的科研成果，而且又具有较高的学术水平和学术价值，对该学科水平的提高有新的突破，具有开创性，处于领先地位，并将它们清楚地反映在论文中。所以，博士论文在三种学位论文中层次最高，水平最高。通常一篇好的博士论文就是一本好的学术专著，是经济领域的宝贵财富。

第三节　毕业论文的创作过程

一、感知阶段

"感知"本义是指客观事物通过感觉器官在人脑中的直接反映。感知是文章和作品创作的第一个阶段。在这里所谓感知，是指被称为创作对象的客体（即客观事物），被反映到主体（即作者的大脑），与主体原有的观念、才识、情感、志趣等相接触，产生了感性认识。感性认识的材料经过思考、分析、综合又升华为理性认识的一个过程。

文章和作品都是客观事物在作者头脑里反映的产物。没有客观事物的存在，再聪明的脑袋凭空也构思不出来文章和作品。因此，作为创作主体的人，总是把作为客体的客观事物当作自己感知的对象，用大脑进行思考、分析、综合、理解与认识等，然后才进行创作的。

任何人从事创作，都要经历由客观事物的感知，再经过大脑的思考、分析、综合、理解和认识后才进行创作的这样一个过程。在这一过程中，客观事物作为创作对象的客体，是必然要与创作主体的人互相发生关系，产生一定的作用的。当然客观事物为作者所"感知"，就会激发作者创作的激情、动机和欲望，使作者有了表达主观意向和情思的依托，从而去寻找一定的方式使客观事物经过大脑的感知与缜密的思考、分析、理解与认识，使作者对客观事物的思维有了定向，不再是芜杂的和分散着的。例如，我们去香港旅游，看到香港金融贸易区一幢幢高楼大厦顶天立地、香港大道上车水马龙，一派欣欣向荣的景象。此情此景被感知后大脑不仅会把它转化为"意识"，而且会触发我们创作的动机与欲望。由此可见，"由物到意"的意识是创作的第一个转化过程。在意识的过程中，大脑的思维始终起着主导作用，一定要做到"意识能反映客观事物"，使意识的对象不仅要符合其特征和本质，而且还要赋予它新的内涵和意义。

意识的优劣，与作者的文化素质、思想修养、审美观等有很大的关系。正因为这样，作为创作的主体的当代大学生应该加强这些方面的修炼，以提高"由物到意"的意识质量。

二、构思阶段

构思，是创作文章和作品的第二个阶段。所谓构思，是指依靠自己的大脑，根据创作的目的与要求，调动各种智力与非智力的因素，对搜集到的创作素材进行提炼、加工和创造，从而形成文章和作品的主题，构筑文章和作品的框架和蓝图。

构思，是一种创造性的、艰苦的、复杂的思维活动，它是创作的主体与客体相互结合，彼此影响和交融并进一步深化的过程。在这一过程中客观事物对作者产生触动、刺激、影响的作用，作者也以自己的情感、生活体验、思想、情趣等作用于客观事物，影响客观事物。这种彼此间的影响与作用，在经过多次的反复与渗透后，就会驱使作者把客观事物按照自己的认识及意愿以语言进行表述，使那些零碎的意象、抽象的观念趋于整体化和具体化。大家知道，人的生命始于十月怀胎，没有孕育就没有新的生命。同样仅靠意识而没有作者艰辛的孕育，文章就不可能出世。事实上，我们在写文章的过程中，也是要经历孕育的。

文章的孕育过程，一是要求作者把自己的意识定向；二是要求作者根据意识到的材料进行审视、分析、综合与推导，创造出新的意念和形象，深化主题，也可以说，对意识到的材料进行初步构思，使之形成文章的雏形。文章的孕育过程中，作者的大脑起着关键性的作用。作者必须充分运用自己的多种思维能力包括抽象思维、形象思维和灵感思维等的能力和各种各样的方式方法，使孕育过程优化、加速，催化雏形的尽快形成。

文章的孕育阶段，实际就是文章构思阶段。这个阶段与作者的气质、思想、情操、才智、学识乃至生活经历等有很大关系并受到它们的制约与影响。我们若在这些方面加强修炼，由意识到文章雏形的孕育过程，就肯定会优化和成熟，使孕育产生质的飞跃。

构思也是一种能力，它是作者主体认识、感受能力与创作技巧的综合反映。构思的快慢、优劣取决于这种能力。在创作各个阶段，有时"构思"的时间甚至大大超过创作的时间，这说明"构思"阶段的艰苦性和重要性。因此，我们平时就要注意培养这种能力，养成"多思"的良好习惯。

三、行文阶段

　　行文，是文章创作的第三阶段。所谓行文，就是作者选用精当的语言文字和最佳方式与表现手法，把构思的文章外化为具体生动的文章。行文阶段包括观点的评价、验证，初稿的形成，论文的修改与定稿过程。文章在完成构思阶段后，应综合运用掌握的资料和已形成的思路拟定初稿，在验证观点的同时，整理研究成果，形成初稿，并对初稿进行逻辑推理证明，听取各方面的意见，修改完善，从而完成文章的撰写。

　　上述文章创作过程的三个阶段呈梯形递进，一层高于一层，且每个阶段不可逾越。我国近现代的国学大师王国维在其美学理论的力作《人间词话》里谈到治学经验时曾指出："古今之成大事业、大学问者，必经过三种之境界：'昨夜西风凋碧树。独上高楼，望尽天涯路'，此第一境也；'衣带渐宽终不悔，为伊消得人憔悴'，此第二境也；'众里寻她千百度，蓦然回首，那人却在灯火阑珊处'，此第三境也。"这三种境界生动地刻画出一个有志于学术研究的人如何从最初的摸索、彷徨到渐入佳境，再到豁然开朗、一通百通的过程。他的总结一直受到后人的信服和认同。毕业论文写作也如此，在感知与构思阶段要高瞻远瞩，在写作阶段要覃思苦虑、孜孜以求，在完成阶段会感茅塞顿开、欢欣雀跃。

第四节　毕业论文写作的基本要求

一、理论前沿，应用实践

（一）理论前沿

　　理论前沿，即在理论上要力求做到突出学术含量，运用的理论要体现一定的深度与前沿性。毕业论文写作时，一是要熟悉前沿理论，即要熟悉与运用管理学科的前沿理论，了解管理学科前沿研究领域与问题；二是要规范研究方法，即要运用管理学科研究的规范化方法开展研究工作。做到古为今用，洋为中用，从历史的研究中吸取有益于现实社会发展的经验教训，从对外国的研究中，借鉴其成功经验和失败教训。科学研究的任务就在于揭示事物运动的规律性，并且这种规律性的认识指导人们的实践，推动社会的进步和发展。虽然大学本科的毕业论文不要求在理论上必须具有独创性，但无论是纯粹的理论观点研究或是理论的应用研究都必须关注该理论研究的前沿问题。因此，毕业论文在选题和观点上都必须注重理论的先进性与学术的价值含量。

（二）应用实践

应用实践，即在实践应用中强化应用价值。在毕业论文选择时，一是要抓准管理实践上具有普遍意义的问题，密切关注社会中出现的新情况、新问题，进行社会调查研究，广泛接触客观事物，获得大量的感性材料，善于在实际问题中提炼出可能产生观点创新的问题，并提出相关问题，开展研究；二是要将管理科学理论与实践相结合，特别是要善于结合毕业实习中遇到的实际问题，运用科学理论指导实践，解决实际问题，做到理论联系实际。

在我国社会经济发展的实践中，新情况、新问题、新经验层出不穷，需要研究的管理问题遍布社会的方方面面，只要我们对现实问题有浓厚的兴趣和高度的敏感性，善于捕捉那些生动而具有典型性的现实材料，能通过深入的思考和研究，提出创新的观点，就能提高毕业论文的价值。在毕业论文写作时，要避免"大、空、虚、平、泛"，不要写成既没有理论，抓不住关键，又缺乏实践的低质量论文。

二、立论科学，观点创新

（一）立论科学

毕业论文的科学性是指论文的基本观点和内容能够反映事物发展的客观规律。一篇论文的基本观点，不是作者凭空臆造出来的，而是自己通过对具体事实与材料的调查分析和研究而提炼出来的。科学研究作用就在于揭示规律，探索真理，为人们认识世界和改造世界开拓前进的道路。判断一篇论文有无价值或价值的大小，首先，看论文观点和内容的科学性如何。论文的科学性首先来自对客观事物的周密而详尽的调查研究。掌握大量丰富而切合实际的材料，使之成为"谋事之基，成事之道"。其次，论文的科学性通常取决于作者在观察、分析问题时能否坚持实事求是的科学态度。在科学研究中，既不容许夹杂个人的偏见，又不能人云亦云，更不能不着边际地凭空臆造，而必须从分析出发，力争做到如实反映事物的本来面目。最后，论文是否具有科学性，还取决于作者的理论基础和专业知识。写作毕业论文是在前人成就的基础上，运用前人提出的科学理论去探索新的问题。因此，必须准确地理解和掌握前人的理论，具有广博而坚实的知识基础。如果对毕业论文所涉及领域中的科学成果一无所知，那就根本不可能写出有价值的论文。

（二）观点创新

毕业论文的创新是其价值所在，要求学生通过独立研究，体现其认识和看法。毕业论文的创新性，一般来说，就是要求不能简单地重复前人的观点，而必须有自己的独立见解。学术论文之所以要有创新性,这是由科学研究的目的决定的。从根本上说,人们进行科学研究是为了认识那些尚未被人们认识的领域,学术论文的写作则是研究成果的文字表述。因此,研究和写作过程本身就是一种创造性活动。从这个意义上说,学术论文如果毫无创造性,就不能称为科学研究,因而也不能称为学术论文。毕业论文虽然着眼于对学生科学研究能力的基本训练,但创造性仍是其着力强调的一项基本要求。

当然,对学术论文特别是毕业论文创造性的具体要求应作正确的理解。它可以表现为在前人没有探索过的新领域,前人没有做过的新题目上做出了成果;也可以表现为在前人成果的基础上作进一步的研究,有新的发现或提出新的看法,形成一家之言;也可以表现为从一个新的角度,把已有的材料或观点重新加以概括和表述。论文能对现实生活中的新问题作出科学的说明,提出解决的方案,这自然是一种创造性,即使只是提出某种新现象、新问题,能引起人们的注意和思考,这也不失为一种创造性。结合写作实践,衡量毕业论文的创造性,可从以下几个具体方面来考虑。

(1) 所提出的问题在本专业学科领域内有一定的理论意义或实际意义,并通过独立研究,提出自己一定的认识和看法,这种创新是具有填补空白的新发现、新发明、新理论。

(2) 虽是别人已研究过的问题,但作者采取了新的论证角度或新的实验方法,所提出的结论在一定程度上能够给人以启发,或对现有的学术观点进行争鸣或商榷,这种创新是在继承的基础上发展、完善、创新。

(3) 能够以自己有力而周密的分析,澄清在某一问题上的混乱看法。虽然没有更新的见解,但能够为别人再研究这一问题提供一些必要的条件和方法,这种创新是对已有资料进行创造性整理、归纳和总结。

(4) 用较新的理论、较新的方法提出并在一定程度上解决了实际生产、生活中的问题,取得一定的效果,或为实际问题的解决提供新的思路和数据,或用相关学科的理论较好地提出并在一定程度上解决本学科中的问题等,这种创新是实践应用性的创新,它有利于新理论与新方法提高应用价值。

(5) 用新发现的材料(数据、事实、史实、观察所得)来证明已证明过的观点,或用新的论证与数据推翻前人定论,同时提出新的见解和观点,这种创新是属于论证和证据的创造。

毕业论文的创新性要求学生对前人已有的结论不盲从,善于独立思考,敢于提出自己的独立见解,敢于否定那些陈旧过时的结论;要求学生有勤奋的学习态度,追求真理、勇于创新的精神;要求学生能正确处理继承与创新的关系。因为任何创新都不是凭空而来的,总是以前人的成果为基础。因此,学生要认真地学习、研究和吸收前人的成果,既要继承,又要批评与发展。

三、论据翔实，论证严密

（一）论据翔实

一篇优秀的或比较好的毕业论文仅有一个好的主题和观点是不够的，它还必须要有充分、翔实的论据材料作为支撑。旁征博引、多方佐证，是毕业论文作为学术论文有别于一般性议论文的明显特点。一般性议论文，作者要证明一个观点，有时只需对一两个论据进行分析就可以了，而毕业论文则必须以大量的论据材料作为自己观点形成的基础和确立的支柱，有主证和旁证。作者每确立一个观点，必须考虑用什么材料作主证、什么材料作旁证；对自己的观点是否会有不同的意见或反面意见，对他人持有的异议应如何进行阐释或反驳。毕业论文要求所提出的观点、见解切切实实是属于自己的，而要使自己的观点能够得到别人的承认，就必须有大量的、充分的、有说服力的理由来证实自己观点的正确，论文中所用的材料做到言必有据，准确可靠，精确无误。

毕业论文的论据要充分，运用要得当。强调论据充分是为了说明论点的需要。充分，也就是指数量正好，质量可靠。在已收集的大量材料中要有目的地取其必要者，舍弃可有可无者。论据材料要有鉴别能力，要充分，要少而精。一般来说，要注意论据的新颖性、典型性、代表性、鲜活性，更重要的是考虑其能否有力地阐述观点。

毕业论文的论据要真实。论据的真实，是指用作论据的材料和数据是实实在在的，不仅符合客观实际，而且反映了事物的本来面目。简言之，就是讲真话说真事。这是因为正确的观点（论点）来自真实的材料，正确的观点要靠真实的材料支撑，真实的论据是论点的生命和力量的所在。论据若不真实（哪怕只是一个或两个论据）就等于说谎话，论点也就很难令人置信了。所以，论据的真实性非常重要。在毕业论文写作时，在引用他人的材料时，作者需要下一番筛选、鉴别的功夫，做到准确无误。毕业论文写作，应尽量多引用自己的实践数据、调查结果等作为佐证。如果论文论证的内容，是作者自己亲身实践所得出的结果，那么论文的价值就会增加许多。当然，对于掌握知识有限、实践机会较少的大学生来讲，在初次进行科学研究中难免重复别人的劳动，在毕业论文中较多地引用别人的实践结果、数据等。但如果全篇论文的内容均是间接得来的东西的组合，很少有自己亲自动手得到的东西，那么，这样的毕业论文就没有什么价值了。

（二）论证严密

论证是用论据证明观点的方法与过程，其目的就是为了证明观点（即论点）的正确性。论点的正确性，仅仅从立论正确、论据充分上去理解，而忽略了证明论点的方法、步骤与过程，这种"理解"实际上是片面的、不正确的，缺乏说服力。论证要严密、富有逻辑性，这样才能使论文具有说服力。从论文全局来说，作者提出问题、分析问题和解决问题，要符合客观事物的规律，符合人们对客观事物的认识的程序，使人们的逻辑程序和认识程序统一起来，全篇形成一个逻辑的有机整体，使判断与推理言之有序，天衣无缝。从局部来说，对于某一问题的分析，某一现象的解释，要体现出较为完整的概念、判断和推理过程。论文本身能够自圆其说，亦即由前提、假设推出结论不能自相矛盾。

毕业论文是以逻辑思维为主的论文样式，它大量运用科学的语体，通过概念、判断、推理来反映事物的本质或规律，从已知推测未知，各种毕业论文都是采用这种思维形式。经济管理类论文往往是用已知的事实，采取归纳推理的形式，求得对未知的认识。要使论证严密、富有逻辑性，必须做到：①概念判断准确，这是逻辑推理的前提；②要有层次、有条理地阐明对客观事物的认识过程；③要以论为纲，虚实结合，反映出从"实"到"虚"，从"事"到"理"，即由感性认识上升至理性认识的飞跃过程。

四、体式明确，文体规范

（一）体式明确

毕业论文由其内容所决定，有自己的文章结构，其基本构思模式一般是：提出问题—分析问题—解决问题。它的结构就是按照这样的总体构思模式来展开的。毕业论文由绪论、本论、结论三大部分组成。具体包括标题、作者、摘要、关键词、引言、正文、结论、参考文献、附录部分。正因如此，毕业论文的体例格式不仅明确，而且很讲究，一定要做到合理妥帖，有详有略，有过渡和照应，使各部分浑然一体，不能松松散散，支离破碎。

（二）文体规范

毕业论文观点新、层次多、佐证广、分析深，是学术性文章有别于其他文章的基本特征和要求。为此，我们不能把一般的议论文、实验报告和一般工作性质的调查报告与毕业论文等同起来，也不能用这几种文章的写法来撰写毕业论文。毕业论文各部分的写作必须符合毕业论文文体规范。只有这样做了，写出来的毕业论文才能符合要求。

应该指出，由于毕业论文写作的具体要求一般是由毕业生所在的高等院校自己来制定的，各个学校根据自己的实际情况制定的具体要求也不尽一致。但以上四点，作为毕业论文的最基本的要求，是必不可少的，都是应该遵守的。

第五节　毕业论文写作的意义

一、毕业论文写作是对大学生知识和能力的综合性考核

　　毕业论文是大学教育必不可少的教学环节，是学生学业的重要组成部分。毕业论文是对学生基本知识、基本理论和基本技能掌握与提高程度的一次总测试。同时，也说明要写好毕业论文需要有较为深厚的知识积累。毕业论文与单一的课程考试不同，它不是进行某一学科已学知识的考核，而是对所学各门公共课、基础课、专业基础课、专业课和基本技能的掌握程度以及运用它们分析、解决实际问题的能力的一次全面考核，着重考查运用所学的知识对未知问题进行探讨和研究的能力。没有深厚的基础课的知识为基础，没有严格的写作能力的训练，要写出一篇符合要求的论文是不太可能的。大学生在校期间，虽然按照教学大纲和教学计划，完成了规定的各门课程，虽然也都经过或通过了各种考试与考查，但这些考试或考查一般还只是对单科所学习知识的成绩考核，而且主要是考核他们的记忆知识、接受知识、理解知识的程度，还不是对他们知识和能力的全面衡量和综合考核，还必须借助毕业论文。所以，毕业论文既是对学生所学知识的全面检验，又是严格的专项性的业务考核。所谓专向性，一是指毕业论文的选题具有确定性，一般来自专业课、选修课的内容范围；二是说毕业论文要求学生运用已有的知识，对研究的问题作定向性的钻研和发掘。它不是学科领域中问题的一般性归纳、整理和说明，而是对问题就其中的某一方面或某一侧面作有见地的分析、研究和探讨。因此，一篇毕业论文，重在考查学生掌握知识的深度和广度，考查学生运用已有的知识发现问题、分析问题和解决问题的能力。对所研究的问题，不是简单地重复别人已有的见解，应有自己的一定看法，是毕业论文的一般要求，更高的要求是"见人所未见，发人所未发"。无论是哪一种要求，都需要对某一专向性的问题拥有较为丰富而深刻的知识。那种只是罗列已有的事实或别人的见解，或者用众所周知的知识对问题作肤浅的论述不符合毕业论文的要求，也不可能通过这种高层次的专向性的业务考核。

二、毕业论文写作是对大学生科学研究能力的初步训练

　　知识的价值在于表现。掌握知识不是目的，目的是为从事创造性的工作做好准备。我们培养的人才应该具有科学精神，既能独立工作，又能发挥无限创造力；既能解决实际问题，又敢于并善于向人类未知领域大胆探索。撰写毕业论文的过程也是训练学生独立进行科学研究的过程。通过撰写毕业论文，可以使学生了解科学研究的过程，掌握如何收集、整理和利用材料；如何观察、如何调查、如何作样本分析；如何利用图书馆检索文献资料；如何操作仪器等。撰写毕业论文是学习如何进行科学研究的一个极好的机

会，因为它不仅有教师的指导与传授，可以减少摸索中的一些失误，少走弯路，而且直接参与和亲身体验了科学研究工作的全过程及其各环节，是一次系统的、全面的实践机会。撰写毕业论文的过程，同时也是专业知识的学习过程，而且是更生动、更切实、更深入的专业知识的学习。首先，撰写论文是结合科研课题，把学过的专业知识运用于实际，在理论和实际结合过程中进一步消化、加深和巩固所学的专业知识，并把所学的专业知识转化为分析和解决问题的能力。法国雕塑家罗丹讲过："对于我们的眼睛，不是缺少美，而是缺少发现。"论文撰写的实践，会为今后独立地进行科学研究奠定基础。其次，在搜集材料、调查研究、接触实际的过程中，既可以印证学过的书本知识，又可以学到许多课堂和书本里学不到的活生生的新知识。此外，学生在毕业论文写作过程中，对所学专业的某一侧面和专题作了较为深入的研究，培养了学习的志趣，这为他们今后确定具体的专业方向，从事科学研究，将自己造就成复合型和创造型人才打下了良好基础。

三、毕业论文写作有助于大学生提高写作水平与书面表达能力

对于高校学生来说，不论从事哪种专业的学习，都应当具有一定的书面表达能力。从事教学工作、科研工作、党政部门和企事业单位的业务工作，书写的能力是不可缺少的。写作是传达信息的一种方式，它以语言文字为工具，以灵活、敏捷的思维能力为后盾。现代社会是一个信息流通的社会，各行各业都离不开信息。而信息的来源，信息的收集，信息的储存、整理、传播等又离不开写作。因此，通过毕业论文的撰写，能够提高学生的书面表达能力。

同时，写毕业论文的过程也是训练写作思维和能力的过程。其中包括诸如材料收集与整理、观察与分析、采访与调查，计算机软件的操作与应用，提纲的撰写与修改等方面的常识、方法、技能。信息处理能力与写作行为密切相关，通过撰写毕业论文，可以有效提高获取信息情报的能力，语言和文字表达能力，社会活动、交往、调研的能力等，从这个意义上说，毕业论文就不是一种形式，它内在的功能是多方面的。

四、毕业论文是高等院校为大学生授予学位的重要依据

综观当今世界上经济发达的国家（如美国、英国、法国、德国、日本等）的高等学校，它们都非常重视大学生的毕业论文，并且明文规定：毕业论文不及格者必须补考，否则不予毕业。我国教育行政部门规定，凡高等院校的毕业生，都要撰写毕业论文或毕业设计说明书，通过审核答辩合格后，才准予毕业。我国颁布的学位条例规定：本科学生申请学位者，都必须提交学位论文，据此作为是否授予相应学位的重要依据。凡学位论文审核和答辩不符合要求的，不得授予学位。目前，这一制度不仅在全日制高等院校里普遍实行，而且在电大、函大、夜大、职大、业大、网大和自学考试等各种形式的高

等教育中也得到全面的贯彻执行。教育行政部门还规定，为有利于造就和选拔人才，进行高一级人才的培养，硕士生的招生，经初试、复试合格，确定录取名单后，还要求考生所在学校寄送毕业论文和毕业设计说明书及评语、成绩和有关毕业实践环节的考核材料，经审核通过后，再寄正式录取通知书。目前，许多高校硕士生招生的报名条件之一，报名者必须具备大学毕业证和学士学位证书。由此可见，毕业论文不仅是授予相应学位的依据，而且是发现、选拔和培养人才的有效途径。

五、毕业论文写作为大学生未来工作、研究奠定良好的基础

高等院校大学生撰写毕业论文，是国家对高等院校学生的一项要求，是对大学生科研能力的锻炼与培养。学生通过自己撰写毕业论文，就能初步掌握进行科学研究的程序和方法，增强他们的科研能力和写作能力。毕业论文的选题是建立在课题研究的基础上的。撰写毕业论文的全过程实际上是训练学生独立进行科学研究的过程。学生通过撰写毕业论文，就能把自己在课题研究过程中是如何通过调查研究，如何通过文献检索采集、整理和利用资料及材料，在写作过程中是如何布局谋篇结构文章，如何进行论证，如何补充修改，使之臻于完善等切身体会铭记心头，积累成为经验，成为一种科研能力，为他们将来走向社会从事经济管理工作或研究工作奠定良好的基础。同时，也有利于他们早日成才，早出成果，多出成果。

六、大学生撰写毕业论文是社会经济发展的需要

和平与发展是当今世界的两大主题。进入21世纪，我国的经济有了长足的发展和进步，但也出现了许多新的情况和新的问题，亟待研究解决。高等院校经济管理类专业的学生应该义不容辞地选择经济生活中一些大课题去探讨，这既是社会经济发展的需要，也是自己的一份天职。多年的实践证明，有相对一大批优秀的、高质量的毕业论文不仅为上级经济主管部门决策提供了依据，而且也为解决某些经济工作中的具体问题找到了相应的对策，产生了良好的经济效益，因而受到社会的重视、好评与欢迎。

同时，从客观上来讲，撰写毕业论文还可以发现一大批管理人才和研究人才，促进社会经济发展，因而是一笔巨大的财富。

"活水源流随处游，东风花柳逐时新。"大学生们在几年的学习生活中勤奋攻读，不断从人类知识的宝库中汲取营养，使自己逐渐充实、聪明起来。在毕业前夕，更要全力撰写好毕业论文，充分展示自己的才能。

毕业论文的写作意义重大而深远。我们应该写好毕业论文。而要写好毕业论文，就不得不了解和掌握写作的一些基本知识和要求，这样才能事半功倍，水到渠成。

第二章

毕业论文的选题

毕业论文的写作是从选题开始的。所谓选题，从字面上讲，就是选择课题。选择课题有两种意思：一是指选择科学研究范围，确定科学研究对象和科学研究方向；二是指选择写作论文的题目。毕业论文的选题，就是正确选择一个写作的题目。毕业论文选题的正确恰当与否，直接影响到毕业论文写作的进行，直接影响到毕业论文的成败与质量的优劣，这是因为正确的选择既是大学生从事科学研究的关键一步，也是毕业论文写作的一个关键性环节，因而事关大局，非常重要。为此，本章就毕业论文选题的重要意义、选题的原则、选题的途径与方法等进行讨论。

第一节 选题的重要意义

一、课题与选题

从事科学研究一定要有课题和会选题。有了课题，就明确了研究目标、研究对象、研究范围、研究方向、研究角度、论文规模。选择好课题或选对了课题，研究就比较容易出成绩，就比较能取得预期的效果。

撰写毕业论文是建立在大学生对一个课题的研究之上的。如果没有对课题进行长期的或比较长期的深入的、细致的潜心研究，撰写毕业论文就无从下手。所以，衡量一个大学生科学研究能力和学术论文写作能力，首先要看他是否能选择一个有学术价值和实用价值的课题，并在预定的期限内出色地完成课题研究，取得预期的研究成果。

（一）课题与选题的含义

1. 课题的含义

所谓"科学研究"，是指人们从事科学领域和学科中范畴内的研究，是一个解决问题或解决矛盾的全过程。据此，我们不难看出，所谓课题，实际上就是指在自然科学和社会科学的各个领域或学科中需要研究、需要探讨的尚未为人们所认知和解决的特定问题，是研究人员力求获得研究结果的具体项目，有着明确的研究方向与范围。

课题研究是毕业论文的写作基础,但是由于课题本身的难度有大小,另外,研究人员主观、客观上条件的限制(如科研能力、科研经费、设备条件、研究环境等),并非所有的课题研究最后都能写成学术论文。一般来说,经过研究后的课题可产生三种结果:①获得了预测的结论,达到了预期的结果;②研究取得了部分成果或阶段性的成果;③研究没有或根本无法取得成果和结论。在前两种情况下课题研究能够写成论文,但在第三种情况下,课题研究就很难写成论文。

2. 选题的含义

在自然科学与社会科学领域,人们要进行科学研究或调查研究的矛盾和问题无穷无尽。任何个人或科学研究组织机构都不可能对所有的矛盾和问题都进行研究,而只能根据自己的专业、特长与社会需要,选择某个或某些问题来进行研究,这种选择,实际上就是"选题"。

爱因斯坦有一句名言:"提出一个问题往往比解决一个问题更重要。"这句话常常被人们引用。"不会选题,何以文章?"这是人人皆知的道理。选题就是选择所要研究的学术课题。选题的过程就是不断提出问题、分析问题、解决问题的过程。选题有广义和狭义之分。广义的选题,是指选择、确定研究方向,也就是确立科学研究的对象与目的;所谓狭义的选题,则是选择论文的主题。众所周知,主题是研究者对论文中所提出的并加以解决的问题的评价。它是论文的灵魂,又是论文的纲。论文的主题,就是论文的中心思想,即基本观点。论文的基本观点,来自研究者对课题的研究,是研究成果的集中体现。由此,我们就可以清楚地看出,课题与选题是互为关联的,选题一定要结合课题。因此,我们要想在某一经济领域取得研究成果,就要学会选题和善于选题;而要在研究的基础上写出高质量的优秀毕业论文,同样也要学会选题与善于选题,即确定主题。所以,选题在毕业论文的写作中非常重要,它决定着毕业论文的成败。

(二)课题与标题

课题与标题是两个不同的概念。一些初学写作学术论文和毕业论文的人,往往会将它们混为一谈。

标题是研究人员根据研究内容概括而成的论文题目。论文的标题可以在论文写作之前确定,也可以在论文写成之后再确定,还可以根据论文的内容进行调整和更换,具有一定的自由度(标题在后面第六章还要介绍)。

论文的标题与课题有着密切的联系与区别,所以不能等同。任何依据研究课题写出的论文,其标题可能来源于课题及其子课题的内涵与外延之中,但通常不能把课题的名称作为论文的标题。课题是确定研究的方向、范围、对象,而论文标题则是在课题选好之后,用文字符号来概括出论文的主题,即所谓的"点题",它要求遣词造句确切、科学、规范,并且简单明了,新颖醒目并易于检索。因此,研究课题的范围要大于论文标题，同时前者也比后者显得复杂。论文标题只是论文内容的外在形式，论文课题的选取则是整个研究工作的首要步骤。一般来说，论文的课题选好之后就不能轻易改变，而论文的标题则可反复斟酌和修改，力求准确、新颖、简明扼要。

二、选题的意义

（一）选题是科学研究和毕业论文写作的起点

俗话说得好："千里之行，始于足下。"选题，就是千里之行的第一步。"良好的开端是成功的一半"，起步开了个好头，科学研究和毕业论文写作也就等于成功了一半。任何科学研究都应该有具体的对象和明确的目标，这样才能拟订研究工作的具体计划，采取相应的举措去努力实施，使研究卓有成效，达到预期的目的。因此，把选题作为科学研究和毕业论文的起点与第一步，这是颇有道理的。

选题出现问题的主要原因多是，选题前对课题缺乏全面的了解和分析（如课题的难度、课题的社会需要、课题的学术价值等），对自身情况估计不足（如课题材料的积累、课题研究能力、课题研究的条件、课题研究的环境等）。所以，有经验的研究人员和大学生，他们在选题之前，总是要对课题的现状进行调研、分析、比较、论证，甚至广泛征求，耐心听取导师、专家、同事或同学的意见，然后依据主观与客观条件郑重抉择，从不贸然行事。他们之所以采取这样慎思而行的态度，是因为他们深知这是第一步，是非常关键的一步。

选题，对科学研究人员和大学生个人来说是研究的起点和第一步，对重大课题的课题组来说同样是如此。这是因为重大的课题的选取一旦确立以后还要申请立项，这其中涉及科研团队的组织、科研经费、科研设备和条件等。如果选题有误，申请立项就不会被审核批准，也就不能启动和起步了。因此我们要对选题给予足够的重视，学会选题和选好题。

（二）选题决定着科学研究的学术价值和效用

毕业论文的成果与价值，当然取决于文章的最后完成和客观的评定。但是，选题有其不可轻视的作用。这是因为，选题不仅仅是给文章定下个题目和规定个范围的问题，同时，选题的过程也是一个创造性思维的过程。选择一个好的题目需要经过作者多方思索、互相比较、反复推敲、精心策划的一番努力。题目一经选定，也就表明作者头脑里已经大致形成了论文的轮廓。论文的选题有意义，写出来的论文才有价值，如果选定的题目毫无意义，即使花了很多的功夫，文章的结构和语言也不错，也不会有什么积极的效果和作用。

一个好的毕业论文题目，能够提前对文章作出基本估计。这是因为，在确定题目之前,作者总是先大量地接触、收集、整理和研究资料,从对资料的分析、选择中确定自己的研究方向,直到确定题目。在这一研究过程中,客观事物或资料中所反映的对象与作者的思维运动不断发生冲撞,产生共鸣。正是在这种对立、统一的矛盾运动中,使作者产生了认识上的飞跃。这种飞跃必然包含着合理的成分,或者是自己的独到见解,或者是对已有结论的深化,或者是对不同结论的反驳等。总之,这种飞跃和思想火花对于论文写作来讲,是重要的思想基础。

(三)选题可以规划毕业论文的方向、角度和规模

在研究客观资料的过程中,随着资料的积累和思维的渐进深入,各种各样的想法会纷至沓来,这种思想火花都是非常宝贵的。但它们处于分散的状态,还难以确定它们对论文主题是否有用和用处大小。因此,对它们必须有一个选择、鉴别、归拢、集中的过程。从输入大脑的众多信息中提炼出来形成属于自己的观点,并使其确定下来。正是通过从个别到一般、分析到综合、归纳到演绎的逻辑思维过程,使写作方向在作者的头脑中产生并逐渐明晰起来。毕业论文的着眼点、论证的角度以及大体的规模也就初步有了一个轮廓。

选题还有利于弥补知识储备不足的缺陷。撰写毕业论文,是先打基础后搞科研。大学生在打基础阶段,学习知识需要广博一些;在搞研究阶段,钻研资料应当集中一些。而选题则是广博和集中的有机结合。在选题过程中,研究方向逐渐明确,研究目标越来越集中,最后要紧紧抓住论题开展研究工作。对于初写论文的人来说,在知识不够齐备的情况下,对准研究目标,直接进入研究过程,就可以根据研究的需要来补充、收集有关的资料,有针对性地弥补储备的不足。这样一来,选题的过程也成了学习新知识、拓宽知识面、加深对问题理解的好时机。

(四)合适的选题可以保证写作的顺利进行,有助于提高作者的研究能力

在毕业论文的选题中,有的学生题目范围选得过大,往往因知识不足,难以驾驭,无法深入研究。有的论文题目范围选得过小,手脚难以舒展,观点得不到应有的展开,结果内容空泛,论述肤浅。因此,选题要恰当、适中,以利于开展研究和论述。

选题有助于提高作者的研究能力。通过选题能对所研究的问题由感性认识上升到理性认识,加以梳理使其初步系统化;对这一问题的历史和现状研究,找出症结与关键,不仅可以对问题的认识比较清楚,而且对研究工作也更有信心。科学研究要以扎实的专业知识为基础,但专业知识的丰富不一定表明该人研究能力很强。有的人读书很多,可是忽视研究能力的培养,结果仍然写不出一篇像样的论文来。可见知识并不等于能力,研究能力不会自发产生,必须在使用知识的实践中,即在科学研究的实践中,自觉地加以培养和锻炼才能获得提高。选题是研究工作实践的第一步,选题需要积极思考,需要

具备一定的研究能力,在开始选题到确定题目的过程中,从事学术研究的各种能力都可以得到初步的锻炼、提高。选题前,需要对某一学科的专业知识下一番功夫钻研,需要学会收集、整理、查阅资料等项研究工作的方法。选题中,要对已学的专业知识反复认真地思考,并逐一从各个角度、各个侧面深化对问题的认识,从而使自己的归纳和演绎、分析和综合、判断和推理、联想和发挥等方面的思维能力和研究能力得到锻炼和提高。

毕业论文的选题应在教师的指导下进行。既要防止不做独立思考,完全依赖教师给出题目的做法,也要克服选题时不假思索、信手拈来的毛病。这些做法不利于作者主观能动性的再调动,会限制主观能动性的发挥,不利于增长知识、提高能力。同时,若不经过选题这一具有重要意义的研究过程,文章的观点、论据、论证方法就会"胸中无数",勉强提笔来写,就会感到困难重重,有时甚至一筹莫展,造成返工重写。

第二节　选题的原则

一、可行性原则

为了确保毕业论文的撰写如期按质按量完成并达到最佳效果,选题要从本人的实际出发,充分利用和发挥自己的有利条件,扬长避短,量力而行。美国贝尔研究所前所长莫顿说:"选择题目不能草率,如果根本没有实现的可能,选题就等于零。"大学生撰写自己的毕业论文,由于时间有限,更应注意选题完成的可能性。为此,要对自己的主观、客观条件作全面的权衡和了解。主观条件包括:知识结构(基础知识、专业知识、外语水平)、研究能力(观察能力、实验能力、计算能力、阅读能力、设计能力、思维能力、表达能力)、技术水平、工作经历、特长和兴趣等。客观条件包括:经费、时间、资料、设备、导师情况、相关研究的进展等。了解和权衡了这些条件以后,还应对预选课题的特点和所需要的条件有充分的估计,做到知己知彼。千万不可贸然选题,采取迎潮流、赶时髦的轻率态度。毕业论文的可行性,一般应考虑如下几个方面。

(一)题目大小适中

选题时要注意研究题目的大小。太大了,力不从心,难以完成;太小了,发挥不出自己的水平,达不到预期效果。一般来说,选题宜小不宜大,宜窄不宜宽,提倡"小题大做"。由于大学生掌握的基础知识与理论有限,毕业论文的写作时间也有限,题目太大把握不住,考虑难以深入细致,容易造成泛泛而论。因为大题目需要掌握大量的材料,有局部的,还要有全局性的;不仅要有某一方面的,还要有综合性的。而选择毕业论文的时间有限,要在短时间内完成大量的资料收集工作是比较困难的。另外,大学的几年学习，对学生来讲还只是掌握了一些基本理论，而要独立地完成研究和分析一些大问题，还显得理论准备不足。再加上缺乏写作经验，对大量的材料的处理也往往驾驭不了，容易造成材料堆积或过于散乱，不能写得深入和透彻，难免失之于肤浅而没有价值，甚至可能出现题目选得过大而不能完成毕业论文写作的情况。比如一篇论文题目是"我国证券市场分析"，这样的题目就过于大了，证券市场的结构很复杂，而且影响因素又很多，不是一篇文章能讲清楚的。还有"我国企业筹资决策研究""企业营销问题研究"等，这些问题都不是一篇专业本科毕业论文所能完成的，大学生如果撰写这类的论文，最后很可能就沦为空中楼阁、无源之水。题目不能过大，也不能过小。论文题目如果过小，就会对文章内容限制过死，从而产生难以收集资料、在写作过程中无话可说、观点实用性狭窄、对现实的指导意义不大等问题。一篇题目为"财务软件开发企业中研发团队管理的效果评估"的论文就犯了题目过小的错误，"财务""软件开发企业""研发团队管理"限定词过多，不易于写作，得到的结论也不具有一般意义。我们可以修改为"软件开发企业中研发团队管理的效果评估"，这个题目就更好。所以，在毕业论文写作时，同学们要善于观察，勤于思考，从大处着眼，小处着手，寻找适合自己撰写的具有新意的毕业论题。

（二）题目难易适中

毕业论文的选题一定要符合主客观实际，但绝不能畏难，怕攻坚，绝不是遇着问题就绕着走。在科学高度发展的当今社会，面对激烈的科学技术竞争，我们需要有一批包括当代大学生在内的科学工作者攻坚，需要有"明知山有虎，偏向虎山行"的大无畏气概。但也要做到"量力而行"。过难的选题，特别是对大学生来说，在有限的时间内无法完成或成果难以令人满意，比如一个大学生选"中小型企业融资难以及成因分析"这样的题目，涉及企业、银行、政府等多个方面，是世界性的难题，仅通过一篇专业学术论文或毕业论文是很难说清楚的。因此，大学生在选择毕业论文题目时，着眼于一些学术价值高、角度较新、内容较奇的题目，这种敢想敢做的精神是值得肯定的，但必须与自己的理论功底与能力匹配。如果难度过大，超过了自己所能承担的范围，一旦盲目动笔，很可能陷入中途写不下去的被动境地，到头来迫使自己更换题目，这样不仅造成了时间、精力的浪费，而且也容易使自己失去写作的自信心。反之，具备了一定的能力和条件，却将论文题目选得过于容易，这样也不能反映出自己真实的水平，而且也达不到通过撰写毕业论文锻炼自己、提高自己的目的。

大学生选题时难易要适中。首先，要充分估计到自己的知识储备情况和分析问题的能力。如果理论基础比较好，又有较强的分析概括能力，那就可以选择难度大一些、内容复杂一些的选题，对自己定下的标准高一些，这样有利于锻炼自己，增长才干；如果自己觉得综合分析一个大问题很困难，那么选题就应定得小一些，便于集中力量抓住重点，把某一问题说深说透。同学一定要扬自己之所长，避自己之所短，从自己的专业、知识结构与研究能力出发，选取能发挥自己专长的题目。这样，毕业论文写作工作才能顺利地展开，并能获得良好的成果。

（三）对题目抱有兴趣

有人说"兴趣是最好的老师"，这话是有道理的。所谓兴趣，就是指人们对某一事物有一种喜好的情结，属于心理学范畴。毕业论文写作是一项艰辛的劳动，不少的时候需要作者经受失败的考验。毕业生对研究的题目有无兴趣、兴趣的程度如何，是取得研究成果、写好毕业论文的一个关键性问题。同学如果对一个选题有兴趣的话，就会激发起强大的潜在动力，随着研究的深入越来越感兴趣，就会由被动变为自觉的行动，就会专心致志、乐此不疲，甚至废寝忘食地不断深入研究。古人云"知之者不如好之者，好之者不如乐之者"，说的也是这个道理。据行为科学家调查统计，一个人如果对所做的工作有兴趣，积极性就高，就可以发挥他全部才能的80%～90%；反之，只能发挥20%～30%。兴趣不是天生的，是后天逐渐培养起来的，有兴趣的选题，研究内容往往是已经了解或初步了解的。选择有兴趣的选题，不仅有研究它的热情和积极性，而且也有较好的研究基础，相对容易完成。在选题问题上，张五常先生（1999）在《博士论文是怎样写成》一文中的一些建议会给我们一些启示，他曾说："经济学的实验室是真实的世界，那你就要到市场走走。你要像小孩子那样看世界，或学学刘姥姥进大观园，尽可能天真地看。没有成见，不管他人怎样说，你会觉得世界无奇不有。任何一'奇'，都是博士论文的大好题目。"

（四）资料充足

资料是进行科学研究的基础，是论文写作的基础。缺少资料就很难写出有分量的毕业论文，即使写出来，也缺乏说服力。"巧妇难为无米之炊"，再好的厨师若两手空空也难烹调出美味佳肴。资料又可分为第一手资料和第二手资料。第一手资料是指作者亲查获得的，包括各种观察数据、调查所得等。第二手资料是指来源于图书馆和资料室的文献资料。选题时必须考虑自己是否占有或容易找到这方面的资料，如果选择能获得丰富资料的课题，就会有利于研究工作的展开；相反，收集资料的工作就会困难重重，毕业论文的写作就无法进行。对于经济管理类学科的同学而言，资料要充分，特别是第一手调查资料。如果资料不充分，客观条件没有保证，题目选得再好，也无法顺利完成。

二、创新性原则

江泽民同志指出："创新是一个民族进步的灵魂，是国家兴旺发达的不竭动力。"日本一位学者说："创新能力是国家兴亡的关键所在。""二战"之后，日本和联邦德国在短时间的经济复兴就充分说明了这一点。所谓创新性，是指论文所选的题目是新颖的和先进的，它所论述的问题和内容是属于"有所发现、有所发明、有所创造和有所前进"性质的，不仅学术水平较前人或同代人的水平有所提高，甚至还能对某一学科的发展起到促进与推动作用。有了较新颖的观点，文章就有了灵魂，有了存在的价值。学术研究，贵在独到，把促进科学事业发展作为出发点和归宿。选题要力求符合科学研究的正确方向，要具有新颖性、创新性、突破性。大学生在论文选题上，应当把创新性原则放在首位，刻意培养自身创新的个性，创新观察能力、思维能力和实践能力。对文章的新意，尽可能从以下方面着手。①从以往研究的不足或失误之处切入选题。因为在前人已提出来的研究课题中，许多内容虽有价值，但随着社会的不断发展，还会发现其中的不足，需要有纠正性的研究课题，填补以往存在的失误。社会学家马寅初曾经说过："言人之所言那很容易，言人之欲言就不大容易，言人之不能言就更难了。我就要言人之欲言，言人之不能言。"在人口论问题上，他敢于坚持自己正确的学术观点，开展学术争鸣，历史已经证明他的见解是正确的——"错批一学者，多生几亿人"。②从应用创新上选题。即把已有的原理、方法、理论应用到新的领域、新的项目中去，或者以较简单的方法解决了前人用复杂的方法才能解决的问题。③从概念、观点上创新。这类论文写好了，价值较高，影响也大，但写作难度大。选择这一类题目，作者须对某些问题有相当深入的研究，且有扎实的理论功底和写作经验。④从学科的交叉处选题，进行学科的边缘研究。这种交叉边缘地带可使科学研究的领域大为拓展，并且蕴藏着有极大价值的研究课题。因此，毕业论文如选择这些边缘学科中的课题，容易写出新意来。⑤对前人的研究成果，提出新的修正和补充。科学研究是无止境的，社会进步了，经济发展了，人们对社会与经济发展中出现的问题有新认识，因此理论的研究必然会发展，也必然会有新意义。但要注意的是，并不是确定了创新性的选题，就一定能撰写出创新性毕业论文。毕业论文写作时同学们必须真正明确自己的毕业论文创新点所在，增强撰写毕业论文的信心和勇气，达到预期的撰写目的。当然，对于初涉科学研究的大学生来说，学校一般不会对毕业论文的创新有太高要求。应在导师的指导下，在力所能及的范围内有所创新。

三、价值性原则

价值原则就是指论文选题必须具有科学价值。所谓科学价值是指科学上的新发现、新成果以及独特的创建。科学研究的特点是探索性强，研究过程就是一个对未知知识领域进行探索的过程，是一个把未知数变为已知的过程。科学上的新发现、新创造都是有科学价值的。这是每个从事科学研究工作者追求的目标。因为每一个发现、每一项创造都会使科学的发展进入一个新的阶段或向前推进一步。一项课题有无科学价值，主要看它是否能直接或间接地为社会进步和科学发展服务，为社会实践服务，带来社会效益与经济效益。大学生运用自己所学的理论知识对其进行研究，提出自己的见解，探讨解决问题的方法，这是很有意义的。具体而言，选题时需要考虑两个方面的价值。

（一）选题的实用价值

恩格斯说："社会一旦有技术上的需要，则这种需要就会比十所大学更能将社会推向前进。"撰写论文应当根据现实需要来选题，论文的选题一定要切合社会实际，有利于社会的进步和科学技术的发展，并且对社会发展和经济建设有一定的指导意义。当前，我国正面临着经济基础和上层建筑的全面改革，有许多新问题、新矛盾需要我们去研究，去解决，这类问题反映着一定历史时期和阶段社会经济生活中的重点和热点，是与广大人民的利益息息相关的。实用价值方面的选题有如下几个方面。

（1）宏观经济管理方面的问题。社会发展中急需回答的管理实践问题往往是社会公众关注的热点，因而有普遍的社会意义。如和谐社会建设问题、国家竞争力问题、产业发展问题、税收制度建设问题、民营企业的发展问题、劳动就业和社会保障制度的改革问题、大学生就业问题、房地产的有序发展问题、廉政建设问题等。对于这些问题一般选题较大，要求的理论水平较高，同学们很难把握。因此毕业论文选题时，可以作为一个视角来考虑，不宜直接将这类题目作为论文选题，否则会写成大而空的论文。

（2）中观经济管理方面的问题。某一地区或某一行业实践中遇到的现实问题的研究与解决能推动地区经济的发展或行业进步。这类问题虽不是全局性的，却是人们关注的，或期待解决的，或有疑虑需要进行理论探讨和解答的问题。如农村土地规模经营问题、农村土地的合理流转问题、珠三角区域经济一体化发展问题、上市公司的绩效评估问题、物流业发展与管理问题、产品区域市场的竞争格局问题、区域的创新力问题等。对于这类问题的选题大小适中，能理论联系实际，收集资料难度也不大，参考文献较多，常作为毕业论文的选题。

（3）微观经济管理方面的问题。针对实践中或某一组织中的现实问题。如某企业产品潜在的市场需求问题、某企业的职业经理人激励问题、某企业的领导风格与领导效率问题、某企业核心竞争力的培育问题、某企业内部的审计问题、某企业营销体系的建立问题、某企业的成本降低问题、某企业员工的激励问题、某企业的技术改造问题等。这类选题虽然偏小，但能较好地理论联系实际。同学可结合实践进行仔细的考察，开展调查研究，收集第一手资料，也能结合理论，将问题分析得较为深刻透彻，能提出自己的新观点，写出较高质量的论文。因此，这类问题常常作为毕业论文的选题，也是许多学校较提倡的选题。

（二）选题的理论价值

强调选题的实用价值，并不等于急功近利的实用主义，也绝非提倡选题必须有直接的效益作用。选择现实性较强的题目,还要考虑其有无理论和认识上的价值。这不仅是科学理论自身发展的需求,一定程度上也能折射出人类认识的发展水平,这样的论文才有学术理论价值。为此要研究学科的"动态行情",选择有一定研究价值的、有一定新意的论题。有理论价值的选题有如下几个方面来源。

1. 源头创新的问题

源头创新包括原始性和唯一性。原始性是指科学研究的思想、研究方法,是研究者首次提出的,这一研究成果将开拓一个新的领域,为科学带来新的发展。唯一性是指研究者提出的思想和方法,在此之前从未有人提出和实施过。从客观需要来看,这些问题又是应该研究的重点,是应该填补的短缺和空白。这类选题有较高的理论价值。例如,"未来20年中国教育发展前景分析""未来20年中国经济增长趋势分析""促进经济增长的结构性政策研究""某省教育信息资源共享的网络平台构建""不确定环境下企业战略决策选择机制研究""加快汽车工业国有化促进扩大内需""生态学理论在企业竞争力构建中的应用""网络贸易企业成长环境与增长方式研究""基于顾客资本的营销模式研究"等,都是当前值得研究并具有独创性的课题。这类选题所运用的理论较新,要求同学们对相关理论有较深入的学习与掌握,能运用正确、妥当。写好这类选题的论文有一定的难度,前提是要勇于探索,要有较强的理论功底。许多优秀毕业论文的选题是出于此类。同学们可将之作为一个视角来考虑,选择能理论联系实际的一个方面进行研究。

2. 空白性的管理问题

每个学科的发展过程中总是存在着一些空白点。这是因为某一时期人们侧重于对某一些问题的研究,而忽视了对另外一些问题的关注。针对现有学科上存在的研究短缺或空白进行研究,将有利于填补研究空白,促进学科全面发展。毕业论文选题时,同学们可将自己的兴趣或发生在身边的事件与学科问题进行交叉组合发现现有研究的空白点,作为选题。例如,"校园企业的垄断形式与形成机理""大学生创业的心理与行为分析""学校食堂的社会化运行与价格管制""大学生经济来源与消费结构的关联分析""校园后勤产业化中的利益相关者配合问题""大学生职业生涯的管理""大学生消费结构与消费习惯"等。其实,每门学科内部、学科与学科交叉的领域都存在着大量的空白点,只要认真细致地研读学科知识,认真地思索就不难发现学科研究的空白问题。这类问题研究难度有大有小,角度比较新颖,题目与其他同学重复的可能性小,视角上具有独创性,是一种不错的选题方向。

3. 提出新的修正和补充的管理问题

科学研究是无止境的,社会进步了,经济发展了,人们对经济发展中出现的问题会有新认识,因此经济理论的研究必然会发展,也必然会有新意。有新意,就要有开拓精神,就要对一些研究成果和现在流行的一些观点中不正确的部分、不完善的部分进行修正与补充,正如控制论的创始人维纳所说:"在科学发展上可以得到最大收获的领域是各种已经建立起来的部分之间被忽视的无人区。"如人际关系学说的提出纠正了古典管理理论忽视人的因素的不足，开辟了管理理论研究的新领域，为行为科学的发展奠定了基础。毕业生选题中可选择一些学术上有争议的问题进行研究，提出自己认为更为合理的观点和看法。例如，"新公共管理理论的缺陷及其纠正""公共物品市场化供给理论的缺陷及其纠正""知识管理下韦伯官僚制的实践困境与对策""论边际收益递减规律理论的缺陷""对公平激励理论方法的补充和应用实例""循环经济对经济学理论的补充和发展"等。这类问题，虽然在创新性上要求可能不高，但对原学说的掌握要求准确，文献阅读量要大，要有较强的知识迁移能力，要有一定的突破口。这是一类不错的选题，具有一定的新意。虽然对大部分同学而言，进行对一些观点的纠正有较大困难，但对前面所说的一些管理问题补充往往可以做到，有些还做得非常出色。

四、科学性原则

所谓科学性，是指选题一定要符合最基本的科学原理与客观实际。简言之，就是要有充分的理论根据和事实依据。

科学性原则是科研工作中与论文写作中不可忽视的一条重要原则。选题要以科学理论为根据，实质上就是以客观事实为依据，按照客观规律办事。选题只有遵循这一原则，科研工作与论文写作的方向与路子才会正确，唯其如此才会有成功的希望与把握。

选题强调创新意识是非常重要和必要的，但创新一定要与科学性原则联系起来。科研工作者与论文撰写者要敢于创新，这应该大力倡导与支持。然而对他们的创造性很强和新颖独特的假说，以及对一切预测未来的设想、幻想甚至预言和预见等，我们也一定要用科学的原理去验证和衡量，看看有无科学根据，看看是否符合实际。一句话，要看看是否科学。须知有些大胆的设想、预言和研究是可能永远不会有结果的。同时，有些提出的主张，其"理论"本身可能就是反科学的，属于伪科学和无知妄说，纯粹是故作惊人语，或是为了哗众取宠，或是为了以假乱真，混淆视听。例如，人类曾狂热地追求发明永动机。德国博士奥尔菲留斯自称发明了一个"永动机"——自动轮，骗局被他的女仆人揭穿。美国人约翰维勒尔·基利宣称发明了一种"发电机与电动机组合"的永动机，居然鼓动了十多位工程师和资本家集资，成立了基利永动机开发公司。在发现能量守恒定律之前，欧洲的许多科学家热衷于制造永动机。英国皇家学会和法兰西科学院每年都要收到成千上万个永动机的设计方案，但是没有一个方案能够制造出真正的永动机。当达·芬奇在理论上宣判了永动机"死刑"之后，还有人在监狱里从事此项目的研究，有的甚至扬言要彻底打破能量守恒定律，为此而耗去不少的人力、物力和财力。

中国也有这样的闹剧，被人鼓吹为"中国第五大发明"的"水变油"就是一个违背最基本科学原理的所谓发明。这个闹剧的高潮是1993年6月28日王洪成在哈尔滨市的表演，他宣布哈尔滨市67路公共汽车全部使用洪成燃料，一时之间颂歌大起："洪成时代开始了!""他的发明是具有50亿年地球历史上最先进、最伟大的发明,使我们跨越200年时空而跻身于世界民族之林。"在鼓乐声中副省长、副市长剪了彩,十几辆灌满洪成燃料的67路公共汽车披红挂彩驶到大街上。不到几个月,带有碱性的洪成燃料腐蚀了全部的汽车发动机,国家为此支付大量的修理费。"水变油"事件在社会上喧闹了近十年,造成了思想的混乱——信假不信真,在各地骗取了大量投资甚至建厂,对经济建设也造成了破坏性后果。

综上所述,选题一定要遵循科学性这个原则。经济工作是有其客观规律的,这个客观规律不能违反。强调选题的科学性,就是要我们按照这个客观规律去办事。

第三节　选题的途径与方法

一、选题的途径

一般地说,凭空臆造出来的课题是不可取的。即使完成论文也难有实际意义。毕业论文只能从与自身相适应的范围内去寻找,课题不会从天上掉下来。有价值的课题应当从自己熟悉的社会实践中、从文献资料中、从自己感兴趣的专业课程中、从热门话题或人们普遍关注的焦点问题上、从未开垦的"处女地"去寻找。下面介绍五种可行性比较强的途径以供参考。

(一) 从自己熟悉的社会实践中寻找

理论来自实践,社会实践是人们永恒的科研源泉。大学生有一定的社会实践经验(如专业实习、社团活动、社会调查、志愿者活动、"三下乡"活动等),只要用心观察周围的事物,对平时工作和专业学习等过程中出现的问题进行深入思考,不断质疑,不断探索,就可能为论文选题指明方向,就有可能写出见地深刻的好论文。

(二) 从文献资料中寻找

通过阅读和研究大量的文献资料,从中得到启迪,并确定题目。

阅读和研究大量资料,有助于继承和发展前人的成果,丰富自身的知识面,还可以通过积极和批判性的思考,从中获得启迪,发现问题并找到自己感兴趣的课题,甚至还可以在深刻理解资料的基础上发现并选取尚未解决的前沿问题。

(三) 从自己感兴趣的专业课程中寻找

一般情况下,高校在布置毕业论文时都要求学生在导师的指导下,根据所学专业的要求选定论文题目。绝大部分学生比较熟悉自己所学的专业课程的理论和知识,这些专业课程在某种程度和侧面上反映了专业的历史演变、研究现状、学科和专业问题以及那些亟待解决的问题。假如学生对某门专业课感兴趣，则可以在该专业课程领域内选题。

（四）从热门话题或人们普遍关注的焦点问题上选题

热门话题和焦点问题的研究和解决具有很大的现实意义，往往具有良好的社会效益或经济效益。热门话题或人们普遍关注的焦点问题的资料很多，可在新闻媒体上获取文字、数据和音像资料，也可以通过作者实地调查获得第一手的资料，方便论文写作。此类论文要避免罗列资料，泛泛而谈，要注意运用理性思维分析问题，探索问题的深层原因，并从中作出带有前瞻性的结论，提出有建设性的解决方案。

（五）从未开垦的"处女地"去选题

在科学研究工作中，由于客观事物发展本身以及人们对其认识的局限，或是由于某种原因导致研究力量投入的不平衡，出现了某一领域的冷门或空白地带，这些地方非常需要研究人员去开垦和耕耘。由于作者所选题目具有前瞻性和先进性，其新颖突出的成果必然令人瞩目，无论在理论方面或在实践方面都具有较为重大的意义。大学生在充分了解哪些是空白区域和未开垦的"处女地"之后，完全可以根据自己的专业基础，借助相关的学科理论，结合实践去潜心研究和探讨，在取得研究成果之后，将成果形诸于文，这无疑是对学科建设和专业理论的一大贡献。同时，从未开垦的"处女地"去选题，难度一般都比较大，研究者需要有坚实的理论基础与较为渊博的知识，需要有胆略和勇气，需要甘于寂寞，付出艰辛的劳动。

二、选题的方法

17世纪法国著名的思想家笛卡儿曾经说过："最有价值的知识是关于方法的知识。"在选题过程中，一些作者由于没有掌握科学的方法，面对一大堆毕业论文参考论题，有的踌躇不决，有的反复思考终无收获，有的甚至茫然无所适从，不知道自己究竟应该选择什么样的论题，更别谈获得合适的论题了。一般情况下，在选题的方向确定以后，还要经过一定的调查和研究，来进一步确定选题的范围，以至最后选定具体的题目。下面介绍几种常见的选题方法。

（一）浏览捕捉法

这个方法就是通过对已获得的文献资料进行快速、大量阅读，在比较中来确定题目的方法。浏览，一般是在资料占有达到一定数量时集中一段时间进行，这样便于对资料作集中的比较和鉴别。浏览的目的是在咀嚼消化已经有资料的过程中，提出问题，寻找自己的研究课题。这就需要对收集到的材料作全面的阅读研究，主要的、次要的、不同角度的、不同观点的都应了解，不能看了一些资料，有了一点看法，就到此为止，急于动笔。也不能"先入为主"，以自己头脑中原有的观点或看了第一篇资料后得到的看法去决定取舍。而应冷静地、客观地对所有资料作认真的分析思考。在浩如烟海、内容丰富的资料中汲取营养，反复思考琢磨之后，必然会有所发现，这是搞科学研究的人常会碰到的情形。浏览捕捉法一般可按以下步骤进行。

（1）广泛浏览相关资料。在浏览中要注意勤作笔录，有目的、有重点地摘录，记下资料的纲目，记下资料中对自己影响最深刻的观点、论据、论证方法等，记下脑海中涌现的点滴体会。当然，笔录时当详则详，当略则略，一些相同的类似的观点和材料不必重复摘录，只需记下资料来源及页码就行，以避免浪费时间和精力。

（2）将阅读所得到的方方面面的内容，进行分类、排列、组合，从中寻找问题、发现问题，材料可按纲目分类，如分成系统介绍有关问题研究发展概况的资料、对某一个问题研究情况的资料、对同一问题几种不同观点的资料以及对某一问题研究最新的资料和成果等。

（3）将自己在研究中的体会与资料分别加以比较，找出哪些体会在资料中没有或部分没有；哪些体会虽然资料已有，但自己对此有不同看法；哪些体会和资料是基本一致的；哪些体会是在资料基础上的深化和发挥等。经过几番深思熟虑的思考过程，就容易萌生自己的想法。把这种想法及时捕捉住，再作进一步的思考，选题的目标就会渐渐明确起来。

（二）拟想验证法

拟想验证法是以主观的"拟想"为出发点，沿着一定方向对已有研究成果步步紧跟，作出论证，从中获得"一己之见"的方法。也就是说，写作者应事先拟出想法，然后通过阅读资料，分析研究，再加以验证，最终确定选题范围。但这种想法是否真正可行，心中没有太大的把握，还需要按拟想的研究方向，跟踪追溯。追溯可从以下几个方面考虑。

（1）看自己的"拟想"是否与别人的观点有补充作用，自己的"拟想"别人没有论及或者论及得较少。如果得到肯定的答复，再具体分析一下主客观条件，如果通过努力，能够对这一题目比较圆满地回答，则可以把"拟想"确定下来，作为毕业论文的题目。如果自己的"拟想"虽然别人还没有谈到，但自己尚缺乏足够的理由来加以论证，考虑到写作时间的限制，那就应该中止，再作重新构想。

（2）看自己的"拟想"是否与别人重复。如果自己的想法与别人完全一样，就应马上改变"拟想"再作考虑；如果自己的想法只是部分的与别人的研究成果重复，就应再缩小范围，在非重复方面深入研究。

（3）要善于捕捉一闪之念，抓住不放，深入研究。在阅读文献资料或调查研究中，有时会突然产生一些思想火花，尽管这种想法很简单、很朦胧，也未成型，但千万不可轻易放弃。因为这种思想火花往往是对某一问题作了大量研究之后的理性升华，如果能及时捕捉并顺势追溯下去，最终形成自己的观点，这是很有价值的。

拟想验证法的选题方法，是以主观的"拟想"为出发点，沿着一定方向对已有研究成果步步紧跟，一追到底，从中获得"一己之见"的方法。但这种主观的"拟想"绝不是"凭空想象"，必须以客观事实、客观需要等作为依据。"拟想"要有前提，追溯才能顺利进行，选题才能在追溯中得以最后确定。

第四节　选题的技巧与步骤

一、选题的技巧

（一）小题大做

题要小，能大做，即小题大做，这是选题的技巧，也是从事科研工作的新手和大学生毕业论文选题写作的关键。王力先生在《谈谈写论文》中说，初学写作者"应该写小题目，不要搞大题目，小题目反而能写出大文章，大题目倒容易写得平淡，没有价值"。邢福义先生在《邢福义选集》里收录的一篇序文中指出："注意深入发掘，小题大做。"在另一篇序言中指出："脚踏实地，小题大做。"著名学者胡适先生曾告诫他的学生说："已读得一代全史之后，可以试做'专题研究'之小论文；题目越小越好做，要小题大做可以得到训练。千万不可做大题目。"

所谓"小题"，就是选题做文章的一个小"点"用题目准确而凝练地表达出来，使小巧的题目反映出单一、简明、有丰富蕴含量的内容，以达到用小题的语表形式来控制文章语里内容的目的。我们提倡的是"小题大做"，即题目要小，控制范围，抓住一点，下大气力深入挖掘，从不同层面、不同角度去挖掘，集中一点或一个方面把事情的本质特征和规律性最充分地发掘出来。

"小题"确定后如何"大做"？所谓"大做"，就是对所研讨的写作内容，花大力气，下大功夫，深入地发掘，探索事物内在的本质联系，寻求运动和发展的轨迹，找出带规律性的东西。"大做"是选题必须考虑的，若题小而不能大做，这样的题目意义不大。"大做"关键在写深，写出新东西，不在乎长短。长且深且新，无疑是"大做"。写得短且深且新，也就达到了小论文大做的目的。看好选题之后，要真正投入力量，广泛收集相关的各种资料，研读、调查、思考，进而分析、归纳、提炼、概括，努力下一番去粗取精、去伪存真、由此及彼、由表及里的功夫，以获其"精华"，这就是在"大做"。"大做"要求掌握一些研究分析的方法，去进行比较发掘、多层面发掘、过程发掘、语境发掘、特点发掘等，从而使文章概括出规律，得出结论，并和管理事实多次进行验证，使结论正确而准确，文章完善而圆合。

（二）角度新颖

我们在选题时，经常会碰到这样一种情况，有时一个课题或论题在我们这么大的国度里，选择者往往不只是一个人，有时可能会多达成千上万的人，固然应该尽可能避免"撞车"，但这实际上有时又是不可能的。遇到这种情况，我们不要轻易放弃自己最初的打算，而是要继续进行思考，去寻找一个新颖的角度进行研究，进行写作。角度新颖了，就找到了突破口，就能研究出新成果，写出有新意的毕业论文。倘若实在找不到新颖角度，我们认为选题就不要勉强，死抱不放。否则就只能是亦步亦趋，人云亦云，重复别人早已阐述得清清楚楚的结论与理论。时下，在一种浮躁的学风影响下，一部分学生不肯独立思考，结果是他们选题时往往不是从新颖的角度去考虑，而是故意重复。这样就势必将他人的研究成果或文章拿来"为我所用"、东拼西凑，这还叫什么科研？还叫什么毕业论文？

选择一个新颖的角度当然不是件容易的事儿。要使自己找到新角度，平时就要瞻前顾后、左顾右盼，看看前人与今人（尤其是同行或同事）研究的走势与进展，并能进行认真的分析梳理。这样才能很快发现新的角度。

因此，我们在选择课题和题目时，既要尽可能不重复别人，又不要怕重复别人。关键是要给课题寻找一个新颖的角度，写出新意。

（三）由近而远

在我们的日常生活中，无论是从科研的角度还是从毕业论文写作的角度来审视，摆在我们面前的课题或题目是很多的。比如在经济领域的课题或题目有为当前的生产、管理、经济发展和社会服务的；有为今后的生产、管理、经济发展和社会服务的；有直接为了解决生产、管理工作中的矛盾和问题的；有间接对生产、管理起着指导作用的。简言之，既有宏观的，也有微观的；既有近期的，也有今后一段时期的和长期的。所以说，可供选择的天地相当宽广。

根据选题需要性的原则，在选题定式时，一般总是采取由近而远的做法。即首先考虑当前（即近期）社会生活中或经济管理中那些最迫切需要解决的、非常关键的课题和题目。之所以要这样做，是因为我们大学生年纪轻，对当前社会生活中或经济管理方面一些有关课题的情况一般比较熟悉，平时积累的资料也比较多，又有电脑，要查找近期的有关参考资料与文献等都比较方便，驾轻就熟，完成课题的把握性也比较大。反之，若选择"今后的课题"，由于我们年轻，阅历不丰富，知识匮乏，经验不足，加之对未来的变化也很难预测和预料，就很有可能把握不住，结果劳而无功，没有成效，适得其反。

当然，采取由近而远的做法，绝不是要求我们只顾眼前不顾将来。事实上，"由近而远"之"远"就是指远期和未来。"由近而远"的选题是一种承前启后、兼顾后续的通盘考虑，而不是目光短浅的短期行为。

因此，我们在选择课题或题目时，一定要优先考虑那些近期的课题或题目，千万不可舍近求远，而应由近到远，由近及远，这才是正确的抉择。

（四）能出成果

从事科研工作者与大学生，没有一个人在科学研究中不想出成果，没有一个人撰写论文不想上水平。科研工作能否出成果和出大成果，毕业论文能否上水平和有高水平，选题是个关键。选题选好了或选对了，成功就有了一半的可能；选题选不好或选错了，就会"差之毫厘，谬以千里"，何来成果、水平？因此，选题的最后定夺是必须经过慎重考虑和反复斟酌的。重大的和重要的课题（包括硕士论文、博士论文）还必须经过预审、初审、学术评审和综合评审这样四个阶段的评审工作，即对课题进行系统的论证与综合评价，进行可行性研究，由同行专家和导师就申请课题的科学意义、学术水平、预期目标、经费预算和申请人的素质等进行评议，最后根据评审结果作出抉择。之所以要这样做，就是为了鉴别重大的和重要的课题的"前沿性""可行性"和"效益性"，避免和减少盲目性、片面性与重复性，使所选的课题日后能取得成果。

本科毕业生的毕业论文课题或题目的选择虽然不必经过这么复杂的评审过程，一般总是由自己选择。但是，或由于学识的局限，或由于经验的缺乏，或由于见识的不多，选题时对其难度的大小、分量的轻重、意义的大小往往会把握不准。为此，就应该虚心请教自己的导师，请他们帮助定夺。这样，选题才能恰到好处，才有适度，也才能有完成和取得成果的把握。

因此，我们在选择课题和题目时，一定要从能出成果、快出成果和多出成果等方面考虑。须知并非什么课题对我们来说都是能得心应手、迎刃而解、可以承担和完成的。我们选题，一定要讲究功利和效益。

二、选题的步骤

大学生毕业论文的选题方式，大体上有以下四种：①毕业论文进行前的 2~3 个月内，由专业任课老师将课题交学院或系，学院或系将各位老师上交的课题汇总，统一宣布，由学生自选，倘若学生所选课题得到该任课老师认可，则学生可按此题准备，以便及早启动；②学院或系将撰写毕业论文的学生分配给指导老师，指导老师根据自己所从事的研究课题，结合学生学识、能力、水平拟出毕业论文的研究课题；③学生参加学校某单位的科研攻关或科研小组，并已开展工作，到确立毕业论文选题时，他正在进行的研究，顺理成章地就成了该学生毕业论文的选题；④学生对本专业范围内的某些问题，实实在在下过一番苦功钻研，已经做出了创新性的成果，或有个人独创的见解，则可由学生自报选题。大学生毕业论文的选题原则上是一人一题。如有的专业可以多名学生采用同一个大的课题，则每位学生必须有独立完成的小子课题，并在指导老师填写的毕业论文任务书中予以确认。

选题是一个理智判断的过程。这个过程一般包括选择研究课题和题目、调查研究和查阅文献、确定研究目标、拟订方案、分析论证和审查批准六个步骤或环节（图2-1）。

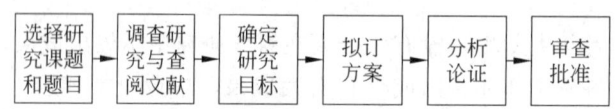

图 2-1 毕业论文选题工作程序

（一）选择研究课题和题目

指导老师要在毕业论文工作开始前，准备好可供学生选择的一些研究课题和题目。在毕业论文工作开始后，指导老师要向学生介绍专业、研究方向、备选课题、题目情况，并指导选定论文研究课题和题目，确定调查研究和查阅文献范围。

（二）调查研究和查阅文献

根据选定的课题题目和调研、查阅文献范围，深入进行调查研究和认真研究、认真查阅文献资料。了解自己所研究课题的背景、目的、意义、需要解决的问题和焦点，以及研究工作所需的设备和工作条件；了解有关国内外的研究历史、进展、动态和趋势，不同学者的思路特点和研究倾向，摸清前人的工作及达到的水平。在此基础上，经过自己的综合分析、判断和整理过程，独立写出有针对性和深入研究有参考价值的文献综述以及个人萌发的新见解，作为选题的重要依据。

（三）确定课题研究目标

确定目标，是指确定研究工作想要达到的标准和地步。有目标就会发生科学研究活动。确定目标至关重要，如果目标错了，研究工作就会步入歧途；目标不明确，会使研究工作陷入困境；目标过大，研究工作很难得出可靠的结果。所以，一定要明确题目的界限范围，要慎重地确定自己的研究目标。

对于每个学科、每个专业来说，需要研究的课题和题目，可以说数不胜数。但是，由于主观条件和客观条件的限制，一个人不可能同时选择多个问题作为自己的研究目标。目标过多，什么都想涉猎，什么都想研究，结果会是什么问题都不能研究深透，自然也就不可能写出有价值的论文；即使是想把一个问题研究深透，也不是一件轻而易举的事情，是需要付出艰辛的劳动的。所以，对于学生来讲，由于时间有限，应该选择单一的研究目标。

（四）拟订方案

目标确定之后就要通过创造性劳动拟出方案。方案是实现目标的途径和方法。拟订方案的原则有：多方案原则，即拟制多种方案以备比较选优；整体性原则，就是指拟制的方案应当包括所有可能的方案，详尽齐全，以保证选优；排斥性原则，即拟制的诸方案之间应有原则性差异、互相排斥，以保证选择最优方案。

拟订方案的方法，一是通过周密策划、精心设计，辅以必要的科学实验来拟订方案；二是在备选的方案拟出之后，对方案进行评估、比较，从中选择出最佳方案。

（五）分析论证

分析论证就是对所选课题及其研究目标、方案等的所有因素进行可行性论证，并写出选题论证报告。选题论证报告一般包括如下内容：①研究该课题的目的、依据和意义；②与课题相关领域前人工作或知识空白，目前研究水平、发展动态和趋势；③研究目标及实现该目标所采取的方案、研究方法和手段；④预期结果和研究工作所需要的工作条件，可能遇到的困难、问题以及解决的途径、方法和措施；⑤所需研究经费及经济性（或经济效益）分析；⑥论文工作量及研究工作计划；⑦选题者本人的理论水平及能力；⑧指导力量。

（六）审查批准

选题报告指导老师审查后，应送交主管主任批准。选题报告是对学生毕业论文选题工作的小结和考核，未通过者不能进入课题研究阶段，必须补充论证或重新进行选题论证。

第五节　选题常见的问题与风险控制

一、选题的常见问题

明确了选题的原则和方法之后，就在理论上对选题有了大致的了解和把握，但在实际操作中，主要存在如下三个问题。

（一）选题脱离实际

毕业论文的题材非常广泛，选择课题时，关键是要注意论题的现实意义，即能关注一些国计民生的大事，也能够为当前亟待解决的社会问题、经济管理问题提供理论支持。当然，关注现实绝非是急功近利的实用主义，而是要求所选的论题能够符合历史的发展趋势，或对现实有借鉴意义和指导作用。我们所要反对的只是那种脱离现实、咬文嚼字、烦琐考证，或者夸夸其谈、空话连篇、盲目追赶时髦等毫无意义的东西。同时，论文的选题若是脱离了本学科和专业，论证再有力的论文也会失去其研究价值，并且答辩时容易遭到批驳。选题有价值，论文不一定有价值；选题若没有多大价值，论文难以有多大价值，论文必须明确其所在学科和专业的研究领域。

（二）选题没有新意

毕业论文成功与否，质量是否高，价值是否大，很大程度上取决于选题是否合适、有新意，创新性是否突出。好的选题总是要经过长久的思考，经过多次论证才能够确定下来的，由此才会得到较高的评价，如果不假思索而轻易选题，结果只会适得其反。一些同学在临近毕业才开始匆忙选题，未经过多方位思考，没有选取有新意的论题，致使学位论文的完成质量不高，因此在选题时必须考虑周全。同时，为了突出论文的创新性，或受个人性格的影响，有些同学选的题目既怪又偏，自以为是标新立异，实则严重脱离了现实，不具有任何创造价值。

（三）选题没有充分考虑自己的实际情况

如果本科生毕业论文的题目过大或过难，就难以完成写作任务，如"上市公司并购问题研究""会计国际化问题研究""盈余管理研究"等；反之，题目过于容易，又不能较好地锻炼科学研究的能力，达不到毕业论文写作的目的。选择一个难易大小合适的题目，可以保证写作的顺利进行。选题力求避免平庸、浅薄、宽泛、大题小做、虚题空做等现象；避免与专业的研究方向联系不多，甚至毫无关联；避免经验色彩过重，避开理论只谈经验。有经验的导师认为，选题应约占毕业论文研究工作的 20%。因此，在选题时，学生既要从不同的来源确定选题，又要掌握正确的选题方法，同时还要掌握一定的选题技巧。只有这样，才能使学生选择合适的论文课题，并在规定时间内取得预期的科研成果，完成毕业论文与申请答辩成功并顺利取得学位。

二、选题的风险控制

选题的风险表现为难以顺利开展研究，无法按照预期时间提交毕业论文。因此必须做好选题的风险控制。

（一）多方求教，集思广益

毕业论文在确定选题时，既要师生共同研究，充分讨论，进行价值评估，又要多方拜访专家学者，请求指点。专家学者作为学术界权威，知识储备丰富，视野开阔，见解深刻，更能够全方位多角度地提供参考意见，保证毕业论文不脱离学科和专业方向，避免论文出现"硬伤"。一方面要拜访对自己立论的支持者，还可以拜访对立论持反对意见的学者，充分考察"敌情"，害怕权威、讳疾忌医等都不是应有的学术态度。只有怀着实事求是、勇于探索的态度去求教才会得到专家学者的接纳；反之，若抱有套近乎拉关系的功利目的去拜访，被拒之门外受到唾弃也是必然。

（二）广挖渠道，开发选题

毕业论文的选题要密切关注国内外宏观经济发展形势，寻找焦点问题，紧跟科技前沿，了解最新发展动态；深入实际不断积累，立足交叉学科领域，寻求突破；研究历史，了解不同学派的基本情况，开拓思路；检索文献，旁征不博览，不唯书、不唯上；运用创新思维多观察、多思考、多交流，积极参加学术讨论会，善于捕捉新动向和观点，这些都是开发新选题的有益途径。尤其重要的是进行必要的文献收集工作，平时做好读书笔记，保持对本专业话题的敏感，寻求理论依据时要特别注意通读原著，力求深刻把握原文作者的思想精髓，不要望文生义，牵强附会，加之个人要勤奋思考，善于挖掘，必能从新的角度得出独到见解，避免标新立异或单调重复。

（三）慎重考虑，量力而行

毕业论文在选题时，即使为了寻找突破点，也不必把大量力气花在研究方法的创新上，研究方法不是越大越好；不必为了达到理论与实践相结合就专门选择那些需要做大量试验、访谈或社会调查才可以完成的选题，这样很容易发生在浪费了大量人力、物力之后，又发现该选题根本超出了个人承受能力，数据、信息搜集艰难，最终骑虎难下的尴尬局面。研究者在确定选题时应考虑好个人可利用的时间、精力和经费，在准确理解相关研究方法的基础上，慎重考虑并做出选择，使选题保持在适当的范围之内，力求做到量力而行。

（四）避免轻易地更换选题

毕业论文的选题每次都需要投入一定的时间、精力，包括个人思考、收集和阅读相关材料、与导师讨论等。更换选题便意味着过去的努力白费，所有事情又得从头做起。毕业论文写作有一定的时间限制，学生很难支付更换选题带来的成本和损失。如果是在毕业论文工作的中途才更换题目，那么势必会因为时间仓促而影响论文的质量，甚至是延迟提交论文的时间,不能按时毕业和取得学位。对于毕业论文一旦选好了题目,就不要轻易地改变;只要踏踏实实、认认真真地去做,一般都可以达到预期的要求并顺利通过论文答辩。

总之,毕业论文选题要求作者首先端正态度,做好充分的知识准备,谦虚谨慎,严肃认真地对待每一个概念,那么,毕业论文写作过程中的失误是可以有效避免的。

第三章

毕业论文研究方法

毕业论文写作的过程实际上就是信息收集、整理、加工的过程，同时也是知识的生产和创造的过程，一般来说，论文的质量高低取决于研究的质量。因此，在毕业论文的写作过程中必须注意研究方法的运用，梳理毕业论文写作思路，充分掌握必要的研究方法与技巧。

经济管理类专业毕业论文写作简单来说，就是一个认真地提出问题，并以系统的方法寻找问题答案的过程，在这个过程中，选择适合的方法，对于毕业论文的最终高效完成，将会产生决定性的影响。对于社会科学领域来说，单纯运用一种方法已经很难对问题进行深入的研究，因此必须要综合运用多种方法，比如文献研究方法、案例研究法、访谈法、问卷调查法、实地研究法等，为便于论文指导教师和学生开展论文工作，本章将对经济管理类毕业论文写作常用的研究方法进行阐述。

第一节 研究方法概述

要进行毕业论文研究并获取结果，必须要采用一定的分析方法对所选取的课题进行研究。通俗来讲，研究方法就是有目的地对各种社会现象和社会行为进行研究的方法和手段，包括文献研究方法、案例研究法、访谈法、问卷调查法、实地研究法等多种方法。随着社会的发展和研究的深化，经济管理类研究越来越受到自然科学等其他领域研究方法的影响，并且成为科学研究方法的一大特征，本节将介绍研究方法的含义及特征、研究的构成要素、研究方法的体系以及研究的过程。

一、研究方法的含义及特征

（一）研究方法的含义

在理解什么是研究方法之前，首先要理解什么是研究。所谓研究，简单地说，就是一个认真地提出问题，并以系统的方法寻找问题答案的过程。研究一般可分为自然科学研究和社会科学研究。经济管理学科作为社会科学的重要组成部分，其研究主要指的是一种以经验的方式,对社会经济管理领域中人们的行为、态度、关系,以及由此所形成的各种利益分配、制度设计、资源配置、社会现象、社会产物所进行的科学探究活动。

那么什么是研究方法呢?所谓研究方法是指研究人员从事上述所说的研究项目所采用的方法。在一定意义上,可以将学科大体上分为实质性学科和方法论学科两类。前者是研究特定领域事物规律的学科,后者关乎人们对前者开展研究的共同性规律。研究方法在方法论学科的涵盖之下,寄寓于实质性学科中。

(二) 研究方法的特征

1. 数学方法的影响

数学方法在经济管理类研究中的应用成为可能。首先,随着数学方法本身的发展,新的数学工具和方法使经管类研究达到了多变量统计分析的量化研究水平,精确化、模型化成为量化研究的主要特征。其次,电子计算机的发展与广泛应用为数学方法在研究中的应用提供了物质手段。

数学方法对研究的积极作用主要表现在以下三个方面。

(1) 提供简明精确的形式语言和新的逻辑思维方法。研究者可以运用一些数学形式来表达现象之间的关系,例如可以用函数表示现象之间的相关性,用微分方程描述各种现象的动态,并且可以定量地表现出现象在质和量方面的相互转化。

(2) 数学方法的运用为研究提供了量化分析和理论计算的方法。数学方法的运用为管理科学的研究达到数量化、精确化、模型化的水平创造了根本性的条件。它可以使研究者在质性研究的基础上进行量化研究,以加深对现象发展规律的认识。

(3) 数学方法为研究提供了新的认识途径和实验方法,即模型实验方法。模型实验又称为数学实验,它主要是在计算机上模拟某种现象的发展变化过程,建立数学模型,研究该现象的现状和发展趋势,并对各种决策的结果进行计算和比较,从中选择最佳方案。

2. 自然科学研究方法的渗透

科学研究已经呈现了高度分化、高度综合的趋势,自然科学和社会科学的相互影响,各门学科之间的相互渗透,使得它们在研究方法上也互相借鉴、互相学习、互相渗透。自然科学研究方法对社会科学研究方法的渗透成为现代研究方法的特征之一。经管类学科的研究受自然科学研究方法的影响很大,例如,实验研究一向是自然科学的主要研究方法。实验研究可以根据科学研究的需要,严格控制实验条件,排除各种偶然因素和外界干扰,能够相对地简化和纯化研究对象的变化过程,从而得到比较准确的研究结论。目前,这一研究方法已经成为经济管理学科的研究方法之一。

3. 定量研究与定性研究的综合运用

在研究中运用定量研究方法,可以为现象的总体提供精确度较高的资料和数据,而定性研究的目的则在于更好地说明研究对象的性质。任何事物都有质和量的两个方面，是质和量的统一体。综合运用定量研究方法与定性研究方法可以对现象进行量的分析和质的分析，达到对现象全面的、深刻的、本质的认识，能够正确地认识现象的发展过程及其规律。定量研究方法在经管类研究中存在局限性，可以运用定性研究方法加以弥补，把定量研究和定性研究有机地结合起来，可以更全面地认识研究对象。

二、研究方法的构成体系

任何一门学科在对本身进行研究的同时，必然会形成一套严密的方法体系。这种方法体系的建立又会大大促进研究自身的发展。以社会科学研究方法体系为基础的经管学科研究方法体系的主要特点是：以方法论为基础，以理论为指导，以逻辑科学作为自己的思维方法，并且不断批判地吸收其他学科的研究方法。

研究方法是一个有着不同层次和方面的综合的体系，这一体系中包括众多的内容，它的各个部分之间有着紧密的内在联系。根据当前经管学科研究运用的主要研究方法以及它们的适用范围，研究方法体系主要由研究方法论、研究的基本方式、研究的具体方法与技术三大层次构成。

（一）研究方法论

简单来说，方法论是指在一定理论指导下研究问题、解决问题的手段和工具。方法论所涉及的主要是社会研究过程的逻辑和研究的哲学基础。或者说，方法论所涉及的是规范一门科学学科的原理、原则和方法的体系。

在社会研究中，存在着两种基本的、同时也是相互对立的方法论倾向。一种是实证主义方法论；另一种是人文主义方法论。长期以来，实证主义方法论一直占据着社会研究方法论的主流位置。实证主义方法论认为，社会研究应该向自然科学研究看齐，应该对社会世界中的现象及其相互联系进行类似于自然科学的探讨。要通过非常具体、非常客观的观察，通过经验概况得出结论。同时，这种研究过程还应该是可以重复的。在研究方式上，定量研究是实证主义方法论最典型的特征。

人文主义方法论则认为，研究社会现象和人们的社会行为时，需要充分考虑到人的特殊性，考虑到社会现象与自然现象之间的差别，要发挥研究者在研究过程中的主观性。在研究方式上，定性研究是人文主义方法论的典型特征。

虽然方法论通常不会明确地写在研究报告中，同时，一些社会研究者在进行研究时也不一定会意识到方法论方面的问题。但是，它却始终会实实在在地对社会研究的整个过程产生影响。比如，它将形成社会研究者关于社会现实的性质的种种假设，形成他们收集资料的各种方法，形成他们对于研究所需要的资料的选择，形成他们分析资料和解释结果的方式等。

(二)研究方式

研究方式指的是研究所采取的具体形式或研究的具体类型,是贯穿于研究全过程的程序和操作方式,它表明研究的主要手段与步骤,主要可以划分为四种主要类型,即调查研究、实验研究、实地研究和文献研究。其中每一种方式都具备某些基本的元素或特定的语言,构成一项具体研究区别于其他研究的明显特征。同时,每一种方式可以独立地走完一项具体研究的全部过程。表 3-1 对这四种研究方式的有关情况进行了概括和总结。

表 3-1 研究的基本方式简介

研究方式	子类型	资料收集方法	资料分析方法	研究的性质
调查研究	普遍调查 抽样调查	统计报表 自填式问卷 结构式访问	统计分析	定量
实验研究	实地研究 实验室实验	自填式问卷 结构式访问 结构式观察 量表测量	统计分析	定量
实地研究	参与观察 个案研究	无结构观察 无结构访问	定性分析	定性
文献研究	统计资料分析 二次分析 内容分析	官方统计资料 他人原始数据 文字声像文献	统计分析	定量

(三)具体方法与技术

具体方法与技术指的是在研究过程中所使用的各种资料收集方法、资料分析方法,以及各种特定的操作程序和技术。在毕业论文写作的各个阶段中,可综合使用具体研究方法和技术。如在论文文献综述和开题报告撰写阶段,可使用文献法;在资料收集阶段可使用文献法、问卷法、访谈法等;在论文正文撰写阶段,可综合使用案例分析法、实验法、观察法、定性资料分析法等。在研究中,具体采用哪种分析方法,由论文选题、研究目的、研究对象和数据类型共同决定。

概括起来,研究的方法体系可用图 3-1 简要表示。

研究方法体系是一个有机整体,三个层次之间不是各自独立、互不相关的。方法论与研究方式之间、研究方式与具体方法和技术之间,都存在着十分紧密的内在联系。不同的方法论观点不仅影响着研究者对研究问题的选择,同时更直接影响着研究者对研究

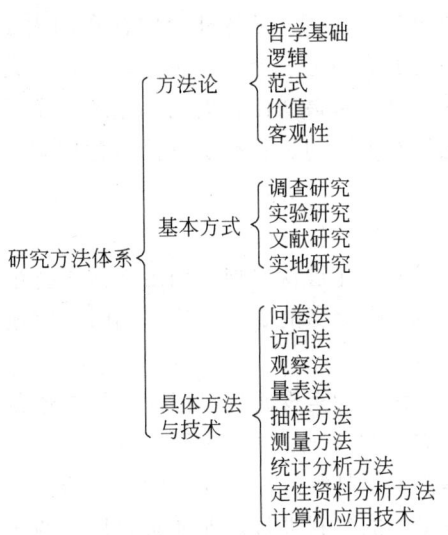

图 3-1　研究方法体系

方式的选择，而一定的研究方式又规定了一套与其相对应的具体方法和技术。为了能够在实际研究中有效地应用某种特定的方法，研究者不仅要了解各种可供选择的方法，而且还要认清各种方法的特点、局限性及其互补性。

三、研究的过程

研究是为了探索特定问题的成因或获取解决问题的答案，是一种系统地、科学地了解社会现象、探索社会规律的认识活动。研究的过程一般可分为五个阶段：问题选择、研究设计、研究实施、资料分析、撰写研究报告。

（一）问题选择

社会领域问题五花八门，在每个方面或领域中，都有许多值得探讨的研究问题，因此，选择合适的研究问题并非一件十分简单的事情。从程序上来说，研究问题的选择是一项研究活动的起点，也是整个研究工作的第一步。一项具体的社会研究开始于对研究问题的选择，"选好了问题也就解决了一半"。一旦确定下来所要研究的问题，整个研究活动的目标和方向也就随之确定。著名科学家爱因斯坦曾经说过："提出一个问题往往比解决一个问题更重要，因为解决一个问题也许仅是一个数学上或实验上的技能而已。而提出新的问题、新的可能性，从新的角度去看旧的问题，都需要有创造性的想象力，而且标志着科学的真正进步。"［爱因斯坦. 物理学的进化［M］. 上海：上海科学技术出版社，1962：66.］。因此，应当对研究问题选择阶段予以高度的重视。在研究问题选择阶段,主要的任务包括两个方面:一是从社会中存在的大量的现象、问题和领域中,根据研究者的兴趣、需要、能力确定一个研究主题;二是形成研究问题,即进一步明确研究的范围,集中研究的焦点,将最初比较模糊、笼统、宽泛的研究领域或研究现象具体化、精确化,将其转化为有新颖的、具有研究价值且切实可行的研究问题。

(二)研究设计

研究设计是指对整个研究工作进行规划,制定出探索特定社会现象或事物的具体策略,确定研究的最佳途径,选择恰当的研究方法。同时,它还包含着制定详细的操作步骤和研究方案等方面的内容。

研究设计阶段的主要工作是为实现研究目标而进行的道路选择和工具准备。所谓道路选择,指的是为达到研究的目标而进行的研究设计工作,主要涉及研究的思路、策略、方式、方法以及具体技术工具等各个方面。就像实施一项工程之前必须进行工程设计一样,要保证一项研究工作的顺利进行,保证研究目标的实现,也必须进行周密的研究设计。所谓工具准备指的是研究所依赖的测量工具或信息收集工具,如问卷、量表、实验手段等的准备。

(三)研究实施

研究实施阶段的主要任务是具体执行研究设计中所确定的思路和策略,按照研究设计中所确定的方法、技术进行资料的收集工作,因而也将此阶段称为资料收集阶段。在这一阶段,研究者往往需要深入实地,接触被研究者;或者要设计出实验环境,进行实验;或者要收集大量的文献资料。在收集资料过程中要注意资料的完整性、可靠性和正确性。

(四)资料分析

资料分析阶段也称为研究阶段。这个阶段就像工厂加工产品一样,其主要任务是将研究所收集到的各项原始资料投入审核、整理、分类、统计和分析等多道工序中,经过"加工"和"制造",最终变成研究的结果和结论。在这个阶段中,既有对原始数据资料的整理、转换和录入等工作,也有对原始文字资料、图片资料、音像资料等的整理、分类和加工工作;既有对数据资料进行的各种定量分析,也有对定性资料进行的综合、归纳和解读分析。

(五)撰写研究报告

研究报告是一种以文字和图表将整个研究工作所得到的结果系统地、集中地、规范地反映出来的形式,是研究成果的集中体现。一项研究的最终阶段,是根据前期的研究情况，撰写研究报告，得出研究结论。这个阶段的主要任务是综合和评价资料，在此基础上撰写研究报告、评估研究质量、交流研究成果。研究的目的、研究的方式、资料的收集、资料分析方法、研究结论、研究成果的质量都要在研究报告中进行总结和反映。

第二节　文献研究法

　　文献研究不是直接从研究对象那里获取研究所需要的信息，而主要通过收集、分析现存的文献资料，包括文字、数字、图片、符号以及其他形式存在的第二手资料，来研究相关问题。经济管理学科与其他社会科学研究一样，必须收集前人的相关研究，借助前人的研究成果，以此获取有价值的信息。因此，经济管理学科只有进行文献研究，才能掌握该领域的研究动态、前沿进展，并了解前人已取得的成果、研究现状、发展趋势以及存在的问题与不足。

一、文献与文献研究

（一）文献的概念及类型

　　文献是文献研究的基础和前提，研究文献，可以从前人的研究中获得某种启示，少走弯路，减少盲目性；可以利用前人的权威的观点为自己佐证，使自己的研究增强说服力；当然，还可以从别人的研究中发现问题和不足，引起新的研究和讨论，从而纠正别人的错误，提出自己创新的观点。在经济管理学科研究中，往往需要查阅、引用档案资料、经济社会发展报告、最新理论研究动态等文献资料，那就更是离不开文献研究了。因此，在介绍文献研究方法之前，有必要先了解文献的概念及其分类。

　　1. 文献的概念

　　所谓文献，一般是指"已发表过的、或虽未发表但已被整理、报道过的那些记录有知识的一切载体"。因此，可以从两个层面去理解文献的概念：一是指文献是用文字、数字、图片、符号以及其他形式记录知识和信息的物质载体，包括图书、期刊、学位论文、科学报告、档案等常见的纸面印刷品，也包括有实物形态在内的各种材料；二是指这些物质载体本身所记载和传递的知识和信息。简单来讲，文献就是我们希望加以研究的现象的任何信息形式。

　　2. 文献的分类

　　前人对各门各类知识的研究成果形成的文献，品种繁多、数量巨大、浩如烟海。要从众多的文献资料中快速有效地查找到所需要的东西，不是一件容易的事情，因此对繁多的文献需要进行分类。对文献的分类主要有三种方式：按文献信息加工程度、文献性质和文献载体进行划分。

(1) 按文献信息加工程度分类

① 零次文献。零次文献即曾经历过特别事件或行为的人撰写的目击描述或使用其他方式的实况记录，是未经出版发行或未进入社会交流的最原始的资料。也可视为第一手文献（Primary Documents），主要包括未发表的书信、手稿、草稿和各种原始记录，学校内部使用的教材、讲义、专题资料、研究提纲等。

② 一次文献。一次文献也称原始文献，一般指直接记录事件经过及其研究成果的原始文献。主要包括各种图书、报刊、学术会议论文集、科技报告、各地的统计年鉴、地方或部门档案资料等。

③ 二次文献。二次文献又称检索性文献，二次文献是指对一次文献进行加工整理，包括著录其文献特征、摘录其内容要点，并按照一定方法编排成系统的便于查找的文献，如书目、题录、索引、简介、文摘等。二次文献是检索一次性文献的主要工具。《新华文摘》、《书摘》、《文摘报》等文摘类报刊就属于典型的二次文献。

④ 三次文献。三次文献也称参考性文献。三次文献是在利用二次文献检索的基础上，对一次文献进行系统的整理并概括论述的文献。此类文献不同于一次文献的原始性，也不同于二次文献的客观报道性，但具有主观综合的性质。

(2) 按文献性质分类

按文献性质可以分为学术文献和资料性文献。

学术文献如专著、教科书、科普读物、杂志、丛刊、学报等。

资料性文献如文摘、百科全书、年鉴以及各种档案资料。在经济管理类课题研究中尤其要重视档案资料的应用。

(3) 按信息载体分类

我们以往所说的文献，都是指的印刷品形式的文献资料和各类档案资料，可总称作文字类资料；而现在人们已经把大量的文献资料制成了录像带、光盘数据库等，称作音像资料，百科全书光盘就是非常便捷好用的光盘资料；有的还上了互联网，可称作互联网资料。现在在互联网上查阅文献资料便捷而快速，很值得同学们采用。

(二) 文献研究及其类型

"它山之石，可以攻玉。"为尽早确定研究方向和课题，避免重复劳动，在进行毕业论文撰写之前，需要了解前人研究的状况，包括人家做过了哪些研究，获得了哪些成果，提出了什么观点，建立了何种理论，应用情况如何，还有哪些问题没有解决或者有哪些新问题产生，目前又有何新进展等。要解决上述问题，我们首先就需要研究现存文献。

所谓文献研究，是指根据一定的目的，通过收集和分析现存的以文字、数字、符号、画面等信息形式出现的文献资料，来探讨和分析各种社会行为、社会关系及其他社会想象的研究方式。文献研究是史学、哲学、社会学、经济学和管理学最常使用的研究方法。在经济管理学科研究中，通过文献研究来挖掘事实和证据，搜寻发展趋势和规律，以探讨和分析经济社会的结构、关系、群体、组织、文化、价值等。

根据研究的具体方法和使用文献类型的不同，可以将文献研究划分为内容分析、二次分析和现存统计资料分析等。这三种文献研究方法的基本特征和内在逻辑都是相同或相似的。只是在具体应用上，它们各自的侧重点有所不同。内容分析主要用于对大众传媒信息，尤其是对报刊、杂志、广播、电视的分析，其适用面也最为广泛；二次分析主要是对其他研究者先前所收集的原始数据进行的再次分析和研究，这种方法的运用需要有一个基本的前提，这就是现实社会中应存在大量的原始数据，并且研究者可以找到和获得它们；现存统计资料分析则主要集中于对那些由国家和各级政府部门所编制的统计数据进行分析，这种方法在社会学、人口学、经济学等学科中应用比较广泛。

二、文献研究的程序

与其他常应用于经济学、管理学研究领域的研究方法一样，文献研究也需要遵循一定的程序。文献研究的程序主要包括五个环节，即提出课题或假设、研究设计、收集文献、整理文献、进行文献综述。

（一）提出课题或假设

在进行研究之前，首先我们要针对所要解决的问题，确定所要研究的课题或者提出某种假设，并依据现有的理论、事实和需要，对有关文献进行分析整理或重新归类研究。

（二）研究设计

研究设计首先要建立研究目标，研究目标是指使用可操作的定义方式，将课题或假设的内容设计成具体的、可以操作的、可以重复的文献研究活动，它能解决专门的问题和具有一定的意义。简单来讲，研究设计，即拟订研究计划。

为了避免在研究过程中出现盲目性和随意性，文献研究与其他研究一样也应该做好研究计划的拟订工作，主要包括：研究的目的和意义、研究的主要内容及阶段、收集文献的途径和方法以及文献分析的方法、研究工作的进度安排和时间分配、研究成果的表现形式等。

（三）收集文献

文献资料的收集是文献研究的重要一环，文献研究的实施是从文献资料的收集开始的。因此，全面、精准、迅速地收集真实可靠且符合特定需要的文献资料是决定文献研究质量的关键因素。

为了更好地收集所需的文献资料，研究者应从多渠道收集资料，通过文献数据库进行文献检索是收集文献资料的常用方法。目前，中文和英文专业数据库在国内的许多高校（特别是重点大学）图书馆都可以检索到，一些英文专业数据库可到中国香港地区高校、北美、欧盟、澳洲等高校查找。

（四）整理文献

对收集到的大量文献资料还要进行去粗取精、去伪存真的加工整理工作，剔除假材料，去掉相互重复、比较陈旧甚至过时的资料，并且对保留下来的资料要进行分类编排，并编制题录索引或目录索引。关于文献资料的整理，本书已在第三章作了详细的介绍，在此不再赘述。

（五）分析和综合研究

对已收集到的文献材料进行阅读、描述和分析，从中发现事实，挖掘证据，得出结论。对文献的分析研究主要分为定性研究和定量研究两种。定性分析方法是对研究结果的"质"的分析，是运用分析与综合、比较与分类、归纳与演绎对研究资料进行思维加工的过程，其目的在于解释各种现象，揭示各种规律。定量分析方法是从量的角度进行量化分析的，从而要求研究者在纷繁复杂的数据中寻求研究对象的特征和规律性。在资料的定量分析中常用的统计分析软件有 Excel、SPSS、SAS、Amos 等。

（六）进行文献综述

文献研究的最后一个环节是要根据文献分析的结果，写出文献研究综述或研究报告，这也是文献研究成果的重要表达方式。文献综述在全面搜集有关文献资料的基础上，经过归纳整理、分析鉴别，对一定时期内某个学科或专题的研究成果和进展进行系统、全面的叙述和评论。

研究者在进行文献综述时应注意以下问题。

1. 忠实文献内容

研究者在收集文献资料的同时也会收集到对文献的不同评论，在进行文献综述时，研究者应忠实于原始文献的内容，不能以评论代替文献内容。

2. 文献综述要严谨

文献综述要以原始文献为基础，不能只根据摘要和第二手资料；准确地引用原作者的原文，不能断章取义；资料运用恰当、合理，条理清晰，文字通顺简练。

3. 述评要"一分为二"

在对文献述评时，应该肯定各种理论、观点和方法的正确、合理性；同时，要指其不足之处和需要进一步研究的问题。

4. 正确附录参考文献

文献综述要正确附录参考文献，反映综述所依据的文献资料。所附录的参考文献都应与所综述的内容直接相关，是研究者直接阅读过的文献资料，反映研究者对该研究领域的认识水平和研究程度。

第三节 案例研究法

案例研究法最早广泛应用于法学和医学领域。医师们依赖于案例研究法来诊断病症；律师们将判例法视为法律研究的基本方法——英美法系国家的律师们将判例视为法律的渊源，大陆法系国家的律师们则从大量的判例中寻找到有力的支持性论据。20世纪以来，案例研究逐步在经济学、管理学领域得到了快速推广，同时也被广泛应用到其他学科，包括法学、医学、人类学、社会学、心理学和历史学等。

一、案例研究概念

（一）什么是案例研究

在定义案例研究概念之前，我们先了解什么是案例。美国哈佛大学商学院著名教授克里斯坦森（C. R. Christensen）对案例下了这样的定义："案例就是一个执行官或其他管理人士曾面临的情景的一个部分的、历史的、临床的研究。它运用叙述式的表达方式，来鼓励学生的参与，并为可替代许多方案的构建和为认识现实世界的复杂性和模糊性提供资料——实证的和过程的材料——这是对于一个特殊情境的分析所必需的。"

那么什么是案例研究呢？案例研究也叫"个案研究"或"实例研究"，是当代社会科学方法论体系中一个应用广泛的定性研究方法。它源自医学，后来逐渐地在社会科学各个领域里获得普遍的采用。案例研究专注于对单个的研究对象进行具体而系统的实证研究，研究对象可以是个人、个别群体、个别组织或机构、个别事件或问题。它要求对研究对象的来龙去脉、前因后果、发展过程等方方面面作尽可能翔实的描述，从事物自身的展开中显露事物之所以如此的固有机理。正如我们常说的"解剖麻雀"。案例研究用多种资料来源来重构一段过去或现在正发生的历史，用以探索议题、检验理论、发展和修正理论解释，是经验研究的一种特殊形式。

关于案例研究的定义有两大类别，第一种观点认为案例是特殊事件，案例就是案例，从案例中不能总结出带一般规律性的结论；第二种观点认为对案例的研究可以得出新的假说以及分析性的普遍结论。阿德尔曼（Adelmanetal）等人将案例研究定义为："案例研究是对一组研究方法的笼统术语，这些方法着力于对一个事件进行研究。"

(Adelman et al, 1997) 尼斯贝特（Nisbet et al）等人认为：“案例研究是一种对一个特殊事件进行系统研究的研究方法。”（Nisbet et al, 1978）贝纳德（Bernard）认为：“案例研究是用来阐明和支持命题和规则的方法，而不是归纳出新的假说。如此，诸如寓言、讽喻、远见、揭露的事物、神话、故事、悲剧、小说等都从古代就开始运用社会案例。"（Bernard, 1928）。锡欧（Shaw）进一步认为：“案例研究方法强调总的场景或所有因数的组合，描述现象发生的事件过程或事件后果，在大环境下对个体行为的研究与分析进而形成假说。”（Shaw, 1927）在吉（Gee）看来，"作为一种研究方法，案例研究似乎首先用于描述当代资料，并从中得出归纳性的普遍结论"（Gee, 1950）。可以看出，前三种定义较符合第一种观点，而后两个定义则支持第二种观点。

可见，案例研究是一种解释社会现象的研究方法，是一种运用历史数据、档案材料、访谈、观察等方法收集数据，并运用可靠技术对一个或多个案例进行分析，从而得出带有普遍性结论的研究方法。

（二）案例研究的优势和不足

1. 案例研究的优势

相比于其他研究方法，案例研究方法主要有以下优势。

（1）案例研究的结果能被更多的读者所接受，而不局限于学术研究圈，给读者以身临其境的现实感。

（2）案例研究可以为其他类似案例提供易于理解的解释。

（3）深入系统的单一案例研究可以发现被传统的研究方法所忽视的特殊现象。

（4）案例研究操作较为方便，适合于个体研究者，并不一定需要成立研究小组，具有一定的灵活性。

2. 案例研究的不足

（1）案例研究的结果不易归纳为普遍结论。

（2）案例研究的严格性容易受到质疑。比如，如何选择案例就不像问卷法那样有普遍意义。

（3）案例研究耗费时间长，案例报告也可能太长，反映的问题不明了。

尽管如此，案例研究法的拥护者认为案例研究的不足是可以弥补的。比如殷（Yin）认为尽管案例研究不能得出统计的普遍性结论，却可以得出分析的普遍性结论（Yin, 1994）。

（三）案例研究的类型

1. 根据研究任务的不同分类

（1）探索性研究（exploratory research）。探索性研究运用新的视角、假设、观点和方法来解析社会经济现象,这种类型的研究通过发展命题作为后续研究的开端,其缺点是缺乏系统的理论体系的支撑,相关研究成果比较不完整。

(2) 描述性研究 (descriptive research)。描述性研究先从理论的描述开始,这种理论的描述能够从深度和广度上覆盖被研究的案例,从而生成一组对因果关系的假设和命题。这种研究是阐述一个既有的理论或者扩大一个理论的解释范围,在已有理论框架下,当研究者希望对企业实践活动作出详尽的描述时,可以采用这一方法。

(3) 解释性研究 (explanatory research)。解释性研究是运用已有的理论假设来理解和解释现实中的组织实践活动。这种研究以探索研究对象固有的因果联系为宗旨,适用于运用已有的理论假设来理解和解释现实中企业实践活动的研究任务。

2. 根据案例的数量分类

(1) 单一案例研究

单一案例 (single case) 研究主要用于证实或证伪已有理论假设的某一个方面的问题,也可以用来分析一个极端的、独特的和罕见的管理情境。偏好单一案例研究方法的学者认为,单一案例研究能够深入地揭示案例所对应的经济现象的背景,保证案例研究的可信度。但是,单一案例研究通常不适用于系统构建新的理论框架。

(2) 多案例研究

在多案例研究 (multiple case) 中,研究者首先要将每一个案例及其主题作为独立的整体进行深入的分析,即案例内分析 (within-case analysis);依托于同一研究主旨,在彼此独立的案例分析的基础上,研究者将对所有案例进行归纳、总结,并得出抽象的、精辟的研究结论,即跨案例分析 (cross-case analysis)。以凯思琳·M. 艾森豪威尔 (Kathleen M. Eisenhardt) 为代表的学者偏好于多重案例研究方法,其观点是,多重案例研究能够更好、更全面地反映案例背景的不同方面,尤其是在多个案例同时指向同一结论时,案例研究的有效性将显著提高。

二、案例研究法的适用范围

从哲学范畴上说,人们通过对相对小的样本进行深度调查、归纳、总结现象背后的意义和基本规律,案例研究方法属于解释主义的范畴;从论证方法角度看,案例研究属于实地研究方法 (field research),是一种实证研究。因此针对这一本质特点,案例研究方法可以被广泛应用到诸如医学、法学、政策、政治学、公共行政研究、社区心理学和社会学、组织与管理学研究、城市与区域规划研究等多个学科领域中。案例研究法在经管类专业本科生、MBA 和 EMBA 毕业论文中使用的频率较高。

在这些领域中,案例研究法的采用也需要一定的条件,以下列出较为重要的三个条件。

（一）所研究的问题属于一种理论空白，或者处于学科的幼稚期

已有的数据和文献不能解释和回答所要研究的问题，需要从实践中总结、归纳出理论框架和概念模型，这时往往采取理论构建过程而不是理论验证过程，即最佳的选择是采用定性的研究方法。由于案例研究就是通过深入的案例调研和系统的资料分析，从而为研究者提供更充分的贴近现实的资料，使其能够对现实产生足够的敏感和全方位的理解，有利于研究者打破现有的概念框架，建立一个有效的理论模型。

（二）所研究的问题具有动态性和实效性

动态性是指研究者能够深入研究情境，从而能够多角度、深入地接触问题；时效性是指研究者选取的案例一般是发生在近期的。系统地从整体上把握问题的本质和全貌，这往往是定量研究方法所无法达到的效果。例如，问卷调查法通常预先将问题简单化和标准化，再通过大量样本的数理统计分析得出结论，因此在面对动态性的问题时，问卷调查法容易限制观察的视角，削弱研究者的信息敏感度。相对于问卷调查范围宽泛、深度和丰富性不够的缺陷，案例研究通过实地研究，通过研究者融入研究情境中深入了解和接触问题，在获取数据的过程中，学习和认知现实问题，使得研究者能够发现与实际相关的知识，构建有普遍解释能力的理论框架。如果案例不具有时效性，一来研究者不能深入情境中收集相关数据；二来研究者得出的研究结果也没有太大的现实意义。

（三）研究的结果重在产生理论框架

一般的研究目的主要有建立理论框架模式或数学模型，而数学模型侧重于定量研究，适应于有限复杂的问题，它将复杂的问题简化为几个关键的变量。而理论框架模式适合变量复杂、关系复杂的研究，它易于找出变量之间的联系、变量之间作用的方向、变量变换的模式和影响结果及其输出的方式。因此，在研究目的为形成理论框架的研究中，案例研究是一个比较有效的研究方法。

三、案例研究的一般程序

一般来说，一个完整的案例研究过程包括如下程序：研究问题的确定、案例选择、收集数据、分析数据和撰写案例分析报告。

（一）确定案例研究的问题

在决定案例研究的问题时，研究者需要对以下五个层次的问题加以关注：第一，对具体被访者提出的问题；第二，对个案提出的问题；第三，根据跨案例的发现结果提出的问题；第四，对整个研究提出的问题；第五，对于研究范围之外的政策建议和结论。

（二）选择案例的范围和数量

潜在的案例来源于研究期刊、科研书籍、非公开发表的论文、学术论文、政府研究报告等。尽可能多地从各种理论观点寻找案例，纵览各种理论类型的文献可以增加案例的多样性。大量来源相同的案例只能增加研究广度而无助于提高研究深度，案例选择不能只从数量上决定。如果研究问题是针对少数特别变量进行比较，应该增加案例的数量以供比较。但是，如果研究问题是分析复杂结构中的内部依赖变量时，应该对一个案例进行深入设计，而不是增加案例数量。

研究者在选择案例时，要注意以下三点：第一，选择具有所有或多数变量的案例，以使案例涉及的理论范围最大化；第二，选择突出的、极端的案例以便于比较；第三，选择便于开放解释的案例。例如，选择详细描述发生了什么而没有给出结论的案例，这样可以提供更多对于复杂关系及其发生原因的认识。

（三）收集数据

在案例研究中，数据收集的方法大部分是定性的，只有小部分是定量的收集方法。具体的收集方法包括：文献资料、访谈法、观察法、档案记录和实物资料。在选择数据收集的方法时，研究者需要综合比较各种数据收集方法的优缺点，并针对研究实际选择适合的方法。

（四）数据分析

数据分析与数据收集是同步进行的。确定研究目的之后，每一份数据收集和分析都会产生一定的发现和一些临时的假设，这些发现和假设进一步对下一阶段的数据收集产生指导作用。整个研究在这样的循环过程中进行，不断地提供新的数据和发现，使得研究的问题得以不断地提炼，研究得以不断地完善。

根据殷（Yin）的主张，在案例研究中，一个总体的数据分析策略是必需的，这样数据分析行为才可以得到指导；同时数据分析的步骤应该包括检查、分类、制表及对数据的重组。一般情况下，数据的分析需要依赖于研究者提出的理论性主张。

数据分析方法主要有三种。

1. **解释性分析**

解释性分析（interpretational analysis）是通过对数据的深入考察，找出其中的构造、主题和模式。解释性分析要求案例研究的结果具有较高的客观性，因此一般要使用计算机对数据进行处理。首先，研究者对数据库中的数据进行细分。一个问题和一个回答都可以成为一个数据细分。然后，设计出一系列的类目对数据进行合并，每一个数据类目都代表一种现象。例如，领导者的特点是数据类目中的一类，而他们的性格特点和行为特点就可以成为该类目下的子类。接着，研究者把细分好的数据分配到不同的数据类目里。在分配的过程中，研究者经过"不断比较"，决定哪些数据应该进入哪些类目，并不断整理原来的数据细分和修改初始类目设计。通过"不断比较"，研究者能够明晰每一个类目的意义，划清不同类目间的界限，并决定哪些类目是研究重点。

2. 结构性分析

结构性分析（structural analysis）是通过对数据的考察，确认隐含在文件、事件或其他现象背后的模式。结构性分析不需要理解每一个数据的意思并作出推断，在这一点上它与解释性分析有所不同。作为一种常规的分析，结构性分析只需要考察文字或叙述上的数据。

3. 反射性分析

反射性分析（reflective analysis）是一种主观的分析方法，它依赖于研究者的直觉和判断对数据进行描述。当研究者需要重视一种现象，并需要对此作出大量的描述时，反射性分析是最理想的分析方法。与在解释性分析中建立的数据类目不同，在反射性分析中，研究者对现象的解释和评价一般不受约束，因此，该方法适合经验丰富的研究者使用，并适合用于探索性研究。

（五）撰写案例研究报告

案例研究的成果以文章、书籍或研究报告等方式表现出来。案例研究的目的可以是给一个案例、事件"绘制肖像"，但更重要的是得出分析性归纳结果，或建立理论模型，作出深层次的理论分析。

案例研究报告往往较长，但不宜冗长乏味。要将事实与结论区分开，将重要事实与一般事实区分开。附录的使用也是较好的方式。案例的写作应当有说服力。但作者不是当事人，还要保持中立。案例写作应争取对事件的正反两方面进行多角度的"全息"照相。专业性强的术语在解释和分析案例时是必需的，但应该慎用。

在案例研究报告中，应当注意几种危险的写作倾向。有的作者只注重案例的轰动性方面而忽视案例的真实性方面；有的作者只选择支持自己结论的证据；有的作者过多地渲染细节，使案例显得枯燥乏味；有的作者从平庸的事件中提炼出浮夸的素材，建立起"深奥"的理论；有的作者不假思索地接受他人的信息，只注重事物的共性，而忽略个性，因而得出平淡无奇的结论。这些，都是在研究中应当注意避免的。

从整体上讲，一份优秀的研究报告需要具有较强的可读性，能够让读者充分地理解报告的内容，并就其中的内容提出问题和进行探究。研究报告应包括如下三个方面：第一，特别的描述，即引用数据中的资料，如访谈的内容、文件的摘录或者一些小插图等，以增添报告的可读性；第二，一般的描述，即论述引用的数据是否具有代表性、与其他数据间的相关性及对所有数据进行概括性的描述；第三，描述的解释，对以上两种描述进行解释和归纳，并得出结论。

第四节 访谈法

访谈法是经济管理学科研究方法体系中一种重要的资料收集方法，它是通过口头谈话从受访者那里收集第一手资料的研究方法，常见于定性研究，在市场调查、工作分析等活动中得到广泛应用。

一、访谈法的概念

（一）访谈法的概念

顾名思义，"访谈"就是研究者"寻访""访问"被研究者并且与其进行"交谈"和"询问"的一种活动。"访谈"是一种研究性交谈，是研究者通过口头谈话的方式从被研究者那里收集（或者说"建构"）第一手资料的一种研究方法。

所谓访谈法（interview survey）是以口头的形式，根据受访者的答复收集客观的、不带偏见的事实材料，以准确地说明样本所要代表的总体的一种方式。尤其是在研究比较复杂的问题时需要向不同类型的人了解不同类型的材料。

（二）访谈的类型

根据不同的标准，可将访谈法划分为多种类型，分别适用于不同的研究目的和访谈对象。

1. **按照访谈的标准化程度分类**

（1）结构式访谈：在这种访谈中，研究者对访谈的走向和步骤起主导作用，按照自己事先设计好了的、具有固定结构的统一问卷进行访谈。结构式访谈要求在访谈过程、访谈内容、访谈方式等方面尽可能统一，做到标准化。

（2）半结构式访谈：在这种访谈中，研究者对访谈的结构具有一定的控制作用，但同时也允许受访者积极参与。通常，研究者事先备有一个粗线条的访谈提纲，根据自己的研究设计对受访者提出问题。但是，访谈提纲主要作为一种提示，访谈者在提问的同时鼓励受访者提出自己的问题，并且根据访谈的具体情况对访谈的程序和内容进行灵活的调整。

（3）无结构式访谈：又称为深度访谈或者自由访谈，它与结构式访谈相反，并不依据事先设计的问卷和固定的程序，而是只有一个访谈的主题或范围，由访谈人员与受访者围绕这个主题或范围进行比较自由的交谈。无结构式适合并主要应用于实地研究。

2. **按照访谈的性质分类**

（1）正式访谈：研究者事先有计划、有准备、有安排、有预约的访谈。

（2）非正式访谈：研究者在实地参与受访者社会生活的过程中，随时碰上的、无事先准备的、更接近一般闲聊的交谈。比如，在左邻右舍、街头巷尾、集贸市场、餐馆商店等日常生活地点与偶然碰上的当地人所进行的交谈，就属于非正式访谈。

3. 根据访谈者与受访者双方接触的方式分类

（1）直接访谈：研究者与被研究者一起坐下来，进行面对面的交谈。

（2）间接访谈：研究者与被研究者事先约好时间，通过电话等交通工具对对方进行访谈。

4. 根据受访者的人数分类

（1）个别访谈：通常只有一名访谈者和一名受访者，两个人就研究的问题进行交谈。

（2）集体访谈：可以由1～3名访谈者和6～10名参与者组成，访谈者主要协调谈话的方向和节奏，参与者自己相互之间就有关的问题进行讨论。

5. 根据访谈的次数分类

（1）一次性访谈：通常内容比较简单，主要以收集事实性信息为主。

（2）多次性访谈：通常用于追踪调查，或深入探究某些问题（特别是意义类问题），可以有一定的结构设计，逐步由浅到深，由表层到深层，由事实信息到意义解释。

二、访谈法的适用范围

访谈法适用范围很广。通过访谈，研究者可以较为深入地了解受访者的所思所想，包括他们的价值观、情感感受、心理活动和所遵从的行为规范，也可以全面了解受访者过去与现在的经历，还可以了解受访者耳闻目睹的有关事件，以及受访者对这些事件的解释和评价，从而获得关于某一行为或社会现象的详细资料。

（一）访谈法适用于多种受访者

访谈法不仅适用于有一定文化程度的人，而且对于一些文盲、半文盲等文化程度较低的受访者，通过直接的访谈交流也可以取得满意的调查结果。同时，对一些特殊的受访者，如盲人等，也可以采用访谈法。一般来说，只要没有语言表达障碍，无论什么人都可以作为被访对象。在这一点上，访谈调查具有问卷调查不可比拟的优越性。

（二）访谈法比较适用于小范围内的调查

访谈法由于需要投入较多的人力、物力、财力和时间，大规模的访谈受到一定限制，所以，访谈法一般在调查单位和人数较少的情况下采用，且常与问卷法、测验法等结合使用。

三、实施访谈法的一般程序

为了保证访谈的有效性,实施访谈时需要按照一定程序进行。一般来说访谈大体上可以分为四个阶段,即访前准备、初步接触受访者、实施访谈和结束访谈。

(一)访前准备

在访谈开始前,准备工作主要包括:确定访谈法和确定受访者,选择访谈员,编制测量工具和访谈员手册,培训访谈员,访谈员访前联系受访者。

1. 确定访谈的时间、地点、受访者

一般来说,访谈的时间和地点应该尽量以受访者的方便为主。

研究者在与受访者初次接触时,还应该就访谈的次数和时间长短与对方进行磋商。一般来说,一个比较充分的收集访谈资料的过程应该包括一次以上的访谈;每次访谈的时间应该在一个小时以上,但是最好不要超过两个小时。

研究者选出一定数量的受访者,逐步了解他们所处的社会环境、社会地位。若条件允许,还要了解受访者的社会心理状况、文化教育水平、年龄、职位、习惯、兴趣、经历等,这将帮助研究者设计出恰当的测量工具。选取受访者的具体方法则要根据研究方式而定,通常情况下,个案调查一般选取具有典型意义的受访者,抽取调查则采用非概率抽样或概率抽样的方法,选取研究者所需的受访者。

2. 设计访谈提纲

一次访谈时间最好控制在一个小时内完成,因此,一般提纲不要过多、过细。问题总量大概分成2~3大类问题,每一大类问题由若干个小问题构成。

提纲设计的原则有三个:要紧密结合访谈目标设计访谈提纲;问题设计不宜太多(8~10个问题);按受访者思考问题的逻辑顺序提问;问题内容与过程尽量覆盖为达成访谈目标的关键问题、疑难问题。

提纲设计的形式有以下三种。

(1)主题式

列明本次研究的核心要点。只需要列出5~6个关键的问题,但这些问题属于起始性问题,用于最初的访谈引导,而实际的深层问题由访问者在访问过程中现场把握。对访谈员的经验和技能要求较高。

(2)问卷式

列明非常具体的对话问题、提问方式。确保访问者关注的问题不会被遗漏,同时提供了较为一致可比的研究方式及其相应探讨结果。

(3)剧本式

数量比较多的访谈员同时在很多区域做访谈,而同时访谈员的经验又有限时,需要把提纲做得很细，这种形式的提纲就属于剧本式。剧本式的问题不仅意味着更多具体展开的问题，同时在提纲的关键处明确提出了追问、出示道具、不同答案情况的应对规则等。

3. 设计访谈问题

访谈问题的设计，虽然因访谈类型而异，但大体上都要避免以下三类问题的出现。

（1）暗示性问题

暗示性问题是指该问题可能导致受访者按照访谈员思路引导回到问题。暗示性问题不仅会使访谈员得不到针对该问题的真实答案，而且会使受访者的思维更加混乱。

（2）空洞的问题

访谈员在设计问题时，不能有"一口吃个胖子"的想法。过于空洞的问题，使受访者找不到准确的切入点。访谈员要在受访者回答问题的答案中费时、费力捕捉对研究有价值的答案，或者根本得不到有价值的答案。

（3）审问式的问题

访谈员要把访谈看成与受访者平等的交流过程，因此，在问题的设计上应该避免出现审问式问题，要特别注意提问时的措辞。审问式的问题，会使受访者拘谨而不能充分表达自己的想法。

（二）初步接触受访者

在这个阶段，访谈员最重要的任务是，进行关系运作和预备性访谈以赢得受访者的信任，协商有关访谈的事宜，并通过重申自愿原则和保密原则以巩固信任关系。

1. 建立信任关系

若没有引见者，访谈员只能直接面对素不相识的受访者。此时很难消除受访者的心理戒备，访谈员因此可以通过预备性访谈，建立、强化双方的信任关系，促进受访者产生回答问题的动机。最普遍的做法是，访谈员向受访者礼貌地表明来意以及出示相关证件以消除受访者的疑虑，还可以根据受访者及其所属的环境特点，主动谈谈受访者熟悉的东西，以消除拘束感，从而增进双方的感情交流，减少双方心理上的隔膜。访谈员也可以运用政府机构、知名人士、知名单位、报刊等的权威性，引起受访者对访谈的重视和接纳。

若条件允许，访谈员最好可以由熟悉的人或机构引见，因为引见者与受访者之间的熟人关系有助于访谈员快速建立起其与受访者之间的信任。例如，访谈员可以借助学校老师与外界相关人士的关系进行引见，这将提高受访者对访谈者的信任。

2. 协商有关事宜

一般来说，访谈者在访谈开始之前就应该向受访者介绍自己和自己的课题，并且就语言的使用、交谈规则、自愿原则、保密原则和录音等问题与对方进行磋商。

在访谈开始之前，访谈者应该再次向对方许诺自愿原则，说明在研究的过程中受访者有权随时退出。如果在研究报告中需要引用受访者提供的资料，研究者将对所有的人名和地名使用匿名。如果受访者的语言是访谈者不熟悉的，访谈者要尊重受访者的语言表达方式，鼓励他们用自己的母语来表达自己的思想。访谈者应该努力学习当地人的语言，同时，访谈者应该学会受访者习惯的语言方式提问题。

在访谈开始之前，访谈者还应该与受访者探讨是否可以对访谈进行录音。一般来说，如果条件允许而受访者又没有异议的话，最好对谈话内容进行录音。录音可以帮助研究者日后分析资料和撰写报告。此外，录音还可以使访谈者从记笔记的负担下解放出来，将全部注意力放在受访者身上。但是，在某些情况下，录音也会产生副作用。如果良好的访谈关系尚未建立起来，受访者感到不安全，录音有可能使他们感到紧张不安，甚至选择隐瞒那些今后有可能给他们带来不利后果的信息。另外，有的受访者可能觉得谈话被录音是一件非常重要的事情，因此在谈话中尽量使用正规的、堂而皇之的语言，不愿意使用自己日常使用的语言。然而，如果访谈者不录音的话，有的受访者可能感到自己受到了冷落，似乎自己提供的信息不够重要，不必逐字逐句地记录下来。

（三）实施访谈

访谈实施时访谈员提问和受访者回答问题的过程，也是访谈员倾听、观察、理解受访者以及记录受访者答案的过程。也就是说，访谈员不仅要"用嘴问""用耳听"，还要"用心领会"和"用手写"。

1. 提问

"问"是访谈员在访谈中所做的最主要工作，因此对访谈员的提问有如下三点基本要求。

（1）采取恰当的提问方式

提问方式受到很多因素的制约，包括受访者和访谈员双方的性别、年龄、个性、社会地位、民族、职业、受教育程度以及双方关系、访谈的具体情境、所提问题的性质等。一个成熟的访谈员在提问时会考虑到这些因素，根据具体情况选择最佳的提问方式。

在对受访者提问时要注意以下问题。

① 要根据受访者的特征进行提问。

针对教育水平较低的受访者，提问必须通俗易懂，并较少使用抽象的名词和概念；对于顾虑重重、敏感多疑的受访者，应该循循诱导，逐步提出问题，反之则可直接提出问题。

② 要根据访谈员与受访者的关系进行提问。

若访谈员与受访者是初次见面或还未取得受访者的信任，访谈员应该耐心、慎重地提问，反之则可直率、简洁地提出问题。

③ 要根据问题的类型进行提问。

对于封闭性问题，访谈员要严格按照要求提问，切勿随意改变提问顺序；对于抽象性问题，访谈员要将其转化为具体问题，从具体的细节着手进行情境式、过程化、多角度的分析。对于比较尖锐、复杂、敏感和具有威胁性的问题，应该采用谨慎、迂回的方式提出，一般性问题则可大胆、正面地提出。

④ 要注意运用恰当的语言进行提问。

提问应尽量简短，用语通俗化、口语化和地方化，尽量避免使用学术语言和书面语言，说话速度要适中。既要使受访者听清楚，又要紧随受访者的问答及时提出新的问题。

(2) 使用过渡性问题

访谈中的问题可以分为实质性问题和过渡性问题。实质性问题是指未了解所研究问题的实际内容而提出的问题。实质性问题包含以下四大类：提问事实方面的问题，提问行为方面的问题，提问观念方面的问题，提问态度、愿望方面的问题。

在转换话题时，访谈员需要使用过渡性问题，过渡性问题能帮助访谈员由一个问题切换到另一个问题。过渡性问题在访谈中的好处主要体现在三个方面：使整个访谈显得流畅；避免访谈员突兀地提出新问题；帮助受访者做好回答新问题的准备。因此，访谈员应尽可能自然地切换话题，这样可以使访谈进行得比较顺畅连贯，又不会使受访者因一时的"跑题"而感到尴尬。

(3) 追问

追问是为了使访谈员真实、具体、准确、完整地理解受访者所回答的问题，进一步了解受访者的思想、深挖事件发生的根源以及发展的过程。追问的原因一般包括以下三点：一是访谈员需要受访者更加详细地回答；二是访谈员在受访者的回答中未得到预期的相关的内容，希望能就此更加深入地交谈；三是验证访谈员是否正确地理解了受访者的回答。

就追问的具体时机来说，访谈开始阶段最好不要频繁追问，这样会打乱正常的访谈程序，甚至会造成"跑题"。访谈员应该给受访者一些自由表达的时间，然后在此基础上进行追问，或把当前需要追问的问题插入后续的讨论中。这样既可以将访谈员感兴趣的事情与受访者想说的事情联系起来，又不会伤害受访者的感情及回答问题的兴趣和动力。

此外，不同类型的问题应该在不同时刻追问，如果访谈员发现自己对一些具体的细节不清楚，希望受访者进行补充或澄清，就需要进行及时追问；如果访谈员追问的内容涉及一些重要概念、观点和理论问题，访谈员最好先将这些问题记录下来，留待访谈后期进行追问，因为及时追问会打乱受访者的思路。

2. 倾听

"听"是相对隐性的工作,但在访谈中非常重要。访谈员只有认真地倾听才能把握正确的提问方式,才能捕捉到需要追问的问题。访谈员应该在听的层次和方式上多加注意。

(1) 听的层次

按照信息加工论的观点,访谈员的"听"包含了三个环节:捕捉和接受一切有用的信息,理解和加工处理信息,进行记忆和反应。从这三个环节的衔接看,访谈员倾听受访者的状态可以分为以下三个层次。

① 表面地"听"。访谈员只做出一种听的姿态,并没有认真地将受访者的回答听进去。

② 消极地"听"。访谈员被动地听取了受访者所说的话,但没有理解受访者话中的意义。在这个状态下,访谈员只是在"听",就好像一个录音机在机械地记忆,并没有积极的思维活动和情感共鸣。

③ 积极地"听"。指访谈员将全部注意力都放到了受访者的身上。这时,访谈员注意察言观色,努力记忆和理解受访者的观点,推测言外之意,并考虑如何作出反应。访谈员一般被要求积极地听,即集中注意力倾听受访者,理解受访者所传递的信息,最大可能地记忆,适当地作出回应。

(2) 听的方式

访谈员在倾听受访者谈话时要注意以下三个问题。

① 如果访谈员由于忙于记录,或者思考受访者刚才传达的信息,或者由于受访者的某些行为和态度而情绪紧张,不能集中注意力听,这时一定要提醒自己将注意力集中到当前的问题上,跟上受访者的思路和提问的进程,否则访谈员不仅会遗漏更多信息,而且也会使受访者误以为访谈员并不重视他正在进行的回答。如果记录跟不上,访谈员应该集中注意力听和记忆,写下受访者回答的关键字和概要;如果对刚才受访者的回答不理解,或者觉得有必要深入探讨下去,可以先将问题标记下来,留待后面再问。

② 访谈员要保持连续性地听。访谈员在倾听受访者时不能随便打断受访者的谈话。在无结构式和半结构式访谈中,受访者一般是按照自己的思路说话,访谈员若随意打断受访者,可能会破坏受访者表达的完整性和逻辑性,也会给访谈员自己造成理解上的困难。因此,访谈员如有要追问与问题,最好在对方谈话告一段落后再进行追问。此外,访谈员发现跑题时,也不宜轻率打断谈话。访谈员贸然打断谈话会打击受访者继续探讨的兴趣和积极性,而且受访者仍可能在后续谈话中重提那些跑题的话题,很多受访者认为这些跑题的答案或论述语言与问题有很大关联。因此,访谈员在试图打断受访者之前,一定要耐心倾听,思考对方述说这些话题的动机、愿望、需要和逻辑。

③ 访谈员要理解受访者的沉默。受访者的沉默往往表达了某些含义。因此,访谈

员除了倾听受访者的言语表达外，还应特别注意"倾听"受访者的沉默蕴含的信息。受访者在研究开始阶段保持沉默，拒绝、不习惯访谈或不信任访谈员的可能性比较大，访谈员在确定之后就应该采取措施让受访者放松，从而打破僵局。但在双方已经建立起互信的关系后，受访者的沉默就更有可能是因为他需要一定的时间进行思考，这种情况下访谈员应该耐心等待。所以，当受访者沉默时，访谈员不要马上打破沉默，而应该先思考和判断受访者沉默的原因。如果不能确定受访者长期沉默的具体原因，访谈员可以试探性地询问对方，然后根据具体情况作出恰当的回应。

3. 观察

"用眼看"就是观察受访者表达的非语言信息。受访者的非语言信息可以提供语言无法提供的重要信息，帮助了解受访者的个性、爱好、受教育程度及其心理活动，还可以帮助研究者理解受访者的言语行为。

（1）观察内容

在访谈过程中，访谈员要观察受访者的形象语言、肢体语言、情感反应和访谈调查的环境状况等。

① 观察形象语言

形象语言主要指受访者的衣着、服饰、打扮等外部形象，往往是一个人的职业、教养、经济状况和兴趣等内在素质的反映。访谈员要从受访者的衣着、打扮来获取信息。对讲究打扮的受访者，应该庄重、严肃、彬彬有礼；对不修边幅的受访者就可以坦率、随和些。

② 观察肢体语言

行为是受思想、感情支配的。一般来说，受访者会在访谈过程中运用相应的肢体语言，访谈员可以通过观察这些肢体语言捕捉受访者的思想、感情信息。例如，受访者东张西望，表示注意力已经转移；受访者与访谈员保持距离，表示他对访谈员具有敌意和不信任；做无谓的小动作，说明不感兴趣、心不在焉；伸懒腰、打哈欠，表示已经劳累和疲倦；频频看表、看钟，则说明希望加快进度、尽快结束谈话等。在访谈过程中，通过细小的行为、动作和姿态捕捉受访者的信息，往往能起到语言所不能起到的作用。

③ 观察情感反应

除了肢体语言，表情和语气也是情感表达的重要方式。表情主要通过面部器官和肌肉的动作反映出来，如通过眼神。受访者目不转睛，便是精神专注；目瞪口呆，表示意外等。另外，受访者对某些事情或某些价值观念所产生的情感反应，还常常通过语气表达出来。

④ 观察环境语言

人们周围的自然环境、各种摆设和人们的活动状态，也蕴含着一些信息。例如，在入户访谈时，家庭所在社区的绿化水平、社区文化等，从而间接反映受访者的收入状况和生活观念。家庭中的家具摆设，不仅可以反映出受访者的经济状况，而且能够表现受访者的修养、兴趣爱好及性格特征等。

（2）如何观察

访谈员在观察受访者时，要注意以下两个问题。

① 访谈员对受访者的观察要仔细，尽可能地观察与受访者相关的各个方面。

② 访谈员对观察到的信息应加以理解和判断，即边观察边思考这些非语言信息所传达的意义和信息。

4. 回应

访谈员在用心领会的基础上及时、准确地回应受访者，也就是将自己对受访者的态度、想法快而准确地传递给受访者，促使受访者进行积极主动的探索。这样有助于访谈的成功。

访谈员对受访者的回应方式通常有认可、鼓励、自我表露、总结等。

（1）认可

认可是指访谈员对受访者所说的话表示已经听见了，希望对方说下去。认可的方式有两类，即通过语言行为和非语言行为表示。例如，访谈员向受访者说"嗯""很好""是吗""原来是这样的"，或向受访者点头、微笑和注视等。对受访者作出认可的回应，目的是向受访者表示接受、欣赏他的回答，愿意继续与他交谈下去。如果访谈员默不作声、毫无表情，受访者不知道访谈员是否听到和理解自己，因此不愿意再继续说下去。但认可的表达也应该有度，不宜过多过滥。如果过多，可能会打乱受访者的思路；如果过滥，反而会让受访者感到未获得适当的理解。

（2）鼓励

鼓励也是重要的回应方式。有时受访者不知道自己所说的内容是否符合访谈员的要求，或因问题涉及隐私、个人关系和感情而有所顾虑，访谈员就要作出适当回应，以此促使受访者对谈话放心。如访谈员要了解公司里上下级关系的冲突，一位与上司发生过争执的学生在谈论问题时就表示迟疑，这时访谈员就可以说："我感兴趣的不是上下级冲突中具体的人，而是想知道究竟为什么而冲突，冲突中究竟发生了什么事情。"

（3）自我表露

自我表露是指访谈员对受访者所谈的内容就自己的人生经历和经验作出回应。自我表露的目的就是拉近访谈员与受访者的距离，使他们的关系变得轻松。由于访谈员的自我表露，受访者可能会感到访谈员和自己一样是个普普通通的人，可以进行平等交谈。

5. 记录

在缺乏音像设备或受访者不接受录音录像时，访谈员就只能依靠手写方式记录受访者的答案。而即使在录音录像的情况下，访谈员仍然需要用手写方式记录一些重要信息，帮助记忆、厘清、理解和恰当回应受访者。同时，访谈员手写方式记录答案，会使受访者感到访谈员重视自己的回答，从而愿意更加积极和深入地探讨问题。

(四) 结束访谈

访谈员与受访者就所有相关问题都进行交谈后，就可在良好的气氛下结束访谈。在一些特殊情况下，如访谈已经超出了约定时间，受访者不能够再提供新的信息，受访者已露出倦容，访谈员要立即结束访谈，或者在必要的情况下预约再次访谈。一般来说，访谈员在决定结束访谈前，给受访者一些语言和行为上的暗示，表示访谈可以结束了。例如，访谈员合上笔记本或关上录音机；转换话题，聊一下访谈之外的事情；对受访者表示谢意等。

访谈员在结束访谈时，还应该促使受访者把特别想说的话说出来。这时最好问受访者"你还有什么想说的吗""你对我们研究的问题还有什么建议吗""我们忽略了什么没有"等问题以结束调查。同时，访谈员还需要重申自愿原则和保密原则，并对受访者表达真诚的感谢。如果需要进行后续访谈，访谈员应该及时向受访者说明今后会再次登门请教。如果访谈内容没有完成，访谈员还应该与受访者协商下一次的访谈时间、地点和主要访谈内容等，以便受访者做好必要的准备。

第五节 问卷调查法

问卷调查法，作为搜集资料的一种方法，已经被人们广泛使用。它不仅可以运用于学术研究，也大量地应用于民意调查、意见搜集、现象验证、行为预测等方面。问卷调查法也是经管类专业学生进行毕业论文撰写时常用的研究方法之一。

一、问卷调查法概述

(一) 问卷调查法的概念

"问卷"译自法文 questionnaire 一词，其原意是"一种为统计或调查用的问题单"。问卷调查法是指研究者将事先设计好的调查提纲或询问表，通过邮政部门或以组织形式交给被调查者，让其在规定的时间内回答完毕，然后通过邮局寄回或由调查者收回，进行统计汇总，以取得所需的调查资料的调查方法。

(二) 问卷调查法的类型

1. 按调查方式分类

(1) 书面问卷调查

书面问卷调查是指调查者采用书面问题征答形式，将设计好的问卷调查表直接或间接地送到被调查者手中，由调查对象填写后返还给调查者的一种调查方法。

一般认为，书面问卷调查包括邮寄问卷调查、电话问卷调查与专员访问调查。

（2）网络问卷调查

网络问卷调查是指调查者通过被调查者在网上作答问卷而获取资料的一种调查方法。随着最近十几年互联网的普及，网络调查问卷呈现出蓬勃发展的趋势。

2. 按问卷填答方式分类

（1）自填式问卷调查

自填式问卷是由被调查者自己填写的问卷。一般适用于邮寄调查、网络调查等。

（2）访问式问卷调查

访问式问卷调查是由调查者根据被调查者对问题的口头回答而在问卷上作记录的调查方法。一般适用于电话问卷调查、专员访问调查等。

二、问卷调查法的适用范围

问卷调查法之所以应用广泛，是因为相对于其他调查方法，有其自身的优点，如操作简单易懂，可高效地获取信息。但是，它也有一定的局限性，使得调查结果有时并不容易让人信服。因此，研究者在选用问卷调查法时，要掌握其适用性，扬长避短，以取得最优结果。

（一）问卷调查的优点

1. 经济性

问卷调查可以通过邮寄、电话、网络问卷等方式进行，从而可以在短时间内完成大量资料的发放与回收。特别是网络问卷，问卷的发放、回收与处理不仅可以通过网络软件快速完成，而且还可确保资料的准确性，节约了人力、财力和物力。相对于其他调查方式，问卷调查的成本较低，具有经济性，在一定的财力支持下可以有较大的调查样本规模。

2. 广泛性

问卷调查的经济性决定了它的广泛性。由于问卷调查成本较低，由此问卷可以在较大的范围内发放，设计较多的被调查人数，达到较大的样本规模，而大样本对于描述性或解释性分析都是十分重要的。

3. 客观性

调查问卷的客观性体现在两个方面。①客观性的选择题可以避免访谈调查可能导致的潜在偏差。当面访谈时，调查者的提问方式、表述质量甚至其外表，都会影响调查对象的答案。问卷调查则可以避免这种可能的偏差。②问卷调查一般都采用匿名的形式。这样，被调查者在面对隐私、敏感问题时更容易做到真实地回答。

4. 标准化

问卷一般采用标准化格式，内容明确，操作简单易懂，使调查对象比较容易理解问卷的目的。同时，标准化的问卷也使调查者能够更方便地统计和分析所得的数据，并处理调查结果。

（二）问卷调查的局限性

1. 篇幅有限

问卷设计制作时一般要求不可太长，也不可太短；问卷内容受篇幅限制，调查者难以从有限的问卷中获取深层、详细的答案。

2. 回答率低

回答率是指完成问卷的人数占样本总数的百分比。回答率低，就无法知道所描述的特性能否推广到全体样本。基于低回答率的结论是有疑问的。

回答率与问卷长度有关，短问卷的回答率通常比较高。研究表明，问卷长度超过 125 个问题，会使回答率下降。特别值得注意的是，当目标人群是一般公众时书面问卷调查回答率一般不到 50%，这限制了书面问卷的使用。

3. 答案偏差

一方面，如果问卷设计不合理，那么容易引起被调查者回答的偏差。另一方面，问卷调查无法控制问题顺序，在有些调查中，如果被调查者知道后面要问的问题是什么，可能会因其对前面问题的回答产生偏差。

根据上述各种优点及局限性，问卷调查法有特定的适用范围。一般而言，问卷调查适合针对一定数量的可控人群（如学校里的学生、公司里的职员、组织内的成员），在特定的场合（如教室、会议室、车间）集中发放。这种情况下，回答率较高，问卷长度受限较少，成本也较低。但由于其局限性，问卷调查一般不能采用自愿报名的方法取样。

三、问卷调查的基本步骤

问卷调查一般涉及以下五个步骤，即调查准备、问卷设计、调查实施、资料整理与撰写报告。

（一）调查准备

在问卷设计与调查实施开始之前，调查者首先要明确调查目的以确定所需材料。调查准备对后续行动起到导向作用。

（二）问卷设计

问卷设计是依据调研目的，将所需了解的内容以一定的格式和有序的排列，组合在特定调查问卷的活动过程中。

（三）调查实施

收集调查资料的过程，实际上就是调查的实施过程。调查者采用一定的调查方式，向选定的调查对象发放问卷，并通过回收问卷来收集所需资料。

（四）资料整理

资料整理是指调查者把回收的原始问卷资料进行条理化、系统化的加工过程。

（五）撰写报告

对原始资料的分析和处理后，调查者归纳与总结调查结果，通过文书将调研结论表述出来的过程，也就是撰写报告的过程。

第四章

材料的获取与整理

有的同学在写毕业论文时,常常苦于没有资料。有时颇有新意的选题与观点,往往会因资料不足或者资料不好而使其论述不能使人心悦诚服,最终导致论文黯然失色。造成这些缺憾的原因归根结底就是,他们并不真正懂得如何获取和整理写作毕业论文所需要的材料。

写作材料,是写作毕业论文最基本的原料,是构建毕业论文这个创造性工程必不可少的物质基础,同时也是提炼和形成文章主旨的基础,又是论文的充分依据和坚强支柱。没有或者缺乏写作材料,毕业论文只能是空中楼阁。

因此,在确定了毕业论文题目之后,一项很重要的工作就是要根据课题的需要,依据材料收集的方法与原则去着手获取材料。并在获取材料的基础上,对材料进行整理,从中挑选出真实的、典型的、新颖的和足够的材料,使之为我所用。

第一节 获取材料的意义

一、材料的含义

所谓材料,是指作者手中掌握的赖以提炼观点并在文章中证明观点的一系列的事实或信息资料。它们是构建文章最基本的要素,是写作的物质基础。

人们在社会生活中,可以用来作为写作的材料纷繁众多,大致有两种类型:一类是富有形象性的材料,一般有形、有态、有声、有色,人们可以凭借感官感觉它,如"景""物""人""事";一类是富有观念性的材料,一般都不具体,很抽象,看不见、摸不着,只能依靠理智去认识它,如"情""理""思维""意念"。富有形象性的材料,大都用于那些寓思想性于形象性的文体或文章,如小说、散文、戏剧、诗歌,如记叙文;富于观念性的材料,大都用于寓认识于观念的文体或文章,如评论、毕业论文、学位论文,如议论文。当然,这两类材料的用途不是绝对的。例如,我们写作毕业论文与学位论文,在论述时也要用到许多富有形象性的材料(例如,比较具体的"人"和"物"作为论据)。再如,我们大学生中有的人平时喜欢写些散文、诗歌之类的作品,在表情达意时也少不了用富有抽象性的材料。

二、材料的类型

（1）根据不同的标准、不同的要求与不同的角度，材料分类如下。

① 事实性材料。所谓事实性材料，就是指那些客观存在的具体事物或由书籍（含电子出版物）、文章（含网络文章）所提供的具体事实。这些事实包括人物、事件、数据等。事实材料一般都具有真实、可信、零散和可写性强的特征，各类文体写作均可采用。

② 观念性材料。所谓观念性材料，就是指那些来自人们社会生活实践的，经作者观察、实践、抽象后逐步形成的意念或材料已经实践验证的真理和结论。包括科学的原理、定义、定律、名言、警句、格言、俗语、谚语、歇后语等。观念性材料具有理念（即意识、观念、看法等）权威、科学和可写性强的特征，在写作学术论文、毕业论文、市场调查报告、经济活动分析报告、经济预测报告、可行性研究报告等时被普遍采用。

（2）根据材料的性质、用途的不同，材料分类如下。

① 个别性材料和综合性材料。所谓个别性材料，是指那些单独存在，能够单独使用的材料。由于个别性材料一般都比较单纯，因此就很适用于那些短小精悍的文体或文章的写作，如杂文、消息、说明文等实用文体的写作；所谓综合性材料，是指那些相当于个别材料而存在的材料。它是把若干个相同或相似的"个别材料"归纳、综合出来的材料。综合性材料一般内涵都比较丰富，又极具表现力与说服力，因而很适用于写作学术论文、毕业论文、调查报告等文体。

② 中心材料和背景材料。所谓中心材料，是指作者获取的众多材料中的核心部分的材料。它是写作对象的主体部分与正面部分。任何一种文体都不可缺少这种材料，它最能反映文章的主旨；所谓背景材料，是指那些用以补充和说明中心材料所处背景（自然背景和社会背景）的材料，对中心材料起烘托、诠释的作用。在写作各类文章时，若能将这两种材料很好地结合使用，就能大大增强文章的说服力。

③ 历史材料和现实材料。所谓历史材料，是指那些已经过去的、年代久远的材料（包括人物、事件、典籍故事等）。这些材料，有的可用来写历史题材的小说、电影或史论、专著、教材等，有的可用来作为毕业论文的生动材料，如一些数据所反映的情况，用以今昔对比，非常具有说服力；所谓现实材料，是指作者从现实社会生活中获取的材料。现实材料具有鲜活、新颖的时代感，因而是写作各种文体最需要的，也是用得最多的材料，写作毕业论文更是不可缺少。

（3）根据材料的搜集方式，材料分类如下。

① 直接材料。所谓直接材料，是指作者直接参加社会实践活动和科学实验活动等所获取的材料（观察、考察、调查等获取的材料），即"第一手材料"。由于这些材料是

作者自己直接采集的，一般都比较真实、确凿、可靠，用来写作毕业论文就能使论文在论证时"事实胜于雄辩"，因而更具有现实意义和实用价值。

② 间接材料。所谓间接材料，是指作者通过阅读报刊、资料、网页或文献检索等方式所获取的，或是由他人提供的材料，即"第二手材料"或"第三手材料"。由于这些材料一般都不需要自己直接去实践与验证，采集比较方便，写作时也就相对"省"事。但我们又要看到，有些间接材料也会因抄录、印刷、下载等有误，特别是口传往往会有出入，因此，我们在使用时一定要核实一下。现在，由于高科技的发展，储存文献的手段也越来越多样，越来越先进。如图书微缩照相、电视录像、电影、电脑、光盘、各种网络与互联网，使我们查找材料更加便捷，也为写作毕业论文提供了极大方便，我们应该充分利用。

三、获取材料的意义

俗话说"巧妇难为无米之炊"，可见米的重要性。毕业论文中的材料和米一样，没有材料就谈不上论文的撰写，材料是写作的基础。毕业论文材料的意义主要表现为如下三个方面。

（一）材料是论点的依据

学术论文或毕业论文最重要的是要有一个鲜明、准确、新颖的论点。论点，是作者在文章中加以论证的基本看法与主张，是文章的中心思想。鲜明、准确、新颖的论点的形成与提出，不是空穴来风，不是作者凭空想出来和随意提出来的，材料是它们的依据。这是因为任何论点的形成，实际上就是对客观事物（即材料）的本质和规律性的认识的结果。毛泽东同志在《改造我们的学习》一文中指出："我们要从国内外、省内外、县内外、区内外的实际情况出发，从其中引出其固有的而不是臆造的规律性，即找出周围事变的内部联系，作为我们行动的向导。而要这样做，就须不凭主观想象，不凭一时的热情，不凭死的书本，而凭客观存在的事实，详细地占有材料，在马克思列宁主义一般原理的指导下，从这些材料中引出正确的结论。这种结论，不是甲乙丙丁的现象罗列，也不是夸夸其谈的滥调文章，而是科学的结论。这种态度，有实事求是之意，无哗众取宠之心。这种态度，就是党性的表现，就是理论和实际统一的马克思列宁主义的作风。"[毛泽东选集（第三卷）[M]，北京：人民出版社，1991.]

学术论文或毕业论文的写作不仅要占有材料，而且要大量地、详细地占有材料。有的作者在写作文章时，仅靠手中寥寥无几的材料，就急于书写，下结论，这种结论难免存在片面性，其内容也必然是空洞无物。要写出观点正确、内容充实、观点和内容高度统一的论文，就必须大量地、详细地占有材料。恩格斯在《卡尔·马克思〈政治经济学批判〉》一书中说："即使只是在一个单独的历史实例上发展唯物主义的观点，也是一项要求多年冷静钻研的科学工作，因为很明显，在这里只说空话是无济于事的，只有靠大量的、批判地审查过的、充分地掌握了的历史资料，才能解决这样的任务。"［马克思恩格斯选集（第二卷）[M]．北京：人民出版社，1972：118．］由此可见，论点的依据就是材料。没有大量的、足够的、有用的材料，没有对这些材料的分析综合、加工提炼，论点就无从而来。因此写作实践告诉我们，当作者在采集材料与分析材料时，实际上论点已在渐渐形成。所以，从这个角度来认识，材料确实是非常重要的。在我们写作毕业论文时一定要重视材料的采集、分析与综合，一定重视材料对论点的影响与作用。

（二）材料是形成科学研究的基础

从事论文写作是一种研究工作，而研究工作的基础就是占有材料。没有材料或者缺少材料，研究工作都无法深入展开。马克思在《资本论》一文中说："研究必须充分地占有材料，分析它的各种发展形式，探寻这些形式的内在联系。只有这项工作完成之后，现实的运动才能适当地叙述出来。"［马克思．资本论（第一卷第二版跋）．马克思恩格斯选集（第三卷）[M]．北京：人民出版社，1972：217．］在这里马克思明确地把"充分地占有材料"看作研究的基础；把"分析它的各种发展形式，探寻这些形式的内在联系"看作研究的过程。论文的撰写过程其实就是以事实为依据，通过作者的观察、实验、分析、综合、加工提炼，从中找出规律性的东西，并上升到理论高度的过程。这便构成了一篇学术论文。材料不仅指事实材料，而且还要包括理论材料。一篇论文，应该是事实材料和理论材料都具备，才能使论文具有科学价值和实用价值。

（三）材料是论文成功的重要因素

毕业论文的写作在一定意义上取决于材料的占有。如果说观点是毕业论文的灵魂，那么材料对论文来说，就犹如人的血肉，灵魂虽然为人之精，但是灵魂脱离了血肉，就无可依托。就好像毛泽东同志曾经批评过的党八股那样，"空话连篇，言之无物"，"像个瘪三，瘦得难堪"。［毛泽东．反对党八股（1942年2月8日），毛泽东选集（第三卷）[M]．北京：人民出版社，1991．］同学们应尽可能多地收集相关材料，包括相关刊物上的论文、学术报告方面的材料、统计年鉴、政府报告、行业协会调查材料和发展报告，并深入实践进行调查，获得第一手的调查材料。在保证一定质量的前提下，占有的材料越多，在写作时就越便于鉴别比较。只有占据充足的材料，才有可能筛选剪裁，才便于去粗取精、去伪存真；才容易发生联想，由此及彼、由表及里地去思索；才能在写作行文时得心应手、游刃有余。如果写作前材料准备不足，储备贫乏，势必导致毕业论文写作时思路阻塞，思维迟钝，论证乏力。

总之，材料是论文写作的"本钱"，收集和占有材料是写作前的一种极为重要的"投资"。据美国科学家基金委员会统计，一个科研人员完成一项科研活动所用的时间中，查阅文献、收集资料占 50.9%，实验、论证、研究占 32.1%，写作行文占 9.3%，计划、思考占 7.7%。[社会科学信息学引论［M］. 北京：中国人民大学出版社，1997.] 由此可见，收集材料占整个科研工作时间的一半以上。因此，要写好毕业论文，应该舍得花时间、精力去广泛地收集、充分地占有材料，这也是我们为什么说材料是论文成功的重要因素的原因。

第二节　材料的获取

一、材料获取的原则

要想搜集到对自己有用的材料，应当遵循以下原则。

（一）真实性原则

所谓真实，是指作为表现主题的材料必须真实和准确，客观存在，并反映事物的本质。它是材料的生命力所在，也是科学立论的基础。真实，就是选择材料要实事求是，不胡编乱造，符合客观事实，经得起实践的检验。如果使用的材料失实，将无法支撑论点，还会使别人对论文的可靠性产生怀疑，这样不仅削弱对论点的说服力，而且影响整篇毕业论文的质量。准确，就是确实无疑、可靠无误，这里既有量方面的界定，又有程度方面的要求。所以，在平时搜集材料时，对每一条材料都要认真考虑它的准确性，摘录的材料一定要注明出处。对于直接材料，要反复核实，不要偏听偏信，不要凭想象推测，不要把可能当现实。要亲自调查研究，获取信息；对于间接材料，要求其来源可靠，从多个方面进行考证，防止以讹传讹；要注意认清"真实"材料的本质，不能以偏概全。局部真实的材料，从全局看并不一定具有普遍性。所以说材料真实，不仅看是否真有其事，而且要看这个事实是否具有普遍性，它说明的是局部还是全局问题，不能把一些非本质、非主流和非全局的事实，扩大为本质、主流和全局的事实。

（二）重要性原则

所谓重要性，是指所选的材料有明确的目的和定向性，能为主题服务的材料。所谓主题是指论文内容的主体和核心，是作者在对现实的观察、体验、分析、研究的基础上，经过提炼而得出的思想结晶。契诃夫说过："要知道在大理石上刻出人的脸来，无非把这块石头上不是脸的地方都剔掉罢了。"围绕主题选择材料，要使主题和材料和谐地融合在一起。能够充分表现主题的材料要留下，舍弃那些与主题关系不大甚至无关的材料，这样才能使论题研究既有深度又有广度。

（三）典型性原则

所谓典型性，是指那些能反映客观事物本质与共性，具有说服力的材料。典型材料，能把道理具体化，把过程形象化，有较强的说服力。也可以说，材料既典型又必要才能很好地表现主题、切中要害，以少胜多，以一当十。反之，材料平庸，论点的信度会降低，此类材料再多也只能使读者感到厌烦乏味。要保证材料的典型性必须占有大量的材料，才能有较大的选择空间。为此，我们提倡要深入挖掘、广泛收集、认真比较、精心选择。正如茅盾先生在《有意为之》一文中所说，"如果说搜集材料时要像奸商一样，贪多务得，以多为妙，多多益善，那么，选用材料的时候可就要像关卡的税吏似的百般挑剔了：整整一卡车的'货'，全要翻过身来，硬的要敲一敲，软的要抠一把，薄而成片的，还要对着阳光照了又照——一句话，用尽心力，总想找个把柄，便扣下来，不让过卡"。对于在典型程度上难分高低的材料，要结合论文的主题，选用那些最有新意的材料，舍弃意义雷同的材料。写论文时，不可能也没有必要把所有称得上典型的材料都写进文章里去。

（四）新颖性原则

所谓新颖性，是指所搜集的材料一方面是前所未有，近期才出现的新事物、新理论、新发现、新方向；另一方面是指某种事物虽早已存在，但人们尚未发现其价值。新颖的材料，最能反映时代发展变化的现状，最能反映论文的新观点、新思路、新思想，论文也最能生动引人。如果一篇论文使用的材料全都是"别人嚼过的馍馍"，毫无新意，那么，论文的观点也不会有什么新意或价值。但是，新颖性不仅仅是对材料产生的时间有所要求，更重要的是要从普遍常见的材料中，发掘别人尚未利用的东西。没有新颖的材料，就难有新颖的文章。材料是否新颖，还有个看问题的角度问题。角度即是事物的一个侧面，一个事物有多个侧面，"横看成岭侧成峰，远近高低各不同"，同一事物，可以从各个不同的侧面去观察、论证。从不同的角度观察和分析问题，可能给人耳目一新的感觉。

二、材料获取的来源

论文的写作，需要大量的、足够的和有用的材料，只有了解材料从何处而来，才能做好材料的收集工作。

一般来说，材料收集可以分为直接材料的收集与间接材料的收集两种途径。

(一)直接材料的收集

1. 科学观察

观察是收集直接材料的一种重要途径。所谓观察,是指人们对客观事物感性认识的一种主动形式,属于一种特殊的智力行为。人们通过细心观察和感悟社会生活,可以获得各方面的信息,从中受到启发。为了研究某一课题,有计划、有选择、能动地对自然状态下所发生的某种特定过程或现象,作系统、细致的考察是完全必要的。观察具有自然性和客观性,它是在自然状态下直接观察所发生的过程或现象,而且是客观的,对自然过程和现象不进行人为的加工或干预。因此,观察要求:一是在自然状态下进行;二是保持过程的客观性;三是持续到底。这样做的优点是获得的数据、信息较为自然、客观、真实;缺点是比较耗费时间。为了进行有效的观察,要做到全面、系统、动态地观察事物;要不带主观框架或成见客观地观察事物和现象;要细心准确地做好观察记录,边观察边思考。科学观察的方法是做好观察记录,对所使用的技术手段、环境条件、观测的数据、发现的新现象,应成为记录的重点。

2. 实地调查

调查,也是人们认识客观事物的重要方法之一,是我们收集写作材料的另外一种重要手段。所谓调查,是指对某一事物、某一事件、某一情况或某一问题亲自深入了解情况进行考察,分析研究,掌握它们的真实情况,从而取得解决问题的发言权。调查其实质就是研究和探索。所谓实地调查,是指研究者置身于研究对象之中的考察,是对研究对象在不施加任何干预的条件下进行的观察活动。通过实地调查,可以获得大量的数据、实例、典型经验、图片、标本等相关材料。

调查的常用方法有:普遍调查、重点调查、典型调查、抽样调查、跟踪调查等。

(1) 普遍调查。普遍调查也称全面调查或全体调查。是指在一定的调查总体范围里对所有对象进行调查。由于这种调查涉及的范围广,通常一个人是难以办到的,需要依靠组织或社会力量"集体调查"。例如全国人口普查。其好处是能直接取得比较接近实际的全面材料。但由于涉及的范围广,要花大量的人力、物力,除了非常重要的科研项目,一般不采用。

(2) 重点调查。重点调查是指在一定的调查总体范围里,选取重点样本为对象进行调查。通过对重点样本的调查,能够对总体有个基本的了解。因为重点样本虽然不多,但调查的标识却在数量上占整个调查总体的绝大比重。例如,为研究人才流动状况的课题,要调查某个地区人才的外流状况,只要重点调查这个地区的高等院校和科研部门就基本上了解了。

(3) 典型调查。典型调查是指在一定的调查总体范围内,选择有代表性的典型样本为对象进行调查。也就是"解剖麻雀"的调查方法。麻雀虽小,五脏俱全。它是通过深入细致地调查一个（或几个）样本，总结经验教训，推动整个工作的一种好的方法。典型调查，对写作论文很有好处，能够获取典型材料，大大丰富文章的内容。典型调查的一个关键是，所选的典型一定要是真正的典型，有代表性。同时，也要看到这个典型是否有变化。如果选错典型，是假典型，就会使文章产生不良影响。

（4）抽样调查。抽样调查是指在一定的调查总体范围里抽出部分样本作为调查对象进行调查，以它来推算全体。这种调查，实际上是全面调查与典型调查的一种结合，并兼具二者之优点，效率较高。由于有足够的样本，人们就能从所得出的数据和数量上推算全体，因而在非普遍性的调查方法中，它是一种有科学依据的、比较准确的调查方法。然而，由于它是以概率论作为理论基础的，样本又是按随机原则抽样，所以它对总体的推论结果与实际情况还总会存在着一定的误差，总是大致的或近似的。抽样调查在经济管理工作中很有用，能使我们在收集毕业论文的写作材料时省事、省时。

（5）跟踪调查。跟踪调查是指在一定的调查总体范围里对同一个对象在不同时间（时期）里，按规定的周期进行同项目的调查。运用这种调查方法，可以比较某一事物或现象在不同阶段的情况，探索、分析造成变化的原因等，从而认识与掌握变化的规律，增强工作的针对性和预见性，避免造成工作损失。

调查方式可以根据具体情况，采取各种各样的方式如开会、访问、问卷等。采取何种方式方法进行调查，要根据调查的内容、对象、时间、条件等来决定。但是，无论采用什么样的调查方法，务必要记住：一是态度端正，要谦虚谨慎；二是要实事求是；三是要讲究调查艺术，注意方式方法。

3. 科学实验

科学实验是指根据课题的需要，人为地控制或干预研究对象，使某一事件或现象在有利于观察的条件下发生或重复，从而获得科学事实的一种研究方法。它是在观察方法基础上发展而来的，是观察方法的延伸和扩充。通过科学实验，使得研究对象的某种属性或联系以简单的状态表现出来，能强化研究对象，使其处于极端状态，有利于揭示新的特殊规律，并且经济可靠，能以较小的代价取得较大的成果。科学实验在自然科学领域中应用很广泛，在社会科学领域中应用得比较少，而科学观察与实地调查则比较常用。

（二）间接材料的收集

间接材料收集的方法主要有利用图书馆和互联网。高等院校的图书馆一般设备较为完善，藏书比较丰富，是广大毕业论文撰写者收集文献资料最主要的渠道。互联网目前已经成为世界上最大的信息材料库，由于网络信息资源具有信息的时效性、内容的规范性、访问的快速性、搜集的网络性、资源的态度性等特点，因此成为作者获取信息资源的主要手段和渠道。

1. 通过图书馆寻找材料

(1) 通过图书馆可以找到的材料类型。通过图书馆可以找到的材料类型主要有图书、期刊、报纸、会议文献、学位论文和其他特种文献。

① 图书。图书中论述的观点都比较成熟，能够帮助作者比较系统、全面地了解某一问题。对于初涉研究领域的大学生和研究生来说，在开始毕业论文写作之前，很有必要找一些相关书籍来帮助对所选题目做一个全面的了解。

② 期刊。期刊通常分为中文期刊和外文期刊两大类。最新的科学研究成果很大一部分是通过期刊发表的，具有学科前沿性的特点，是学生掌握各种新知识、新理论和最新信息的重要途径，而且期刊是连续出版的，通过查阅期刊，有助于了解掌握某一学科领域和专业方向的研究动态。

③ 报纸。报纸是最迅速、最灵活、最有时效性的信息来源。它反映的各方面新动向往往能够使毕业论文撰写者从中捕捉到新的灵感。

④ 会议文献。会议文献具有专业针对性强、反映信息早的特点，通过会议文献能够收集到最新的观点、材料和研究成果，而其中的许多信息是其他途径根本无法获得的。

⑤ 学位论文。学位论文主要分为学士学位论文、硕士学位论文和博士学位论文三种。尤其要注重对硕士学位论文和博士学位论文的查阅。这两类论文的选题一般较为新颖，特别是博士学位论文，具有一定的创新性，具有较高的参考价值。

⑥ 跟踪调查。跟踪调查包括科技报告、政府出版物、技术标准、科技档案、产品资料等。

(2) 利用图书馆进行文献检索。图书馆是人类一切知识载体的总汇。研究者要想以较少的时间从"知识海洋"里寻找比较多的可用材料，就要学会文献检索，掌握文献检索的方法。

① 了解资料来源。撰写学士和硕士学位论文所需要的文献资料来源一般可从学校图书馆获得。由于图书馆基本上对所有学生开放，因此，毕业生收集材料时可以立足于图书馆。图书馆的藏书具有很强的专业性，特别是专业期刊及核心期刊的收集比较系统和完整，并藏有科技报告、会议文献、政府出版物、技术标准、专利文献、学位论文、科技档案、产品资料等特种文献。图书馆的藏书也涉及人类知识的各个门类，它依照一定的分类方法，将信息载体组成一个庞大的、从属明确的科学分类体系。

图书馆收藏有某一学科及相关学科的文献检索工具（目录、索引、文摘等）和参考工具书（专题述评、动态综述、手册、年鉴、大全、百科全书等）。通过图书馆查找检索工具书和参考工具书，是进行文献检索最基本、最常见的方法。

② 明确检索范围。要从课题研究的中心内容和研究重点出发，从多方面进行分析。一般可从区域界限、时间区间和专业范围三个方面进行考虑：所谓区域界限，是指要取

得某一作者的某一具体文献,还是要取得某一地区、某一国家有关某一问题的全部文献;所谓时间区间,是指要取得近一年内有关某一问题的文献,还是要取得若干年的全部文献;所谓专业范围,是指要明确查找的专业,如是金融类还是企业管理类,是理论型的还是应用型的等。

③ 选择检索工具。在查找文献资料前,首先要了解和熟悉检索工具的具体情况。例如,哪些检索工具收录的所查专题的文献资料比较丰富,哪些检索工具中选录的文献资料价值比较高等。有关这方面的问题,学生可以直接到图书馆参考咨询部门或者文献检索室咨询,工作人员可以圆满回答你提出的问题,当然也可以请教导师。

④ 确定检索途径。文献检索途径可以分为两类:一类是按照文献外表特征(即作者、标题和编号)进行检索;另一类是按照文献内部特征(即分类和主题)进行检索。查找资料的方式有手工检索和计算机检索两种,目前已逐步过渡到以计算机检索为主。

⑤ 查找文献以及原始文献。利用各种检索方法,就能查到所需的文献资料的线索。有时如果通过题录、简介、文摘等满足了课题需要,也完成了查找文献的工作,如果不能满足需要,则可以根据检索工具所提供的出处"按图索骥",查找出原始文献。

2. 利用互联网搜集材料

从互联网中获取所需要的资料已成为当今人们获得信息的最通用的一种途径。通过互联网能够以最快的速度查找到国内外比较新的资料。在论文材料的收集过程中,学生应充分利用好这一方法。

(1)利用数据资源库和报刊网站搜集材料。目前各类中外数据库急剧增加。这些数据库规模不等,内容包括自然科学、社会科学各专业,专题或大或小,部分为免费使用的,部分为有偿服务的。常见的中文数据库包括:中国知网(http://www.cnki.net)、万方数据资源系统(http://www.chinainfo.gov.cn)、中国科研网(http://aokee.blogchina.com)等。常见的外文数据库有 EBSCO、Proquest、LexisNexis 学术大全、Emerald 管理学全集数据库等。目前每个学科和专业领域已逐步开发相应的数据库供使用,如心理学方面的 PsychoInfo 数据库(http://www.psychoinfo.com)。

此外,还可从报刊网站搜索材料。目前几乎所有的报纸均建立了自己的网站,可以通过其网站浏览和查询其标题和部分报刊内容。如《光明日报》(http://www.gmw.cn)、《中国证券报》(http://www.cs.com.cn)。许多期刊已经建立了自己的专门网站,可查阅其发表的论文的题录、摘要和部分样板论文全文,如《经济研究》杂志(http://www.erj.cn)、《管理世界》杂志(http://www.mwm.com.cn/Faces/de_MgzlL.asp)。

(2)利用公共图书馆和高校图书馆网站搜索材料。公共图书馆和高校图书馆网站的资料通常可分为非电子资源和电子资源两种,其中电子资源日益增多。很多高校购买了大量的数据库供用户使用。目前,高校学生一般是通过所在高校图书馆阅读和下载各种电子资源，包括电子版论文和书籍。高校的每个院系基本上都建有网站，建立了与本专业相关的许多链接，使学生能够迅速查到许多的专业信息资源。一些高校已经建立了馆际互借的制度，学生或老师可以免费或有偿使用馆际互借，将外校电子资源下载回来使用。

（3）利用搜索引擎搜索材料。互联网的迅速发展使互联网上的信息呈几何级数增长。因为互联网上的信息是极其无序的，所以信息量越大，也就越难被人们有效地利用。因此，如何快速、有效地获取和利用互联网上的信息就成了一项艰巨的任务。目前解决这一问题的最佳途径就是利用搜索引擎。当前国内的主要搜索引擎包括：谷歌（http：//www.google.com）、百度（http：//www.baidu.com）、一搜（http：//www.yisou.com）、中国搜索（http：//www.zhongsou.com）、北大天网中英文搜索引擎（http：//e.pku.edu.cn）。例如，用"谷歌学术搜索"（http：//schlar.google.com）可以找到许多相关的学术论文的标题、作者、摘要、发表刊物和日期，甚至全文。

常见的英文搜索引擎有：Yahoo！（http：//www.yahoo.com）、Infoseek（http：//www.Infoseek.com）、Lycos（http：//www.lycos.com）、Alta Vista（http：//www.altavista.com）、AOL（http：//search.aol.com/index.adp）、HotBot（http：//www.HotBot.com）、Excite（http：//www.excite.com）。

每个搜索引擎都有自己的查询方法，只有熟练地掌握它，才能运用自如，但有一些通用的查询方法，各个搜索引擎基本上都是具备的，充分掌握这些必要的搜索技巧，即可获得最佳和最快捷的查询结果。

① 使用双引号（""）。给要查询的关键词加上双引号，可以实现精确的查询。这种方法要求查询结果要精确匹配，不包括演变形式。例如，在搜索引擎的文字框中输入"电传"，它就会返回网页中有"电传"这个关键字的网址，而不会返回"电话传真"之类的网页。

② 使用加号（＋）。在关键词的前面使用加号，也就等于告诉搜索引擎该单词必须同时出现在搜索结果的网页上。例如，在搜索引擎中输入"经济＋管理＋金融"就表示要查找的内容必须要同时包含"经济、管理、金融"这三个关键词。

③ 使用减号（－）。关键词的前面使用减号，也就意味着在查询结果中不能出现该关键词。例如，在搜索引擎中输入"经济－循环经济"，它就表示最后的查询结果中一定不包含"循环经济"。

④ 使用通配符（*和?）。通配符（*）和问号（?），前者表示匹配的数量不受限制，后者表示匹配的字符数要受到限制。例如，在中文搜索引擎中输入"电*"，查询结果可以包括电脑、电影、电动机等内容。

⑤ 使用括号（()）。当两个关键词用另外一种操作符连在一起，而又想把它们列为一组时，就可以对这两个词加上圆括号。例如，在搜索引擎中输入"（企业管理－营

销）＋（国家政策）"，就可以搜索到包含"企业管理"、不包含"营销"但同时包含"国家政策"的网站。

⑥ 使用元词检索。大多数搜索引擎都支持"元词"功能，依据这类功能用户把元词放在关键词的前面，这样就可以搜索引擎自己想要检索的内容具有哪些明确的特征。例如，在搜索引擎中输入"title：清华大学"，就可以查到网页标题中带有"清华大学"的网页。在输入的关键词后加上"domain：org"，就可以查到所有以 org 为后缀的网站。其他元词还包括：image 用于检索图片，link 用于检索链接到某个选定网站的页面，URL 用于检索地址中带有某个关键词的网页。

第三节　收集材料的方法

一、收集材料的方法

收集材料的方法很多，但是比较常用的是做卡片、做笔记、剪报纸、阅读等方法。

（一）做卡片

所谓卡片，是指用来记录各种事项以便排比、检查、参考的纸片。也就是我们在读书阅刊时发现有价值的材料，应随时记下，然后分门别类，需要时一索即得。卡片具有方便、灵活、可分可合、可随时另行组合的特点。

卡片最好按统一的标准制作，一般与出版社或信息机构出版发行的图书提要卡或论文文摘卡片规格一致，也可以买现成的卡片柜使用。根据文献的特点和自己的具体需要，可以将卡片写成不同的样式。

1. **索引卡片**

只抄录论文的题目、著者、出处，并在左上角注明所属类目。这种卡片不反映论文的详细内容，仅起到索引作用，制作迅速，含信息量少。写卡片时，用字要精练，有些论文标题没有明确反映文章的内容，可以在题下加注。

2. **提要卡片**

注明论文的题目、著者、出处，用最简练的语言概括全文的要点和主旨。一般而言，数千字至万余字的论文，提要写 300 字左右即可。提要资料一般应按原文的顺序，写出简短、连贯的重述的文字，它应包括基本观点、基本事实、中心思想和结论意见以及有关数据等。有的期刊发表的论文，标题下附有论文提要，可依次作为写作提要卡片的参考。

3. **摘录卡片**

它是指摘录报刊、书籍、论文中有价值的片段。摘录时要注明原文名称、作者、出处、日期、页码等。要忠于原文，一字不差地摘录，宜加上引号，原文中不需要摘录的文章可用省略号表示。

4. 心得见闻卡片

它是把读书的心得、所见所闻写下来。心得卡片创造性、发挥性成分较高。其书写形式可以多种多样，依各人的习惯而定。一般来说，先把原文的有关部分摘录下来，然后写上自己的心得。

一卡只能记一条材料或一个问题，以便于分类检索。最好单面写，不要写满整张卡片，在卡片左侧留些空白，以便以后阅读卡片时在上面加按语或补充资料。

（二）做笔记

英国哲学家培根说过："读书使人头脑充实，讨论使人明辨是非，作笔记则使知识更准确。记录资料不但要动手，也要动脑，它是帮助记忆、强化记忆的过程，也是一种思考、理解的过程。"做笔记是任何一位毕业论文撰写者都必须做的事情，中国有句俗话："好记性不如烂笔头"，阅读书报杂志时，搞调查研究时，都要随身携带笔和纸，随时记下所需要资料的内容，或有关的感想体会、理论观点等。必须用科学的方法对笔记进行管理：第一，用笔记本中的资料编制分类目录、注明页码，贴在本子的前面；第二，编制关键词索引。关键词是从文献的标题或正文中选取的，具有检索意义的词语、人名、书刊号、篇名、地名、机构名、事件名、概念术语等，都可以作关键词。关键词按汉语拼音音序排列，注明出处，便是关键词索引。

（三）剪报

将有用的资料从报纸、刊物上剪下来，或用复印机复印下来，再进行剪贴。对所剪材料，要在上面标明报刊名称、日期和版面，以备引用或查找。把所剪的材料贴于相同规格的纸上，便于整理保存。对剪报中的精彩之处，要用红笔标出，以便选用。当积累剪报到一定时期、一定数量时，可进行分类整理，装订成册。这种方法的优点是可以节省抄写时间。

二、材料收集过程中的问题

（一）材料来源不够真实

在收集材料的过程中，第一手材料需要作者脚踏实地去实地调查获取数据。但是在毕业论文的写作过程中有些大学生因为实习工作忙，再加上毕业在即，毕业论文的提交迫在眉睫，来不及亲自收集撰写毕业论文使需的资料，一些重要材料未能收集到，为应付毕业论文，有时甚至捏造数据和材料，突破学术道德底线，结果严重地影响了整篇毕业论文的质量。

(二) 材料与课题关系不大

在毕业论文收集材料的过程中，有部分大学生在收集材料时，没有对材料进行严格筛选，不能够好好地选择适合的写作材料，以致收集的材料大部分与所研究的课题关系不大，材料可用性差，最后使得毕业论文的写作进展受阻。因此，在选取材料时要严格按照有关原则，从合适的渠道去选择适用的材料，以免白费一番努力。

(三) 收集的材料不够充实

在毕业论文选取材料的过程中，有些大学生没有按照导师指定的途径去找，或者没有去图书馆、网络资源、数据库、现场等地方寻找有关资料，结果找到的材料非常欠缺，不够全面和充实，不能满足论文写作的需要，因此使得毕业论文的质量无法达标。为了避免这些情况发生，在寻找材料时，必须遵循材料收集的有关途径与原则，一击即中，发掘更多更好的材料。

(四) 收集的材料杂乱无章

在毕业论文收集的材料处理过程中，没有理顺系统辩证关系，缺乏处理好古今中外、正面反面、理论实际、一般具体、直接间接的关系的观念。古今中外是指历史资料与最新发展动态。正面反面是指正面阐述与反面批驳、相背观点、正确观点与错误观点。理论实际是指理论性文章与实际工作调查报告、总结。一般具体是指典型材料与一般材料。直接间接是指直接调查掌握第一手资料与借鉴引用他人的研究成果。在材料收集不够充分、全面的情况下写出的毕业论文会给读者一种不好的感觉，认为论文撰写者只是提出问题，但没有充分地分析和讨论该问题。

第四节 材料的阅读与整理

一、材料的阅读

对已收集到的文献信息材料，必须通过阅读了解内容，决定材料的主次、轻重。如果把收集来的文献信息材料束之高阁，不去阅读、学习、思考，那么这些材料等于没有收集到。在阅读时要有计划、有目的地认真阅读，力求掌握其内容的精华。阅读的方法可分为浏览、选读、通读和研读四种方法。

(一) 浏览法

浏览法也叫作快速阅读法，它是不求深细，但求梗概，不必逐篇字斟句酌的阅读方法。特别是对到手的材料不知底细的情况下，一般都必须经过这一步骤。通过浏览，一方面可了解材料全貌，确定它有什么价值；另一方面可分清材料的主次、轻重，以便有计划、有成效地阅读材料。浏览材料的方法：①看文献标题、作者、出版者，了解材料所属范围及其价值；②看材料的大小题目，了解全文内容要点和结构纲目；③看两头，就是只读文献的两头，即序言、前言、绪言和后记（附记），了解作者的写作意图、写作经过和今后研究动向；④看文献的摘要、关键词，了解文献的大意。

（二）选读法

选读就是有选择地阅读。选读法也称作跳跃读法，它一般只看文献资料的标题、摘要、目录、关键词、开头、结尾，确定阅读的主次顺序，主要的先读，次要的后读，或只选取文献资料中有用的部分阅读。有的文献和文献中的部分内容如果与掌握的文献重复或无创新内容的，可放弃不读。

（三）通读法

通读法是指在浏览的基础上确定重点阅读的资料，将资料从头到尾快读一遍，注意资料提出的问题、论点和得出的结论，在了解资料梗概、分清主次、掌握其中心思想与要点的基础上，确定是否进一步研读。

（四）研读法

研读法也就是钻研文献的阅读法，是指对重要的文献的全文或文献的部分章节进行仔细精心的阅读，从研究的角度，充分地理解内容，并从中获取自己可用的资料。对材料中内容深奥的部分，一时读不懂的或不能理解的，要反复阅读和思考，直到完全透彻理解为止。对一些重要的数据、结论，可加以摘录，必要时应予以记忆。研读要求对文献内容理解、吃透，不是只把材料看一遍，而是要把材料读懂弄通，有时需要看数遍。在研读过程中，要注意对读到的内容随时作出分析、评价、质疑，判断文献资料中的论点是否正确，论据是否充分，论证是否妥当，结果是否能推广等。最好能把读到的东西随时与其他有关资料加以对照思考，这样就能作出更恰当的评价，从而比较准确地了解文献资料的价值。

二、材料的整理

（一）材料整理的意义

在写作毕业论文之前，作者通过采集、记录已获取了大量材料。在这些材料中，有直接的材料和间接的材料，有历史的材料和现实的材料，有典型的材料和一般的材料，有"点"上的材料和"面"上的材料，有正面的材料和反面的材料。一般来说，由于采集、记录的材料时间有先后，材料的来源与渠道多种多样，在采集的材料中多数材料还是属于零碎的、杂乱无章的，需要将其进行集中、整理与加工，才能为写作所用。所以材料整理的目的就是使这些材料从"无序"变为"有序"，从"零散"变为"系统"，也就是使之条理化和系统化，从而供写作时使用。因此，材料的整理不仅是分析研究问题的开端，也是写作毕业论文的必要准备，我们必须予以高度重视。

（二）梳理归类

毕业论文收集材料后，面对多而零散的材料，需要对资料进行分门别类的处理，使纷杂的材料条理化。在对资料进行整理的过程中，人们总结出一些方法，常用的如下。

1. 按材料项目分类

（1）按材料出版的时间分类。按照材料出版时间分拣材料，有助于把握课题所涉及的有关内容发生、发展、演变的脉络，为课题的深入研究提供思路，也为毕业论文的文献综述撰写提供思路。这种分类有助于同学们将注意力集中于本课题的最新研究成果，关注新的数据材料、新颖的见解。

（2）按材料研究的内容分类。按照材料研究的内容分类可将材料分成理论类材料（如概念、理论、方法、公式、法则等）、事实材料（如调查材料、统计数据、观察实验、数据、现象、实例等）、随想类材料（如感想、联想、心得、自己的观点等）。理论类材料是研究的理论基础，要准确；事实类材料往往是论证的依据，要可靠；随想类材料给毕业论文写作提供思路和创新的火花。

（3）按材料来源分类。有些材料来自书本，有些材料来自实地调查或亲手实验，有些是第一手资料，有些是推演的结果，有些是母语记载的，有些是译自外文的，有些是经典论断，或权威人士、知名专家的相应观点，有些是新研究者的观点等。来源不同，价值大小与可靠程度也就不同。有价值的材料是撰写毕业论文的主要参考资料。

（4）按材料载体分类。按素材的不同记录方式、承载媒体分门别类，材料显得整齐，收拾起来也方便。以载体分类只注重了材料的形式，虽易于材料的收存，但使用时，往往还要将不同载体的材料聚拢起来。

（5）按材料可靠性分类。将第一手资料与第二手资料区分。将存疑的材料、有待查证的数据和其他需要核实的内容与已核实可靠性的材料区分。这种分类有利于提高毕业论文采用资料的可靠性，对写作中需要使用但又有待查证的数据和核实的内容作进一步的查证和核实。

（6）按材料价值分类。新观点、新素材、重要的论据、立论的基础，乃至着力澄清和反驳的内容等，都是极有价值的重点材料，与之相对的是一般性材料。同一类型的重点材料倘有若干个，还应该再次依其对本议题价值的大小将其依次分拣出来。因为最终用在论文的材料贵于精,而不在于多。

2. 按照论点分类

按论点分类是按一定的论点(根据资料综合而成的观点或自己拟定的观点)或论文的写作提纲,把材料分系列编组,如图 4-1 所示。

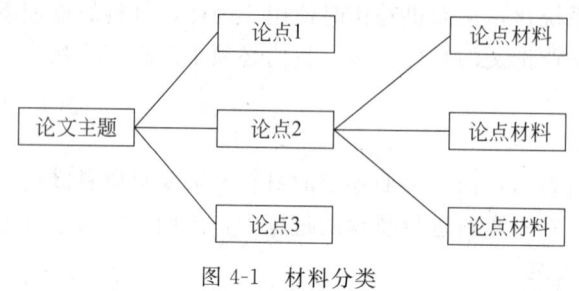

图 4-1 材料分类

这种方法,以一个观点为统领,把所有与这个观点有牵连的论点、论据、论证及其方法、手段、实验、数据、例题等材料组成一个树形结构。使同学对材料的理解和认识条理化、系统化。一般在收集、阅读和记录材料的过程中,对事物的了解是依据接触的先后次序,一个个分别进行的,不可避免地有相对的片面性和孤立性。

经过这样的分类,零散的客观材料被整合成一个思想体系,对事物由单独考察变成综合考察。在事物的纵与横的比较分析中,探求事物各方面之间的差异和联系,易于使我们从对资料的感性认识上升为理性认识。

以上所述的两种分类法,各有所长,各有所短,最好是同时使用。当然,对材料还可按其他逻辑顺序分类,如按课题直接相关知识和外围知识分类,或按基本材料和参考材料分类。经过分类后按门类编号,分别存放,便于使用时查找。

材料的分拣往往是伴随着材料的收集和使用过程不断地进行的。一次分拣过后,有必要采用另一个依据继续对已经分拣出来的某些材料进行第二次分拣。在课题研究的过程中,有时候需要变换不同的分类标准去对相同的研究素材重新加以认识,以期从中获得新的视角、新的感受和新的启示。对于分拣完毕的材料,可以将其编上代号,在论文的提纲上进行"对号入座"的标注,撰写论文时有选择地使用。这正是一些研究者驾驭文章的基础,也是另一些研究者,能在同一时间内分出身来面对几个课题而保持思想清晰、成果迭出的一大秘诀。

通过梳理分类,可使材料眉目清楚,又可形成基本的纲目。

(三)补充缺漏

通过一番梳理分类之后,我们往往会整体审视一番:各种材料是否均衡,材料有无重复,有没有薄弱之处,有没有重要的遗漏。整体审视还需注意:是否全面、充分占有了材料,是否占有了最重要的、关系最密切的材料,是否占有具有典型意义的、有代表性的材料,是否占有了变化发展、互相联系、不同看法的材料等。材料多而全,没有遗漏,是最理想的。但每个人的时间、精力都有限,把所有的资料无遗漏地收集起来是不可能的,这就要围绕核心问题收集主要材料,如果材料不够,还需要回头补充:不均衡的地方要增删,薄弱之处要补充,主要的材料要具备,重要的遗漏更是要及时重新收集材料,补充欠缺。

一般来说,经过梳理,我们会发现材料的不均衡。有些部分材料过多,有些部分材料偏少。特别是材料偏少者,若不加以补充,则结构全文时就会显出薄弱来。这种情况遇到的可能性最大。

(四) 核对材料

凡是有可能写进论文里的材料,写作者都应对材料作进一步的核对,力求无误。常用的验证材料的方法有互证法、内证法、外证法。

1. 互证法

互证法是指通过不同来源的材料相互印证以辨别真伪。由不同渠道采集的材料有时候可能会大相径庭,将材料互相联系起来作比较,把它们放在一起互证,就有可能发现问题。

2. 内证法

内证法是指通过对材料本身的逻辑关系进行验证,以鉴别材料的真伪。任何事物都有其自身的逻辑性,材料应符合事物的逻辑性。

3. 外证法

外证法是指作者依赖自己的经验对材料进行验证,看是否合乎逻辑,是否合情理,也可用其他类似的材料来检验。

总之,不管用哪一种方法,都是为了保证材料的真实性、准确性和说服力。我们经过一番认真审读和仔细鉴别,材料才能成为自己的财富,使用起来方可得心应手。

(五) 取舍优选

分类不难,取舍不易。一般人都舍不得割爱,因为材料是自己花了心血,很不容易收集来的。但就像一块漂亮的布料,若要缝制成衣服,就得剪裁去不需要的部分一样,材料必然有取舍,我们不可能留用论文中不需要的材料。

1. 选择有用材料,切合论文主题

什么材料可用,什么材料不能用,都要看它与毕业论文的中心论点有没有关系,有关系又有意义的材料自然有用。事物的属性和意义都是在和其他事物的联系、对比中体现出来、被人认识到的。因此,识别材料的基本方法之一,是将材料互相联系起来作比较，鉴别资料和数据的新颖性和适用性，选取新颖的、适用性强的材料。

2. 选择其精华之处，增补自己的感受

选择其精华之处，增补自己的感受就是说通过材料的整理，挑选与自己的想法吻合之处，从新的角度补充新的理由，丰富别人的见解。

3. 选择其争议之处，阐明自己的理由

对材料内容存在争议之处，往往是自己的主攻方向，把这方面的材料整理出来，对形成自己的观点、确定论文的论证角度和方法大有好处。

4. 选择其问题欠缺之处，开拓自己的思路

把材料存在的问题之处，未作详细而中肯回答的疑难之点归纳出来，可以从中受到启发，对修正原有选题的方向，对问题进行深入的思考非常有帮助。

5. 选择其独特之处，强化自己的创见

选择其独特之处，强化自己的创见也就是把同类材料中不同作者阐述见解时所用的富有个性特点的典型论据、论证选出来，为自己创见的提出提供充分的条件、手段和根据。

有时候，材料经过检验，选取的都是有用的了，但此时还须汰粗留精，删繁就简，要优选代表性强、可信度高的材料。

根据所收集的文献信息，我们可以再次考虑最初确定的选题和写作计划及论文提纲，从参考文献中得到启发和依据，以此修正选题，补充写作计划，细化论文提纲。而随着材料的收集整理，确立选题时形成的论点会进一步明晰、细化甚至有可能最终被全盘推翻。

第五节 材料的使用与常见问题

一、材料的使用

对于论文写作而言，收集和整理材料只是写作的必要前提，是为使用材料服务的。材料的使用直接关系到论文质量，这是因为同样的材料如果用来表现不同的主题或者采用不同的表现方法其效果也会有所不同。这就要求写作者在深入细致地了解材料的基础上，尽可能准确地使用和安排材料，只有深入了解材料的思想内容，才能准确恰当地将它运用到写作中。一般来说，使用和安排材料要注意以下四点。

（一）重点突出

使用材料应该根据主题的需要决定轻重详略。论文中重点论述或主要论述的部分，材料就应该详细些，量也要重些，其目的是突出重点，使主题鲜明；与主题关系不大的

材料要写得概括些、简略些。此外，一些较为新颖的、能够直接而深刻地表现主题的材料，往往对论点有较强的说服力，这样的材料应该着重使用；而对那些次要的、陈旧的、人尽皆知的材料或者与主题关系不大的材料则尽量简略。只有使用和安排材料详略得当，繁简相宜，文章的主题才能突出。

（二）逻辑清晰

文章要做到条理清楚，使用材料就得注意先后顺序。在安排材料顺序和位置时，要参照论文结构，考虑处理使用的时间的先后顺序，材料间的逻辑关系等问题，并根据材料的性质分类排队、归纳整理，然后按主题表现的需要确定先写什么、后写什么，有条不紊地展开论述。而关于材料论述的先后问题，一般来说，或根据材料的轻重，或遵循时间的先后，或因材料之间的逻辑关系，或考虑作者的行文方便，写出来的论文才会条理清晰逻辑性强。如果不考虑这些方面因素，写进文章的材料就可能杂乱无章，或前后倒置，顺序不清，缺乏逻辑性，这势必造成文章条理不清，层次不明。

（三）错落有致

在论文写作时，要交错使用相关的各类材料，互相印证、互为补充，以充分表现主题。而材料使用的变化是论文结构变化的依据，离开了材料的变化，段落、字句的变化就失去了依据。只有善于使用材料，进而充分表现主题，文章也才会写得精彩。

（四）高度统一

材料与观点要高度统一，这一原则要贯穿于整个论文的写作过程中。观点是论文的灵魂，材料是观点的依托，论文应该是既有观点又有材料，两者缺一不可。而要达到这一要求，就必须做到观点统率材料，材料充分说明观点。材料与观点必须高度统一，才能组成一个有机整体。

总之，在使用材料时，要主动地、能动地驾驭材料，做材料的主人；不能被动地、盲目地受材料支配，成为材料的奴隶。通过一系列提炼、加工、整理，灵活运用材料，把死材料变成活材料，使材料的精髓得到升华。

二、材料使用过程中的问题

在材料使用过程中常见的问题主要有三个。

（一）堆砌材料，逻辑性不强

有些同学虽然能够收集到很多的材料，但是在材料使用的环节中因缺乏分析评价，未能突出对课题有较大贡献的材料，而把一些与研究课题无关的材料也一并使用，边缘材料占据很大的份额，模糊了主题，造成材料堆砌的现象。建议在使用材料时，先对材料进行逻辑分析，定好论文框架之后，再合理安排材料的顺序位置，使材料更好地为主题服务。

（二）无法驾驭和充分使用材料

一些同学在使用材料时，没有明确自身毕业论文的观点，虽然手头上有很多材料，却无从下手，无法驾驭材料使其为论文的观点作出应有的贡献。也有部分同学在论述观点时，不能充分利用现有的材料，造成材料的严重浪费现象，最后导致论文的质量不高，内容空泛。因此，在使用材料时，要注意吃透材料的内容，区分重要材料与次要材料，尽量突出对主题表现有重要作用的材料，以达到充分使用材料的效果。

（三）使用材料不作文献引用，有抄袭嫌疑

毕业论文中使用的材料很多是前人研究的成果，为表示对前人研究成果的尊重，按照学术规范的要求，使用别人的材料后一定要注明出处和引用相关的文献，否则就有抄袭别人成果的嫌疑。但是一些同学在选用他人的材料后，由于粗心大意，或者缺乏这方面的学术训练和版权意识，并没有在正文中注释、引用，也未在正文后的参考文献中列出。这种情况可能严重侵犯他人的著作权，违反知识产权法，因此要特别注意。

第五章

毕业论文的结构设计

撰写毕业论文,除了要学习材料的搜集、选择、运用和选题的原则、方法以外,还要掌握的一个重要内容,就是毕业论文的结构。

结构是论文不可或缺的因素。如果说主题是论文的灵魂,材料是论文的血肉,那么结构就是论文的骨骼。有了完美的结构,才有可能把论文的主题、材料和谐自然地结合成有机的整体。

第一节 毕业论文的结构概述

一、结构的含义

俗话说,写文章之前最重要的是"搭架子",就是考虑如何沿着立意过程形成的思路,将材料进行有机的安排和组织,使之均匀和谐。这种安排文章的组织方式和内部构造,即是古人所说的"谋篇"。因此可见,所谓"谋篇",也就是对怎样制作文章进行谋划设计,勾画出文章的框架与蓝图。简言之,也就是结构文章。

(一)结构的原义

所谓结构,按照《辞海》的解释,结构的含义是指房宇构造的式样;按照《现代汉语词典》的解释,是指建筑物上承担重力或外力的部分的构造:如砖木结构、钢筋混凝土结构等。在建房之前需要设计一个蓝图,画出房子的框架,标明房基、房高的尺寸,门的位置,窗开的位置及数量等,然后根据设计的蓝图准备砖瓦、木材、水泥、钢筋等建筑材料,一切考虑妥帖之后,就要动工建房,先在房基上按照图纸上标示的规格与要求先建造框架,然后砌砖、安装门和窗等,这里的"框架"指的就是构造。王延寿的《鲁灵光殿赋》中的"于是详察其栋宇,观其结构",这里的"结构"就是构造。

(二)结构的含义

现在,结构的内涵扩大了,结构是指事物之间的配合及事物的组织与构造。文章的结构就是指文章内部组织与构造。创作者根据对生活的认识，按照塑造形象和表现主题的需要，运用各种艺术表现手法，把一系列生活材料、人物、事件等分轻重主次合理而匀称地加以安排和组织，使其既符合事物发展的规律，又适应文章格式要求，达到艺术上的完整和谐。也可以这样理解：所谓结构，就是按照事物的内部联系和发展变化的客观规律，根据表现主题的需要，把那些零散的材料，进行合理的组织安排，使之条理化、系统化，成为有机的整体。

撰写毕业论文和建造房屋在道理上有相同之处。一篇完整的毕业论文结构，一方面要以论点或中心论点为中心，构建起文章宏观的全篇框架，对大的层次内容要作精心布局；另一方面作者还要安排逻辑关系，构建起文章微观的蓝图，对段落的组织、论点、论据材料的主次、详略都要有具体的考虑安排，使之浑然成为一体。

论文的先后顺序关系到论文的总体布局以及如何开头、如何展开、如何结尾这样一些具体的操作问题，而论文各部分之间的内在联系则涉及论文的完整性、条理性以及层次与组合方式等问题。论文结构的实质，是作者对客观事物的认识和反映，是作者基本思路的体现。作者要把某一客观事物用文字的形式表现出来，就必须对这个事物进行深刻的研究，力求对它的内部规律有一个全面的、清晰的认识。认识得清楚，才有可能反映清楚；认识不清楚，就不可能反映清楚。

可见，论文的结构，并非单纯的技术问题或技巧问题，实质上是作者对客观事物的认识问题。因此，动笔之前，必须首先集中力量对确定的对象进行调查研究、分析综合，以便于确立合理、科学的结构。如果没有结构，没有好的结构，毕业论文的材料、观点就拢不到一起，内容与形式不能统一，各局部与局部、局部与整体之间缺乏内在联系，也就不能成为文章。

二、结构设计的原则

毕业论文的结构要强调明晰、严谨、规范。所谓明晰就是纲目清楚，分门别类把问题写清楚、写明白，给人一种主次分明、一目了然的感觉。所谓严谨是指结构严密完整、有头有尾、前后呼应、过渡自然、衔接紧密、论文是浑然一体的整体。所谓规范是指符合文体的结构格式，毕业论文已经形成比较固定的规范格式，必须严格地遵守。规范的结构形式是在长期的实践中约定俗成的固定的模式，任何人都不得随便更改、破坏，否则，将出现不规范的四不像文体。在安排论文的整体结构时，要考虑以下几个原则。

（一）正确反映事物的内在联系和发展规律

文章是客观事实的反映，而客观事物的存在与发展，都有其必然的内在联系和规律。人们也总是按照客观事物的内在联系和规律去认识事物了解其本质特征的。遵循这一原则去构造文章,读者就能很快根据结构理解文章的主旨。也就是说,学术论文作为科研成果的重要载体,必须准确地揭示客观事物的内在联系和规律,才能为读者理解和接受。毕业论文撰写也必须符合客观事物本身的内在联系和规律,必须正确地反映材料与观点之间的必然联系,使材料与观点有机地统一起来,这样才能使论点具有说服力。为此,在撰写毕业论文之前,作者一定要对所描述的客观事物有全面深入的了解,要根据人们的思维规律——提出问题、分析问题和解决问题来设计。

(二) 要服从论点或中心论点的需要

论文的论点或中心论点,是文章的灵魂和统帅,结构则是表现论点或中心论点的形式和手段。因此,结构的安排一定要服从论点或中心论点的需要,并围绕着它组织好材料,而不能脱离和偏离论点或中心论点。要写好毕业论文,就要抓住这个中心,紧紧扣住不放,一气呵成,中途不可转换论题,不可停滞,这样就能使中心思想的发展具有连续性。

(三) 结构要做到完整与完美的统一

一篇好的毕业论文结构要做到完整与完美的统一,必须章节结构要严密,在文字上、逻辑上、结构上都要无懈可击。要做到论文结构严密,必须符合严谨、自然、完整、统一的原则。所谓严谨,是指整篇文章结构严密精细,天衣无缝,没有矛盾之处,没有重复部分,没有疏漏之点;所谓自然,是指整篇文章结构顺理成章,开合自如,没有矫揉造作之痕,没有牵强附会之感,自然得如行云流水,一气呵成;所谓完整,是指整篇文章结构完整齐全,没有支离破碎、七拼八凑、残缺不全等毛病;所谓统一,是指整体结构的和谐统一,不仅各个部分格调一致,材料的组织上安排也非常协调得体。

(四) 符合科学研究的思维规律

科学研究的基本思路是:提出问题、分析问题和解决问题。所谓提出问题,就是要提出课题研究的缘由、目的与意义,揭示自己的观点;所谓分析问题,是指运用充分的事实材料和理论材料摆事实,讲道理,通过分析、论证,使自己的观点(论点)得到确立。这是课题研究成果最集中的反映之处,也是毕业论文最具有学术价值的部分,是作者最需要精心组织材料、安排好结构的地方;所谓解决问题,就是课题研究解决了问题,已有了明确的结论,也就是指论文的论点经过前面充分的论证,完全符合课题研究的结果。

(五) 安排好主要层次间的关系

所谓层次,是指文章各部分内容的次序及地位,它是客观事物矛盾的各个侧面,是事物发展的阶段，是人们认识事物的思维规律在文章中的反映。安排好层次，必须分清哪些内容是主要的，哪些内容是次要的；哪些内容应当先说，哪些内容应该后说。主要的层次关系有以下几种。

（1）平行关系。所谓平行关系是指文章各部分材料之间，没有主从关系，在顺序上谁先谁后都可以，影响不大。例如介绍利润率，有成本利润率、工资利润率、资金利润率等；介绍价格，有消费品价格、生产资料价格、土地价格、住宅价格等，不论先介绍哪一个都可以。

（2）递进关系。所谓递进关系是指有些材料之间的次序不可随意颠倒。这些材料之间是一层比一层深入的关系，颠倒了就会造成逻辑混乱。递进关系处理得好，就能造成步步深入，道理犹如剥茧抽丝，分析得透彻。

（3）接续关系。所谓接续关系是指前一部分与后一部分有直接的逻辑关系，层次虽分，道理未尽。前一层有未尽之意有待后面续接，不可中断。比如按行进过程顺序安排论据，阐述某些事实，就比较多地采取这一方式。例如论述股份经济的发展时，作者就往往从起源、发展、完善这样一个行进过程来层层展开，显得层次清楚、有条有理。

（4）对立关系。所谓对立关系是指文章论述的事理是对立统一体，表现为正反、表里、前后、质量、胜负等。它们既有联系又有区别。论述的重点在于阐述它们是辩证的统一，不能将它们孤立地对待。那么在论述时，就不能强调了一面而忽略了另一面。

第二节　毕业论文结构的组成要素

一、开头与结尾

（一）开头

1. 开头的意义

毕业论文的开头相当重要，头开得好，不仅可以为论文的写作打开一条思路，以磅礴之势使文章一蹴而就，也能够紧紧抓住读者，给读者一种非读下去不可的吸引力。俗话说"万事开头难"，开头之难，难在首先要紧扣主旨，简明扼要，提出问题或观点，一下子引起读者关注，诚如高尔基所指出的那样："开头第一句话是最困难的。好像在音乐里定调一样，往往要费好长时间才能找到它。"的确，开头就是定下"基调""主旋律"。不下苦功夫，不掌握一定的方法，把调定好，后面是会"走调"的，是会出现很不协调的尴尬局面的。因此，每一个作者都要高度重视毕业论文的开头。

2. 开头的方式

论文的开头方式很多，值得学习与借鉴。毕业论文的开头方式主要有如下几种。

（1）揭示主题。所谓揭示主题是指作者在文章一开始就提出自己的论点，表明自己的立场、观点、态度和主张，明确了观点，然后再逐步展开论述。俗话说"开门见山"，"打开天窗说亮话"，指的就是在平时谈话或写文章时一开始接受表明自己的观点，不绕山绕水，不拐弯抹角。

（2）坦陈目的。所谓坦陈目的是指作者一开始就交代写作毕业论文选题的目的和用意，让人首先对您要写作的对象和论文的内容有一个大抵的了解和印象。

（3）提示要点。所谓提示要点是指一开始就用简洁的文字将论文要写作的主要内容，提纲挈领地概要提示一下，让人先对您的论文内容、基本观点有一个初步的印象，知道您要说些什么。

（4）因题设问。所谓因题设问是指自己给自己提出问题，然后再作全面回答。这种开头的好处是能引起读者的关注与兴趣，急于要了解您是如何作答的（即是如何阐述的）。同时，也能使文章跌宕曲折，妙趣横生。

（5）回顾历史。回顾历史是指要概要介绍历史状况的方法开头，使人对课题或论题以往的研究进展、获得的成果、存在的问题等有一个大致的了解与认识，从而对本课题或论题的研究和写作产生兴趣。要注意的是回顾历史的篇幅不能太多，文字要高度概括与精练。

（6）援引常例。所谓援引常例是指文章在一开头介绍有关相关的事例和现象然后转入论题的论述，这种开头的例子很多，恕不再举。

（7）提出质疑。所谓提出质疑是指对一些观点（包括学术观点）、主张、做法等提出疑问，表示怀疑和不相信、不赞成，基本上持怀疑态度然后再阐明理由。这样的开头，作者由于采取的是逆向思维的研究方式，标新立异，颇能引起读者注意和急于阅读的兴趣。

（8）写景渲情。所谓写景渲情是指写文章一开始不马上提出主旨，而是用精练的笔墨，先描写环境（社会大环境与所在单位、部门小环境）渲染氛围、激发情感，以烘托下文。要注意的一点是，这种写景用墨不宜太多，因为毕业论文不是记叙文和抒情文，写景渲情不是目的，要掌握分寸，恰到好处。

（二）结尾

1. 结尾的意义

论文开头相当重要，结尾也不能忽视。所谓论文的结尾，就是论文的终结。是内容发展的必然结果，是全篇逻辑推理必然得出的结论。古人说写文章要"凤头、猪肚、豹尾"，就是说，文章开头要写得漂亮，中间要写得充实，结尾要写得响亮有力。结尾体现在"结论"之中，将结论写好也要下一番功夫。俗话说，"编筐编篓，重在收口"。写论文和编筐编篓是一个道理，开头困难收尾也不容易。

2. 结尾的方法

论文结尾的方法。毕业论文结尾一般采取如下几种方法。

（1）总结型。所谓总结型是指作者在对全篇文章内容作了分析之后，对立论作出的肯定的回答。通过阅读结论部分，使读者对论点或中心论点产生认同感，留下比较深刻的记忆。

（2）预见型。所谓预见型是指作者在对文章中提出的某一问题作了一番分析、研究之后，根据其规律所作的结论。这样的结论常常是文章分析过程中过渡性结论的逻辑延伸。通过分析揭示了规律，然后根据规律预见发展的趋向，乃至提出促进或抑制的措施。这种预见型的结论常常具有指导性。

（3）提出问题型。这种结论是作者在文章中解决某种问题后，根据这个结论，按其逻辑延伸提出几个新的问题，而这些问题不是该文所要回答的。这些问题可能是作者今后的研究方向，也可能为同行指明了研究的新领域。

二、论文层次

（一）层次的含义

所谓层次，是指文章的内容展开的步骤。毕业论文的层次，就是文章中意义上相对独立完整、结构上彼此衔接连贯的各个组成部分。任何一篇好的和比较好的毕业论文，都必须由多个层次组成。

文章层次的划分是多种多样的。有的按时间顺序划分，有的按空间顺序划分，有的按逻辑顺序划分，有的按认识顺序划分。而毕业论文层次的划分主要是按逻辑顺序和认识顺序来划分。由于层次能将材料和内容一层一层地有步骤地展开，它就能把客观事物的内部联系和发展规律、把人们对客观事物的认识清晰有序地表现出来。写作毕业论文在布局谋篇时，要优先考虑层次的安排。考虑全文分为几个层次、哪个层次在先、哪个层次在后等。

（二）层次的类型

毕业论文由于有着比较固定的格式和基本的框架，一般划分大层次比较容易，即根据引论、本论、结论将全文划分为三大部分；而最难的还是小层次的划分。小层次，主要是集中本论部分。鉴于本论部分是毕业论文的主体部分和重心，是科研成果与学术价值的所在，所以一定要掌握层次划分的类型，才能划分好层次。层次的类型有如下几种。

1. 并列式

所谓并列式是指作者根据材料或要论述的问题的性质将它们归为几类，将各层内容并列安排、依次表述的方式，其层次关系是并列的与平行的。并列式层次，适用于论证型论文和描述型论文。由于这两种论文所阐述的问题一般都比较大，涉及面广，若把它们的内容分解成几个不同的方面，从不同的层次来阐述，就能层次清晰，有条不紊，把道理说得一清二楚。但是需要注意的是，每一个层次并非是独立于论点或中心论点之外的，它们必须紧紧围绕着论点和中心论点的需要展开论述；同时，每一个层次并非就没有主次、轻重之分，并不是完全相等的。之所以将它们分成若干个层次，完全是为了阐述的方便和阐述的有序展开。

2. **递进式**

所谓递进式是指根据事物的发展与人们认识事物的规律，由表及里，由浅入深，由此及彼，层层深入，顺理成章地推导出结论（论点）的一种方式，其层次关系是垂直的和逐层深入的。递进式层次也适用于论证型论文和描述型论文。由于这种结构往往是前一个概念是后一个概念的基础，后一个概念是前一个概念的逻辑发展，如此推进，就易于将结论推导出来。同时，这也很符合人们对客观事物与事理的认识规律，因而，逻辑性很强。但是需要注意的是，一定要一环紧扣一环，前后语气连贯，不然会让人产生结构不严谨与松散的错觉。

3. **总分式**

所谓总分式是指先作概括介绍或提出中心论点，然后再分别从几个侧面或几个角度进行阐述，最后综合出结论的一种方式。总分式层次结构，在毕业论文写作中为同学们广泛采用。一般是大的层次采用这种方式，大层次中的各小层次采用并列式或递进式，最后又加以综合。这种结构方式，能使层次不因为论文内容丰富，涉及面广，而始终保持清晰有序，避免散乱与呆板。

4. **连贯式**

所谓连贯式是指按照纵向时间的推移和横向空间位置变换的顺序，以及客观事物发展变化的顺序来安排结构层次的方式。连贯式层次适用于描述型论文层次划分。由于"顺序"涉及面广，既有商务发展变化的顺序，又有时空推移变化的顺序，这种连贯式也有多种形式。如有以工作进行步骤先后为写作顺序的"时序式"，有以体现事件发生空间位变先后为写作顺序的"位序式"，有以体现事物发展自然顺序为写作顺序的"顺序说明式"等，它们各有优点。但是需要注意的是，一定要依据课题研究的对象来决定以何种形式划分层次为好。

三、段落

（一）段落的含义

所谓段落是指构成文章内容的最基本的单位，是论文作者在表达某一观点时由于转换、强调、间歇等情况所形成的文章停顿，也叫做文章的"自然段"。毕业论文的段落既是论文的最基本单位，也是其论述展开的步骤，在形式上有明显的标志：每段的开头空两格（即2个字的位置）。毕业论文的撰写，在结构上不仅要有层次，而且要有段落。段落是由句子组成的，与层次有着密切的联系。它既组成层次，也可以反映层次。毕业论文之所以要有段落，还因为段落具有三大作用：第一，是帮助作者把内容层次条理化、具体化，也方便读者理解论文内容与层次；第二，是承上启下，显示论文的内在逻辑关系；第三，是优化组织结构，使论文的表述形式趋于多样化。

（二）段落划分的原则与类型

1. 段落划分的原则

（1）要单一，要完整。所谓单一是指一个段落只能有一个中心意思，不允许包括几个意思或几个分论点。单一的目的是避免纠缠不清，头绪纷繁，叫人摸不着头脑；所谓完整是指在一个段落内，要围绕一个中心意思或分论点写完整，不允许在这一段说几句，在那一段又说几句，段落开花，段段意思都说不完整，把一个完整的意思弄得支离破碎，致使文章杂乱无章。

（2）要反映层次，要联系紧密。所谓反映层次是指段落是层次的组成部分，一个层次常常包括几个段落，每个段落的地位、次序，都必须依据层次内容的需要来确定和安排，段落的意思要服从于层次、表现层次，而不能偏离与违反层次；所谓紧密联系是指在一个层次中，各个段落之间要彼此紧密联系，承上启下，上下连贯，而不能上下不搭界，毫无关系。

（3）要匀称，要适度。所谓匀称是指段落的划分一定要根据内容和表述的需要，长短大抵相当，不能有的段很长，有的段很短，彼此显得很不相称；所谓要适度是指段落该长则长，该短则短，长短适度，轻重相宜，不能忽长忽短，畸轻畸重，给人不美的感觉。

2. 段落划分的类型

不同的类型的段落对内容分量以及字数的多少有着不同要求。若不注意，划分段落就会出差错。经济与管理类的论文常用到的段落大约有两种。

（1）规范段。即内容单一，意思完整的自然段，一般小于、最多等于层次。它的明显标志是换行。

（2）过渡段。即承上启下的自然段。也就是说，从一个层次向另一个层次转换的时候，往往需要一个自然段进行过渡，这个自然段我们称为过渡段。

四、过渡与照应

过渡与照应主要使文章在结构上承前启后、脉络畅通、前呼后应，给读者一种美的享受。

（一）过渡

1. 过渡的含义

所谓过渡，是指文章层次与层次、层次与段落、段落与段落之间表示衔接、转换的方式。它的作用是贯通文脉、去除突兀感，使文章的内容和形式水乳交融。

经济与管理类毕业论文的写作有两种情况必须过渡：一是在内容转换处需要过渡；二是表达方式和表现方法发生变化时需要过渡。在内容转换处需要过渡，是因为此时已由一个内容转入另一个内容，或由一个层次转入另外一个层次，或由总述转入了分述或由分述转入了总述，倘若不用过渡的方法，就很难使上下衔接自然、文脉贯通，就会造成上下脱节；在表达方式和表现方法发生变换时需要过渡，是因为此刻已由叙述、说明转到了论证、分析，或从议论进入了叙述，或由实践（实验）手段的表述转到了作结论，若不用过渡的方法，就会给人茫然、唐突的感觉。

2. 过渡的方法

过渡的方法有明渡和暗渡两种：所谓明渡，是指在上下文之间插入过渡的词、句、段，从而联系上下两个结构层次；所谓暗渡，是指在时间、空间、意念上差距很大且又相邻的两个结构单位中，上一个结构单位的末尾和下一个结构单位的开头，都是围绕着一个"中介物"进行表述，从而使得上下两个结构内容单位彼此有机地联系在一起。经济管理类毕业论文的过渡，一般通过如下途径。

（1）用一个词过渡。这种方式的用途比较广泛，特别是篇幅不太长的论文，层次与层次、层次与段落、段落与段落之间都可以使用。用词过渡，主要是关联词来过渡。主要有"但是""因此""那么""所以""然而""总而言之""综上所述"等。

（2）用一句话过渡。这种方式常用在层次与层次、层次与段落之间需要转换时的地方。有时把过渡句放在层次与段落之间过渡，有时把过渡句放在前一个段落的末尾，有时则放在后一个段落的开头。

（3）用一个小段过渡。这种方式用在层次与层次之间需要转换的地方。也就是用一个较短的自然段，将其放在层次之间或段落之间，使之单独成为一段，承上启下。

（4）用一个数序过渡。这种方式是在段首用数序（如一、二、三或1.2.3.…或相当于数序的词，如"首先""其次""再次"等连词）来依次安排层次，实现"意念"上的过渡。这种方式在毕业论文和学位论文中广泛采用。

（5）用一个小标题过渡。这种方式就是在两个层次中间加上一个小标题来进行过渡。

（二）照应

1. 照应的含义

所谓照应，是指使文章在内容上前后、上下相互关照、呼应，形成一个有机整体，使读者对文章的观点和内容有更深刻的理解。也就是说，在一篇毕业论文中前面说到的在后面要有所着落，后面说到的前面则要先有所交代，从而在内容上关照、呼应，更趋缜密。

照应，不是简单的复述，而是文章内在联系的表现形式之一。照应用得好，能使文章前呼后应，显得严谨、周密，主旨突出，给人留下深刻的印象。

2. 照应的方法

在毕业论文中经常使用的照应的方法有四种。

（1）首尾照应。即论文绪论（前言和引言）部分的观点或内容在结论中要有体现。例如，毕业论文开头提出问题，结尾是解决问题。前面是引论，后面是结论，这实际上就是内容上与结构上的"首尾照应"。

（2）上下文照应。上下文照应，就是"前呼后应"。用这种照应方法，能使文章上下勾连，层层深入。例如，毕业论文总是在前面提出问题，在后面作出解答，前面总述或概述时作些铺垫，后面紧接着加以论证分析。在引论、本论、结论之间，论述时总是彼此前后上下关照。

（3）开头与标题照应。即在论文的绪论之中用一句话点题，古人称作破题，我们称作照应。开头与标题照应能够紧紧抓住读者，让读者尽快阅读文章的主体内容。写作时，要注意言简意赅，直截了当，干净利落，一语中的。

（4）行文与标题照应。行文与标题照应是指所写文章的内容与题目照应。毕业论文的题目，有的是论题，有的本身就是论点，题目与文章内容有着密切的联系。倘若在行文时，注意与标题的照应，照应得好，主旨突出，画龙点睛，也会使文章更加紧凑、集中、生动。

第三节 毕业论文结构设计的基本内容

一、毕业论文的总体结构

毕业论文的总体结构是以毕业论文为主体，包括文献综述、外文翻译、开题报告等在内的全部材料构成的论文结构。毕业论文的总体结构包括以下四个方面。

（一）文献综述

文献综述是针对学生所选研究课题领域，在收集大量文献资料的基础上，就国内外在该领域的主要研究成果、研究动态等进行综合分析而写成的，能比较全面地反映相关领域的历史背景、前人工作、争论焦点、研究现状和发展前景等内容的综述性文章。"综"就是要求对文献资料进行综合分析、归纳整理，使材料更精练明确、更有逻辑层次；"述"就是要求对综合整理后的文献进行比较专门的、全面的、深入的、系统的评述。文献综述是毕业论文不可缺少的组成部分。凡是在毕业论文中引用他人的著作或者文章中的材料、论点、结论、图表，都应该在论文的相应位置或以适当的形式加以说明。文献综述的目的有三个方面：一是告诉读者你熟悉的前人或别人在此方面的研究成果；二是通过分析和评价已有文献，建立自己研究的基础；三是通过分析和评价已有文献，发现知识空白和所选研究课题的必要性。鉴于文献综述的重要性，在毕业论文写作过程中对学生阅读文献资料的数量都有一定的要求，例如学士毕业论文一般不少于30篇，而且多数的文献资料应该是近年发表的。

　　文献综述一般包括国内外发展的历史和现状、现阶段主要的理论观点和技术、课题的主攻方向、亟待解决的主要问题和发展方面的内容。文献综述的写作主要有五个方面的要求。①内容要与所研究的问题直接相关。文献综述的内容必须与所研究的问题直接相关，切忌泛泛而谈，否则就可能出现应该写的文献综述内容被遗漏，而一些无关紧要的、细枝末节的内容又充斥了文献综述。②内容要反映近年的主要研究成果。完成文献综述的任务并非是一件简单的事情，它要求作者必须查阅大量的前期研究资料。文献资料要尽可能反映研究领域的前沿动态，应当反映近年的主要研究成果。文献资料要新颖不陈旧，不要出现观点陈旧和方法落后的情况。③内容要按照主题的内在关系来写。文献综述通常按具有内在逻辑联系的若干个主题来写。这些主题与所研究的问题密切相关，其实就是研究问题所涉及的主要领域、内容和变量。④文献综述要与自己的研究目的相一致。文献综述不仅要列出以往的研究，而且要对其进行分析与评价，说明这些研究的优缺点。当然，每个研究者所关注的角度肯定有所不同，有的着重分析研究理论，有的着重分析研究成果，有的则着重于考察研究方法的运用，还有进行综合回顾的。但无论着眼于什么，总是要与自己的研究目的相一致。如果是一个新的研究课题，那么文献综述则主要集中在对相关研究的评述上，或从不同的角度去审视以往的研究。⑤通过文献综述要注意指出研究空白和要研究的问题。要研究的问题往往是在前人的研究基础之上提出来的，文献综述的结尾通常要指出作者在综述了前人的研究成果之后发现了哪些不足、问题和研究空白，值得作者作进一步的研究，从而引出将要研究的问题。

（二）外文文献翻译

　　为了提高学生的外语应用能力，培养学生应用外文文献的习惯，扩大论文写作文献的参考范围，利用外文文献、翻译外文文献也成为毕业论文写作的重要组成部分。不仅教育主管部门积极推广，部分高等学校也已经将外文文献纳入学生参考文献的范围，并要求学生完成一定数量的外文文献翻译，以制度的形式对外文文献翻译的要求作出明确的规定，包括外文文献的翻译要求、外文文献的来源及出处的标注等。所以，毕业论文的写作又增加了外文文献翻译的要求。

（三）开题报告

论文的开题报告，就是当论文方向确定之后，作者在调查研究的基础上撰写的报请指导老师、学校毕业论文指导委员会或小组批准的选题计划。它主要说明这个论文有必要进行研究、自己有条件进行研究以及准备如何开展研究等问题，也可以说是对论文选题的论证和设计。开题报告是提高论文质量和水平的重要环节。

编写开题题报告的目的是：通过文字形式，明确研究的问题和研究思路；提请指导老师和学校相关老师帮助论证，完善研究计划；指导后面的写作。

搞好选题，首先可以确定研究方向，决定着研究的主攻方向和前进路线；其次是确定研究的重点与大致的研究范围，规范思考观察问题的角度和重心，便于搜集有关资料；再次是确定基本观点，基本观点确定后，论文写作才有可能获得令人满意的结果；最后有助于促进论文的构思，论文的开题过程就是论文的构思过程，而一个好的选题有助于论文构思与论证。

如果从论文的写作来看，写什么和怎么写都非常关键，写什么（也就是研究什么问题）显得尤为重要，因为只有当你研究的问题很迫切、很有理论与现实意义时，论文才会有价值，论文才会达到积极的效果。如果研究的课题毫无意义，即使花费再大的精力、研究得再好，论文写得再完美，也是没有价值的。所以，选题是论文成败的关键。

开题报告内容主要包括：论文题目、摘要、选题意义、国内外研究概况、主要研究内容及拟解决的关键问题，立论根据及研究创新之处，拟采用的研究方法、步骤、技术路线及可行性论证，研究工作总体安排及具体进度，参考文献目录等。

开题报告编写之前，就要按研究方案，查找并阅读一些主要资料、进行初步调查、分析初步的问题、提出初步的解决方案。开题以后，再深入、细化这些初步的工作。

开题报告完成后，经导师审查签字，提交学院组织专家评审。有的学校还需要学生现场汇报开题报告，接受专家小组的质询，修改完善开题报告。

开题报告通过后，方可进入论文工作阶段，原则上一般不再随意改题。如确有特殊原因需改题者，须由学生写出书面报告，经指导老师签署意见，院（系）负责人审批后，报学校备案，并在2个月内补做开题报告。

（四）毕业论文

由学生根据拟订的写作提纲和收集整理的材料，在教师的指导下，将论点与论据进行有机结合而撰写的论文实体，是毕业论文写作过程中的核心工作，也是毕业论文总体结构中的主体构成。毕业论文主体具体由标题、摘要、关键词（中、英文）、目录、正文、参考文献、附录（可选）等内容组成。

二、毕业论文格式结构

毕业论文的格式结构是论文正文为主体，由论文格式的规范要素共同组成的结构体系，具体包括标题、目录、摘要（中、英文）、正文、参考文献、附录（可选）等。

（一）标题

标题是论文的眉目，是作者以最恰当、最简明的词语反映论文中最重要的特定内容的逻辑组合，一般是论文的中心论点，是一篇论文给出的涉及论文范围、内容与水平的第一个重要信息，也是读者把握全文内容核心的第一要件。

（二）摘要

摘要又称为概要、内容提要，是以提供论文内容概要、对论文进行高度概括为目的，不加以评论和补充解释，简明、确切地记述毕业论文重要内容的短文。在论文摘要中，作者以较少的文字，勾画出全文的整体面目，提出中心论点、揭示论文的研究成果、简要叙述全文的框架结构。一般置于论文题目之下、正文之前。论文摘要一般包括四大基本要素，即目的、方法、结果、结论。摘要应具有独立性和自明性，并且拥有与文献同等量的主要信息，即在不阅读全文的情况下，就能获得必要的信息，所以，一篇完整的论文都要求随文摘要。

（三）关键词

关键词是表达论文主题概念的自然语言词汇，是反映论文最主要内容的基本术语，是论文的文献检索标识。关键词与论文摘要一样，已经成为论文的一个基本要素和必备的组成部分。毕业论文的关键词一般是从其题名、层次标题和正文中选出来的，能反映论文主题概念的词或词组，位置在摘要之后。

（四）目录

目录是作者在完成论文定稿后，列明论文各章节的小标题和所在页码的简表，是论文各组成部分的索引。是否设置论文目录，一般根据论文的篇幅而定。毕业论文由于篇幅一般较长，内容的层次较多，整个理论体系较庞大、复杂，故通常设目录。短篇论文如学年论文则不必设置目录。

(五)正文

毕业论文正文是毕业论文的主体,是毕业论文最重要的组成部分,是反映毕业论文研究内容和成果的集中体现,也是体现毕业论文质量和水平的根本所在。毕业论文正文的结构形式是多种多样的,一般包括序论、本论、结论三部分,这是毕业论文的基本结构。

(六)参考文献

参考文献又称参考书目,是学生在撰写毕业论文过程中所查阅参考过的著作和报纸杂志,一般列在毕业论文的末尾,它是毕业论文不可缺少的组成部分,也是作者对他人知识成果的承认和尊重。同时,参考文献是指导教师和答辩教师了解学生阅读资料的广度,作为审查毕业论文的一种参考依据,也是方便作者和读者查找、查阅相关的观点和材料的基本依据。

(七)附录

附录是论文主体的补充项目,根据论文需要决定是否使用。不宜放在正文中,但有参考价值的内容,可以以附录的形式置于论文末尾。附录给出了论文的附加信息,便于帮助他人理解论文内容。

三、毕业论文内容结构

毕业论文内容结构是指以毕业论文本论为主体的,包括序论、结论等组成的论文的内容结构,体现为毕业论文的一种内在结构。

(一)序论

序论也叫前言、引言、导论或绪论,是整篇论文的篇头,是作者简要说明论文选题的背景、目的和意义,论文所要解决的问题、使用的理论工具和方法,论文的基本思路、逻辑结构等研究设想及要取得的预期结果等。

(二)本论

本论是作者在序论交代有关问题的基础上,展开论题,对自己所提出的观点全面系统地、有逻辑地进行多层次的分析和整理,是毕业论文的主体部分,无论是内容、篇幅还是在结构上,都是整篇论文的核心,也是最能显示作者的研究成果和学术水平的重要部分。一篇论文质量的高低,主要取决于本论部分写得好坏,要求这一部分内容充实,论据充分、可靠,论证有力,主题明确,要做到层次分明、脉络清晰。论点、论据、论证是毕业论文的三大要素，也是本论的内容组成。

(三) 结论

结论是一篇论文的收尾部分，是以研究成果和讨论为前提，经过严密的逻辑推理和论证所得出的最后结论。该结论应是该论文的最终的、总体的结论。换句话说，应是整篇论文的结局，而不是某一局部问题或某一分支问题的结论，也不是正文中各段的小结的简单重复。结论应当体现作者更深层的认识，且是从全篇论文的全部材料出发，经过推理、判断、归纳等逻辑分析过程而得到的新的学术总观念、总见解。

第六章 毕业论文的格式与撰写

经常有同学抱怨,毕业论文格式太麻烦了。对于格式问题,一定要有正确的认识:之所以需要格式规范,是因为论文答辩、提交后,需要在全国乃至全世界交流。因此,格式规范是毕业论文强制性的要求,也是全世界知识交流与共享的需要。论文格式的规范非常具体,从标题、章节编号、内容、图表标注、参考文献,直至每一个字符,都有严格规定。因此,我们首先要有服从格式规范的意识,逐字逐句对照格式要求,对论文进行规范。

第一节 标题、署名与目录

一、标题

(一)标题含义及意义

标题又称为题目或题名。标题是指以最恰当、最简明的词语反映论文中最重要的特定内容的逻辑组合。古人说"题括文意",也就是指标题要高度概括全文的内容,体现文章的主旨或尽可能地体现作者的写作意图。标题是论文的中心论点,具有高度的概括性和明确性,是首先映入读者眼帘的第一信息,读者是先以标题作为最主要的判断来决定是否有阅读的必要。另外,读者从文摘、索引和题录的情报资料中,先找到的也是论文标题。因此,论文标题对整篇论文具有举足轻重的作用。好的标题,能使读者研究它而了解论文的全貌,从而诱导读者的注意和兴趣,使得读者在看标题的一瞬间触发其阅读全部论文内容的兴趣,进而阅读全文。

(二)标题的类型

从功能的角度看,毕业论文的标题一般可分为:总标题、副标题和分标题。

1. 总标题

总标题是标明论文中心内容的句子或词组,一般来说,论文的总标题揭示论文的论点。它主要有如下四种常见的形式。

（1）中心表述型。这类标题是论文中心内容的高度概括。作者的用语目的就是用标题来反映毕业论文的内容或主旨。毕业论文使用中心表述型的标题比较常见。如《宝洁公司人力资源外包战略研究》《企业物流管理会计若干问题研究》等。

（2）判断确定型。这类标题主要是用判断性的语言，或者结论性语言表达论文的中心论点，是对事物的价值判断，或者就某一事物展开讨论，最后作出价值判断过程的结果描绘。如《科学技术是第一生产力》《人才是企业的长久资本》《实践是检验经济理论的唯一标准》等。

（3）提问隐含型。这类学术论文标题用了疑问形式，或是一般疑问，或是反问，或是有选择性地提问。作者采用这种标题的目的是把自己的看法或要论述的内容蕴含在标题之中。常用"怎样""如何""为什么"等词语或格式作为标志。如《企业怎样加强自身竞争力》《企业如何利用ERP技术提升营运表现的研究》等。

（4）范围限定性。这类标题对论文的全文内容给予限定，研究对象比较具体、狭窄，但是引申的观点又必须具有较强的概括性和较广的适应性。这种从小处着眼，大处着手的标题，便于科学思维和科学研究的拓展。如《从格力的发展看中国企业的前进方向》《从肯德基看在中国的跨文化营销》《经济特区税收优惠的国际比较》等。

2. 副标题

副标题是用来进一步对总标题的内容说明或补充，一般在总标题不能完全表达论文主题时采用。特别是一些案例研究、商榷性以及总标题比较宽泛的论文可能都需要加一个副标题。如《我国上市公司换股并购案例研究——动因及效应》《中国电信价格规制模式的选择——理论及案例研究》《人民币升值的背后——中国金融市场动向研究》。

3. 分标题

分标题是论文层次、段落标题也是论文内容提纲。分标题设置主要是为了清晰地显示论文层次，帮助作者厘清思路，同时也方便读者阅读。有的分标题是用文字将一个层次的中心内容高度概括，昭然于其上；有的分标题是直接用数字符号，仅标明"一、二、三"等顺序，起到承上启下的作用。值得注意的是，无论采取哪种形式，都要紧扣所属层次与上下文的内容。总之，分标题和论文相应部分的内容应该完全一致并能吸引读者。

（三）标题的写作要求

1. 专业性

毕业论文的标题拟定要符合自己所学的专业，要能使人一看到论文的题目就知道这篇论文是什么专业的问题，是研究哪个方面的问题。有些毕业论文论述的内容是专业范围之内的，但由于拟定了一个非专业性的标题，从而影响了读者对论文本身的评价。因此，拟定一个专业性的标题，是写出高质量的学位论文的有机组成部分。

2. 准确性

准确性就是要求标题能如实地表达出论文内容，在外延上要恰当反映所研究的范围，在内涵上要恰当地反映所研究的深度，一定要紧扣论文内容，与论文内容相匹配。在论文写作过程中，常见的问题是文不对题，或标题太大，超过了论文论述的内容，或标题太小，不能涵盖整篇论文的内容观点。同时也要恰当地选用标题的用词，有助于准确表达文章内容。标题可以选用以下不同的词语，如"论……""略论……""试论……""再论……""浅谈……""浅议……""刍议……""浅说……""浅析……""初探……""……思考""……体会""……断想""……构想""……设想""……方略""……记实""……之我见""……再认识""……探讨""……研究"等。选用标题用语要根据需要而准确取用，不应模棱两可，似是而非。倘若论文的分量不足，不要轻易使用"论"字，用"谈"字更为恰当。

3. 新颖性

论文的标题置于论文之首，是读者阅读论文的第一要素，一定要新颖醒目，引人入胜，激起读者的阅读兴趣。所以，标题所用字词及其所表现的内容一定要醒目，并和文章的内容、形式一样，应有自己的独特之处。但标题不能过于抽象、空洞，标题中不能采用不常用的或生造的词汇，以免使读者难以理解。

4. 简洁性

论文的标题不宜太长，过长了容易使人产生烦琐和累赘的感觉，从而影响对论文的总体评价。标题的简洁性要求作者必须对整篇论文进行归纳、概括和浓缩，提炼出精练而准确的标题。按我国国家标准要求，论文标题的字数一般不宜超过20个字。不过，不能由于一味追求字数少而影响题目对内容的恰当反映，在遇到两者确有矛盾时，宁可多用几个字也要力求表达明确。如果根据论文内容需要，总标题在不可能简短的情况下，可加副标题，用以辅佐主题，或作补充说明。

5. 规范性

规范性是指在书写格式方面，要遵循新的国家标准的要求。遣词造句应遵循现代汉语普通话的文字、语言、词汇、语法、结构等方面的要求，尽量避免句子歧义、语意模糊、搭配不当、语序紊乱、成分不全、标点误用、错别字、繁体字、方言或口语化表达等。另外，所有的专业词语也必须规范化，尽量避免不常用的缩略词、字符、代号，力求能够准确规范地反映论文的内容和主旨。标题的撰写应注意以下几点。

（1）标题中避免同义词和近义词连用，如"×××的研究与探讨"等。

（2）标题一般不用句子，而是短语和词组。避免用动宾结构。题目中至少有两个以上的关键词。

（3）标题一般不用标点，并列关系用空一字表示。

（4）标题应尽量避免使用抽象的结构式或同行不熟悉的符号、缩写语等。

（5）分标题中的层次设置尽量要一致，不要出现层次缺失现象。

（6）分次标题的字数不要太多，其中尽量不用标点符号。

（7）分次标题使用排比句。

（四）标题写作的主要问题

1. 标题太长

毕业论文标题比较突出的问题是太长，超出 20 个字的情况比较常见。此类情况一般是因为言辞拖沓，不够简洁精练。

2. 标题太大

论文标题太大，涉及的范围很广和变量很多，一篇学士论文或硕士论文，甚至一篇博士论文也无法完成该问题的研究。如《论企业员工的激励问题》《论我国金融体制改革》《经济发展中金融的贡献与效率》等。这样的题目就过大了，研究的问题很复杂，影响因素又很多，这都不是一篇专业学位毕业论文所能解决的问题，学生硬性撰写这类的论文，最后很可能就沦为空中楼阁、无源之水。

3. 标题太小

论文的标题不能过大，那是不是越小越好呢？我们主张论文的题目要大小适中，以容易写作、与实践相结合为原则。论文标题如果太小，涉及的范围很窄和变量很少，总标题无法涵盖各分标题的内容，或者分标题无法涵盖与之相对应的内容。这样就会对文章内容限制得过死，从而产生难以收集资料、在写作过程中无话可说、观点实用性狭窄和对现实的指导意义不大等问题。如《财务软件开发企业中研发团队管理的效果评估》的论文就犯了题目过小的错误，"财务""软件开发企业""开发团队管理"限定词过多，不易于写作，得到的结论也不具有一般意义。可以修改为"软件开发企业中研发团队管理的效果评估"，这个题目就更好。

4. 过难

过难的选题对学生来说在有限的时间内无法完成或成果难以令人满意，比如有的学生选"中小型企业融资难以及成因分析"这样的问题，涉及企业、银行、政府等多个方面，是世界性的难题，仅通过一篇专业毕业论文是很难说清楚的。

5. 偏向理论研究

经济与管理类毕业论文重在理论联系实际，重在培养学生解决实际问题的能力，学生在拟定论文题目时应该更多考虑的是解决实际问题，而不是空泛的理论探索。如一篇题为"基于模糊集的员工绩效评估方法研究"，这样的论文是专业学术研究型论文，不适合学生专业毕业论文研究。

6. 标题太华丽

标题的文辞太华丽，容易使读者产生误解和歧义。如对《幽默：员工培训的催化剂》这个标题，读者可能会产生"幽默与员工培训的关系如何""催化剂又是指什么""幽默怎么成为了员工培训的催化剂""幽默能够提高员工培训的质量吗"等疑问。

7. 过多的修饰词

有的毕业论文题目很长，修饰语过多，重点不突出，虽然反映出了文章的研究内容，但是题目给人拖沓冗长的感觉。如一篇题为"中国银行广东省分行股份制改制时期人力资源绩效考评系统的研究"的论文，没有明确反映出文章的研究重点是"人力资源绩效考评系统"的研究。可以把"股份制改制时期"删掉，改成"中国银行广东省分行人力资源绩效考评系统研究"。

8. 用词不当

标题是章节目的核心，应使用规范化、意义准确、精练的词组，不能用主宾齐全的句子。用词不当也是专业毕业论文题目中普遍存在的问题，如"××调查与对策研究"：对策研究通常需要事先进行调查分析，所以"调查与"三个字多余。再如"××问题对策研究"："问题对策研究"句子就不通，是一个问题对应一个调查呢，还是"问题与对策"？还有"××现状分析与对策建议"：二者是并列关系呢，还是因果关系？没有体现出来。还有一些同学为了表示谦虚，标题中使用"浅析""初谈""思考""探索"等词汇，也是不合适的。毕业论文就是要分析问题、解决问题，老师不会因为你的谦虚而降低要求。

9. 缺少必要的副标题

在主标题未能完全表达论文的主旨和内容时，缺少必要的副标题，使标题显得苍白无力。一些标题应该有相应的副标题，以达到对论文的揭示作用。

10. 标题的英文翻译不恰当

标题的英文翻译一般应该以其特有的正字法规则为准，即凡实词一律大写；虚词则一律小写——但较长的虚词（指六个字母以上，如 THROUGH），则仍须大写。例如，《东亚货币合作与竞争问题研究》可以翻译为 *Research on Problems of Monetary Cooperation and Competition in EAST ASIA*。当然，也有除首词的首字母及专有名词须大写外，其余一概小写或大写的英文翻译。

11. 各级标题中间和结尾使用冒号、句号、顿号、破折号等标点符号，不能用括号补充说明

错误的例子有"第一章：×××""第一章.×××""第一章、×××""第一节——×××"。

12. 使用工作报告的标题

有些毕业论文使用工作报告的标题，如"全员参与管理，提高市场竞争力"等。

二、署名

(一) 学术论文署名的意义

论文署名的意义之一是作为拥有版权或发明权的一个声明。版权是指对某一著作物的出版权。拥有这种权力的是著作人，他可以与出版者订立合同，转让或收回版权。在论文（或其他著作物）上署名，就是宣布拥有版权的一个声明。一般来说，这种署名一旦履行了一些必备的程序（如公开发表或经公证），就受到了法律的保护。从发明创造的角度来看，论文的写作过程是一种重要的创造过程，是脑力劳动的一种重要形式。论文的完成意味着某个新科学理论成果的完成或者一项新技术的发明。在论文上署名，就是宣布拥有这种发明权。从这个角度来看，也可以把署名视为作者通过辛勤劳动所应得的一种荣誉，借此求得社会的承认和尊重。学术论文署名的另一个意义，在于它反映了作者文责自负的一种精神。所谓负责，一是要负法律责任，二是要负学术上的责任，三是要负道义上的责任。如果论文存在剽窃、抄袭、损害国家利益或者在科学上有严重错误并导致严重后果抑或被指控有其他不道德的和不科学的问题，那么署名者就理应担负全部责任。从这点看来，署名是一件非常严肃和庄严的事情。

在学术论文上署名，还有利于读者同作者进行联系及文献检索（作者索引）。

(二) 学术论文署名的方式

署名的主要形式有集体署名与个人署名两种。其中个人署名是最基本的形式。

集体署名有两种形式：一是多作者的集体署名，二是团队或单位署名。多作者的论文署名有多达十几名，甚至更多。团队或单位的署名形式一般与个人和集体署名形式并存，但绝大多数只表示个人或集体作者的所在单位，如某研究所、某研究室、某研究小组等。

在科学研究中，任何集体研究，都是建立在个人努力的基础上的。因此，学术论文理应尊重客观事实，反映个人所作的劳动，这是个人署名形式依然存在的客观原因之一。另外，一项大的科研成果往往是由许多人的小成果组成的，大成果可集体署名，但小成果却可以独立地写成论文发表，个人署名形式自然被这种论文所采用。美国《内科学记事》中指出署名作者的五个条件：①必须参与过本项目研究的设计和开创工作，如在后期参加工作，必须赞同研究的设计；②必须参加过论文中的某项观察和获取数据的工作；③必须参与过观察所见和取得的数据的解释，并从中导出论文的结构；④必须参加过论文的编写；⑤必须阅读过论文的全文，并同意其发表。这些原则对科学论文的署名，有一定的参考价值。

依照惯例，个人的研究成果个人署名。集体研究成果，个人只能以执笔人身份署名。集体的科研成果，应当共同署名。第一作者通常对论文内容负有全部责任，是论文的写作者。其他人员按照贡献大小依次排列。署名中要防止名不副实，即不按照贡献大小，而按资历新老为序；也要防止挂名，即利用职权、名气沽名钓誉，尽量避免争名、借名等不良现象。

有不少学者认为，论文的署名不仅意味着宣示参与人员的贡献，更包含着同行之间合作、友谊和高尚的情操。

也有不少的学者认为，多人署名应当国际化、规范化，其顺序以姓氏笔画，或以汉字的拼音字母顺序排列为好。

还有不少的学者认为，同行之间的贡献大小，不能简单地以署名的先后认定。

（三）毕业论文署名的方式

毕业论文的署名与一般学术论文有所不同，除署上论文作者的真实姓名及所在学校、学院（系）、专业、班级外，还要署上导师的姓名和职称。学位申请者提交通过了答辩的学位论文，在装订成册时，除了要署上作者姓名和就读学校、学院（系）、专业、班级外，有的学校还规定要署上指导学位论文的导师、评阅人、答辩委员会主席等人的姓名、职称等。毕业论文改写后在期刊上发表，由学生和指导老师共同署名。在一些国际研究机构中有一条不成文的"法则"，导师与学生发表文章时，导师名字必须放在后头。

三、目录

目录是作者完成论文定稿后，列明论文各章节的标题和所在页码的简表，是论文各组成部分的索引。是否设置论文目录，一般根据论文的篇幅而定。篇幅较长的毕业论文，内容的层次较多，整个理论体系较庞大、复杂，故通常设目录。短篇论文则不必设置目录。

（一）设置论文目录的目的

论文目录依据论文中的各级小标题的依次排列，清晰地显示文章的层次，便于读者从整体上把握文章的逻辑体系，使读者能够在阅读该论文之前对全文的内容、结构有一个大致的了解。有人形象地把目录比喻为"导读图"，这就说明了它对于篇幅较长的毕业论文绝不是可有可无的。设置目录一定要注意：凡是目录中的最小层次应该一致。如果某篇毕业论文以各章中的每一节为最小的层次，那么目录列到章、节就可以了。

论文目录排出论文各章节的小标题，并标明标题所在页的页码，方便读者阅读。特别是论文篇幅较长、内容的层次较多时，为读者选读论文有关部分提供方便。当读者需要选读论文中的有关部分时，就可以依靠目录查找而节省时间。

（二）毕业论文目录的格式

毕业论文目录的格式与一般书刊的目录格式相同，根据各章节组成部分的小标题设置，且必须与全文的纲目一致。也就是说，论文的标题、分标题与目录存在着一一对应的关系。但要注意的是，论文目录与论文提纲有所不同，论文提纲是作者在进行论文写作之前，对论文的主要内容、写作思路和篇章结构进行整体构思而形成的一种设计，在论文的写作过程中会根据需要进行修订，而且内容更加深入和详细。论文提纲一般不需要标注页码，即使标注了页码，也只是对页码的初步分配。论文目录则是在论文定稿后，将已确定的章节标题按页码顺序进行排列。论文目录一般只需要排列二级标题即章和节，不需要到三级标题和四级标题。

毕业论文目录必须清楚无误地标明页码，应按内容顺序逐一标注该行目录在正文中的页码。构成内容包括序号、章节标题和页码。序号、章节标题从左列起，页码从右列起，中间用"……"连接。

论文目录是论文的导读图，要求具有完整性。也就是要求文章的各项内容，都应在目录中反映出来，不得遗漏。论文目录内容含论文正文章节、参考文献、后记、附录等。

以学生毕业论文《网上酒店订房系统的规划与实现》一文为例，论文目录按如下格式设置。

目 录

摘 要
Abstract
一、引言……………………………………………………………………………（1）
二、系统分析………………………………………………………………………（2）
　（一）需求分析…………………………………………………………………（3）
　（二）可行性分析………………………………………………………………（4）
　（三）线下酒店订房流程图……………………………………………………（5）
三、系统总体设计…………………………………………………………………（6）
　（一）系统功能设计……………………………………………………………（7）
　（二）系统流程设计……………………………………………………………（8）
四、系统详细设计…………………………………………………………………（9）
　（一）系统设计目标……………………………………………………………（10）
　（二）系统开发及运行环境……………………………………………………（10）
　（三）代码设计…………………………………………………………………（11）
五、数据库设计与实现……………………………………………………………（12）

六、系统前台主要功能模块实现 …………………………………………… (13)
　　　（一）系统前台总体架构 ………………………………………………… (13)
　　　（二）系统导航实现 ……………………………………………………… (14)
　　　（三）酒店客房展示实现 ………………………………………………… (14)
　　　（四）酒店客房预订中心实现 …………………………………………… (15)
　　七、系统后台主要功能模块实现 …………………………………………… (16)
　　　（一）系统后台总体架构 ………………………………………………… (17)
　　　（二）系统后台登录模块实现 …………………………………………… (18)
　　　（三）系统后台客房管理模块实现 ……………………………………… (18)
　　　（四）系统后台联系方式管理模块实现 ………………………………… (19)
　　八、系统测试 ………………………………………………………………… (20)
　　九、系统维护 ………………………………………………………………… (21)
　　十、结论 ……………………………………………………………………… (22)
　　　谢辞 ………………………………………………………………………… (23)
　　　参考文献 …………………………………………………………………… (24)

第二节　摘要与关键词

一、摘要

（一）摘要的概念和目的

　　摘要即提要，也叫内容提要。是对毕业论文内容的高度浓缩，基本要素包括研究课题、撰写论文的目的、方法、对象、结果、结论和应用范围，是对论文内容不加注释和评论的概括性陈述。国家标准 GB/T6447—986《文摘编写规则》，对论文摘要的写作要求作出了详细的规定。具体地讲就是研究工作的主要对象和范围，采用的手段和方法，得到的结果和重要的结论，有时也包括具有情报价值的其他重要信息。摘要应具有独立性和自明性，并且拥有与文献同等量的主要信息，即不阅读全文，就能获得有关论文的必要的信息。毕业论文之所以要写摘要其目的是：一是让指导老师在审阅该论文的全文时对主要内容有个大致上的了解，知道作者研究的课题是什么，采取了哪些研究方法；二是让读者尽快了解论文的主要内容以补充题名的不足，现代科技文献信息浩如烟海，读者检索到论文题名后是否会阅读全文，主要就是通过阅读摘要来判断；三是为科技情报文献检索数据库的建设和维护提供方便。论文发表后，文摘杂志或各种数据库对摘要可以不作修改或稍作修改后使用，从而避免他人编写摘要可能产生的误解、欠缺甚至错误。

（二）摘要的内容

摘要可以使读者不阅读论文的全文，就能获得必要的信息。摘要的内容随论题的不同而不同，一般包括以下几点。

（1）研究课题的前提、目的、范围、研究对象的特征以及与其他同行研究的相异之处。

（2）研究内容和采用的原理与方法。

（3）主要结果中的新见解或创新点及其理论意义和实用价值。

（4）一般结论及后续研究方向。

摘要只能用第三人称来写，摘要中不应出现图表、公式、非公知公用的符号和术语，也不应出现注释和评论。

论文摘要要反映的内容很多，所以文字必须简练，内容也要充分概括，简明扼要，总览全局。篇幅大小一般限制其为总字数的 2%～5%。例如，本科生学位论文的摘要在 200～300 字；硕士学位论文摘只需要 500～600 字；博士学位论文摘只需要 900～1 200 字。每所高校对此都有比较具体的字数要求。

（三）摘要的分类

常见的毕业论文的摘要有指示性摘要、报道性摘要、报道-指示性摘要三种类型。

1. 指示性摘要

指示性摘要比较简单，是指明一次文献的论题及取得的成果的性质和水平的摘要，其目的是使读者对该研究的主要内容（包括数据、看法、方法、意见、结果、结论等）有一个轮廓性的了解。

2. 报道性摘要

报道性摘要是指一般用来反映科技论文的目的、方法及主要结果与结论，在有限的字数内向读者提供尽可能多的定性或定量的信息，充分反映该研究的创新之处。

3. 报道-指示性摘要

报道-指示性摘要是指以报道性摘要的形式表述论文中核心部分的内容，其余部分则以指示性摘要表达。

对于经济与管理类本科、硕士、MBA、EMBA 毕业论文来说，摘要一般应该讲清楚论文研究背景、范围、目的、对象、方法和主要结论。毕业论文摘要一般单独占一页，装订在毕业论文目录之前。毕业论文摘要与其他摘要的不同之处是，它必须指出研究结果的创新点。

(四)摘要的写作要求和主要问题

1. 摘要的写作要求

(1) 摘要中应排除本学科领域已成为常识的内容。切忌把应在引言出现的内容写入摘要,也不要对论文内容作诠释和评论(尤其是自我评价)。

(2) 不得简单重复题名中已有的信息。比如一篇文章的题名是《中国几种兰种子试管培养根状茎发生的研究》,摘要的开头就不要再写"为了×××,对中国几种兰种子试管培养根状茎的发生进行了研究"。

(3) 结构严谨,表达简明,语义确切。摘要先写什么,后写什么,要按逻辑顺序来安排。句子之间要上下连贯,互相呼应。摘要慎用长句,句型应力求简单。摘要的每句话要表意明白,无空泛、笼统、含混之词,摘要不分段。

(4) 用第三人称。建议采用"对×××进行了研究""报告了×××现状""进行了×××调查"等记述方法标明一次文献的性质和文献主题,不必使用"本文""作者"等作为主语。

(5) 要使用规范化的名词术语,不用非公知公用的符号和术语。新术语或尚合适汉语术语的,可用原文或译出后加括号注明原文。

(6) 除实在无法变通以外,一般不用数学公式和化学结构式,不出现插图、表格。

(7) 不用引文,除非该文献证实或否定了他人已出版的著作。

(8) 毕业论文写作时应注意的其他事项,如采用法定计量单位、正确使用语言文字和标点符号缩略语等,也同样适用于摘要的编写。

2. 摘要写作的主要问题

(1) 篇幅太长,超过要求的字数规定,有喧宾夺主之嫌。

(2) 摘要太简单,字数不够,未讲明主要内容,达不到摘要的效果。

(3) 主次不分,不必要的内容太多,主要内容反而少,论文主旨不明。

(五)英文摘要的写法

为了国际交流的需要,毕业论文除了中文摘要之外,还应有外文摘要,多数为英文摘要。英文摘要一般分为中文摘要的意译和直译。但一般都包括研究的背景、范围、目的、对象、方法、主要内容,以及得到的结果和结论、提出的建议以及价值和意义。英文摘要以 Abstract 作为标志,一般出现在中文摘要后面,亦可放在正文的后面。

英文摘要一般以 200~300 字为宜。英文摘要的叙述过程的句子,多用被动语态,表示主要在说明事实的经过,而没有必要——说明每个研究步骤是什么人做的。同时英文摘要中动词的时态,不是通篇一律不变的,而是根据每句话的具体内容而有所变化,如果时态的运用有错误,则容易造成理解上的混乱。

英文摘要的写作比较突出的问题有如下三个方面：①单词的用法错误；②语法错误；③专业术语不恰当。

二、关键词

(一) 关键词概念及意义

关键词又称"主题词"，是为了文献检索的需要，从论文中选取出来，用以表示全文主要内容信息的单词或术语。也就是说，它们是论文中出现频率最高，对文章内容起着决定作用的词语。毕业论文关键词一般是从题名、层次标题和正文中选出来的，能反映论文主题概念的词和词组，位置在摘要之后。为适应计算机自动检索的需要，国际GB/T3179—92规定，现代科技期刊都应在学术论文的摘要后面给出3～8个关键词（或叙词）。为了国际交流，有的还要附上对应的英文关键词。毕业论文一般也按此要求。

关键词起源于对科技论文进行计算机检索的需要，与论文摘要一样，已经成为论文的一个基本要素和必备的组成部分。作者发表的论文不标注关键词，文献数据库就不会收录此类文章，读者就检索不到。关键词选得是否恰当，也关系到该文被检索和被利用的程度。

毕业论文虽然不是以发表为主的，但同样必须符合科技论文的规范要求。要求毕业论文提供关键词，首先是规范学生论文写作的基本要求，以培养学生形成一个良好的写作习惯。同时，关键词也是考核学生对于毕业论文主题概念的提炼、概括能力，一般也可以从学生对关键词的提炼概括情况看出他们对论文写作的投入程度和写作水平。

(二) 关键词分类与标引

1. 关键词的分类

关键词包括叙词和自由词。

（1）叙词，即正式的主题词，是指收入《汉语主题词表》中可用于标引文献主题概念的经过规范化的词或词组。

（2）自由词，是直接从文章的题名、摘要、层次标题或文章其他内容中抽出来的，能反映文献主题概念的新技术、新科学中尚未被主题词收入的新产生的名词术语，即《汉语主题词表》中的上位词、下位词、替代词等非正式主题词和词表中找不到的自由词。

2. 关键词标引

关键词标引是指对文献和某些具有检索意义的特征，如研究对象、处理方法和实验设备进行主题分析，并利用主题词表给出主题检索标识的过程。对文献进行主题分析，是为了从内容复杂的文献中通过分析找出构成文献主题的基本要素，以便准确地标引所需的叙词。标引是检索的前提，没有正确的标引，也就不可能有正确的检索。

关键词标引应按 GB/T3860—1995《文献叙词标引规则》的原则和方法，参照各种词表和工具书选取；未被词表收入的新学科、新技术中的重要术语以及文章题名的人名、地名，即自由词也可作为关键词标出。

3. 关键词标引原则

毕业论文应按照叙词的标引方法标引关键词，并尽可能将自由词规范为叙词。

（1）唯一性原则。唯一性是指一个词只能表达应该主题概念。只要在叙词表中找到相应的唯一性叙词，就不允许使用词表中的上位词或下位词。若找不到与主题概念直接对应的叙词，而上位词确实与主题概念相符，即可选用。例：一篇主题内容为"工程项目成本管理"的论文，从词表中可查到"工程项目""成本""管理""成本管理"几个叙词，与该主题概念直接对应的"工程项目""成本管理"应为该文的关键词。

（2）组配原则。具体包括两种组配类型：一是交叉组配，即两个或两个以上具有概念交叉关系的叙词所进行的组配，其结果表达一个专指概念，如"经理人激励"可用"经理人"和"激励"的组配；二是方面组配，即一个表示事物的叙词和另一个表示事物某个属性或某个方面的叙词所进行的组配，其结果表达一个专指概念，如"绿色农产品"可用"绿色"与"农产品"组配。

在组配标引时，优先考虑交叉组配，然后考虑方面组配。参与组配的叙词必须是与文献主题概念关系最密切、最邻近的叙词，以避免越级组配。组配结果要求所表达的概念清楚、确切，只能表达一个单一的概念。如果无法用组配方法表达主题概念时，可选用最直接的上位词或相关叙词标引。

（3）自由词标引。下列几种情况关键词允许采用自由词标引：一是主题词表中明显漏选的主题概念词；二是表达新学科、新理论、新技术、新材料等新出现的概念；三是词表中未收录的地区、人物、产品等名称及重要数据名称；四是某些概念采用组配，其结果出现多义词时，被标引概念也可用自由词标引。自由词尽可能选自其他词或较权威的参考书和工具书，选用的自由词必须做到词形简练、概念明确、实用性强。

4. 关键词标引步骤

（1）对文献进行主题分析，弄清该文的主题概念和中心内容。

（2）尽可能从题名、摘要、层次标题和正文的重要段落中抽出与主题概念一致的词和词组。

（3）对所选出的词进行排序，对照叙词表找出哪些词可以直接作为叙词标引，哪些词可以通过规范化变为叙词，哪些叙词可以组配成唯一主题概念的词组，还有相当数量无法规范为叙词的词，只要是表达主题概念所必需的，都可以作为自由词标引并列入关键词。例如，《珠三角地区旅游开发》一文的关键词为：珠三角；旅游；自然风光；开发。又如，《中国电信企业国际化经营战略》一文的关键词为：中国；电信企业；国际化；经营战略。

在关键词标引中，应很好地利用《汉语主题词表》和其他《叙词表》，标引过程应该查表，切忌主题概念分析和词的组配有误，要控制自由词标引的数量。每篇论文的关键词数量一般是3～8个为宜。关键词之间用";"隔开，以便于计算机自动切分，最后一个关键词不用标点符号。有英文摘要的论文，应在英文摘要的下方著录与中文关键词相对应的英文关键词（key words）。中、英文关键词应一一对应。中文关键词前应冠以"关键词"或"[关键词]"，英文关键词前应冠以"Key Words："作为标识。

第三节　引言、正文与结论

一、引言

（一）引言概念及作用

论文的引言也称前言、导言、序言和绪论，是论文的开头部分，是作者简要说明论文选题的背景、目的和意义、论文所要解决的问题、使用的理论工具和方法、论文的基本思路、逻辑结构等研究设想及要取得的预期结果等。引言部分起到画龙点睛的作用。引言写好了，就会吸引读者，使他们对选题感兴趣，愿意进一步了解论文的内容。

（二）引言的内容

引言的内容一般包括下列内容。
(1) 论文选题的背景、目的和意义。
(2) 提出论文所要解决的问题。这是引言的核心部分。问题的提出要明确、具体。这里可简要说明研究工作的目的、范围、相关领域的前人工作和知识的空白，本研究主题国内外已有的文献综述。
(3) 论文使用的理论工具和研究方法。
(4) 论文的基本思路、逻辑结构等研究设想及要取得的预期结果。
(5) 如果是一篇较长的论文，在引言中还有必要对本论部分加以扼要、概括地介绍，或提示论述问题的结论，便于读者阅读、理解本论。
(6) 需要同读者交代的与论文有关的其他问题。

（三）引言的写法

引言的常见写法主要有以下几种。
(1) 交代式。交代论文写作背景、缘由和目的、意义。

(2) 提问式。直接提问问题，或在简要交代写作背景之后随即提出本文所要解决的问题。

(3) 出示观点式。开宗明义，将本文的观点或主要内容揭示出来。

(4) 提示范围式。提示本文的论述范围。

(5) 阐释概念式。先释题，阐释题目中和文中出现的基本概念。

（四）引言的要求

无论采用哪种写法，每篇毕业论文的引言，都应该符合以下几点要求。

(1) 突出重点，迅速入题。引言应言简意赅，各项内容应一语道破。也就是一开头就能让读者接触到文章的中心思想，了解文章的基本内容，内容选择不能过于分散、琐碎，应重点写好目的、理由和背景。

(2) 顺序井然，表述客观。在引言中谈到自己的工作时，要注意实事求是，切忌武断地说"前人没有研究过""达到了国内先进水平""接近于世界水平""填补了一项空白"等。对于前人在相关领域已做的工作，要客观地介绍，不应有意贬低，以免引起不良效果。

(3) 实事求是，不用套话。在引言中一般不要使用"才疏学浅，水平有限""疏漏谬谈之处，恳乞指教""抛砖引玉"这些套话。

(4) 开门见山，简明扼要。引言的文字、措辞要精练，要吸引读者读下去。如果是一篇较长的论文，在引言中还有必要对本论部分加以扼要、概括地介绍，便于读者阅读、理解本论。引言的篇幅大小，并无硬性的统一规定，须视整篇论文篇幅的大小及论文内容的需要来确定，长的可达 300～600 字。在介绍文献时，要用自己的语言进行综述，切忌过度引用他人原文。

（五）引言存在的主要问题

引言存在的问题主要有如下几方面。

(1) 组成要素不全。在毕业论文引言写作中，经常出现引言组成要素不全的问题。比如说缺少"研究的问题"部分，或者缺少"研究的目的和意义"，或者缺少"研究的方法"部分，这样就使得读者无法通过引言了解整篇毕业论文的全貌。

(2) 选题的背景和动机过于宽泛。由于篇幅的关系，选题的背景和动机要尽可能精简。一些毕业论文选题背景和动机与研究的问题关系不大，但却占了很大的篇幅，写作过程中应该删除这些不相关和相关不大的内容。

(3) 与正文中的内容重复过多。阅读完引言的内容之后，可能会发现引言的某些内容完全重复了正文后面章节的内容。

(4) 研究的目的和意义与研究的问题脱节。论文研究的目的和意义与要研究的问题是密切相关的。但是一些毕业论文的"研究问题"部分缺失，或者对要研究的问题不太明确，以致研究的目的和意义与研究的问题不太相关，使研究的问题未能达到毕业论文提出来的研究目的和意义。

（5）存在着开头与结尾不能照应现象。如在论文的引言中提出了论文的主旨和目的，但却未在论文的结论中说明目的的实现情况，得出了什么结论，解决了哪些理论和实际的问题；在论文的引言中谈到历史背景和前人的工作，但在论文的结论中却未说明对前人或他人有关问题作了哪些检验、哪些与本文研究结果一致、哪些不一致，作者作了哪些修改、补充、发展、证实或否定，还有哪些未解决的遗留问题等。

（6）可能的创新和贡献言过其实。一些毕业论文对国内外文献未能全面掌握，对相关研究领域的国内外发展动态不太了解，贸然使用诸如"国际先进""国内首创""国内第一"等词汇来表述自己论文的可能性创新和贡献，夸大其词，弄巧成拙。

二、正文

（一）正文的概念与意义

正文是作者学术理论水平和科研创造才能的集中体现，是论文的主体，是其核心部分，它占据着论文的最大篇幅。也可以说是作者一定要对所研究的问题进行充分的、全面的和有说服力的论述，提出有创造性的论证和见解。论文所体现的创造性成果或新的研究成果，都将在这一部分得到充分的反映。也可以说一篇论文质量的高低，主要取决于正文部分写得好坏。因此，要求这一部分内容充实，结构合理，论据充分、可靠，论证有力，主题明确。为了满足这一系列要求，同时要做到层次分明、重点突出，脉络清晰，文字简练、通顺。学生一定要把最主要的时间和精力花在正文的写作上，而且必须要下功夫把它写好。

（二）论文写作的基本方式

论文写作的基本方式是用论据对论点进行论证，论点、论据、论证是毕业论文的三大要素。

1. **论点**

（1）论点概念。所谓论点就是作者对某一事物（事件）、某一问题的基本看法、态度和主张，是作者的立场和世界观的直接反映。也可以说，是作者在论文中所要论证、阐述的观点。即在论文中表达的中心思想。一篇论文只能有一个中心论点，不能有多个中心论点。多中心就是无中心。

（2）论点的作用。论点的作用主要表现在三个方面。①论点是论文的灵魂。人没有灵魂或失去灵魂，生命就失去了存在的价值。观点好比是文章的灵魂，没有观点的文章就好像没有灵魂的人一样，也就毫无存在的必要和价值。撰写一篇毕业论文，关键是要提出一个新颖的、鲜明的、正确的观点，用以表明作者对所研究的课题或问题的看法与主张，反映自己的科研成果与学术水平。写作的实践证明，一篇毕业论文质量的高低，价值的大小，作用的强弱，关键的关键是论点的正确与否。②论点是全文的统帅。在毕业论文的写作过程中，论点起着统帅的作用，这是因为毕业论文材料的取舍、论据的选择、论证所采用的方法与步骤等，都是依据论点的需要来决定。再从全文的布局谋篇来看，无论层次还是段落的安排，也都要服从阐明观点的需要。任何一篇毕业论文，如果其观点不明确、不清楚，就必然导致写作中的没有头绪，杂乱无章，就必然造成材料不能说明观点、观点与材料互相矛盾、论证苍白无力的结局。③论点体现论文的价值。毕业论文的论点不是空穴来风，它是对某一课题进行了研究或是对某一问题进行了探索之后的观点。因此，它的是否正确、深刻和富有新意，就成为人们首先衡量毕业论文价值的准绳。论点的深刻不深刻，取决于作者对课题或论题研究的程度。研究得深，论点必然就深刻；研究得浅，浅尝辄止，就必然缺乏真知灼见，做表面文章，没有价值。

（3）论点的层次。毕业论文结构复杂、层次多、篇幅大，所以，毕业论文的论点分为多个层次，不同层次的论点形成一个完整的逻辑关系的体系。①毕业论文需要有一个明确的中心论点。写论文必须首先确立中心论点，而且中心论点要贯彻于论文的始终，其他各个层次的观点和材料都必须围绕着中心论点，服从中心论点。②毕业论文还需要有从属论点，即中心论点的分论点，又称上位论点。毕业论文如果只有中心论点而没有若干与之相联系的从属论点，中心论点就会显得苍白无力，不能令人信服。因此在确立文章的中心论点之后，还必须形成若干个从属论点，通过这些从属论点把中心论点加以展开，使之得到充分的论证和说明。③毕业论文还可以有其他次级从属论点，即上位论点的分论点，又称下位论点。作为从属论点的下位论点，还可继续有其他次级从属论点来论证，这样次级从属论点就成为上级从属论点的论据了。

（4）论点的逻辑结构形式。论点的逻辑结构形式，根据层次之间的不同关系，可以把论点排列的结构形式划分为并列式、递进式和混合式三种类型。①并列式结构。围绕中心论点划分为几个分论点和层次，各个分论点和层次平行排列，分别从不同角度、不同侧面论证中心论点，使文章呈现出一种齐头并进的格局。②递进式结构。对需要论证的问题，采取一层层递进的形式安排结构，使层次之间呈现一种层层展开、步步深入的逻辑关系，从而使中心论点得到深刻透彻的论证。③混合式结构。有些论文的层次关系特别复杂，不能只用一种单一的结构形式，需要把并列式和递进式结合起来，形成一种混合的结构形式。

（5）论点的基本要求。①正确性。所谓正确，就是指论点要正确地反映客观事物或问题的本质及其内在的规律。这种反映，是科学的和实事求是的，它完全符合唯物主义的认识论，符合科学发展的规律，也符合时代发展的实际需要以及绝大多数人的利益，而不是凭空捏造、主观臆断、歪曲事实、逆时代潮流而动、为大多数人所不需要的。因此，毕业论文分析研究实践中出现的新情况、新问题，是保证论点正确的关键，而完全脱离工作实践的论文，是毫无价值的。②集中性。所谓集中，是指作者在一篇论文中只能提出一个中心论点，全篇文字始终围绕着这一个中心论点展开论述。毕业论文的论点之所以强调要"集中"，是因为"集中"就是为了抓住事物的主要矛盾或矛盾的主要方面，分清主次，减少头绪，集中材料，集中笔墨，进行深入细致的分析，求得一个正确的结论或一个问题的解决。如果不是这样，势必造成主次不分，轻重倒置，头绪复杂，材料堆砌，论述分散，最后胡子眉毛一把抓，什么也讲不清楚。让人看了不知所云。③鲜明性。所谓鲜明，是指作者的立场坚定，态度明确。也就是作者对某一事物或某一问题毫不含糊地表明自己的主张、观点和意见，旗帜鲜明地表示自己赞成什么，反对什么，颂扬什么，批判什么，爱什么，恨什么等，使读者一目了然。那种吞吞吐吐、模棱两可的观点是要不得的。④深刻性。所谓深刻，是指论点要尖锐，能透彻地揭示事物的本质，而不是像蜻蜓点水那样，浮光掠影，浅薄得很，没有什么深刻的思想内涵。⑤新颖性。所谓新颖，就是指别人（前人或今人）没有提出过的新思想、新观点、新概念、新见解、新主张，或者是过去的一些问题或事情，由于采取了新的研究方法，从新的角度去审视，有了新的发现、新的看法和新的观点。论点应该尽可能新颖、深刻，能超出他人的见解，不能人云亦云或重复他人的老生常谈。

（6）确立论点的方法。掌握确立论点的方法，有助于我们在毕业论文写作时将论点准确地定位，顺利写作。其方法有三种。①从分析大量材料中确立。为写好毕业论文，作者通常总是采集与收集了大量的材料。这些材料是论文论点形成与产生的基础。没有这些材料，就不能形成观点，即使写作能力最强的人，也无从提炼观点。所以，要确立论点，首先就要依据大量的材料，对它们进行全面的、深入的、细致的分析与比较，再加以科学的概括和总结，这样所得的认识和观点才会反映客观事物的本质及其内在规律，才会科学与正确。如果我们离开这些材料或只是依靠其中一部分材料，就不可能形成与产生观点。即便从一部分材料中产生了所谓的"论点"，这样的"论点"也必然是不全面的，不能反映事物的本质和实际。②从分析主要矛盾中确立。什么是问题？问题就是矛盾。在人类社会中，矛盾存在于一切事物发展的过程中，矛盾贯穿于每一个事物发展过程的始终，这是矛盾的普遍性和绝对性。科研工作、写作活动、管理工作等，也存在着这样那样的矛盾。正因为如此，我们才要下大力气去解决矛盾。解决矛盾和问题的办法："就要用全力找出它的主要矛盾。抓住了这个主要矛盾，一切问题就迎刃而解了。"只要我们充分分析主要矛盾，找到了事物的本质，论点就完全可以确立了。这样的论点，必定正确、深刻，具有较强的说服力。③从变换思维的角度中确立。要使自己的毕业论文的论点与众不同，让人耳目一新，在确立论点的过程中一定要进行积极的思维，尤其要善于变换角度去思维，一改陈旧的、传统的思维模式和观念，不拘泥于前人与今人研究的方向或路子,去独辟蹊径。这样,所确立的论点才会新鲜、新颖,有新的意义与价值。

(7) 确立论点的途径。确立论点的途径一般有三条。①依据自己科研的结论来立论。所谓依据自己科研的结论来立论,就是将自己对于研究材料所获得的研究结论作为毕业论文的论点来立论。这种科研的结论,有时是单个的,有时是多个的,但它们基本上都印证了自己当初科研选题的设想或推测,是十分明确的结论,而非模棱两可的,它们经得起检验与考验。②依据科研的结果来立论。所谓依据科研的结果来立论,就是指将研究的结果进行推理、分析、综合,分别归纳出新的判断,或进行综合、比较,挖掘出它们具有新意的因素,寻找出实验和考察结果的理论根据,将得出的结论作为论文的中心论点。③从占有的资料中立论。所谓从占有的资料中立论,就是指从占有的大量文献资料中获取一些能够揭示事物本质的,或是能够反映事物本质特点的,或是具有某些新意的见解来作为论文的论点。

2. 论据

(1) 论据的概念

所谓论据,就是指作者在论文中用来证明论点的理由和依据,是证明论点的材料。也可以说,是作者用来证明论点的事实和道理。为撰写毕业论文,动笔之前,作者总是采集、占有大量的材料。那些在进行写作时被选用到文章中来的材料,就是作论据用的。一篇毕业论文论点提出以后,拿不出证据,或证据不充分,也就失去了说服力,其论点也就难以站得住。

(2) 论据的作用。论据的作用有三个方面。①形成论点的基础。观点来自于材料,作论据的材料是形成论点的基础。诚如毛泽东在《实践论》中所指出的那样:"只有感觉的材料十分丰富(不是零碎不全)和合于实际(不是错觉),才能根据这样的材料造出概念和理论来。"这句话告诉我们,作论据的"材料"对于"造出正确的概念和理论"以及"引出正确的结论"是多么重要。没有作论据的材料做基础,论点就根本不能形成。②支撑论点的支柱。论点要靠一些论据支撑才能成立。这是因为在毕业论文中,论据材料一方面是形成论点的基础,为"造出""引出"论点服务。同时它又为证明论点服务,起到支撑作用。在整个论证过程中,论据材料与论点是一致的。论据材料是有观点的材料,是有目的的材料,而不是无观点的材料,不是无用的材料,它们总是给论点以有力的支撑,使其言之有物、言之有据、言之有理。倘若论据材料严重不足,可想而知,论点就会站不住脚,文章就成了空中楼阁,那是肯定要坍塌的。③论证的有力依靠。毕业论文有了论据材料,若未经论证,它还不足以说明与证明观点,还不具有其重要作用与实际意义。毕业论文论点的论证,一靠论据材料,二靠论证的方法与步骤。没有论据材料,就不能对论点进行论证。因此,论据材料是论证必不可少的重要依托与条件。论证有了论据材料,才能对论点用一定的方法与步骤进行论证,从而证明论点得以成立。

(3) 论据的种类。论据的种类,是指用作论据的材料的类型。一般分为事实论据与理论论据两种。①事实论据。"事实胜于雄辩""实践是检验真理的唯一标准"。在论文中,不管是立论还是驳论,都必须首先考虑让事实说话。事实论据可以是具体的个别事例,概括性的事例,各种统计数据,亲身经历、感受。经济与管理类毕业论文经常需要引用大量的数据来分析问题、提出对策,数据是最常用的事实论据。②理论论据。所谓理论材料是指已为人类社会实践与科学实验所验证了的言论材料。理论材料之所以具有很强的说服力,就是因为它反映了客观事物的本质与发展的内在规律,本身就是科学的结论与真理,含义隽永、深刻,是经过实践检验过的,无须我们再加以论证,因而用作论据就能居高临下,要言不烦,使论点得到深化,内涵更加丰富而有说服力。

用作论据的理论材料一般有:经典著作、寓言故事、成语、谚语、俗言、格言等。

(4) 论据的要求。毕业论文的论据,应该符合下列四个方面的基本要求。①真实性。所谓论据的真实性,是指用作论据的材料是经得起调查、经得起检验的。也就是说,用作论据的材料必须是实实在在的,不仅符合客观实际,而且反映了事物的真面目。如果论据虚假,论点就难以成立。因此,真实性是选择论据最基本的要求。对于事实论据而言,真实性要求事实必须是确凿的,不可道听途说;对于理论论据而言,引用时必须全面,不能断章取义,必须注意所引理论本身的精确含义。②典型性。所谓典型性,是指所引来作为论据的材料具有广泛的代表性,能反映事物的本质及运动规律,并具有时代气息。如果论据缺乏典型性,仅凭在特定环境中极少发生的某些事实,得出与该环境中大量发生事实所不同的结论,这样的论据必定缺乏说服力。③可靠性。所谓可靠性,是指那些用来作为论据的科学公理、原理是公认的,经过实践检验的、具有说服力的;所引用的事实是真实的、是无可辩驳的。④准确性。所谓准确性,是指在引用科学公理和原理作为论据时,首先要对所引用的科学公理和原理本身有一个正确的理解,不能断章取义、牵强附会;对所用的事实论据,不能道听途说,也不能盲目照用,而要核对无误。

3. 论证

(1) 论证的含义

所谓论证,是指分析、论述、说明论点和论据之间的内在联系的方法和过程。一篇毕业论文在有了论点和论据之后,还要进一步解释为什么由这一论据必然得出这一论点;这一论点为什么只有这一论据来证明才是正确的。如果没有论证环节,不管提出的论点多么正确,摆出的论据多么充足,则无法形成完整的议论。在没有论证的论文中,论点只是孤立的观点,论据也只是孤立的材料,两者相互分离,其论点也就不可能有说服力。因此,论证可以说是论文中的重要环节,不可或缺。也可以说,在整个论证过程中,论点是统帅、是灵魂,提出"要说明什么",即是被说明或证明的观点;论据是基础，回答"用什么来说"，即是说明或证明论点的理由、依据；论证是"解决怎样证明"，是将论点与论据联系起来的纽带与桥梁，是将论点从论据中推导出来的方法和手段。

(2) 论证的作用。论证的作用是由其在论文中的地位所决定的，主要有以下三点。①证明观点正确。论证是用论据证明观点的方法与过程，其目的就是为了证明观点（即论点）的正确性。论点的正确性，仅仅从立论正确、论据充分上去理解，而忽略了证明论点的方法、步骤与过程，这种"理解"实际上是片面的、不正确的，缺乏说服力，只能视为作者的一种主观愿望和一厢情愿，是作者的武断。而只有当论证将论点与论据有机地联系起来，用巧妙的论证方法将它们浑然组合成一个整体，观点才会显示出正确性。②批驳与否定错误观点。毕业论文大都属于立论性的文章，即一般都是从正面直接阐述自己的主张与观点，表明对一件事情（事件）或一个问题的立场与态度。但也有这种情况，有时为了阐明正确的观点与认识，采用例证法、比较论证法、反证法、归谬法等论证法，用以证明自己的观点的正确性。③深化作者与读者对观点的认识。论证，如果说它就是分析矛盾与解决矛盾的一个过程，那么它实际上也就是不断深化作者与读者思想认识的一个过程。因为在这个过程中，由于"摆事实，讲道理"时，作者使用了多种论证方法，也就会使得作者与读者对客观事理的认识逐步深入，形成正确的概念、判断，然后进行推理，得出正确的结论。

(3) 论证方法的类型。所谓论证方法，是指把论点与论据有机地、巧妙地联结起来，使之成为统一的整体（即论文）的手法。毕业论文的论证一般分为立论和驳论两大类型。一是立论。所谓立论，是指作者运用各种论据来证明自己论点的准确性的一种论证方式。比较常见的立论方法有：例证法、引证法、归纳法、演绎法、因果论证法、归谬法、反证法、对比法、类比法、喻证法等。①例证法。所谓例证法，是指直接用典型的具体事实（事例）证明自己的观点的正确性的论证方法，也叫"事实论证"。它要求所用的事实（事例），一要真实，二要典型，具有较强的说服力。这是写作毕业论文和其他学术论文时普遍采用的论证方法。②引证法。所谓引证法，是指引用别人的论点和论据，来证明自己的论点正确的论证方法。这里所指的别人的论点和论据，如作家经典的言论，约定俗成的谚语和格言、法律条款、公理、原理、定理以及他人列举的事实根据。采用引证法，所引证的论据必须正确，要忠实于作者原意，不能断章取义。引语要准确无误，最好注明出处。③归纳法。所谓归纳法，是指通过对各个个别事情（事例）的研究，揭示其共同本质的一种论证方法。它反映了从特殊到一般的认识过程。④演绎法。所谓演绎法，是指用已知的关于一类事物的共同本质属性，去分析尚未深入研究的具体事物，揭示其特殊本质的论证方法。它反映了由一般（普遍）到特殊的过程。这种论证法，需要有两个判断作前提（即大前提、小前提），然后推导出正确的结论。大前提，往往引用一些经典论述或者是公理、原理、定律等，来说明事物的共同本质。小前提则是对某个具体事物某一本质的判断，是论证的对象。例如，俗话说："小洞不补，大洞吃苦"。（大前提）这个企业财务管理上的漏洞一直没有被有力堵住。（小前提）所以，造成了现在资金大量流失的苦果。（结论）⑤因果论证法。所谓因果论证法，是指说明事物之间的原因与结果关系的一种论证方法。因果论证法，有三种方式：一是由原因到结果进行推导，用事实的因果关系来证明；二是由事实的结果到原因进行分析论证；三是由一种结果推导出另一种结果。在毕业论文写作中，"由原因到结果进行推导"的方式用得最多。⑥归谬法。所谓归谬法，是指把论敌的谬论的论点加以引申，推导出一个或几个更加荒谬的结论来予以批判，从而予以彻底否定的一种论证方法。⑦反证法。所谓反证法，是指一种在驳斥对方论点时先证明自己的论题是正确的，进而推断出对方的论题是错误的论证方法。抑或是先假设对方的论题是正确的，然后用演绎推理从论题中推出荒谬的结论，进而证明自己的论题是正确的。⑧对比法。所谓对比法，是指将两种相对和相反的情况加以比较，通过比较事物的本质，以此为论据来证明论点的一种方法。其优点是形象、具体、深入浅出、易于理解。这种方法在撰写毕业论文时经常采用。例如，通过产值、利税的对比，来说明企业利益前后不同的根本原因，这种对比，既可以是纵向的对比，也可以是横向的对比。但不管怎么比，用来作比较的两种事物和情况，应该是截然相反的。只有形成鲜明的对照，才能比出差别，从而证明论点。性质上并不对立的事物和情况是不能对比的。⑨类比法。所谓类比法，是指在两个属性基本相同的对象中，用一个对象来证明另一个对象的论证方法。简言之，就是把有某些共同的属性的事物加以比较，推断出它们的另一些共同的属性。通常，人们总是已知其中一事物的本质与特点，然后再通过对比论证，认识与它相类似的另一事物的本质与特点。⑩喻证法。所谓喻证法，是指用人们比较熟悉而又容易理解的具体事物来证明比较生疏和比较抽象的道理的论证方法。这就是人们常说的"比喻论证法"。在撰写毕业论文时，作者若能适当地运用这种论证方法，就能使论点具体化，让人明白易懂，不会再感到玄乎与抽象。二是驳论。所谓驳论，是指以有力的论据反驳别人的论点，证明别人的论点是错误的、荒谬的，从而证明自己观点正确性的一种论证方法。驳论除了具有立论的一些论证特点外，它往往从侧面、反面，从历史和现实的经验中，选择论点、论据，驳斥对方，以论证自己观点的正确性，一般来说，立论是目的，驳论是为了证明立论的正确性，是证明自己的立论的一种手段。特别是在一些商榷性的论文中较常见。在运用驳论时，一定要坚持摆事实，讲道理，以理服人，应具备实事求是、优良的文风，切忌对他人进行人为的贬低，包括对他人的科研水平、写作水平，特别是人格。由于毕业论文是由论点、论据、论证三部分有机构成的，只要驳倒对方的论点、论据、论证的三方面之一，就达到了驳倒对方的目的。所以，驳论一般有三种方法，即反驳论点、反驳论据、反驳论证。①反驳论点。所谓反驳论点，是指直接反驳对方的论点，通过证明对方的论点是错误的，以达到驳倒对方，从而树立自己的论点的目的。有些错误的观点是由于概念模糊、判断错误引起的，可以从澄清概念、辨明是非着手，通过区别概念，划清了是非界限，那么对方的错误观点也就不攻自破了。②反驳论据。所谓反驳论据，是指揭示对方论据是虚假的、错误的，以达到推倒对方论点的目的。因为错误的论据必然会引出错误的论点。驳倒了论据，论点也就立不住了。③反驳论证。所谓反驳论证，是指从分析对方的论证方法入手，指出其论证中的逻辑错误，从而达到驳倒对方论点的目的。如大前提、小前提与结论的矛盾，对方各论点之间的矛盾，论点与论据之间的矛盾等。

三、结论

（一）结论概念与意义

结论，又叫"结束语"，所谓结论，是指作者对整个论文的主要成果的总结。在结论中应明确指出本研究内容的创造性成果和创新点理论（含新见解、新观点），对其应用前景和社会、经济价值等加以预测和评价，并指出今后进一步在本研究方向进行研究工作的展望与设想。

（二）结论的主要内容

毕业论文的结论应包括下述内容。

（1）研究结果说明了什么问题。也就是把与研究问题密切相关的主要结果陈述出来，明确论文的主要研究结果是什么，哪些研究问题得到了解决，哪些研究问题仍未解决，哪些假设得到了验证，哪些假设没有得到验证。

（2）解释主要结果与问题和假设的关系。要解释主要结果与研究的问题和假设的关系，解释本论文的结果与已有研究成果的区别和联系，已有研究成果在哪些方面得到了证实或完善，对前人的观点和看法作了哪些修正、补充、发展、证实和否定；解释为何假设得到验证，回答为何假设没有得到验证，甚至为何实际结果与预期的结果完全相反。

（3）阐述研究成果的理论意义和实际价值。阐述研究成果的理论意义和实际价值，也就是阐明该研究对本学科的知识发展和研究领域的贡献；诠释研究成果的实际价值、意义和可能的具体运用。

（4）指出研究的局限性和未来研究方向。指出了论文的研究过程中存在哪些局限性，有哪些经验教训值得吸取，研究的不足之处或遗留未予解决的问题，以及对解决这些问题的可能的关键点和方向。

（三）结论的写作要求

1. 要分清主次

一篇毕业论文的结论不能面面俱到，占有很大的篇幅，要突出讨论的重点，体现作者对问题的深层次的思考，能深化读者对问题的认识。也就是挑选最为重要和主要的问题、假设和结果进行讨论。次要的问题假设和结果放在结果陈述部分顺便讨论即可。

2. 要有深度与广度

对要讨论问题的原因需要进行一定深度与广度的分析和探讨。所谓深度，是指为对本学科专业知识和理论的掌握和运用，对已有研究成果的掌握和比较分析，对研究过程中发现的深入思考；所谓广度，是指表现为问题的解释不仅限于本学科、专业、某种理论或者实践，它必须结合其他学科和专业的知识和理论，联系实际，用整体思维探究研究过程中的发现。

3. 要措辞严谨，逻辑严密

在对问题的讨论过程中，对某种结构的解释可能存在多种不同的情况或者多种不同的原因，因此解释时要避免武断、牵强附会；一些结果仅表明相关的关系，但并未揭示因果的关系，因此不能根据相关关系的结果而引申出因果关系的结论，误导读者；将你的发现与已有的研究成果进行对比分析时，要适当引用已有的文献支持你的看法，客观评价自己的发现和过去的研究成果；讨论内容通常可以按照主要研究问题或者主要研究成果的顺序进行编排；主要结论应当建立在主要问题和结果以及相应的讨论基础之上。

4. 要求言简意赅

结论部分要求做到言简意赅，提出的结论不要太多，有主要的几条即可。文字不要太多，不用作过多的解释，让读者明白就行。另外，这些结论不是无中生有，编造出来的。而是按照一定的思维逻辑，从前面的发现和讨论中得出的。

（四）结论存在的主要问题

结论部分的写作比较困难，结论部分存在的问题常常有以下四个方面。

（1）简单重复陈述研究成果，根本未作结论。一些毕业论文的结论部分仅仅简单地重复陈述了主要的研究成果，这样的讨论过于简单，严格意义上讲是根本未作结论。它反映了作者对研究问题的认识仍停留在研究结果和表面现象上，未能透过现象看到本质，通过思考深化对所研究问题的认识。这样的结论内容必须重写。

（2）结论泛泛而谈，缺乏深度和广度。一些毕业论文的结论内容只是泛泛而谈，未能紧扣研究的主题和主要问题、研究假设和结果，结论变得无的放矢，缺乏针对性；未能深入思考和反思，仅仅停留在表层的定义、已有的研究结果和现象上，缺乏应有的深度；未能运用综合思维，从其他学科和专业角度以及实际生活角度看待自己的发现，缺乏应有的广度。以所研究的问题为中心和线索，开展思考和讨论，这是写好结论部分内容的关键。

（3）不能实事求是，过于浮夸。毕业论文由于受到选题和研究方法的局限，加上时间仓促、作者缺乏科研经验和学科专业知识基础薄弱，研究成果特别是在创新性方面未能达到预期的要求。但是为引起读者的重视和说明本研究的价值，一些作者在毕业论文的结论中措辞仍有浮夸现象，如"已经达到世界领先水平""填补国内空白"等词句。作者在使用上述词句之前要注意实事求是，调研已有的研究成果。认真斟酌词句，恰当地评估自己的研究成果，也可请导师或者同行权威如实评估自己的研究成果，根据他们的意见和建议，斟酌措辞，做到恰如其分。

（4）对研究的局限性认识不足。由于思维不够缜密，一些作者对研究的局限性认识不足，对研究的不足和局限性轻描淡写，没有向读者交代其关键的局限性，一些毕业论文甚至省略了这一部分的内容。这样做不利于作者反省自己的研究工作，不利于帮助自己和其他研究者改进今后的研究工作。作者可邀请导师、同行、同学指出研究存在的问题和局限性，也可以自我反思。作者可按重要性程度撰写其研究的局限性，特别要指出最主要的局限性。

第四节　致谢、参考文献、注释与附录

一、致谢

（一）致谢的概念和意义

致谢是作者感谢所有对其毕业论文作出贡献的组织和个人的文字记载。在毕业论文的撰写过程中，作者可能会碰到各式各样的问题，如缺乏经费进行科研，收集不到真实的信息，或者因作者自己缺乏研究和写作经验而使得研究和写作的进度受到很大影响，然而，正是有了这些组织和个人的支持和帮助，才使作者的论文撰写能够顺利完成。当用论文发布科研成果时，肯定并感谢他人的劳动，写上几句感恩之词并非出于礼貌，而是出于同行之间团结、合作和友谊的象征。

（二）致谢的对象

致谢的对象通常包括以下几个群体。（国家技术监督局，1987）

（1）国家、省市科学基金、资助研究工作的奖学金、合同单位，资助和支持的企业、组织或个人。

（2）对指导老师、答疑老师以及协作完成研究工作和提供便利条件的组织或个人。

（3）在研究工作中提出建议和提供帮助的乃至批评的人。

（4）给予转载和引用权的材料、图片、文献，研究思想和设想的所有者。

（5）作出贡献又不能成为作者的人，如提供技术帮助和给予财力、物力、体力支持的人，阐明其支援的性质。

（6）其他需要致谢的人（如在论文写作过程中给作者精神支持和鼓励的人，分担作者的其他工作而使作者能够有更多时间和精力完成论文的人），如知心朋友、家人。

（三）致谢的注意事项

致谢内容要实在、诚恳，不要千篇一律和随意抄袭。有些同学为了方便，复制前几届同学或其他同学有关致谢的内容，结果致谢的内容搞得千篇一律，失去了原有的意义和作用。

致谢应该避免以下三种倾向：①对确实给予了帮助的单位或个人，不公开致谢，或者用了他人的方法、思路、资料，为了所谓的创新和抢先发表论文，而不公开说明；②出于某种考虑，将应该被致谢的人放在作者的位置上，混淆了作者和被致谢者的权利和义务；③为了用名人、知名专家包装自己的论文，借以抬高论文的身价，在论文中公开致谢未曾参与工作，甚至未阅读过该论文的知名专家。

二、参考文献

（一）参考文献的概念与作用

参考文献，也就是参考书目，是指作者在撰写毕业论文过程中所查阅、参考过的重要著作和报纸杂志，是毕业论文的重要组成部分，一般列于论文的末尾。

参考文献是对毕业论文写作有直接帮助和启示作用的文献材料。任何科学研究都是在继承和借鉴前人研究成果基础之上进行的，作者在撰写毕业论文时要参考大量文献材料，前人的著作、论文、数据、图表、材料，甚至观点能为自己新观点的形成奠定基础，开拓思路，充实数据，提供论据。因此，为尊重他人及其研究成果，体现作者严谨的科学态度，有必要把所有参考过的文献按照国际标准罗列在规定的位置。其作用有如下三个：①便于作者自己校对引文内容；②便于读者查阅相关的观点资料；③便于论文答辩委员会或答辩小组了解论文作者阅读资料的广度和深度。

（二）参考文献的著录原则

1. 著录最主要、最有代表性的文献

著录的文献要精选，仅限于与本论文密切相关的，对自己写成毕业论文起过重要参考作用的专著、论文及其他资料。不要轻重不分，开列过多。在毕业论文中，一般可列入10～15篇的主要文献作参考文献，最好也能列入2～3篇外文文献。

2. 重点著录公开发表的文献

公开发表是指在国内外公开发行的报刊或正式出版的图书上发表。在供内部交流的刊物上发表的文章和内部使用的资料，尤其是不宜公开的资料，一般不能作为参考文献引用。

3. 采用规范化的著录格式

关于文后参考文献的著录已有国际标准和国家标准，论文作者和期刊编者都应熟练掌握，严格执行。

4. 采用"顺序编码制"著录参考文献

顺序编码制是 GB/T7714—2005《文后参考文献著录规则》规定的著录方法，为我国科技期刊所普遍采用，即根据作者在论文中所引用的文献按它们在文中出现的先后顺序，用阿拉伯数字加方括号连续编码，附于文末。

（三）参考文献著录项

（1）主要责任者（专著作者、论文集主编、学位申报人、专利申请人、报告撰写人、期刊文章作者、析出文章作者）。多个责任者之间以","分隔，注意在本项数据中不得出现"."。主要责任者只列姓名，其后不加"著""编""主编""合编"等责任说明。

（2）文献题名（题名、其他题名信息）及版本（初版省略）。

（3）文献类型及载体类型标识。

（4）出版项（出版地、出版者、出版年、更新或修改日期、引用日期）。

（5）文献出处或电子文献的可获得地址、访问路径。

（6）文献起止页码。

（7）文献标准编号（标准号、专利号……）。

（四）参考文献类型及其标识

（1）文献类型标识用来标明本参考文献的类型，可以用代码表示，依据国家标准GB/T3469《文献类型与文献载体代码》规定，以单字母方式标识以下各种参考文献类型：M——专著；C——会议录；G——汇编；N——报纸文章；J——期刊文章；D——学位论文；R——报告；S——标准；P——专利等。

（2）对于专著、论文集中的析出文献，其文献类型标识建议采用单字母 A；对于其他未说明的文献类型，建议采用单字母 Z。

（3）对于数据库（database）、计算机程序（computer program）及电子公告（electronic bulletin board）等电子文献类型的参考文献建议以下列双字母作为标识：DB——数据库；CP——计算机程序；EB——电子公告。

（4）电子文献的载体类型及其标识对于非纸张载体的电子文献，当被引用为参考文献时需在参考文献类型标识中同时标明其载体类型。《中国学术期刊（光盘版）检索与评价数据规范》建议采用字母表示电子文献载体类型：MT——磁带（magnetic）；DK——磁盘（disk）；CD——光盘（CD-ROM）；OL——网络（online），并以下列格式表示包括了文献载体类型的参考文献类型标识：[文献类型标识/载体类型标识]。

[DB/OL]——联机网上数据库（database online）

[DB/MT]——磁带数据库（database on magnetic tape）

[M/CD]——光盘图书（monograph on CD-ROM）

[CP/DK]——磁盘软件（computer program on disk）

[J/OL]——网上期刊（serial online）

[EB/OL]——网上电子公告（electronic bulletin board online）

以纸张为载体的传统文献在引作参考文献时不必注明其载体类型。

（五）文后参考文献表编排格式

参考文献按在正文中出现的先后次序列表于文后，表上以"参考文献："（左顶格）或"[参考文献]"（居中）作为标识，参考文献的序号左顶格，并用数字加方括号表示，如[1]、[2]……以与正文中的指示序号格式一致。参照国际编辑标准 ISO 690 及 ISO 690—2，每一参考文献条目的最后均以"."结束。各类参考文献条目的编排格式及示例如下。

1. 专著、论文集、学位论文、报告

[序号] 主要责任者. 文献题名 [文献类型标识]. 其他责任者. 版本（任选）. 出版地：出版者，出版年：起止页码（任选）.

[1] 汪中求. 细节决定成败 [M]. 北京：新华出版社，2004：45-56

[2] 辛希孟. 信息技术与信息服务国际研讨会论文集：A 集 [C]. 北京：中国社会科学出版社，1994.

[3] 邹备战. 人民币汇率与房地产价格关系研究 [D]. 广州：暨南大学，2007.

[4] 冯西桥. 核反应堆压力管道与压力容器的 LBB 分析 [R]. 北京：清华大学核能技术设计研究院，1997.

翻译的著作除包括上述版本信息外，还应注明原作者国别。如：

[5] [美] 丹尼尔·贝尔. 后工业社会的来临 [M]. 北京：商务印书馆，1986：76-79.

2. 期刊中析出的文献

[序号] 主要责任者. 文献题名 [J]. 刊名，年，卷（期）：起止页码.

[6] 周晓敏，胡悦，边洪波. 论企业营销资源的优化配置 [J]. 技术经济，2004

(4)：98-102.

翻译的期刊文章除包括上述版本信息外，还可注明原作者国别。如：

［7］［美］阿林·扬格．报酬递增与经济进步［J］．经济社会体制比较，1996（2）：53-55.

3. 论文集中的析出文献

［序号］析出文献主要责任者．析出文献题名［A］．原文献主要责任者（任选）．原文献题名［C］．出版地：出版者，出版年：析出文献起止页码．

［8］钟文发．非线性规划在可燃毒物配置中的应用［A］．赵炜．运筹学的理论与应用——中国运筹学学会论文集［C］．西安：西安电子科技大学出版社，1996：468-471.

4. 报纸中析出的文献

［序号］主要责任者．文献题名［N］．报纸名，出版日期（版次）．

［9］谢希德．创造学习的新思路［N］．人民日报，1998-12-25（10）．

5. 国际、国家标准

［序号］标准编号，标准名称［S］．

［10］GB/T16159—1996，汉语拼音正词法基本规则［S］．

6. 专利文献

［序号］专利所有者．专利题名：专利国别，专利号［文献类型标志］，公开日期．

［11］姜锡洲．一种温热外敷药制备方案：中国，88105607.3［P］．1989-7-26.

7. 电子文献

［序号］主要责任者．题名［电子文献及载体类型标识］．出版地：出版者，出版年［引用日期］．获取和访问路径．

［12］王明亮．关于中国学术期刊标准化数据库系统工程的进展［EB/OL］（1998-08-16）［1998-10-04］．http：//www.cajcd.edu.cn/pub/wml.txt/98o810-2.html.

［13］万锦坤．中国大学学报论文文摘（1983—1993）．英文版［DB/CD］．北京：中国大百科全书出版社，1996.

8. 各种未定义类型的文献

［序号］主要责任者．文献题名［Z］．出版地：出版者，出版年．

［14］何晓明．降落民间——21世纪中国历史学走向管窥［Z］．"第十一届全国史学理论研讨会"．武汉：湖北大学中国文化研究院，2008.

三、注释

（一）注释的概念与作用

注释就是作者对毕业论文中的有些字、词、句加以必要的解释和注明来源出处。注释的作用主要有两个。

(1) 对论文篇名、作者及文内某一特定内容作必要的解释或说明,以便读者更好地理解注释的对象。

(2) 说明引文的来源出处。注释是论文科学性和严谨性的主要体现,它反映作者严谨的科研态度,反映论文中分析、判断、提出的观点是否有理论和事实的支持,也表示了对他人劳动成果的尊重,从而避免知识产权纠纷。

(二)注释的种类

注释分为两类:一类是论文作者对文章中的一些字、词、句所作的解释、说明或补充;另一类是对引文的来源出处所作的说明。

注释按其位置的不同可分为脚注、夹注、尾注三种。

(1) 脚注。脚注即页下注,注在本页的下端便于阅读。它的一般做法是,用一个数字上标来表明脚注,在整篇论文中使用连续编号,在当页底部列出文献。

(2) 夹注。夹注也叫"文中注""段中注",就是在要注释的字、词、句后加括号,在括号中写明注文(如作者、著作或论文名称、出版事项、页码)。夹注在一篇论文中不宜频繁出现,否则不仅会影响文章结构的美观,读者阅读起来会吃力,甚至还会产生误会,认为论文的作者是在用别人的观点来代替自己的论证。

(3) 尾注。尾注即所有的注释都置于论文正文的结尾(距文尾3行)。正文内统一编码,正文末集中注释。尾注具有避免编排问题的优点,这种注释方法比较规范,毕业论文多用这种方法。

(三)注释的要求

所有直接引证的引文都要加引号和注释,注释应详尽地注明作者、书名、出版单位、出版时间、版次(第一版可不注)、篇名、卷数、页码。同时所引用的数字和事实材料都要加引号和注释,说明材料的来源;没有直接引用,而是用自己的话转述别人的观点,也应加注交代其出处,不必加引号;其他必要的补充说明,不便在正文中说明的,也可以加注释说明。

总之,注释最重要的是要满足完整性、真实性和权威性的要求。

(1) 完整性就是应该给出引文资料的所有必需的信息包括作者、译者、文献名、出版机构、出版年份或者期刊号、页码等。

(2) 真实性就是所有给出的信息都应该准确无误,特别是要杜绝伪注的问题,包括罗列的虚假信息和将转引自的转注变成直接注。

(3) 权威性就是指要尽量引用权威版本的资料,直接面对原始资料。

参考文献与注释的不同的在于:注释兼有"注"与"释"的功能。"注"功能在于指明引文（直接、间接）的出处，"释"的功能则是对正文中相关内容的深入阐发与解释。而参考文献仅有"注"的功能。目前存在一种倾向，即将注释的"注"的功能从注释中分离出来，划归给参考文献，从而使注释变得相对简略，甚至没有注释。

四、附录

（一）附录的概念

附录是论文主体的补充项目，视论文内容的具体情况确定。也就是说，有些内容与正文关系密切，而这部分内容又具有相对的独立性，可是列入论文往往又会影响正文叙述的条理性和连续性，增加正文的篇幅，因而将其附加在正文之后作为"附录"以帮助作者阅读，掌握正文中的有关内容；还有一些则是指附于文后的有关文章、文件、图表、公式等与论文的阅读有着密切关系的资料。附录不是论文必备的部分。

（二）附录的内容

根据《科学技术报告、学位论文和学术论文的编写格式》，下列内容可以列入附录编于毕业论文之后。

（1）为了整篇论文材料的完整性，但编入正文又有损于编排的条理性和逻辑性的材料。

（2）由于篇幅过大或取材于复制品而不便于编入正文的材料。

（3）不便于编入正文的罕见珍贵资料。

（4）对一般读者并非必要阅读，但对本专业同行有参考价值的资料。

（5）某些重要的原始数据、数学推导、计算程序、框图、结构图、注释、统计表等。

经济与管理类专业毕业论文以实践为主，研究过程中常常会运用问卷调查、访谈、观察、案例分析等研究方法，涉及具体的实践方案、操作规范等，调查问卷、访谈提纲、观察提纲等研究工具以及具体的案例资料（如重要的文档资料）都可以在附录中展示，充分显示研究结论与研究结果得出的证据、材料，让读者更好地了解论文的研究过程。

（三）附录的写作要求和主要问题

1. 附录的写作要求

附录写作主要有如下三方面要求。

（1）检查附录内容的必要性。对有必要的内容要附上，对没有必要的内容要坚决删除。此外，还要分析正文中的内容，对一些占篇幅很大的内容更要认真分析，甄别是否有些内容可以放在附录中。

（2）内容要具体翔实。

（3）附录排版需要遵循一定的格式。例如，①附录与正文连续编页码，每一附录均应另页起始；②附录有几种附录内容时，用大写正体 ABC 区分，如附录 A、附录 B；③"附录"二字居中书写，单独占一行。

2. 附录存在的主要问题

附录存在的主要问题有如下三方面。

（1）该有的附录没有附上。例如，必要的调查问卷、访谈提纲以及某些个案资料。

（2）附录的内容太多，特别是将与毕业论文内容不太相关或者根本不相关的内容附上了，附录占整篇毕业论文的篇幅达到 1/3 以上，出现头轻脚重的现象。

（3）附录的排版格式出现问题。例如，每个附录内容没有单独另起一页；当附录文字内容比较多时，字号和行间距可以比正文的适当小一点。

第七章

毕业论文的写作与修改

确定了毕业论文的题目，收集了充足的写作素材之后，就进入了论文的撰写阶段。这一阶段是论文写作工作中最关键、最主要的工作。拟定提纲，撰写初稿，然后定稿。在毕业论文定稿后，还必须花大力气进行修改和精加工，经过多次的反复修改和完善，才能完成一篇合格的毕业论文。

第一节 毕业论文写作过程概述

一、毕业论文写作过程的重要性

（一）论文写作过程的概念

毕业论文写作过程是指作者在构思基本完成以后，运用书面语言，把研究过程、研究结果和发现、主要观点和结论等按照论文的格式和要求写成文章的过程。写作过程处理得好不好，直接决定了论文成果的质量，因此要予以重视。

（二）论文写作过程的重要性

毕业论文写作过程的重要性主要体现在如下两个方面。

1. 写作过程做得是否到位直接影响毕业论文的质量

在毕业论文写作过程中作者不能完全脱离结果来关注过程的价值，也不能脱离过程来追求纯粹的结果。处理好过程与结果的关系，是写好毕业论文的基本要求。写作过程是成果的基础和前提，应将过程与结果结合起来，注重两者的互动作用。既用规范的过程深化和促进阶段性成果的提升和发展，又以阶段性成果作为新的规范约束和指导写作过程，从而进一步扩大和充实成果，使最终成果达到质量最优化。如果把写作过程与成果割裂开来，忽视过程的努力，就会影响成果的扩展与提升。因此，要将可预见的成果作为写作过程的指导，把成果作为新起点，有的放矢地加强写作过程的监督与检查，重视毕业论文的写作过程。

2. 毕业论文的写作过程有助于提高学生的综合素质

毕业论文的写作过程有助于提高学生的综合素质，包括工作态度、科研能力和写作能力。严格、规范和到位的毕业论文写作过程需要认真、严谨、踏实的工作态度，这种工作态度对学生是个很好的锻炼，将使他们终生受益。同时，临近毕业，如何在有限的时间内完成毕业论文是个值得注意的问题，能否按期完成是学生能否毕业的关键，学生要合理分配课程学习、专业实习和毕业论文写作之间的时间，如此也有助于提高学生的时间管理能力。毕业论文写作过程需要缜密思考和分析，使用恰当的语言表达思想，按照学校或者学院规定的格式编排内容，这些都有助于提升学生分析问题、解决问题和写作的能力。

二、毕业论文写作的基本流程

毕业论文的写作时间长、内容多、环节多、工作量大，要按时按质完成各项工作，必须遵循一定的规律，循序渐进，按照论文写作的基本流程进行写作。论文写作的基本流程大致可以分为四个阶段。

第一阶段：确定选题，收集整理材料。这是进入论文写作的初级阶段。学生在撰写论文之前，首先要选择确定所要研究的方向、要论证的问题。选题要全面反映专业培养目标要求和学科、专业的特点，有理论价值和应用价值，满足社会需要。同时，深度、广度、难度适当，要考虑适合写作的客观条件和自己的主观能力。根据所选论题，进行广泛的材料收集，查阅相关中外文文献，包括选题的第一手资料、他人的研究成果、相近学科的材料、名人的论述、政策文献、背景材料等。

第二阶段：整理材料，完成文献综述和基本构思，进行开题。对所收集的材料进行广泛的整理、分析、阅读，完成文献综述，对文献资料进行分析、归纳整理，进行全面的、深入的、系统的评述。拟定论文提纲，确定毕业论文的主要内容、写作思路和篇章结构。完成开题报告和开题手续，根据导师的开题意见转入论文正式写作。

第三阶段：开始论文正文的起草、修改、定稿等各项写作工作。根据拟定的写作提纲和收集整理的材料，将论点与论据进行有机结合，把自己的设计构思草拟成文，以形成论文初稿。在完成论文初稿的基础上，进一步对论点、材料、结构、文字和标点符号中存在的错误、不足等进行改正，以形成论文正稿，并作最后定稿。

第四阶段：编校、打印和装订。完成论文正稿后，按规定的论文格式规范进行文体编辑，制作论文封面、论文目录，根据格式规范要求编排论文内容。对论文的文字、用语、用词、标点符号、数字、公式、文体格式进行最后的校对，并按规定要求进行打印和装订。

根据上述，毕业论文的写作流程主要分为选题、收集和处理材料、撰写开题报告、编写论文提纲、撰写论文初稿、修改与定稿、论文提交七个步骤，如图7-1所示。

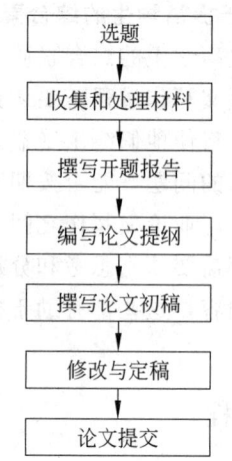

图 7-1 毕业论文写作流程图

第二节 编写开题报告

一、开题报告与作用

（一）开题报告的概念

开题报告是学生完成文献调研、确定选题方向后，在初步研究的基础上撰写的报请指导教师和指导委员会（小组）批准的选题、写作计划。它主要说明该选题为什么要进行研究、具备的研究条件及如何开展研究等问题，初步规定了选题的具体研究内容、步骤和工作方案，是对选题所进行的论证和设计。

（二）开题报告的作用

开题报告的主要作用有如下两个方面。

1. 提请导师和学校相关老师帮助论证，完善研究计划

撰写开题报告的主要目的，是要请导师和其他老师及专家们帮助判断一下所研究的选题有没有价值，研究方法是否奏效，论证逻辑有没有明显缺陷。通过审阅开题报告以及听取学生的开题汇报，导师、其他老师及专家们甚至同学能够提供一些非常有价值的信息以及值得学生进一步思考的问题和改进研究的意见和建议。通过回答他们提出的问题，学生能够深化对所研究问题的认识，扩大或者缩小研究范围，注意到原先被忽视的问题，想出改进课题研究的方法，放弃或者修正可行性较差的研究方案。

2. 实施毕业论文工作过程的监控，保证毕业论文质量

通过开题报告这一环节，促使学生查阅大量的文献资料，深入调查研究，促使学生开展前期的文献调研和研究工作。假如学生撰写出了开题报告，那么毕业论文的前半部分的内容（即引言、文献综述和研究方法）也就基本有了，这样也可以适当减轻后面写作的压力。导师和院（系）通过对学生开题报告的审定，来衡量论文选题的科学性、创造性、实用性、可行性，从而确定学生是否能够进入毕业论文撰写阶段，避免学生开展毕业论文工作的盲目性。

高质量的开题报告是获得优秀毕业论文的先决条件。加强开题报告的管理和监控，是增强学生学术研究活动计划性和培养学生科研创新能力的重要手段，也是监督和保证毕业论文质量的基本方法。它可以强化学生的积极性、主动性和创造性，有利于优化培养过程，促进预期培养目标的实现。因此，开题报告这一环节，不但不能省略和简化，还应该加强其规范化管理，从而进一步提高毕业论文的质量。

二、开题报告的内容

开题报告主要是围绕课题研究的主要内容展开论述，其中，包括拟解决的主要问题（或阐述的主要观点），国内外研究现状，研究步骤、方法及措施，研究的内容、目标和难点，积累和前期工作、进度计划和预期成果。开题报告的内容通常与研究科学基金（如国家、各省市的社会科学基金和自然科学研究基金）的课题申报的主体内容相同。毕业论文开题报告的内容主要包括以下几个方面。

（1）选题名称。毕业论文开题报告的选题名称即是毕业论文的选题名称。

（2）选题的目的、意义。为什么要选这个题，即选题的目的、意义。选题的目的、意义就是选题的依据，也就是为什么要研究它，研究它有什么价值。选题的目的和意义一般可以从两个方面入手：一是选题的有关背景，即选题的提出，根据什么、受什么启发确定研究方向，从现实需要方面去论述，指出现实当中存在这个问题，需要去研究，去解决，本选题的研究有什么实际作用；二是通过分析问题的实际，指出为什么要研究该选题，选题的理论和学术价值，要解决的问题。

（3）本选题国内外研究的历史和现状。要求学生对现有的大量素材进行归纳整理、综合分析，使收集的文献资料更加精练、明确、层次分明、有逻辑性。同时，要求对各家学说、观点进行评述，提出自己的见解和观点，完成对有关本课题国内外研究动态的综合评述。该部分内容主要用于叙述各家学说、阐明所选课题的历史背景、研究现状和发展方向。其叙述方式灵活多样，可按国内和国外研究动态、年代、问题、观点、发展阶段而进行叙述，一般应包括历史背景、现状评述和发展方向三方面的内容。历史背景着重说明本课题前人的研究成果；现状评述重点论述当前本课题国内外的研究现状，着重评述本课题目前存在的争论焦点，比较各种观点的异同，亮出作者的观点；发展方向

主要通过纵向、横向的对比，肯定本课题目前国内外已达到的研究水平，指出存在的问题，提出可能的发展趋势，指明研究方向，提出可能的解决方法。为了着重反映本选题有关国内外的研究历史、现状、发展趋势，还要罗列参考文献，这是综述的原始素材，也是综述的基础。

(4) 主要研究内容和预期目标。论文的主要研究内容是一个更具体、更明确的研究方向和基本结构，是论文写作的基本提纲，一般包括对选题名称、基本论点论据、研究的基本思路，对论文写作具有实际性的指导作用，也是开题报告的核心内容。预期目标是选题最后要达到的具体目的，要解决哪些具体问题，即选题研究的目标定位。确定目标时要紧扣选题，用词要准确、精练、明了。只有目标明确而具体，才能知道工作的具体方向和研究重点。

(5) 主要研究方案。研究方案主要包括拟采用的研究方法、准备工作情况及主要措施。研究方法是确保论文写作顺利进行的重要条件，从大的来说，一般包括实证分析法和规范分析法；从具体的研究方法来说，包括观察法、调查法、实验法、经验总结法、个案法、比较研究法、文献资料法等。学生应根据选题方向、研究内容和实现目标的需要，选择确定合适的方法加以应用。准备工作情况主要要明确至开题时，在选题上已经完成的主要工作，以便指导教师确认学生的研究条件。研究的主要措施是要学生确认在接下来的具体研究过程中，如何确保写作任务的完成。

(6) 研究工作进展安排。即选题研究在时间和顺序上的工作步骤安排。研究的步骤要充分考虑研究内容的相互关系和难易程度，一般情况下，都是从基础问题开始，分阶段进行，每个阶段从什么时间开始，至什么时间结束都要有规定。选题研究的主要步骤和时间安排包括：整个研究拟分为哪几个阶段，各阶段的起止时间，各阶段要完成的研究目标、任务，各阶段的主要研究步骤及日程安排等。

(7) 指导教师意见、院（系）指导委员会（小组）的开题意见。学生完成开题报告后交至指导教师，指导教师会同指导委员会（小组）组织开题，对学生选题进行论证，同意开题的，签署开题意见；不同意开题的，签署修改意见。

三、开题报告的要求

（一）通过专业理论思维选择课题

专业理论是人们由长期实践概括出来的关于专业知识有系统的结论。毕业论文要想创造新理论很难，多数是在既有理论的基础上加以发展。其次，发现理论问题，需要运用理论思维的能力。这就需要不断锻炼和提高自己的理论思维能力，需要在日常的学习中，不断总结和分析以往的研究者大体是从哪些视角来分析和研究问题，运用了哪些工具和方法，通过学习和总结来不断提高自己的理论思维能力，从而选择具有学术理论价值和应用价值，并与国家经济建设以及导师承担的科学研究项目紧密结合的研究课题。

（二）认真研读文献，为开题报告打好基础

毕业论文出现的普遍问题是对文献研读不够，对研究背景的了解不够深入，对国内外在该研究方向上的具体进展和情况了解不够全面、详细，资料引用的针对性，可比性不强。很多学生没有将开题报告与文献综述区分开来，他们的开题报告有很多仅仅是对前人工作和研究成果的叙述，而对自己即将开展的研究工作和工作计划则介绍甚少。

要想写好开题报告，必须认真研读文献，对所研究的课题有个初步的了解，知道别人都做了哪些工作，哪些方面可以作为自己研究的切入点。因此，文献调研的深入和全面程度，会在一定程度上影响开题报告的质量，是学生充分发挥主观能动性的客观基础。

四、开题报告写作方法

（一）提出选题和研究问题，明确选题的目的和意义

选题是撰写毕业论文的第一步，选题是否妥当，直接关系到论文的质量，甚至关系到论文的成功与否。此外，研究的问题贯穿于整篇毕业论文的始终，论文的后续内容必须紧扣研究问题展开。因此，开题报告必须明确交代选题和提出研究的问题。明确选题的目的和意义，评审专家和老师才能够真正了解和理解论文选题的理论价值和实际价值，并对此给予中肯的评价。

（二）重视主流文献的阅读与整理

文献资料是撰写毕业论文的基础，一般来说，文献越多，论文的基础就越牢固。要注意所选文献的代表性、可靠性及科学性，应该选择本学科的核心期刊、经典著作等；最好是先看近期的，后看远期的，广泛阅读材料，在必要时还应该找到有关文献所引用的原文阅读，在阅读时，注意做好读书卡片和读书笔记。整理资料时，要注意按照一定的思路组织文献资料。写文献综述不是将看过的资料都罗列和陈述出来，而是要按照一定的思路将其提炼出来。只有写出好的文献综述才能写出好的开题报告，进而为写出好的毕业论文打下基础。

（三）研究目标具体而不死板

开题报告一般都要求明确毕业论文的研究目标，但是研究目标不宜定得太死板，这是因为即使条件确定，研究工作本身也会涉及诸多因素，研究设备等研究条件也可能不同，因此目标是偏高还是偏低，往往难以准确判断。毕业论文选题和研究目标体现了研

究工作的价值特征。因此，在选择研究目标时要注意具体而不死板，这样才能写出有质量的毕业论文。

（四）注重研究方法的描述

写开题报告是为了请老师和专家判定所选的课题有没有研究价值，选用的研究方向能否奏效，论证逻辑有没有明显缺陷。因此，开题报告的主要内容，就是要按照"研究的背景和问题""研究的目的和意义""文献综述和所采用的理论框架""基本论点和研究方法""资料收集方法和工作步骤"等若干个方面展开。其中，"基本论点和研究方法"是重点，许多人往往花费大量笔墨铺陈文献综述，但一谈到自己的研究方法和研究设想时寥寥数语，一掠而过。这样的话，评审老师怎么能够判断出你的研究前景？又怎么能够对你的研究方法给予切实的指导和建议呢？因此，我们必须注重研究方法的描述。

五、开题报告存在的主要问题与对策

（一）思想重视不够

长期以来，尽管许多高校把开题报告作为毕业论文工作的一个重要环节，建立了相关制度，提出了具体明确的要求，但在实际操作中仍然存在着重形式轻内容，弱化指导，宽于审核，放任自流，内容不符等现象。认为学生培养质量的高低，能否顺利毕业，关键看其毕业论文情况和导师指导情况，把开题报告与毕业论文人为地隔离开来，使开题报告成为可有可无的东西，学生任意写，导师轻易过。因此，有必要对开题报告的撰写和评价给予足够的重视，把开题报告视为毕业论文写作的重要组成部分，进而提高毕业论文的质量。

（二）缺乏统一规范

开题报告是毕业论文的前提和基础，也是学生真正意义上学术研究活动的开端，是培养学生养成严谨治学风尚和科学求实态度的"训练场"，具有很强的学术性。但在实践中，一些高校的管理部门或管理者认为开题报告无碍大局，仅就形式和框架上泛泛要求，缺乏统一的制度文本，以至于不少学生的开题报告内容不完整，学术规范性不强，一人一个样，想怎么写就怎么写，或者随意复制，敷衍了事，从而给课题研究和论文的质量埋下诸多隐患，也对其职业道德、敬业精神和终生的学术研究态度的训练产生了不良的影响。因此，高校有关部门要建立严格的开题报告制度，统一规范好开题报告的内容、要求与格式，防止学生随意应付开题报告的现象发生。目前，高校普遍建立了毕业论文开题报告制度和统一格式，这种状况正在得到有效遏制。

（三）指导流于形式

导师是学生开题报告的主要指导者和第一阅读人，也是开题报告质量的第一检查人和把关人。但随着招生规模的扩大，每位导师指导的学生数量相对增多，导师整体工作量明显增大。师生间的直接互动相对减少，加之导师工作忙，事务多，而对导师的考核，许多学校又偏重于科研项目和科研成果，以至于指导学生开题报告撰写的过程中，导师时间和精力投入都难以到位。同时，部分导师的责任心不强，主观方面的约束又不够严格，从而影响了开题报告的质量和效果。因此，应当强化导师的指导把关责任，把导师的考核与指导学生写作情况与质量挂钩，发挥师生双方的积极性，促进学生成才。

（四）与毕业论文工作脱节

开题报告是毕业论文写作与指导的制度文本，对师生双方和毕业论文写作具有强烈的约束作用，应当贯穿于毕业论文的写作与指导中。因为开题报告的撰写时间仓促，文献资料查找不足，研究现状把握不准，师生交流不充分，相应的论文分析不到位，已有的条件不成熟或者设备不够完善、先进等原因，常常出现论文与开题报告相背离的现象，使开题报告失去应有的作用。往往出现学生离题万里，导师也缺乏督促的情况，以致论文形成后，虽不合乎要求，也只能无可奈何。为不影响学生正常毕业，匆匆答辩，草草过关，毕业论文质量难以保障。因此，学生严格按照拟好的开题报告，进行毕业论文的写作；同时院（系）也要发挥监督和审核功能，督促学生与导师一起遵循有关的开题报告规范，保障毕业论文的顺利完成。

第三节　编写论文提纲

一、提纲概念与重要性

（一）提纲的概念

提纲的编写是进一步完善论文构思的过程。提纲是论文写作的蓝图，是全篇论文的框架结构。编写论文提纲的过程，就是厘清思路、形成粗线条的论文逻辑体系、构建论文框架的过程。按照编写好的提纲来展开文章结构，是组织写好文章的一种有效方法。古人说："晓其大纲，则众理可贯。"有了好的提纲，文章就写好了一半。因此，我们必须在分析研究材料的基础上，认真构思，编写论文提纲。

（二）编写提纲的重要性

毕业论文的写作需要用大量的资料、较多的层次、严密的推理来展开论述，多方面阐述论据，论证自己的观点。因此，构思谋篇非常重要，一个可行和严谨的写作提纲，可以帮助作者有条理地组织材料、展开论述。具体来说，编写提纲的重要性主要体现在以下四个方面。

(1) 构筑论文框架。撰写毕业论文不能急于成文，应从写提纲练起。毕业论文是毕业之前的一个综合性实践教学环节，写作时间长，篇幅大，层次多，专业性强，规范性要求高，需要严密的逻辑思维和推理来展开论述，从各个方面来阐述理由，论证自己的观点。因此，写作前必须根据主题有一个清楚的整体构思，这样，作者在行文时才能总览全局，文脉清晰，有所依凭，有所规范，对提高论文质量和写作效率大有好处。如同盖楼房先有一个工程总体设计，并绘出"图纸"，然后按照图纸要求施工，工程最后才能圆满完成。

(2) 理顺写作思路。编写写作提纲，不是一蹴而就的事儿，它要考虑各个方面的因素，可以把零散的、朦胧的观点和材料明确化、系统化，使其有机地结合起来，从而使思路明确，畅达连贯。同时根据提纲行文，随着文思的畅流以及思路的深化，作者可能会有新的见解、新的发现，使原来的设想和观点得到修正和补充。

(3) 谋划论文布局。提纲确定之后，写作就可以做到心中有数，有所遵循，使写作内容处于可控状态和预期之中。何处收缩、何处展开，何处详细、何处删除都胸有成竹，写起来得心应手，游刃有余，可以避免"下笔千言，离题万里"的情况发生，以及松散凌乱、脱节游离等弊病。同时也有利于随时调整和修改，一般从论文的写作提纲中就可以判断整篇论文的结构是否完整，逻辑是否严密，段与段之间的联系是否紧密，从而避免出现不必要的返工，浪费时间与精力。

(4) 灵活安排写作流程。论文有了提纲后，作者就可以根据自己的实际情况安排写作的流程和方法，灵活机动地调整各部分的写作时间。有了提纲也可以不按从头到尾的自然顺序来写，而可以先写论文的主体部分，再写论文的开头与结尾；也可以先写论文的任何一部分，再写其他部分，最后组合成篇；可以在一段时间内集中完成论文初稿，也可以利用零散时间分散写，然后串联成篇。具体做法，因人而异。

二、提纲的内容

编写论文提纲首先应该了解提纲的内容，从结构上看，毕业论文提纲的内容包括标题、基本观点、大项目、中项目、小项目等。

(1) 标题（也叫题目）。毕业论文的标题应做到明白、具体和一目了然。毕业论文的标题一般不借助于修辞手段，而是特别强调鲜明、准确、醒目地提出命题，如"珠海市城中村农民社会保障问题分析""珠海市口岸型物流企业发展现状与趋势"等。

(2) 基本观点。基本观点即论文的中心论点，是文章的灵魂。毕业论文的基本观点必须正确、鲜明，并力求深刻新颖。基本观点要用主题句的形式表示出来。文字应力求简明、准确。

（3）大项目。大项目是基本观点得以存在和赖以完备表述的支撑点。从行文的思路来说，大项目体现为从哪些方面，以什么顺序来阐明基本观点；从文章结构方面说，大项目即全文的逻辑结构框架。编制提纲时，大项目要用论点句标出。

（4）中项目。中项目是为了行文顺利进行，起承上启下的作用，中项目也要用论点句标出。

（5）小项目。小项目即段中的一个具体材料。对于准备采用的材料，要按构思的顺序标上序号，以备使用。段的中心意思是段旨，也叫段的主题，段的论点。全段是围绕着这个段旨展开的，又是为阐述这个段旨服务的。这个段旨用一句话概括出来，叫段中主句。提纲中用以提示写作的句子，有时即可用来作论文段落的标题。

三、提纲的类型与写法

（一）提纲的类型

根据论文提纲的繁简程度不同，论文提纲的编写方法可以分为简要提纲与详细提纲两种。

（1）简要提纲（也称为粗纲、骨架结构法）。它是简要高度概括了论文的要点，不涉及如何展开。只是用简要的语句把论文的题目和大标题、小标题列出来，把文章的基本框架勾画出来，形成论文提纲的雏形。

用简要法编写论文提纲，要特别注意的是提纲不能太简单。如果提纲太简单，就看不出作者的整体构思，实际写作时，仍然需要边写边想，这就没有起到提纲应有的作用。因其较为粗略，不能清晰展示具体的论文结构，所以一般较少采用。

（2）详细提纲（也称为细纲、繁拟法）。它是比较详细与具体的提纲，不仅要显现出整篇论文的主要结构和基本面貌，而且要把论文的中心论点、论据、论证方法，以及论文层次、主要段落、表述方法等都要作比较细致的、周到的考虑与安排。

论文提纲充实到什么程度，视论文写作要求而定。篇幅短的论文，或作者已掌握了材料的细节情况时，提纲可以简略。中长篇幅的论文或作者对材料掌握不是很熟悉，观点尚需进一步推敲的，提纲可以适当详细些。但是，无论是简要提纲还是详细提纲，在提纲编写过程中，一定要从中心论点出发，决定材料的取舍，把与主题无关或关系不大的材料毫不吝惜地舍弃，尽管这些材料是煞费苦心收集来的。所以，学生必须时刻牢记，材料只是为论证论点服务的，离开了这一点，无论是多么好的材料都必须舍得抛弃。

（二）提纲的写法

提纲的写法有两种，分别是标题式提纲和提要式提纲。

（1）标题式提纲。标题式提纲是以简短的语句或词组构成的标题形式，扼要地提示论文要点，编排论文目次。这种写法简洁、扼要，便于短时间记忆，是应用得最为普遍的一种写法。常见的格式如表 7-1 所示。

表 7-1　标题式提纲常见格式

提纲名称	格　式
项目式提纲	1. 题目 2. 基本论点 3. 内容纲要 　（1）大项目　a. 中项目　　小项目 　（2）大项目　　（中分论点）　（小分论点） 　（3）大项目　b. 中项目 　……　　　　　（中分论点） 　　　　　　　c. 中项目 　　　　　　　　（中分论点） 　　　　　　　　……
成分式提纲	1. 引论 2. 材料与方法 3. 过程及结果 4. 论证与分析 5. 结论 6. 参考文献 7. 外文摘要 8. 附录
三段论式提纲	1. 绪论 2. 本论（展开论证）　分论点之一：论点，论据，论证方法 　　　　　　　　　　分论点之二：论点，论据，论证方法 　　　　　　　　　　分论点之三：论点，论据，论证方法 3. 结论

以《关于会计研究方法问题》的提纲为例。

标题：关于会计研究方法问题

绪论部分（总论点）：

从分析中西方会计理论研究方法历史演进的过程出发，对会计理论研究领域中较为常用的规范研究方法和实证研究方法的理论基础、各自的优缺点作一简要分析，谈谈本人对我国现阶段会计研究方法的选择问题的一些认识。

本论部分：

一、会计研究方法对会计理论研究意义

（一）会计研究方法是进行会计理论研究的前提

（二）会计研究方法是会计理论体系的组成部分

（三）正确运用会计研究方法是提高会计理论研究水平的保证

二、西方会计研究方法的演进

（一）西方会计研究方法的演进

1. 20世纪70年代以前规范会计研究方法占主导地位

2. 20世纪70年代以后实证研究方法出现并占主导地位

（二）西方会计研究方法历史演进的启示

1. 以演绎法和归纳法为主的传统的规范会计研究方法的作用

2. 资本市场的建立和发展为实证研究方法的运用提供了外在的经济环境

三、我国会计研究方法的简要回顾及分析

（一）我国会计研究方法的简要回顾

（二）我国会计研究方法的现实分析

1. 哲学基础和思维方式不同

2. 会计研究的外在环境与西方会计界存在较大的差异

3. 我国在会计研究方法的研究时间上远远短于西方会计界

四、现阶段我国会计研究方法的选择

（一）关于我国现阶段规范研究占主导地位的问题

（二）关于实证研究中注重实地研究、问卷调查和案例分析的问题

结论部分：

我国的会计理论研究，应当遵循马克思主义认识论，大兴调查研究之风，在实践中探求真理。坚持规范研究，注意规范研究与实证研究的统一和有机结合，重视采用实地研究、问卷调查和案例分析等实证研究方法验证规范研究成果。总结经验，丰富和完善具有中国特色的会计理论与方法体系。

这份提纲的特点有二：一是每一部分都是用表示具体内容的"片言居要"语句来表示，如"会计研究的外在环境与西方会计界存在较大的差异"，虽然比用说明句如"表示外在环境的差异"要烦琐一些，但它却鲜明、突出，有利于表达。二是内容具体，大部分内容分三级书写，有利于材料的选择。

（2）提要式提纲。把提纲中每个内容的要点用一句或几句话概括，对论文全部内容作粗线条的描述。提纲里的每个句子都是正文里一个段落的基础。这种提纲概括地写出各个层次的基本内容，其写法具体、明确，实际上是文章的雏形或缩写。

总的来说，提纲的写法没有一定的规则，应根据论文的学科特点、复杂程度和个人的写作习惯来确定。拟定提纲的意义在于启发写作的主动性和创造性，写作时既要遵循提纲，又不要过分受提纲束缚，要边写边思考，不断开拓思路，才能写出高质量的论文来。对于初学论文写作的大学生，由于驾驭材料的能力和熟练程度不高，应尽可能编写

内容详细一点的提纲。

四、提纲的要求和步骤

（一）提纲的要求

主题和材料是论文的内容，结构和语言是论文的形式。为了表现主题思想，必须合理安排内容结构。

（1）根据主题勾画出文章结构。作者要根据主题的需要，把文章勾画出结构的大块图样，并把整理好的材料分配到文章的各个部分中去。

（2）纲目清楚主题明确。提纲的拟写要项目齐全，能初步构成文章的轮廓，应尽可能写得详细一些。内容包括题目、论文的宗旨目的、中心论点所隶属的各个分论点、各个分论点所隶属的小论点、各小论点所隶属的论据材料（理论材料和事实材料）、每个层次采取哪种论证方法、结论和意见等。这样纲目清楚主题明确，能较好地写出文章的观点。

（3）各部分之间形成有机的逻辑关系。论文是一个严密的结构体系，论文中的各个部分具有严密的逻辑关系，如论点和论据的关系、大论点与小论点的关系、同一层次不同论点的关系、材料与材料之间的关系等，各部分之间都应形成有机的逻辑关系，确保论证过程的严密性和逻辑性。

总之，通过提纲使之既要形成反映主题的基本框架，又要反映材料安排的位置合适，层次分明，条理清晰，前后一贯。写作提纲一经列出，就应该依"纲"写作，但并不等于一成不变。在写作过程中，如果有了更新更好的思路，可以随时调整或修改。

（二）提纲的步骤

论文提纲的编写步骤分为以下六步。

（1）先拟订题目。先拟订的题目在列提纲阶段是暂时的，毕业论文初稿完成后还可以对其进行仔细推敲，反复修改。

（2）写出总论点、文章的主旨，也就是文章要表达的主要论点。

（3）考虑全文总的安排，从几个方面，以什么顺序来论述论点，这是论文结构的骨架。

（4）大的项目安排妥当之后，再逐一考虑各个项目的中位论点，直到段一级，写出段的论点句，每个分论点都是用来论证总论点的。

（5）依次考虑各个段的安排，把准备使用的材料按顺序编码，以便写作时使用。将材料与其证明的论点有机结合起来。

（6）全面检查，可以依据导师或专家的意见，根据需要作必要的删减。

五、提纲存在的主要问题与对策

编写论文提纲存在对提纲重视不够，随便应付，提纲内容不齐全，导师工作不到位等问题。

（一）对提纲重视不够，随便应付

由于对提纲的作用与目的的不明确，许多学生对提纲的编写并不重视，甚至随便应付，敷衍了事，以至于写作过程中缺乏整体的逻辑思维，对毕业论文的各部分认识不清楚，严重影响了毕业论文写作的进程。因此，要对提纲的安排与编写给予足够的重视，不能随随便便应付了事。同时，学校有关部门和导师要做好思想工作，引起学生们对提纲的重视，为毕业论文写作打下坚实的基础。

（二）提纲内容不齐全

有些同学虽然写了提纲，但是由于对提纲编写的有关步骤和内容不了解，在编写过程中，粗心大意，遗漏了提纲内容中的某些项目，导致提纲残缺不全，内容不完整，严重影响了毕业论文写作的进程与质量。因此，在编写论文提纲时，要明确提纲的内容项目与步骤，做到一丝不苟，避免内容残缺不全的现象发生，使提纲趋于完善，以保证毕业论文的顺利写作，切实提高论文的质量。

（三）导师工作不到位

随着高校招生的规模扩大，现在的导师要带的学生逐渐增多，对学生的指导无法倾注必要的时间和精力，从而忽视了对学生论文提纲的监督与督促。部分导师缺乏责任心，甚至任由学生忽略提纲的编写，直接进入论文的初稿写作，使得整篇毕业论文的布局松散，思路不清晰，逻辑也不严密。因此，必须建立导师制度，提高导师对毕业论文提纲重要性的认识，从而更加认真地指导学生进行论文提纲的编写工作，保证毕业论文写作的成功。

第四节　撰写论文初稿

一、撰写初稿的准备工作

一般来说，写作前还要做好相关的准备工作，以确保撰写初稿工作的顺利进行，避免做一些劳而无功且费时费力的工作。

（一）论文选题的再审查

在毕业论文正式写作之前，对毕业论文选题进行最后的审查是十分必要的。选择一个好的题目，需要作者持续思考、互相比较、反复推敲、精心努力。要从时间、条件、意义等方面对选题进行再审查，看选题是否全面反映了专业培养目标要求和学科、专业的特点，是否有理论研究价值或现实意义，选题的深度、广度和难度是否适当，是否符合自己的写作能力和时间要求、精力要求。

（二）材料的再次整理和精选

在选题和收集材料的过程中，作者已经积累了大量的相关材料，并完成了初步材料整理工作。但在进入论文正式写作阶段之前，还需要有针对性地对材料进行进一步的整理、阅读、分析，以选择更好的论文写作材料，确保毕业论文写作顺利完成。

（三）论点、论据、提纲的检查

论点是毕业论文的灵魂，是全篇文章的"纲"，统率全文。因此，在正式的毕业论文写作之前，对论点的检查是必要的。首先，要确定论点的正确性，这是最基本的要求。检查论点是否反映了当前学术发展的趋势，是否具有研究的意义，是否符合自身能力的要求。在此基础上，还要注意论点是否集中、明确和突出；是否深刻，是否客观地反映事物本质。

确定中心论点正确无误后，还要对论据和提纲进行检查。从文章整体出发，检查每一部分在毕业论文中所占的地位和作用。看看各部分之间的比例分配是否恰当，文章篇幅的长短是否合适，每一部分能否为中心论点服务。要考虑各部分之间的逻辑关系。毕业论文的提纲要层次分明，条理清晰，论据要能够为论点所用。

（四）论文类型的确定

毕业论文有不同的类型。如前面所述，按论文的内容分有理论型论文、综述型论文、描述型论文、应用型论文等；按论文性质不同分有立论文和驳论文等。不同的类型的论文有不同的写作特点和要求。在进入写作之前，应对论文类型有所选择，以确定论文写作的基本风格和体例。选择什么样的论文类型受多种因素的影响，包括学校对论文类型的教学要求，学生所在学科、专业的特征，所选择的研究对象，学生自身的写作兴趣等。

二、论文初稿的起草

（一）论文起草的概念与意义

论文起草是作者根据拟定的写作提纲和收集整理的材料，将论点与论据有机结合，把自己的设计构思草拟成文，以形成论文初稿的过程。

完成论文开题报告后，即可进入论文的起草工作。毕业论文的起草是开始撰写论文正文的第一个环节，是论文写作最主要的一项工作，也是论文形成写作过程中最艰苦的工作阶段。它既是对论文从内容到形式的精雕细琢的过程，又是作者思想认识不断深化的过程。初稿的目的是要把所有想写的内容全部表达出来，对全部实验数据、调研数据和收集的资料进行详细的分析、归类。从初稿的写作过程还可及时发现研究工作有无不足或错误，从这个意义上讲，初稿在整个毕业论文写作过程中，具有决定性的意义。没有起草，就没有论文。

（二）论文初稿的写作方法与技巧

1. 论文初稿的写作方法

论文初稿的写作方法主要有：严格顺序法、打破顺序法和重点突破法。

（1）严格顺序法。毕业论文提纲的排列顺序，是经过作者反复思考、精心安排的，反映了作者认识事物的过程，也反映了事物本身的内在逻辑关系。因此，按照提纲的顺序写，先提出问题，再分析问题，然后解决问题，顺理成章，十分自然。这种方法，符合一般人的写作习惯。也是论文一般的和最常用的写作方法，即作者按照研究课题的内容结构，根据一定的顺序，如论文的结构顺序、研究内容顺序等逐一论述。运用严格顺序法时不必担心文章篇幅太长，因为论文的最后写出还有待于修改、加工。

（2）打破顺序法。由于毕业论文的篇幅较长，各部分内容成熟度有先有后，要一口气全部写好不大可能，可以打破提纲顺序，分段完成。作者可以从最先考虑成熟的内容开始动笔，先完成此段内容的写作，其余内容在考虑成熟或进一步研究后再进行写作。全文完成后，再进行前后对照检查，使前后文风格保持一致，层次间衔接紧凑、自然，避免冗余。

这种写作方法的好处是：可以分散难点，各个击破，更容易把握，可使写作精力得到合理的分散利用，在每写某一部分时，可集中精力思考这一部分的内容安排，写好每一部分，有利于保证论文质量。其主要缺陷是：因为是分段完成写作的，各段落间的前后衔接比较困难，对论文的整体性会有一些不利影响。所以，在采用此方法时，要根据实际情况，制订出分阶段写作计划，对于所分的"段"要保持内容的相对独立性，切忌将"段"分得过于小和散，这个"段"必须是大段和中段的段落层次，而非自然段。同时又要保证全文的完整统一性。写作过程中，要注意掌握进度，以免将写作时间拉得过长，影响整个毕业论文写作任务的完成。

（3）重点突破法。重点突破法是指从论文的核心章节开始的写作。若作者对论文的主要论点及论据已经明确，但一气呵成的条件还不十分成熟，则可采用重点突破写作法。这种写作方法不是按论文的自然顺序写，而是根据自己的构思，分解出主次，分别写作，最后组合成篇。尽管作者对资料经过反复研究、精心设计布局，但在动笔时，很难对全篇内容的每一细节想得十分透彻、周密。因此，可以先把最想写的重点内容写出来，然后再各个细节逐一补充，使全文"有血有肉"。

以上三种关于初稿写作的方法，并不是对任何作者都能适用。因为每个人的思维方法和方式可能不同，论文构思、写作习惯、风格自然不同，因此，不可能用几个简单的模式要求每一位作者都去遵循。作者只有通过反复的写作实践，才能总结出适合于自己风格的一套写作方法。一般的论文写作方法也只有通过作者的具体实践，并与作者自身思维方式相结合才能产生较好的写作效果。

2. 论文初稿写作技巧

毕业论文初稿写作具有如下六点技巧。

（1）明确层次。层次是论文内容表现的次序，合理的布局可以清楚地表现论文的内在逻辑顺序，使论文的各个部分形成有条理、有系统的有机整体，从而有力地表现主题。层次的结构形式有分总关系、总分关系、总分总关系、分总分关系。根据不同类型的论文主题，可以选择适当的层次表现论文。

（2）确定段落。段落是构成层次的具有完整意义的小层次，是论文结构的最基本单位，也称为"自然段"。如果说论文的层次确定的是论文的大致框架，那么论文的段落则是从细微处安排论文的结构。段落与层次的区别在于：层次着眼于思想内容的划分，而段落则侧重于文字表达的需要。

段落能够逻辑地表现出作者思维进程中的每一停顿、转折，清晰地向读者展示论文的内在层次，使论文眉目清楚，便于读者阅读、理解，并给读者在阅读中停顿的时机，从而有思索和回味的余地。另外，使用一些篇幅较短的特殊段落，可以起到强调重点、加强读者印象的作用。

（3）自然过渡。过渡是指上下文之间的衔接、转换，起承上启下的作用，可使论文的脉络清晰畅通，层次紧凑自然。在毕业论文里，常用的过渡方法主要有三种：过渡词、过渡句与过渡段。过渡词可以用于层次之间、段落之间，也可以用于段落中各小层次之间。过渡词，一般安排在后层的开头；过渡句的内容要与上下文的意思有关，可以放在前层的末尾。也可以安排在后层的开头；过渡段常用于总分关系或分总关系或并列关系的层次之间。

（4）注意照应。照应是指论文内容前后关照呼应，即前文有交代（伏笔），后文对前文的交代予以呼应，显示论文的连续性和布局的严谨。照应不仅能够使论文本身协调、统一、完整，而且能够唤起读者的联想和回味，有助于主题的表达。在毕业论文写作中，常用的照应方法有三种：首尾照应、前后照应与题文照应。首尾照应是指论文开头设置交代（伏笔），在论文的结尾处予以照应。这种遥相呼应的笔法能够给人以主题突出、首尾圆合、结构严谨的印象；前后照应能够使论文结构严密、无隙，增强说服力；题文照应是指行文照应题名。题文照应不但能够帮助读者理解论文内容，而且会使人感到标题生动新颖，论文浑然一体。

（5）写好开头。开头是毕业论文结构的重要组成部分，居于全文的"定调"的地位，开头如何，关系到能否自然而流畅地引出正文，更好地表达主题，关系到能否抓住读者，吸引读者进入阅读。

论文的开头方法很多，毕业论文的开头通常是采用"交代动机开头"，即落笔交代写作动机，表明写作目的，要解决什么问题，要达到什么目标等，使读者一开始就了解到作者的意图，引出关注。开头切忌下笔千言，离题万里，头绪杂乱。

（6）注意结尾。结尾是毕业论文结构的有机组成部分，居全文"结论"地位，是论文内容发展的自然结果。论文结尾的方法有：总结前文与照应前文两种。总结全文即是对全文论述的内容进行高度的概括，作出结论，深入主题，使人对作者的观点有全面深刻的了解；照应前文即对论文开头提出的问题进行回答，阐明研究结果，进行讨论，作出结论，给人以深刻的启迪。

三、论文初稿存在的主要问题与对策

由于诸多原因，在毕业论文写作过程中，问题也相当多，主要问题表现在如下三个方面。

（一）文本格式不规范

在学术研究蓬勃发展的今天，毕业论文已经形成了既定的、规范的文体格式。由于不少学生对论文的文体特征、文本格式不了解，因而在体式上容易出现不规范的现象。有的学生理解的"论文"就是"议论文"，于是使用杂文式题目，有人用写小说的方式，任凭意识流动，想到哪里写到哪里，有人的语言格调不是论文的风格，有人写"提要"不概述内容，而展开过头的评价等。文法、表达上的问题也很多。诸如前后脱节，各部分之间没有内在联系，文章结构松散；纲目不清，从属关系混乱，分不清总、分之间的线索；节外生枝，把问题扯到无关紧要或与主题并不相关的枝节上；层次紊乱，逻辑分类有问题，条理不清晰；文意反复，表述累赘；因果关系颠倒，前因当成结果，结果当成前因等。因此，要遵循有关的文本格式，杜绝不规范的格式，同时要增强逻辑意识，把论文结构规范化。

(二) 写作态度不认真

有一部分学生拖沓推延,直到临近毕业时,才急急忙忙地想办法赶写论文;有的学生草率从事,连提纲、初稿都不写;有的人虽然写了提纲,但并没有连续性地去完成;有些学生对论文写作采取敷衍塞责的态度,不在选题、查证、集材、炼意、谋篇、修改上下功夫,而是随便凑些材料,串联成篇;还有些学生只在教材、参考书、讲义、课堂记录中寻找一些内容,作为毕业论文交给教师;更有甚者,将上届毕业生的论文改头换面,应付了事。因此,作者要端正写作态度,认真对待毕业论文写作,把毕业论文的写作质量提高到新的层次。

(三) 内容不集中、不新颖

本科生毕业论文选材中的拉杂、拼凑现象比较严重,特别是在现代信息技术条件下,受到部分网络文字粗浅庸俗之风和应试教育"揣摩答案,以求沾边"之习的影响,学生在书面写作时,往往追求"面面俱到",结果是文多意杂,主线不明,组合生硬,不成体系,而电脑文字录入的方便快捷更加剧了这种不良文风。一些学生利用电脑文本处理和网上下载的灵活方便,借助剪贴、拼接、复制、移动、替换及文本衔接、调换等电脑技术,投机取巧,拼凑论文,以致语滥文杂,实效信息空缺。有些文稿从内容到语调上出现"油腔滑调"倾向,这种倾向,从思想内容中似乎找不出任何有"异议"的问题,但实质上却是文件、报刊上讲烂的问题,了无新意。因此,作者要与时俱进,选取新颖的材料表现课题的主旨,同时要注意论文内容的集中性,保证内容为论文的中心论点服务。

第五节 论文的修改与定稿

一、论文加工修改

毕业论文初稿出来之后,并不能算论文已完成,因为在大多数情况下,初稿是不完美的,只是半成品,还必须通过多次修改和加工,才能使其成为优质成品。所以,修改和加工是写作毕业论文不可缺少的环节,是提高论文质量的有效方法,一定要引起高度的重视,花大力气与精力去做好此项工作。清代学者唐虎曾说:"文章不能一作便佳,须频改之方入妙耳。此意学人必不可不知也。"因而,论文的修改和加工是写作者必须了解和掌握的一种知识和本领。

(一) 论文修改的目的

毕业论文修改的目的主要有如下四个方面。

1. **提高论文质量**

毕业论文的初稿，未经修改加工，总是存在着一些不足之处与不完备的地方。就构思的内容与语言表述形式这两方面而言，从写作理论上讲它们之间是存在着矛盾的，是可以统一起来的，但实际操作起来，由于受作者思想认识水平和语言文字驾驭能力的限制，两者之间总是存在着一定差距的。尤其是第一次写较长篇幅毕业论文的学生，在这方面的美中不足或者不尽如人意，那是比较寻常、不足为奇的。这就是古人所说的"意不称物，"或"言不逮意"。这也正是一篇有学术价值和一定研究分量的毕业论文不可能一次定稿，需多次反复修改加工才能完成的原因。俗话说，"好文章是改出来的"，"文章不厌百回改"才能成为好作品和精品。因为修改加工的首要目的就是追求语言表述的思维程度，使之竭力向完美的方向转化、发展，质量比原来有较大或很大提高。毕业论文之所以要修改加工，正是为了进一步提高质量。一般地说，初稿经过认真的修改加工会使其质量越来越高。

2. **提高认识水平**

毕业论文反映作者对某客观事物的认识，而事物是曲折复杂的，必须反复研究，才能反映恰当。所以，修改加工毕业论文不仅是使论文充实、完善、提高的过程，同时也是作者思维、认识深化的过程，能提高作者认识客观事物的水平。因为对自己认识客观事物是否正确、反映事物是否正确，发现文章中的错误，并进行修正，这个过程就是提高认识客观事物水平的一种有力体现。

3. **对个人和社会负责**

毕业论文具有考核性质，最后还要用作毕业答辩。作为完成学业的主要考核依据，绝不能有丝毫的马虎与疏忽，一定要反复推敲，进行修改加工，精益求精。这是因为对初稿进行修改，不仅是国家对毕业论文的质量要求，也是作者对个人负责的具体表现。此外，有些毕业论文总是要给读者看的，一经公开发表，就会产生一定的社会影响，如果稍有差错就可能在读者中和社会上造成不良影响。从这个意义上说，对毕业论文进行修改加工就是最大限度地减少出错，是对读者、对社会负责。

4. **提高写作水平**

对毕业论文进行修改加工，本身是提高自己写作水平与写作能力的一条重要途径，因为修改是发现写作中存在的缺点错误，然后将它改正过来。这种改正过来，不仅是作者思想认识水平的提高，更是写作能力提高的一种表现。在这方面，古今中外有不少范例，就不再列举了。总之，经常认真修正自己文章的人，其写作水准必定也高。有些同学写出了毕业论文初稿，之所以改不好，改不出来，不仅说明了思想水平不高，也说明了写作水平不高。为此，一定要通过修改文章这一重要途径来锻炼自己，提高自己的写作水平。

（二）论文修改的内容

论文修改的目的是为了使文章能够更准确、更鲜明地表述研究成果。修改的范围包括主题论点、层次安排、结构组织、材料使用、语言等方面，总的来说，就是发现什么问题，就修改什么问题。具体而言，修改内容上包括修改论点与标题，修改材料，修改结构，修改语言。

1. 修改论点与标题

（1）修改论点。文章的论点在确定选题、撰写提纲、动笔写作前的再审查、初稿的写作、导师的检查等过程中，已经对论点经过了反复推敲。但完成初稿后，仍然要将论点放在首位进行审视，检查论点是否正确。修改论点时应该注意的问题，应从两个方面进行。一是观点的订正。检查全文的论点及由它说明的若干问题是否带有片面性或表述不够准确，进行反复斟酌和推敲。如发现问题，应重新查阅资料，对实验方法及数据给予增补、改换。二是观点的深化。修改时应检查自己的论点是否与别人雷同，有无新意，如果全篇或大多数观点都是别人已经阐述过的，没有自己的讲解和新意，则应从新的角度提炼观点，形成自己的见解。否则，宁可"报废"，也不勉强凑合成文。

（2）修改标题。完成初稿后，要从整篇论文的角度，对论文的标题进行重新审查，检查文题是否相符、概括是否准确、确切、标题大小、长短是否合适、涉及面是否过宽、过深，标题是否新颖等。论文题目是论文的"眼睛"，如果题目短小、精练、鲜明，就能紧紧抓住读者的注意力，激发读者的阅读兴趣。所以，对论文题目进行反复推敲是非常必要的。如果文不对题，不够准确，题目过长或过短，缺乏新意等，都要对论文标题进行修改。

2. 修改材料

材料是证明论点的论据，论文选用的材料必须典型、真实、可靠，与论点相统一。完成论文初稿后，要对论文中选用的材料进行认真核实与调整。

（1）查核材料是否真实、可靠、准确。对论文初稿中引用的事例、数据、典型材料、引文出处等进行核对，是否有疑点，前后是否矛盾，是否有失误之处，一定要搞清楚、弄明白。如果引用了他人的论述，尽可能核对原文，确保论文建立在坚实可靠的基础之上。

（2）根据论证要求，对材料进行修改。对于材料缺乏、单薄，不足以说明论点的，就要充实典型材料，使论据更加充实，使论证变得更加有力。对于与论点缺乏严密逻辑关系、与论点不统一的材料，一定要更换或修改。对于材料杂乱、重复的，则要删减，以突出观点，不能以材料多而取胜，应以适度为佳。对于陈旧、一般化的材料，则要进行调换，换上更合适的材料。

3. 修改结构

论文的结构是论点的逻辑展开形式，是作者研究思路的语言表现形式。所以结构的好坏，直接关系到论文内容的表达效果。所以，对初稿结构进行审查与调整，首先要看论文结构是否完整，标题、摘要、引言、绪论、本论、结论、注释及参考文献等各部分是否齐全。其次主要检查正文部分各层次、各段落是否围绕中心论点进行严密的逻辑论证，中心论点放射出的若干分论点是否合乎事理，论证层次之间的关系是否严密清晰，轻重、主次是否得当，各部分的过渡、照应、衔接是否自然。

修改论文的结构，就是对论文"顺序"的调整，包括论文总体的部分顺序，每一部分的层次顺序，每一层次中的语言顺序。在理顺的过程中看每一部分的分析、论证是否达到了目的，看层次之间是否得到了深化，看结论的形式是否水到渠成。因而论文结构的调整一般会有两种情况，一是全篇结构欠妥，需要重新组合，这种情况较少；二是局部结构需作调整，小修小改。

总之，修改结构就是要从大处着眼，抓住主要矛盾，使骨架搭配得坚实合理，结构安排得天衣无缝，使论文严谨、自然、完整、统一。

4. 修改语言

要把自己的研究成果很理想地描述出来，就必须在语言修辞上反复斟酌，反复修改。在论文表达上，要求用词十分精确，语法完整严密。要使论文内容表达的更准确、更完美，在语句的修改上，就必须字斟句酌，千锤百炼。所以既要重视对论点、框架结构、材料方面调整的大动作，又不能忽视对论文语句，包括字、词、句、标点符号检查校正的小修补，这些问题都会影响表达效果，直接关系到论文的质量。论文语言的修改，主要是在如下四个方面下功夫。

（1）对字词句的选择推敲。论文中用词和造句必须恰如其分地反映选题的本来面貌，并能如实、贴切地表达写作的意图和思想。一是要用字用词要做到准确、无误，合乎事实；二是造句要合乎语法规则，句子成分要完整，词语要搭配得当，词序要有条理。为此，在进行论文修改过程中，要通读全文，要把似是而非的话，改为准确的文字。要避免使用生造词语、词类误用、词义混乱等不良现象，杜绝错别字和不规范的简化字、自造词。对结构残缺、结构混乱、搭配不当等不合语法的句子，要进行修改，使之合乎语言规范。

（2）选择简洁、明快的语言。论文中语言要简洁、明快，能精练地表达文章的内容。简洁就是造句干净利落，用语简明扼要，以最简洁的语言表达尽可能丰富的内容。在思想明确、深刻认识选题的本质基础上，开门见山，在论文开头就鲜明地提出自己的观点，不必拐弯抹角，先讲一大堆废话。论文的结尾也应适可而止，果断利落。使用最精练的词语，节约用字，删繁就简，以能清楚地表达思想为准。毕业论文该长则长，该短则短，从实际出发，在准确、全面、深刻地表达自己的观点和见解的基础上，力争做到语言简练。为此,在论文修改时,在通读全文的基础上,一定要在语言表述比较啰唆、重复情况比较严重的地方多作一些修改。

(3)语言要生动、形象。语言要生动、形象,能通俗易懂地表达论文的内容。毕业论文在具备观点正确、鲜明,语言准确、简练的前提下,还要力求做到语言生动,让人读起来不枯燥乏味。一是要使用形象化的语言,把深刻的道理写得明晓易懂,生动活泼;二是用词要新,要重修辞;三是要使用多样化的语言。在修改论文时,要努力增加语言的可读性。

(4)标点、书写要规范。标点符号是论文的构成要素、有机组成部分,用得恰当,能够准确地表达内容;反之,就会影响内容的表达,甚至产生歧义。检查标点符号,主要是看标点符号的用法是否正确,标点位置是否准确。修改时,要按照《中华人民共和国标准标点符号用法》的要求,严格按规定的格式进行书写。修改时,一定要对论文中的文字、图表、符号、公式进行认真检查,要合乎规范,对比较复杂的容易出错的,更应仔细校正。

(三)论文修改的方法

毕业论文的修改方法有多种,且因人因文而异。但根本方法只有一种,即由学生自己进行认真修改,所谓具体的方法也就是在学生自己进行认真修改的基础上多借助于一些外在的形式和外在的力量而已。

1. 读改式

所谓读改式,是指修改文章时,边读边改的修改方式。这是论文修改的主要方式。完成论文初稿后,由作者自己认真通读全文,并放声地读,多读几遍。这样,凭借语感的作用就能发现问题。语感的形式与人们平时的读书或谈话联系紧密,语感对检查语病、缺字、错别字十分灵敏,甚至语句啰唆、语句不通畅等都能随时发现。所以,初稿写出来,自己大声读上几遍,边读边改,是人们常常采用的一种修改方法。

2. 冷改式

所谓冷改式,是指初稿完成后,先搁放一段时间再修改的一种方法。许多人常有这种情况,有时初稿写好了,也很想马上把它修改好,可是自己怎么也发现不了毛病,自我感觉相当不错,不愿修改或不知怎么修改。这时候,可以采取冷改式,把初稿放一段时间再修改,就会发现要修改的地方还很多。这种拉开时间距离的阅读与修改,容易使作者心明眼亮。此时作者的思维比较容易跳出原有的圈子,从另外一种角度冷静地审视自己的论文。只要时间允许,改好的论文可以搁一搁再进行修改,如此反复数次,有益于提高论文质量。

3. 热改式

所谓热改式,是指初稿完成后,趁热打铁,立即对论文进行修改的方法。这种方法的优点是作者对论文的记忆清晰，印象深刻，修改及时，避免遗忘。缺点是作者还处于论文写作的兴奋状态，不够冷静、清醒，思想和情绪还难以从论文中超脱出来，还不能摆脱原来的写作思路，难以发现初稿中存在的问题，难以判断论文写作的成败，即使发现了问题，也舍不得修改。

4. 求助式

所谓求助式，是指作者完成论文初稿后，请他人阅读或与他人讨论等方式来发现自己论文中存在的不足和问题，并给予指点修改的一种方法。这也是一种比较常用、比较有效的修改方法。俗话说："当局者迷，旁观者清。"自己写的文章，自己总认为好，看不出问题来，而别人站在比较超脱的地位，容易发现论文中的问题。一个人写论文，难免有考虑不周之处，论文写完后请别人来看看，听听别人的意见，是一个很好的方法。

求助式修改借助的是他人的力量修改论文。论文修改即使求助他人，也不是由他人来完成论文的修改，而是通过他人的指点再由作者自己来完成修改。作者在听了他人意见后，要进一步消化、分析，取长补短，集思广益，进而通盘考虑，抛弃自己的成见，吸收他人见解，使论文达到比较理想的水平。所以，求助式修改只是论文修改的一种补充方式。根据求助对象的不同，求助式修改又可以分为两种。

（1）求助导师修改。毕业论文是在导师的精心指导下进行写作的，并要有导师签字同意才能参加毕业论文答辩，因此初稿写好后，要虚心求助自己的导师审阅文稿，他们不仅能发现文稿中的问题，而且能提出具体的修改意见，这对修改好毕业论文、提高论文质量无疑是大有裨益的。所以每个毕业生都应重视这种修改文章的好方式。

（2）求助同学帮助修改。请同班同学或有共同兴趣爱好的学友一起讨论自己的论文初稿，放开思路、畅所欲言，最后将修改意见进行汇总，再根据这些意见进行修改。

5. 抄改式

所谓抄改式，是指有时初稿的文面写得或涂得较乱，难以下笔修改，就采用一边抄写誊清一边进行修改的一种方式。这种方式，作者通常是看一段，改一段，誊抄一段，直到全文抄完、改完为止。这种修改方法比较费工夫，而且有时可能不是连续进行的，会造成前后文不连贯。所以写毕业论文应尽量少采用，而应在写初稿时就使文面整洁有序。

（四）论文修改符号

常见的修改符号如表 7-2 所示。

表 7-2 常见的修改符号表

序号	修改符号	作用	用法案例
1		改正	市场营销专⟨门⟩毕业论文⟨业⟩
2		删除	市场营销⟨学⟩理论和实务
3		增补	经济学是研究经济∧的基础理论分解问题 ⟨问题⟩
4		对调	当前消费 理论 热点 的问题 完善农村 承包 责任 土地 制
5		接上段	金融市场的 发展对象
6		另起行	品牌效应使格力产品市场占有率不断提高 格力通过
7		保留	沪深两股市今日收盘情况
8		移行	加强对前沿性理论的研究 目的很清楚 强调要
9		分开	中国 北京理工大学

二、论文校对、定稿和提交

（一）论文校对

论文校对是论文工作的最后一道工序。即便是非常厌倦了，也要把论文再完整地阅读一遍。更好的做法是朗读，要一个字一个字慢慢地读，不要速读。校对使自己的论文趋于完善，才不会辜负自己之前所投入的时间、精力和思想。

毕业论文经过反复修改后，还要对照毕业论文撰写的规范和要求再进行校对。这种校对，不仅是文字方面，还必须按照论文格式的要求（如字体、字号、行距、排版等）加以校对。经过几遍仔细的校对之后才能定稿付印。

需要特别注意的是，目录和正文中的内容和页码要相互对应，这也是校对的一个重点之一。

（二）论文定稿

毕业论文的初稿经过多次认真修改加工和校对以后才能定稿。所谓定稿就是作者的毕业论文的结构和内容、编排格式以及文字表达等，作最后的定夺和拍板，使它固定下来，不再作改动。

（三）论文提交

毕业论文提交的传统方式是学生亲手把纸质论文交给导师或学校有关部门，但是随着计算机技术的快速发展，许多高校采用纸质和网上提交毕业论文相结合的方式。网上提交毕业论文的优点是省时省力，学生可以很方便地在学校规定的电子系统上提交论文。一些高校对电子版毕业论文作出了相应的规定和要求，学生必须根据这些规定和要求对毕业论文进行整理和排版，提交论文后一般还要经过验收。

三、论文在修改、定稿和提交过程中存在的主要问题

（一）不重视论文修改的作用

一些同学在毕业论文初稿完成后就认为可以直接上交，马虎应对论文的修改工作，最后影响了论文的总体质量，甚至被退回修改或是重新写作。有经验的导师一般能够很好地把握一篇合格毕业论文的底线和标准，因此，必须认真对待导师的修改意见和建议，至少对导师的主要意见和建议要不打折扣地采纳。修改通常会经历从粗改到细改的过程，也就是前面的一两次修改主要是在结构、逻辑、主要结果和观点等方面的修改，而后面的修改主要是在文字、对读者友好、过渡、规范化和格式、排版等方面的修改。一篇毕业论文一般要经过多次修改，才能达到合格或者成为优秀论文。一篇优秀毕业论文修改八次以上是正常的。但是，目前因为时间仓促和学生不负责任而仅修改一两遍的现象也是存在的，这些毕业论文的总体质量一般不高。

（二）忽视校对作用

由于时间、经验等因素的限制，一些同学在很短的时间内就完成了毕业论文的定稿，整篇毕业论文的质量达不到导师规定的要求。这种情况很大程度上是因为没有很好地对论文进行校对。缺乏校对的毕业论文中，常常会有错别字、用错的标点符号、段落不清、目录内容与正文标题不符、目录页码与正文页码不符等问题，无形中降低了论文的整体质量。更有些同学把校对等同于修改，从而省略了校对工作。这些行为忽视了校

对的作用，都是不可取的。如果情况允许的话，可以请身边的同学、朋友校对，千万不能匆匆忙忙定稿，无视校对工作。

（三）没有按照规定时间提交

每所高校都有自身的一套毕业论文提交标准和规范，要求同学们认真遵守。有些同学却因为各种原因（如出外实习、找工作），未能按照学校规定的流程提交论文，甚至错过了提交的规定时间。甚至也有学生不能在规定时间内完成毕业论文写作，严重影响了论文的成绩。针对这些情况，同学们应该好好地向导师或其他知情的同学了解论文提交的要求、时间和最新情况。争取在规定的时间内完成毕业论文，以免错过提交时间而影响正常毕业或者获得学位。

第六节 毕业论文的格式规范

一、毕业论文的装订

毕业论文装订规范一般包括以下内容。

（一）论文装订的基本要求

(1) 规范。即按照学校规定的统一顺序和格式进行装订。
(2) 整齐。即稿纸的大小、格式在同一篇论文中要统一，不可混杂。
(3) 美观。即装订的设计要尽可能叙展，封面要有清新感，装订线要缝直。

（二）论文装订顺序

毕业论文必须按规定的要求进行装订，装订顺序为：
(1) 封面
(2) 声明
(3) 中文标题、中文摘要、中文关键词
(4) 英文标题、英文摘要、英文关键词
(5) 目录
(6) 引言
(7) 正文
(8) 结论
(9) 谢辞
(10) 参考文献

(11) 注释

(12) 附录

二、毕业论文的格式

（一）封面

第一页为封面。封面内容一律按照各个学校规定的统一封面的式样用计算机打印，必须要素齐全，能全面反映出毕业论文的最基本信息，正确无误，并要确保封面简洁美观。

（二）声明及论文使用的授权

声明及论文使用的授权题目：可用三号黑体字，居中打印。

声明内容一般为：本人郑重声明所呈交的论文是我个人在导师的指导下独立完成的，除了文中特别加以标注和致谢的地方外，论文中不包含其他人已经发表或撰写的研究成果。可用四号宋体字2倍行距，题目下空一行左起空两格打印。

使用的授权内容一般为：本人同意××学校有关保留使用学位论文的规定，即学校有权保留送交论文的复印件，允许论文被查阅和借阅；学校可以上网公布全部内容，可以采用影印、缩印或其他复制手段保存论文。可用四号宋体字2倍行距，在上一内容下空4行左起空两格打印。

论文作者签名：必须用签字笔签名，不能打印。日期：年月日要填写完整。用阿拉伯数字填写，如2013年5月25日。

（三）中英文题目、摘要与关键词

中英文题目、摘要与关键词一般可各合为一页。其中，前一页为中文题目、摘要与关键词，后一页为英文题目、摘要与关键词。

(1) 中文题目。论文题目可用三号黑体字，可以分为一行或两行居中打印，副标题可用四号楷体。

(2) 中文摘要。论文题目下空一行左起空两格打印"摘要："二字（小四号黑体，字间空一格）。"摘要："二字后打印中文摘要内容（小四号楷体）。

(3) 中文关键词。中文关键词置于摘要文后，另起一行左起空两格，中文关键词前应冠以"关键词："(小四号黑体），后接关键词内容（小四号黑体），关键词之间用分号分隔。

(4) 英文题目。英文题目（为三号正体，加粗，可以分为一行或两行居中打印）。

(5) 英文摘要。论文英文题目下空一行左起空两格打印"Abstract:"（小四号正体，加粗）。"Abstract："后打印英文摘要内容（小四号正体）。

（6）英文关键词。英文关键词置于英文摘要文后，另起一行，英文关键词前冠以"Key Words："（小四号正体，加粗）作为标志，后接英文关键词内容（小四号正体），关键词之间用分号分隔。

（四）目录

题头打印"目录"，为三号黑体字，中空两格，居中打印。下空一行，打印具体的目录，四号宋体。论文目录必须清楚无误标明页码，应按内容顺序逐一标注该行目录在正文中的页码。构成内容包括序号、章节标题和页码。序号、章节标题从左列起，页码从右列起，中间用"……"连接。论文目录一般只需要排到二级标题，即章和节，不需要到三级标题和四级标题。

（五）正文

正文页包括引言和结论部分，正文页不再打印毕业论文题目，直接打印论文正文。

（1）正文字体与字号。采用小四号宋体字打印，纸张选用A4。上边距2.54cm，下边距2.54cm，左边距3.17cm，右边距3.17cm，页眉2.0cm，页脚1.75cm。字间距为标准，行间距采用1.5倍。

（2）标题。一级标题以三号字黑体居中打印，格式为一、二、三、……；二级标题以四号黑体左起空两格打印，格式为（一）（二）（三）……；三级标题以小四号宋体加粗左起空两格打印，格式为1．2．3．……；四级标题以小四号宋体左起空两格打印，格式为（1）（2）（3）……

（3）图。图按顺序编号，如图1为第一图。如图中含有几个不同部分应将分图号标注在分图的左上角，图号后列出图题，置于图下方。引用图应在图题的左下角标出文献来源（后面章节介绍）。

（4）表格。表格按顺序编号，如表1为第一表。表应有标题，置于图上方，表内必须按规定的符号注明单位（后面章节介绍）。

（5）公式。公式书写应在文中另起一行。公式后应注明该公式按章顺序编排，如公式1为第一公式。

（6）标点符号。标点符号应遵守《中华人民共和国国家标准标点符号用法》的规定。

（7）数字。数字使用应遵守《中华人民共和国国家标准出版物数字用法》的规定。

（8）注释。注释一般用页末注即将注文放于加注页下端，一般不用行中注。注释只限于写在注释符号出现的同页。注释格式与参考文献著录格式基本相同，可参见本书的注释格式。

（9）页码。凡超过一页的文稿，每页都必须标页码。页码用阿拉伯数字，标于页下端，居中，从论文的封面后开始编号，论文各项内容分别编号。

（六）参考文献

参考文献按在论文正文中出现的先后次序列于文后，以"参考文献"居中排作为标志；参考文献的序号左顶格，并用数字加方括号表示，如［1］、［2］……每一参考文献条目的最后均以"."结束。参考文献著录格式详见前面有关章节"参考文献与附录"。

（七）附录

附录一般按照正文一级子标题以下格式打印，每个附录均从页首开始，并在附录起始页的左上角用标准小四号黑体字注明附录序号。如"附录A""附录B"。

第八章

毕业论文的语言与表达

语言是交流思想的工具。新颖的观点、深刻的主题、严谨的推理、准确的数据，都必须通过语言来表达。书面语言、图表语言、数据语言等的表达水平直接影响着论文的表现力和感染力。因此，我们必须研究和把握论文语言风格，高度重视语言的运用与表述，养成实事求是的文风。这样才有可能写出较好的毕业论文。

第一节 毕业论文语言特点和要求

一、语言

（一）语言的概念与重要性

1. 语言是文章的物质形式

所谓语言，是指人类所特有的用来表达意思、交流思想的工具，是一种特殊的社会现象。有人曾形象地把论文比作一座房子，语言就是其中的一砖一瓦，也有人将语言比作文章的"细胞"，这些比喻是很有道理的。这是因为任何深刻、新颖的立意，精当、生动的材料和合理、巧妙的布局谋篇，最终都要通过语言文字表达出来，不然就不成其文章。可以说，语言是一切文章的物质形式，没有语言也就没有文章。老舍先生曾说："我们既然搞写作，就必须掌握语言的艺术……一个画家而不会用颜色，一个木匠而不会用刨子，都是不可想象的。"（出口成章·关于文学的语言问题［M］.北京：人民文学出版社，1984；58）。写作的艺术，从一定意义上讲，就是运用语言的艺术，这不仅是因为语言将构思外化为具体的文章，而且还由于准确而又熟练地运用，直接影响到文章的形式和形式美，能大大增强文章的效果。要把一篇毕业论文写得生动活泼，不拘于俗套，就要得力于具有较高的运用语言文字表情达意的能力。

2. 语言是思想的直接现实

语言是人类最重要的交际工具，也是承载思想内容的重要工具。马克思指出："语言是思想的直接现实。"思想是不能脱离语言而存在的，只要写文章，都要使用语言这个工具。斯大林对这个问题论述得尤为具体："不论人的头脑中产生什么样的思想，以及这些思想什么时候产生，它们只有在语言材料的基础上、在语言的词和句的基础上才能产生和存在。没有语言材料、没有语言的'自然物质'的赤裸裸的思想，是不存在的。"（斯大林全集（下卷）[M]．北京：人民出版社，1979：527）。可见，语言和文章有密切的关系。毕业论文的作者要想陈述事实、阐述观点、表达感情，也只有凭借语言这一承载思想内容的重要工具，才能达到目的，同时也才能被读者感知、接受与理解。当然，这时候的语言大都是经过作者加工与润色了的语言，而不再是口头语言了，即"书面语言"。离开了语言这一承载文章思想内容的工具，就不可能产生文章。

（二）论文语言的要求

不同文体的文章，对语言的要求各不相同。经济与管理类的论文属于社会科学范畴的议论文，既有科技文章的用语特点，又有议论文章的用语特点，归纳起来主要是准确性、简明性和严密性。

1. 准确性

所谓准确，就是指语言所表达的意思与论文所涉及的实际情况完全符合。也可以说，在论文写作过程中要用准确的字、词、句，如实地反映客观事物的实际情况。概念和词语不是一一对应的关系，一个概念往往有数个和数十个词语，要注意选择表意明确化、单一化的词语，细微分辨词意的轻重、外延的大小、感情色彩的褒贬；要注意行文的对象（即论题），语气得体；还要注意文字使用的规范化和标准化，包括标点符号的使用、数字的引用、表格的设置以及引文的注释等。毕业论文是以讲道理为主的，要使文章以理服人，具有说服力，语言就非准确不可。否则反映不出客观事物的真面目，造成论证的不严密，论点也就很难令人置信了。

2. 简明性

简明，即简练明确，就是用较少的文字表达较丰富的内容。斯大林称赞列宁说："只有列宁才善于把纷乱的事情描写得这样简单、明了、扼要和大胆——他说的每一句话都不是一句寻常的话，而是一颗打中目标的子弹。"要使语言简练明确，绝不单单是一个语言问题，决定性的是思想认识的明确。列宁之所以能把复杂的事情写得简练明确，主要是他对事物认识得深透，能抓住问题的关键。要想使思想认识达到明确，还要有一个正确的写作态度和文风，即重点突出，文脉清晰，用语简约，含义丰厚。要注意删繁就简、剪除枝蔓，摒弃浮词、砍掉套话、空话、大话、假话。凡是与中心论点无关的段落、句子、词语都要统统删除，毫不吝惜。写作的态度与文风不解决好，语言要简练明确就相当困难。

3. 严密性

所谓严密性，即用词稳妥周密。正像柳文先生所说："周密，就是在表达思想的时候要从各方面考虑它们的联系，考虑所要表达的思想是否有偏差、有漏洞，是否有不足之处，是否会引起疑问和误解。"柳文先生所说的"表达"，就是"用语言表达"。思想考虑得周全，语言才能表达得周全。但是如果没有相当的语言功底，不了解论文的用语特点，也很难做到这一点。所以，论文写作要求所用的字、词、句要完整、周密地表达思想感情，准确地反映客观事物，具有严密性和逻辑性。

二、文风

（一）文风的概念

所谓文风，是指文章写作的社会风气，是文坛上一种带有普遍性和倾向性的文章现象。文风对作者而言，就是指作者在写作文章（包括讲话、讲演）时表现出来的思想作风，是文章（包括讲话、讲演）的思想内容和表现形式两个方面各种特点的总和。简言之，也就是作者思想作风和语言文字修养在文章中的反映。之所以称之为"风"，是因为它们在社会上已有一定的普遍性和倾向性。

文风是一种社会现象。它和时代精神、社会风气紧密相关。所以，文风问题不能视为是单纯的写作作风问题，一定要与整个时代的风尚紧密联系起来看待。时下，文风不正的情况也是大家有目共睹的。文过饰非、报喜不报忧、弄虚作假、不说真话的现象在社会科学类文章中绝非个别，已有一定的普遍性和倾向性，并影响到我们一些同学的毕业论文写作。因此，我们一定要重视文风问题，养成良好的实事求是的文风。

（二）论文对文风的要求

1. 写真

所谓写真，就是说实话，写真话。实事求是是文风的基石，写文章就是要提倡实事求是的文风，因为文章本身就是客观事物本质的反映，真实是文章的生命与价值所在。如果说假话，凭空捏造，任意杜撰，或夸大其词，那就违背了客观事物发展规律，就是文风不正的具体表现。过去，有许多文章尽是"假、大、空"，使人读了很反感，影响很坏。今天我们撰写经济与管理类专业毕业论文，如果不引以为戒，不写真实的情况与问题，或违背事实说话，这样的文章就是文风不正的表现，必然令人厌恶，毫无意义。

2. 写新

所谓写新，是指倡导写有新内容、有新意的文章。在现代经济社会生活中，总是有许多新东西富有生机与生命力。写作经济与管理专业毕业论文就是要采用新的事物、新的观念、新的语言。要反对因循守旧，反对千篇一律的老一套。例如，毕业论文一般总是按照"引论——本论——结论"格式去组织结构文章、安排材料，但在具体写作时，作者完全可以根据论述的需要加以创新。如今有些文章不管内容，不管篇幅长短总是

"老三段"。再从有些论文的内容上看，作者自己根本提不出新问题和新观点，其论文通篇都是从概念到概念，重复早已为人们所熟知的结论，整个文章没有一点儿属于自己的东西，没有一点儿新鲜感，乏味得很。很显然，这是一种很不好的文风，是文风不正的表现。

3. 写实

所谓写实，是指提倡文章要言之有物，有实在的内容。现在文风不正的突出表现之一，就是搞花架子，搞形式主义，影响很不好。毕业论文有一定字数的要求，这是必须要恪守的，不能苟简，但不等于不要实在的内容，不等于可以加进许多水分。平心而论，现在有些理论文章的水分实在太多了，空洞得不能再空洞，虚假得不能再虚假，这也影响到我们一些同学。

（三）养成良好的文风

养成良好的文风，应该努力做到以下三点。

1. 注重调研、深入实践、总结经验

作者要注重调查研究，深入经济与管理工作的社会实践中，发现问题，分析问题，总结经验教训，要经常学习写作能够指导经济与管理工作的文章，这是养成良好的文风最基本的途径。在经济发展中新事物层出不穷，人们的认识不能停留在旧的习惯定式上，只有调查研究，占有大量资料，才能写出反映客观实际的文章，说到问题的要害与实处。优秀的经济管理工作的研究者，都十分重视调查研究工作，经常深入实际进行考察，掌握第一手资料，所以他们写出的文章就有新意。我们要向他们学习，学习他们的工作作风与实事求是的文风。

2. 平时多写、多讲、多锻炼

经济管理类专业的本科毕业论文要求一定的篇幅与字数，一般都比较长。但是，写长篇文章都是建立在写短文章的基础上的。为此我们平时就要联系经济管理工作实际，经常多写一些指导经济管理工作的短文，围绕经济管理工作多讲一些建设性的意见与建议。不搞形式主义，反对假、大、空。如果不这样经常锻炼自己，一旦要写作毕业论文，就会感到困难，为了在一定时间内完成写作任务，势必就要弄虚作假，这样文风也就不正了。

3. 养成良好文风，要掌握正确的思想方法

文风问题，正如郭沫若所说的那样："不是单纯的语言问题，主要还是思想和思想方法的问题。首先要你的思想、概念准确，然后才能写出准确的文章。要是以己之昏昏，也就当然使他人昏昏了。古人说：'文以载道'，用现在的话说，写文章就是表达思想。所以，思想是'文'的骨干和核心，关系很重大。"（郭沫若．沫若文集（第17卷）[M]. 北京：人民文学出版社，1963.）。因此，要养成良好的文风，就得要掌握正确的

思想方法。而要掌握正确的思想与思想方法，就得认真学习辩证唯物主义。

第二节　毕业论文的表达方式

一、叙事

（一）叙述的概念与作用

1. 叙述的概念

所谓叙述，是指把事情的前后经过记录下来或说出来。也就是对人物的出身、经历和事物的发生、发展、变化、结局的交代和陈述。毕业论文只要把事情叙述得简练明确，使读者对事情的前因后果有一个概括的、简要的、完整的了解，就可以了。因此，它在毕业论文写作中的使用频率最高，也是最基本的表述方式之一。经济与管理类论文叙述的目的不是供读者欣赏，而是追求实用，就是按照事情发生、发展的顺序进行粗线条的叙述，把事情的经过从头到尾、来龙去脉交代得清清楚楚就够了。

2. 叙述的作用

（1）交代有关背景，表述论题、论点与论据。毕业论文的背景材料与课题和论点密切相关，必须用叙述和议论相结合的方式交代清楚。毕业论文总是有论题、论点（或中心论点）与论据的。这些内容，主要是作者运用叙述这种表述方法，凭借具体而明确的语言现象地告诉读者，从而为读者所理解与认同。

（2）介绍事物的全过程。毕业论文是作者对课题研究成果总结的载体，它只有把有关事物发生、发展的全过程以及作者科学研究的各个方面及其内部联系等，向读者交代得清清楚楚，才能给他们一个完整、深刻的印象，让他们认知与了解。这种"交代"，其主要方法就是叙述。

（二）叙述的方法

叙述的方法多种多样。从不同的角度，可以对其进行不同的分类。

1. 详叙与略叙

从叙述的详述程度看，可分为详叙与略叙。

所谓详叙，就是把某一个经济情况或事情的发展过程如实地详细地叙述出来。在经济与管理类专业毕业论文的写作中，凡围绕论证中心论点所必需的观察、实验等主要论据和材料，都必须用详叙的方法作较为详尽的介绍，这样论点才具有说服力。

所谓略叙，是指对某一经济情况或事情的发展过程只进行简要的叙述，用极概括的语言勾勒出事物的概貌。

2. 概述与分述

从叙述的脉络上分，可分为概述与分述。

所谓概述，是指概略地叙述某一情况或某一过程的基本面貌，给人概要的了解。在经济与管理类文章与著作中经常使用。它与略叙的不同之处是常常与分述相对应而用，有时分述演化为文章主体，概述便称为导语式的开头，貌似略叙，其实是有区别的。

所谓分述，就是与概述相对应而分开来从几个方面叙述的一种方法。

这种分述，不仅层次清楚，而且也将概述的内容具体与细化，从而给人留下深刻的印象。

3. 顺叙、倒叙、插叙和平叙

（1）顺叙。所谓顺叙，是指按照人物经历或事件发展的先后次序来叙述的方法。这是经济与管理类专业毕业论文写作运用最多，也是最基本的叙述方法。其长处是：由头至尾，次序井然，文气贯通自然，能清晰地揭示事件或事物的全貌，使读者易于理解与接受作者的意图与观点。其缺点是：有些时空推移或跳跃较大的题材，如果剪裁、处理得不好，轻重详略不当，会给人一种平铺直叙、结构松散、文字拖沓的感觉。

（2）倒叙。所谓倒叙，是指把结局或发展中的突出部分提到前面来叙述，然后再依照事情的原本时间顺序从头叙述的方法。它的长处是：开笔兴波，引人入胜，有利于提高读者的阅读兴趣，突出论文的主旨，给人以较深的印象，能促使他们随着文脉进行积极的思维。这种方法，用于写记叙性的文章效果显著，给人以"悬念"。写作经济管理类专业毕业论文，一般不宜采用这种方法来表述，因为如果掌握不好会弄巧成拙，给人文理不清的印象。

（3）插叙。所谓插叙，是指在顺叙、倒叙过程中临时中断原叙述的线索，插入一个或几个与中心事件或主旨有关的事件、情节或内容的一种叙述方式。其优点是：使文章有张有弛，有断有续，一波三折，使毕业论文的观点开掘得更加深刻、全面。在援引例子时可采用，但不能多用。多用了枝蔓丛生，喧宾夺主，反而会造成主线推进缓慢，让人产生反感的情绪。

（4）平叙（也叫分叙）。所谓平叙，是指一种分别叙述同一时间不同地点发生相互关联事物的叙述方法。也就是中国传统的艺术表述手法"花开数朵，各表一枝"。这种叙述方法，毕业论文写作在分述时可采用。要注意的是，一定要处理好纵横的关系，不要顾此失彼。同时，对"时间段"的截取也不宜过于零碎，不然就会给读者造成一种跳跃过于频繁的感觉。

4. 夹叙夹议

所谓夹叙夹议，是指一种边叙边议，叙议结合的表述方法。在议论文的写作中被广泛运用。其优点是：这种伴随着叙述的议论通常是很精辟的，有时即使是一句话，也有画龙点睛之妙，既能清楚交代论题的有关背景材料以及事情或问题的来龙去脉，又能将作者的看法、态度和观点表达出来，点明和深化主旨，使论证有理有据，具有说服力。

二、说明

（一）说明的概念与特征

1. 说明的概念

所谓说明，是指用简明而又准确的文字对事物的现状、特性、构造、功能、成因、演变，对人物的出生、名号、事业、成就等作出解释和介绍的一种表述方法。简单地说，就是解释明白。说明不仅是写作说明文的主要表述手段之一，也是写作毕业论文的基本表述方法之一。

2. 说明的特征

（1）科学性。"说明"的科学性，是指作者在运用说明这种表述方法时总是坚持客观的科学态度解说客观事物，不掺杂任何个人的感情因素，把事物的有关形态、性质、构造、成因、功能，以及同一事物中这一部分与那一部分、不同事物之间的关系等情况如实介绍清楚。或是在阐释抽象事理时，把有关事理的概念、特征、来源、种类、变化及来龙去脉等内容讲述明白。

（2）告知性。说明的告知性，是指作者在运用说明这种表述方法时，总是以给人以知识为目的，因而，解说得清楚明白是其所追求的表述目标，平实、简明、精确、直截了当，是其语言的显著特点。

（二）说明的方法

1. 定义说明

所谓定义说明，是指用简明扼要的语言把说明对象的本质特征概括出来，给读者一个明确的概念。定义说明的长处是比较严密、科学，既要界定某一概念的内涵，又要界定某一概念的外延，使读者对被说明的对象有本质的、全面的了解。例如，《大英百科全书》中给"管理沟通"下的定义是："用任何方法，彼此交换信息，即一个人与另一个人之间用视觉、符号、电话、电报、收音机、电视和其他工具为媒介，所从事交换信息的方法。"再如《韦氏大辞典》中给"管理沟通"下的定义是："文字、文句和消息之交通，思想或意见之交换。"定义说明在写作毕业论文时常常被作者运用。

2. 诠释说明

所谓诠释说明，是指对某一定义作进一步解释和阐述的一种说明方法。实际中人们给某一经济管理中现象所下的定义往往是高度概括的、抽象的。因此，要使读者详细、具体地了解，还需要作具体的说明。诠释说明，可以说是对定义说明的具体化，所不同的是，诠释说明在语言表达上不一定像定义说明那样严谨。比如王华、董双全等人撰写的《环境会计计量理论》一文中对"计量"这一概念的界定,就是先用定义说明,后用诠释说明。

计量是"根据特定的规划把数额分配给物体或事项"的活动。完整的计量活动包括三个方面:①选择计量尺度;②确定计量规划;③分配具体数量。综观会计信息系统的运行,可以发现,会计计量活动贯穿会计系统的全过程:原始数据进入信息系统时,要经过分类确认并量化到具体类别中去;系统运行中要对这些初始分类所提供的资料进行修正,作用在于区分毗邻会计期间的会计事实(即进行各种计提、摊配等活动);最终输出反映会计计量主体经营活动情况的会计报表时,还需进行再确认,这种再确认也涉及会计计量——将价值量化的指标分配到各报表项目上去。

上述文字的第一句话"计量是……的活动"属于定义说明。"完整的计量活动……③分配具体数量"属于对"计量"的诠释说明;"会计计量活动贯穿会计系统的全过程……将价值量化的指标分配到各报表项目上去"都是对"会计计量"的诠释说明。这种一层深入一层的阐释,使读者对计量和会计计量的概念的理解也就更加深透。

当然,这种诠释说明,带有作者的推论和分析成分,看成一种论证或许更恰当些,这大约也就是说明和议论有时很难截然分开的原因之一。

3. 分类说明

所谓分类说明,是指把属概念分成若干个种概念的说明方法。因为分类的过程就是揭示某一事物的本质属性的过程,所以这种方法有利于加深对经济与管理现象的认识。

例如,李岚清同志主编的《中国利用外资基础知识》一书中,对世界其他国家和地区实行保税制度的介绍,介绍采用了分类说明。

世界其他国家和地区实行保税制度,一般有以下几种形式。

(1) 指定保税地或保税棚(bonded shed)目的是为方便报关,向外国货物提供装卸、搬运或暂时储存的场所。它们一般都设在港口或国际机场所在地,商品进入区储存的期限较短,具体期限由政府自行设定。

(2) 保税仓库(bonded warehouse)……

(3) 保税工厂(bonded factory)……

(4) 保税陈列场所(bonded exhibition)……

这里值得一提的是,分类说明的关键是正确给事物分类。所以,运用分类说明时,要注意掌握统一的分类标准,分类之后,类与类之间是并列关系,互不包容。如果把不同标准的不同分类硬扯在一起,就会造成逻辑混乱。其次,被说明的对象必须是同属不同类或同类不同种的经济与管理现象,不同属、不同类的经济与管理现象不能用分类说明。

4. 举例说明

所谓举例说明,是指举出具体、典型的实例来解说事物、证明观点的方法。这种方法的优点是可以弥补定义说明、诠释说明、分类说明的不足。因为使用这三种方法，往往给读者的印象是概括的，有的甚至是抽象的。要让读者有更具体、更生动的认识，就要使用举例说明方法。

例如，2012年11月20日《光明日报》新闻观察员张玉玲报道的《让企业成为创新驱动的主体》中，在谈到技术创新问题时，作者是这样举例说明论证的。

不管是企业的技术还是科研单位的技术创新，都要回答一个问题——技术创新究竟是为了什么？技术创新是为了解决现实问题，而非以单纯的科技"攀高"为目的，就是科技的"攀高"也是为了最终解决市场提出的技术难题。所以，技术创新要以市场为导向，有生命力的技术并不是越高端越好，而是越适应市场越好。

最典型的例子是20世纪90年代的铱星电话。从技术上来说，铱星技术绝对超前，它开创了全球个人通信的新时代，使人类在地球上任何"能见到的地方"都可以相互联络。但如此高的"科技含量"却好景不长，价格不菲的铱星通信在市场上遭受到了冷遇，用户最多时5.5万人，而据估算它必须发展到50万用户才能赢利。由于巨大的研发费用和系统建设费用，铱星背上了沉重的债务负担，整个铱星系统耗资达到50多亿美元，每年光系统的维护费用就要几亿美元。2000年因铱星背负着40多亿美元债务而破产。

因此，在创新投资者们看来，技术并不是越高越好，有时技术太高了、太超前了，反倒成为包袱，导致投入高、造价高，而不被市场接受，最后可能会成为行业的"先例"。因此，在市场时机不成熟时，一味追求"高技术"可能只是技术工作者一厢情愿。其实，最能产生巨大回报效益的创新技术是那些只超前"半步"的技术。这半步，研发投资合理，市场接受度高，售价也能让消费者承受；这半步，不由科研管理部门决定，也不由官员决定，而是由市场决定的。

运用举例说明最重要的一条是，所举实例要典型，要与被说明的观点紧密结合，切忌随意性。

5. 比较说明

所谓比较说明，是指运用比较的方法来说明事物特征的说明方法。这种比较，又分为相同事物的比较说明、不同事物的比较说明、同一事物本身先后情况的比较说明、对比说明四种。不管哪种比较说明都是寻找经济与管理现象的相似点或不同点。

例如，曾艳霞同志的论文《浅谈经济全球化对我国会计准则的影响》，在说明"对会计准则的影响"这一部分中共有四点，其中对"会计的国内协调基础差"是这样说明的：

从所有制主体与政府的关系看，西方的私有制意味着所有权主体与政府没有直接联系，从纳税角度看，还是一种相反的利益关系；但是，在我国，国家所有制意味着国家不仅充当所有者，也充当行政管理者，两者必然有着千丝万缕的联系，特别是当政企尚未很好分离时，两者实质是合二为一的。这种差异决定了西方的会计准则更强调由民间团体制定，强调会计制度的灵活性，抑或对不同的企业和所有者的适应性，强调所有者的利益，从而更易采取稳健性原则。我国的会计准则由政府制定，会计制度更强调统一性和协同性，会计上往往不易强调稳健性原则。为了保证政府的税收利益，会计上更易于偏向激进，从而降低了企业抵御各种风险的能力和在国际市场的竞争能力。

这段话的目的是说明我国与西方会计相比，我国"会计的国内协调基础差"。究其成因，作者先说明所有权的性质不同，纳税利益关系相反，再说明两者的着眼点不同，西方会计强调"所有者的利益"，而我国的会计准则更强调"政府的纳税利益"，结论是"降低了企业抵御各种风险的能力和在国际市场的竞争能力"。在句式的运用上，陈述句或判断句较多，如"从所有权主体与政府的关系看，西方的私有制意味着所有权主体与政府没有直接联系，从纳税角度看，还是一种相反的利益关系"，属于陈述句，陈述"所有权主体与政府的关系"是什么，并作出判断。文字不多，明确、简练，几个方面的说明及其判断，有严密的内在逻辑关系。

运用比较说明，不管是采取其中哪一种比较方法，都要求相比的事物与所要说明的事物有某些相同或相似之点，即"相比点"。否则，就比不出结果来。同时，拿来相比的事物一定要是为人们所熟悉的和易于理解的，这样才能说明事物和现象的实质，达到比较说明的目的。

6. 概括说明

所谓概括说明，是指用简练、概括的语言将某一经济与管理问题和现象的概念、性质、成因、规律、特点、关系等解说、阐释清楚的一种方法。这种方法的特点是，往往与叙述、说明、议论结合使用。

比如，米建国先生的论文《积极为开征遗产税务创造条件》，共讲了三个问题：一是"开征遗产税势在必行"；二是"开征遗产税需要考虑的几个问题"；三是"几点建议"。在第一个问题中他是这样阐释的：

遗产税作为最后一道个人所得税，属于对财产转移课征的税种。它不仅是市场经济体制国家普遍开征的一个税种，也是一个非常古老的税种。在古埃及法老胡夫当政时就曾经对财产继承人征收遗产税，实行 10% 的比例税率。近代遗产税的征收，始于 1598 年的荷兰，按继承人与被继承人的亲疏关系等具体情况设置不同的比例税率。在近代，市场经济国家遗产税的征收已经非常普遍，发展中国家征收遗产税的也不在少数，且已由比例税率演变为累进税率。遗产税的理论基础是国家对个人的不劳而获所得采取必要的分配调节，通过税收实现国家对个人遗产的适当支配。在中国历史上，国民党政府于 1940 年曾开征过遗产税。新中国成立后，1950 年颁布的《全国税收实施要则》也列有遗产税，但并未实施。目前，中国台湾已开征遗产税。

从已开征国家的遗产税税率来看，德国、意大利的初始档次最低，为 3%，伊朗为

5%，津巴布韦为6%，日本、韩国为10%，美国为18%；最高档次以伊朗的第三继承人遗产税税率为最，达80%，德国、日本为70%，新加坡、韩国为60%，美国为50%，意大利为33%，津巴布韦为20%，加纳为15%，英国则从1988财政年度开始实行40%的比例税率。

开征遗产税，在中国也是势在必行。国家通过征收遗产税不仅可以增加财政收入，提高财政收入占GDP的比重，增强国家的宏观调控能力，而且是抑制个人财富过快增长、公平社会分配的重要手段，同时也是完善税制的重要步骤。因此，遗产税对于发展社会主义市场经济意义是不言而喻的，需要积极做好舆论宣传和实施前的准备工作。现在富人相对少，早开征比晚开征阻力小。

这段文字以说明为主，兼用叙述和议论，最后的结论是"开征遗产税势在必行"。值得注意的是，这里说明和叙述的对象差不多都是以论据的身份出现的。

7. 比喻说明

所谓比喻说明，是指用采取一个事物说明另一个事物的比喻方法。例如，在梁光璧主编的《家庭文化百科》中，介绍"围棋"时，就运用了比喻说明的方法。

围棋这棵已有3 000多年的智慧之树，如今在20世纪90年代，正以其特有的魅力，受到了越来越多的人的青睐。英国《大不列颠百科全书》预言："围棋将是21世纪最受人们欢迎的智力游戏"。的确，变化无穷，启迪智慧，是围棋艺术长久不衰、日趋兴旺的原因所在。

在这段文字里把围棋比喻为"智慧之树""智力游戏"，具体、生动、形象，使不熟悉围棋的人看了这段文字，也会初步知道围棋是怎样一种体育锻炼项目，它的益处在什么地方。

运用比喻说明，能够把复杂的事物和抽象的事理说得具体、浅显、易懂、生动、形象。但比喻一定要准确、贴切，不能牵强附会。在经济与管理论文写作中，比喻说明运用得好，能使论证更有说服力与感染力。

8. 引用说明

所谓引用说明，是指引用一些有关的资料、故事、名言、诗歌、俗语、谚语等来说明所要说明的内容或作为依据的说明方法。这种方法，能增强文章的可信度与说服力。例如，刚才我们介绍比喻说明时，中间就引用了英国《大不列颠百科全书》中的一段话："围棋将是21世纪最受人们欢迎的智力游戏。"

运用引用说明时，要求所引用的有关资料、言论一定要准确无误，要进行核实与核对，更要有针对性，做到少而精，要言不烦。特别是在毕业论文中，不可大段大段引用资料以代替自己的观点，也不能借以作为"论据"代替自己对问题的分析，那样是行不通也不会有说服力的。

9. 数字说明

所谓数字说明，是指用确切的数字说明事物或阐述观点的一种方法。用数字说明是经济管理论文中运用"说明"这种表达方式的最大特点。因为数字说明最精确、最科学、最简洁、最直观。例如，《光明日报》记者李陈续、郭丽君2012年12月14日报道《合肥创新提升竞争力美誉度》中就恰如其分地用了数字说明法：

近日，美国知名综合性政策研究机构布鲁金斯学会发布2012年度《全球都市圈监测报告》，正式将安徽合肥"圈"入全球300个都市经济体版图。报告中显示，2007年至2011年5年间，合肥凭借人均GDP增速15.3%和新增就业率3%的成绩，在全球300个都市经济体中分别排名第一和第二。……在科研创新方面，合肥拿得出一张令人满意的"成绩单"。截至今年6月底，合肥全市重点实验室达到121个，同比增加9个；工程技术研究中心213个，增加82个；企业技术中心222个，增加63个。今年上半年，合肥全市专利申请数6 208件，同比增长31%；发明专利授权量556件，增长54%；引进科技成果998个，增长23.6%。……特别是今年1～10月份，合肥规模以上工业完成总产值5 361.22亿元，实现增加值1 344.02亿元，增长17%，增速居中部省会城市首位、全国26个省会城市第三位。其中，合肥战略性新兴产业增加值350.20亿元，同比增长26.4%。

这些数字足以说明合肥市的各级领导，在经济增长、创新、就业、技术等方面所作出的成绩。

值得注意的是，运用数字说明，所用数字一定要准确无误，来源可靠，最好的是经过统计学统计（即从"年鉴"等材料中来），否则，将破坏说明的准确性。另外，对未经统计学处理的数字，更要核实，不能有一丝一毫的差错，不能用"初步估计""据不完全统计"出来的"数字"。此外，还要注意数字中的百分比一般用来表示事物的量，而绝对数量要用来说明质。

10. 图表说明

所谓图表说明，是指借助图、表（即"人工语言"）形象地说明某一事物及现象的说明方法。图表说明在经济与管理类专业的毕业论文写作中广为采用。它有时比自然语言更直观、更鲜明、更准确地表现某一事物与现象，因而也更有说服力。图表说明的方法很多，在本章第三节介绍。

第三节 毕业论文的图和表

一、图表的作用

图表是论文文字表达的组成部分，它必须同文字叙述有直接联系，不得有同文字叙述不相关的图表。图表应写在离正文首次出现处最近的地方,不应超前和过分拖后。图表还有"自明性",即只看图表题、图表内容就可理解图表的意思,因此,图表的内容与图表、文字表述的内容不应重复。

二、图

(一)图的概念

所谓"图"是指运用各种形象来表达各种数据、科研结果(成果)和科学思想的一种方式。它能够直观地显示事物的重点、各种因素之间的关系以及它们变化发展的趋势,起到文字难以达到的效果。

(二)制图的一般要求

图位不应远离正文。图幅的大小应能准确、清楚地反映图的内容。图号与图题,居中写在插图下边。图也应具有"自明性"。而且,图与表、文字表述的内容不应重复。

(1)文章中的问题能用文字说明的就不要再安排插图;文章中无关紧要,可有可无的插图,应尽量除去;凡能用表格说明问题的,也不必插图。

(2)凡能用线条图表示的就不要用照片和美术图;凡能用单色图表示的就不必用多色图;凡能用小幅面图表示的就不必用大幅面图;凡能用简图表示的尽量不用复杂图。

(3)设计插图时,应注意突出其主体部分,而对作用不大的或曲线没有覆盖的多余的部分,要作适当的调整或删除,以便图面紧凑、美观,同时也可节约版面。如果一个插图有若干个分图,且又分布集中时,应考虑最好使其大小尺寸一致。插图的幅面尺寸、注字和符号、线条箭头、剖面线的画法等都必须符合国家标准的有关规定。

(4)图序统一编号,用阿拉伯数字标注。两数字之间的连线用对开线,占半格。如果文中仅有一个图,可用"附图"字样标注。如果有若干个图,不要用"上""下""左""右"等字样表示,所有分图都要规定出符号。图题要简单明了,表达一个完整的含义,但也要防止太简单,如仅用"示意图""框图""函数关系图"等泛指的图题是不妥当的。写法上,图序和图题之间空一个字,而不加标点。图序和图题应在图下方,居中排。

(5)论文插图要符合保密及有关规定。地质、地貌等专用地理图或涉及国界的地图应尽可能采用文字说明。必须用地图时,应采用地图出版社印制的中华人民共和国地理底图样。

(三)图的分类

图的种类有许多种,主要有条形图、圆形图、线形图、象形图、示意图、流程图等。

1. 条形图

所谓条形图，又叫矩形图，是指用宽度相同、长度不同的矩形表示指标数值的图形。依据表现资料的内容不同，条形图又分为单式条形图和复式条形图两种，如图 8-1 和图 8-2 所示：

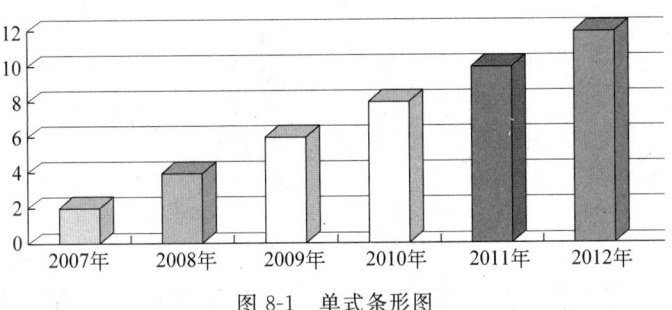

图 8-1　单式条形图

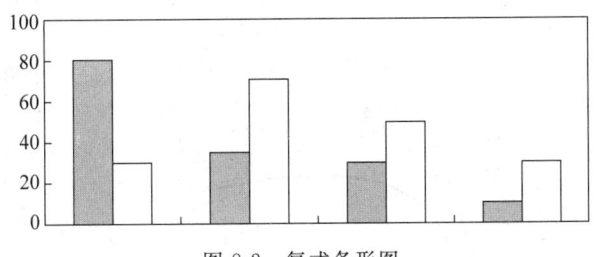

图 8-2　复式条形图

2. 圆形图

所谓圆形图，又叫圆比例图。是指以圆形内各扇形面积（把单位圆视为 100%）表示指标数值的图形。圆中用线条分开，以表示事物总体内部的结构状况，如图 8-3 所示。

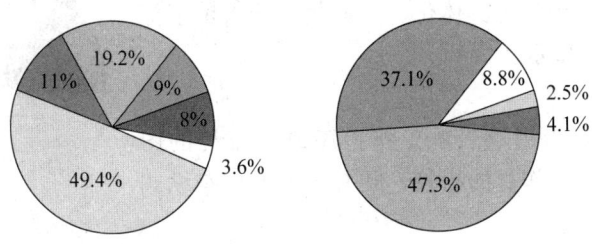

图 8-3　圆比例图

3. 线形图

所谓线形图，又叫作线图，是指以各种线条的升降表示指标数值的大小及其动态趋势的图形。由于线形图具有形象地反映事物变化关系及其变动趋势的优点，因而是撰写经济与管理类专业毕业论文经常采用的一种图形。线形图又可分为直线图、折线图和曲线图三种，如图8-4、图8-5、图8-6所示。

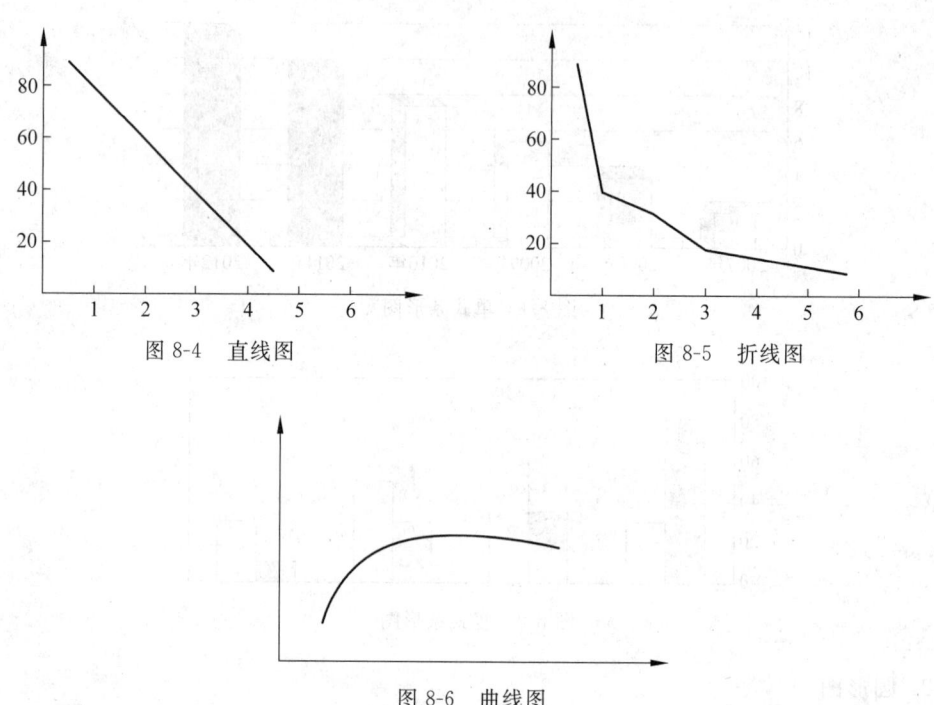

图 8-4　直线图　　　　　　　　图 8-5　折线图

图 8-6　曲线图

4. 象形图

所谓象形图，又叫形象图，是指用图像直接表示出来，使文字要表现的内容更具体化、形象化，给人留下深刻的印象。如图8-7所示。

5. 示意图

所谓示意图，是指用以表示工作程序或者流程的图形。它适合用来对事物作量的比较，既有横式的也有纵式的。如图8-8所示。

6. 流程图

所谓流程图，是指把比较复杂的理论体系、逻辑过程操作过程用图式简明清晰地表示出来。如图8-9所示。

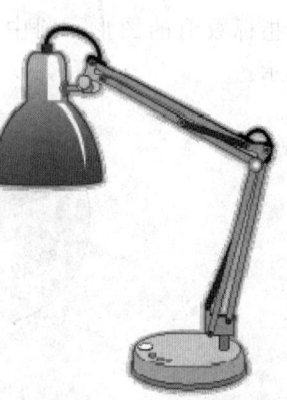

图 8-7　象形图

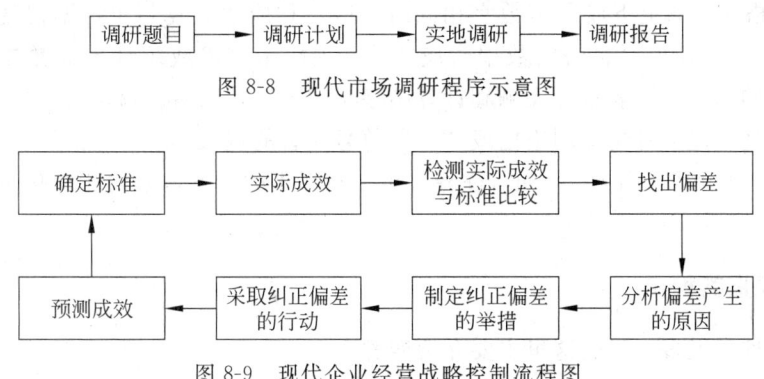

图 8-8 现代市场调研程序示意图

图 8-9 现代企业经营战略控制流程图

三、表

(一) 表的概念

所谓表,就是表格的简称,是指一种以行和列组合的形式表示数据和指标统计结果的方式,也叫作"统计表"。

统计表一般由总标题、横行标题和纵行标题、纵横交错的线条、指标数值组成。在经济与管理类专业毕业论文的写作中,它是论文中的语言辅助手段。有人说"一表万言",意思就是说一张表可以包括许许多多的数字资料,替代冗长乏味的叙述。同时,它也美化论文的文面,显得美观、活泼。所以,只要编制的"表"科学、实用、简练、美观,撰写毕业论文时应该尽量使用。

(二) 编制表格的要求

要科学精选表格,可要可不要的表格尽量不要,能用文字说明的内容最好不用表来表示。表格内容要重点突出,简明扼要,删去不必要的中间环节。选择适合的表格形式,科学安排表格内容,使表格保持应有的逻辑对比功能。

(1) 文章中的表格要有表序和表题,除非文内有一个表时,表题前可加"附表"字样。表格一般按章排序。例如,"表 9-3",其中,横线前数字代表章的编号,横线后数字为表格在这一章中的顺序号,即第 9 章第 3 表。两数字之间的连线为半字线,占半格。表格编序方法,应与本稿公式的编序方法统一。表号的后面空一格写表题,居中放在表格的上面。

(2) 表格内的数字一律用阿拉伯数字,同一项目保留小数位数应一致。表中的小数点应对齐。位数多时,应从小数点起,向左、向右每三位空 1/4 字距,而废除用千分撇的写法。

（3）表格内如遇上下或左右数字相同时，应在相应栏重复写出，不得使用"同上""同左"等字样。在填写表格内数据时应注意：因故未测出或统计出的数据栏应空白；本栏无意义的用"—"表示；实测和计算结果是"零"的项目栏就填写"0"，杜绝不加区别，一律把上述三种情况用空白或"—"符号代替的现象。

（4）表内不用"备注项"，如需注释，可书写在表的下方，表内相应位置用"（1），（2），……"表示。

（三）表格的种类

表格的种类很多，我们这里主要介绍四种。

（1）有线表。所谓有线表，是指横线和竖线排成的表格，它由表号、表名、表身及各个部分组成，这些部分组合在一起，使表格本身不依赖于正文就能被读者理解。

凡是项目比较复杂的内容，均可考虑用有线表来表达。有线表的基本格式如表 8-1 所示。

表 8-1　有　线　表

表号	表格				表题
	总题	列题		备注	表头
		副列题	副列题		
行题	副行题				
	副行题				表身

（2）无线表。所谓无线表，是指以空间来隔开的表格，适用于项目简单的内容，它的前面往往有一句或一段引导性的文字，句末用一个冒号，如表 8-2 所示。

表 8-2　口服补液溶质的配方表

药名	用量/g	药名	用量/g
氯化钠	3.5	氯化钾	1.5
碳酸氢钠	2.5	葡萄糖	20.3

（3）系统表

所谓系统表，是指用横线、竖线、大括号把各个项目连贯起来的表格，它适合于表达上下位置关系和隶属关系，从图中可以基本了解研究的全貌及其项目之间的关系，给读者一个具体形象的认识，如表 8-3 所示。

（4）程序表。所谓程序表，是指按照事情进行的先后次序连接起来的表格，如表 8-4 所示。

表 8-3　论证方法分类表　　　　表 8-4　入户访问流程表

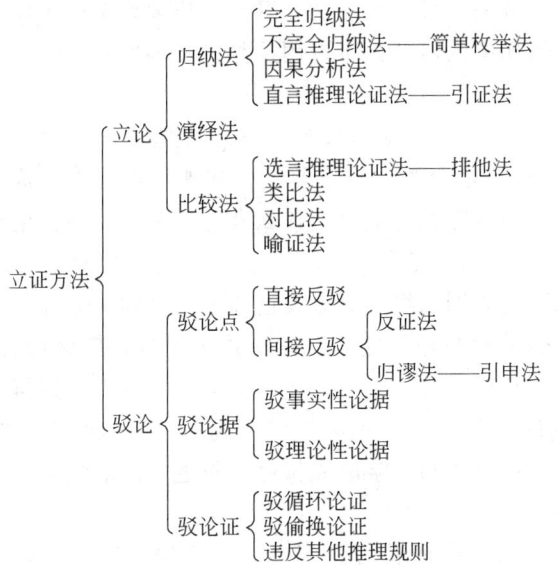

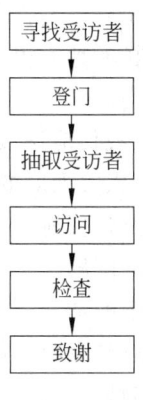

第四节　毕业论文的标点和翻译

一、标点

（一）标点的概念及类型

标点符号简称标点。所谓标点，是指由点号与标号两部分组成，是辅助文字记录语言的符号，是现代书面语里不可缺少的组成部分。简单地说，是用来表示停顿、语气以及词语的性质和作用。正确使用标点符号，可以帮助论文的作者更加确切地表达自己的思想观点，也可以帮助读者深入理解论文的内容。按照中华人民共和国国家标准GB/T15854—1995《标点符号用法》的规定，常用的标点符号共有16种，其中标号9种，点号7种。9种标号分别是：引号、括号、破折号、省略号、着重号、连接号、间隔号、书名号和专名号。7种点号分别是：句号、问号、叹号、逗号、顿号、分号、冒号。

（二）标点符号的使用问题

在经济与管理类的毕业论文中，经常出现某些标点符号使用不当的问题，就常用的几个作一简要的提示。

1. 关于"逗号"的使用不当问题

所谓逗号,是指表示一句话中间停顿的符号。在经济与管理类毕业论文中可以用逗号表示停顿的地方很多,但也不是任何句中的停顿都可以用逗号。下列两句中的逗号用得就不妥当。

例1. 我们应该认真研究并借鉴,西方发达国家对投资理论的研究成果。

例2. 人类面对的三大经济问题,首先是由西方经济学概括和加以论证的。这三大经济问题是,任何一个社会都存在并按一定方式解决生产什么和生产多少,如何生产和为谁生产的问题。

例1中的动词"研究"和"借鉴"与兼词词组"西方发达国家"之间并无停顿,也就不能用逗号点断。例2中"这三大经济问题是"之后,不应该用逗号,应该用冒号,因为下面的话是对"三大经济问题"的解释。另外,"生产什么和生产多少,如何生产和为谁生产的问题"也有问题。该句解释的是哪"三大经济问题",由于使用了"和"字,就成了四大经济问题了,应该将第一个"和"字改成顿号,将逗号改成顿号。

2. 关于"问号"的使用不当问题

所谓问号,是指表示一句话完了之后停顿的符号。不过,有些句子虽然有疑问代词,但整个句子不是疑问语气,句末不应用问号。

例3. 这就迫使每一位肩负组织重托的管理者重新思考,构建什么样的结构,才能保证其具有较强的弹性和应变能力?

例4. 在人才决定一切的社会,如何进行资源配置?是值得认真研究的重大问题。

例3和例4句中的问号使用得都不当,因为都没有疑问语气。例3的末尾应该改成句号,例4中的问号应该改成逗号。

3. 关于"分号"的使用不当问题

所谓分号,是指表示并列的分句之间停顿的符号。凡是用逗号不能很清楚地表示并列分句的关系的地方就用分号。

例5. 直接融资和间接融资究竟以谁为主,主要有两种模式:一种是以英、美为代表的以证券融资方式(直接融资)为主的模式;另一种是以日、德为代表的以银行融资方式(间接融资)为主的模式。

假如该用分号的而不用,不该用分号的却用上了,都会使句子的层次关系不清楚。

例6. 因此,在我国现阶段情况下,银行业向多种性质经营模式转变,最重要的还是要防范金融风险。这就要求银行业应逐步向多种性质经营过渡,不能一下子全面放开,各家商业银行要根据自己的实际情况和特点,灵活选择多种性质经营的发展模式;要制定多种性质经营的战略发展规划,在防范和化解风险的前提下,由点及面进行业务拓展。

例7. 新经济时期是以信息为主导的经济,一方面形成了以信息产业为主的经济结构，成为最大的产业群体，并拉动着经济高速增长和结构升级，另一方面是信息产业以其高度渗透性全面地改造着传统经济，促使消费、生产、交换方式发生本质性的变化。

例6的分号上下两个分句之间不是并列关系，而是递进关系，这里使用分号反而搅乱了两句之间的关系，不如改成逗号。例7中"一方面……"和"另一方面……"这两个分句之间是并列关系，"升级"之后使用逗号是不妥当的，应将其改成分号。

4．关于"句号"的使用不当问题

所谓句号，是指表示陈述句完了之后停顿的符号。

例8． 财政职能是财政区别于其他经济范畴的重要标志之一，是规范财政活动的基本准则。

假如在经济与管理毕业论文中该用句号而不用，或者不该用句号而用了，都会使句子结构不清楚，含义不明显。

例9． 花生秧子是生猪的好饲料，种花生为发展养猪事业提供了有利条件，这几年由于花生种得多，全村养猪数量达到3 000多头，猪多肥多，又促进了粮食产量的提高。

例10． 风险投资，又名创业投资，它是专门投资于新产品，承担高风险，也是索取高回报的投资，风险投资业在美国已发展得相当成熟了。对美国高新技术产业的发展起到了推波助澜的作用，造就了微软、雅虎等一大批闻名遐迩的高科技企业。从一定程度上说，是风险投资缔造了美国的新经济。

例9应为三个句子。第一、第二个分句是一个意思；下面两个分句是另一个意思；最后两个分句是一个意思。因此，第二、第四个逗号都应改为句号。

例10中第一、第二个分句是一个意思，因此，第二个分句之后的逗号应改为句号。第三、第四、第五个分句是一个意思，因此，第五个分句中后的逗号应改为句号。第六分句与第七、第八分句是一个意思，因此，第六分句之后的句号应改为逗号。

5．关于"书名号"的使用不当问题

所谓书名号，是指表示书籍、篇章、报刊、剧作、歌曲等名称的符号。

例如，《西方经济学》《光明日报》《财务与会计》《我爱北京天安门》《全球大并购推动经济全球化》等。

如果书名内还有书名，就应该外用双书名号，内用单书名号。例如，《论〈关系营销〉》。有些作者，因为粗心，对书名号的用法掌握不够，往往在使用中出现不当。

例11． 在现代社会，环境与贸易及经济发展矛盾日趋突出，成为各国无法忽视或回避的问题，早在1947年签署的"关税和贸易总协定"中，即在第3款和第12款明确提出一些关于环境和卫生方面的重要例外规定……

"关税和贸易总协定"的引号应改为书名号即《关税和贸易总协定》。

二、翻译

毕业论文的翻译涉及论文标题的翻译、论文摘要的翻译、论文关键词的翻译、外文文献的翻译等。

（一）标题的翻译

标题，即文章的题目，是文章的有机组成部分，具有概括文章内容、揭示文章主题和吸引读者的作用。为符合学术规范，与国际惯例接轨，教育主管部门要求经济与管理类学生毕业论文的作者，将其论文标题翻译成英文，英文标题可以使外国读者一看便知道论文涉及的范围。然而，译者要使标题的英译起到"一叶知秋"的作用并非易事，其翻译操作中具体思路应把握以下几个原则。

1. 抓住中心词

抓住中心词，是标题英译的关键。在英、汉语的表达中，英语的词序特征常常是先提出一句话的中心词，然后附加一些修饰词；而汉语句子则往往有一大堆的修饰语，最后才出现中心词。因此，在进行经济与管理类论文标题的英译时，首先要抓住中心词。

例1. 非金融企业集团公司治理研究

Research on Non-finance Enterprise Groups and Corporate Governance

此标题的中心词是"治理研究"，其余各词之间有互为限定关系，作定语，修饰"治理研究"。

例2. 民营企业增长动因的实证研究

The Empirical Study on the Private Enterprises' Gross Factors

此标题的中心词是"实证研究"，其余各词之间均互为限定关系，作定语，修饰"实证研究"。

2. 简洁明了

标题译文的简洁明了、准确妥帖与否，直接关系到论文信息传递的效度大小。中国作者的论文标题常有"浅谈""浅议""初探""刍议""……之我见""……管窥"等词，这是作者行文谦虚，在学科研究留有余地的表现，但是一旦译成英文，此类词语未免多余，有"穿靴戴帽"累赘之嫌。

例3. 论企业管理的社会责任

On Social Responsibility of Business Management

例4. 试论我国公务员薪酬激励机制问题

On the Issue of Public Servant Stipendiary Prompting Mechanism in China

值得一提的是，对于汉语标题中的套语，如"……刍议"，"试论……"，"浅评……"，"……散论"，可用介词 on 来英译。

3. 提供背景信息

在标题中提供适度的背景信息，是为了方便外国读者阅读，起到"航标灯"的作用。如前所述，标题英译应力求简洁明了，但由于国情文化环境的不同，有的标题中的人名、地名、篇名或专有名词的简称，对于中国读者来说，可能耳熟能详，而对于外国读者来说，他们会感到茫然不知所云，因此，译者必须作简略的提示或解释来说明特定时期用语、年代、旅游景点等。

例5. 唐代"贞观之治"的儒治问题新探

A New Exploration of the Problems about Governance with Confucianism during the Zhen Guan zhi Zhi in the Tang Dynasty

"贞观之治"是指中国唐太宗在位期间的清明政治。由于唐太宗能任人廉能，知人善用；广开言路，尊重生命，自我克制，虚心纳谏，重用魏征等诤臣；并采取了一些以农为本，厉行节约，休养生息，文教复兴，完善科举制度等政策，使得社会出现了安定的局面；并大力平定外患，尊重边族风俗，稳固边疆。当时年号为"贞观"（627—649年），故史称"贞观之治"。这是唐朝的第一个治世，同时为后来的"开元之治"奠定了厚实的基础。英译时，对"贞观之治"作一交代，实有必要。

例6. "天涯海角"景点开发的经济学思考

An Economics Reflection on the Tourism Development of Tian Ya Hai Jiao, the end of the Earth and the Edge of the sea

"天涯海角"，采用音译与意译相结合的方式，后半部分增加对原文字面意思的解释，以引起读者生动有趣的联想与美的享受。

4. 避虚就实

避虚就实是标题英语的要诀。汉语标题常有一些抽象宽泛的评价性语言，随后又采用副标题形式提出实质性的内容，有时还采用对称的形式表达题意，遇到这种情况时，要推敲汉语中词与词之间的逻辑关系，力求符合情理。若该词的使用有碍英语的表达，或破坏译文结构，或用词堆砌，或使用场合不当等，就应毫不犹豫地"去浮存实"，以确保译文准确、流畅，切不可按汉语的思维习惯一字不漏地进行翻译。

例7. 配置租、遗弃性垄断与选择权剥夺
——农村信用社制度变迁的路径依赖分析

Analysis on Path Dependence of RCC Institution Change

此句的副标题是文章的具体内容，旨在表现"农村信用制度变迁的路径依赖"的主题思想。

例8. 变革中的劳动关系研究
——中国劳动争议的特点与趋向

An Evaluation of the Rising Level of Labor Disputes in China

5. 正副互衬

正副互衬的结构，是标题英译的常规选择。王英格先生曾选定 10 本英美原版专著和专刊，对英语副标题的实际使用频率进行过统计，结果表明，在所统计的 2 445 条标题中，有 496 条是以正副标题的形式出现的，占总数的 20%。"正副式互衬的结构"作为标题以使用冒号衔接正副标题方式的最为普遍，其次是破折号衔接型，还有就是冒号及破折号兼用型。

例 9. 中国商业银行顺周期行为及逆周期资本监管研究——基于宏观审慎的视角
Research on Chinese Commercial Banks' Pro-cyclicality Behavior and Counter-cyclicality Capital Regulation—Based on Macro-prudential Perspective

例 10. 农户抵押替代融资模式比较：功能与条件
A Comparison of Collateral Substitute Patterns in Farmers' Financing：Function and Requirements

例 11. 转型时期城中村改造：基于农民工住宅选择的实证研究
Reconstruction of Urban Village in Transformation Period：an Empirical Research on Residential Choice of Migrant Workers

综上所述，标题英语翻译的实践既体现了汉译英的共性原则，又有其独特的个性规律，只要我们用心揣摩，其中秘诀并非高不可攀。

（二）姓名的翻译

标题英译完之后，还要译出作者的姓名，关于姓名的翻译，我们仅在此作一略述。

英文姓名排列顺序是：名字（given name, personal name）在前，教名（christian name）居中，姓（surname, family name）在后；而汉语姓名的排列顺序是：姓在前，名字在后。

1999 年 2 月 1 日，《中国学术期刊（光盘版）检索与评价数据规范》在全国近 3 500 种入编期刊中试行。经国家语委认可，该规范规定中国作者姓名的汉语拼音采用如下写法：姓前名后，中间为空格；姓氏的全部字母均大写，复姓应连写；名字的首字母大写，双名中间加连字符；名字不缩写。如：GUO Yu-guang（郭宇广），OUYANG Biao（欧阳标）。

当论文的合作者有三个或三个以上时，限于篇幅，为避免累赘，前两位论文作者的姓名用汉语拼音译出，其后的作者姓名可不译，用 et al.（等人）替代。

需要指出的是，《汉语拼音方案》成为汉语罗马字母拼写法的国际标准。因此，用汉语拼音形式音译人名和地名已为世界人民所接受。

（三）摘要和关键词的翻译

1. 论文摘要的翻译

英文摘要（abstract）是位于正文之前的中文摘要的英译。有关中文摘要的内容我们已在前面阐述。英文摘要所要表达的内容与中文摘要的内容是相同的，必须简明扼要，翻译必须准确得体，必须使用规范英语、标准的专业术语和第三人称形式的陈述句，避免使用缩略形式，不必列举例证。

例12. 企业环保问题经营化战略与实施模式创新

摘要：企业的本质是以营利为目的的商业组织，以经营化的方式，即将企业环保问题纳入企业经营过程，使其本身能为企业带来利润，将是最可持续有效解决企业环保问题的途径。本文论述了解决企业环保问题的战略性经营观点，并提出了企业环保问题经营化解决思维的几个创新理念，归纳了实施的若干商业模式。

关键词：企业环保；战略经营；思维；模式

Commercialized Strategy of the Issue of Corporate Environmental Protection and Innovation of Implementation Models

Abstract：The essence of corporations is a commercial organization which focuses on profit. Using the commercialized method, namely, treating the corporate environmental protection in business style, to generate profits from the environmental protection itself can be the most sustainable and effective way to address the corporate environmental issues. This paper discusses the perspective regarding the solving of corporate environmental issues by strategic commercialized method. And it puts forward several innovative ideas of how to solve these issues and sums up some business models.

Key Words：corporate environmental protection；strategic business；thinking；models

例13. 试论社会管理创新中的企业社会责任

摘要：企业是社会管理的主体，在社会管理创新实践中能否有效发挥企业的基层基础作用直接关系到社会管理创新的成效，而企业履行社会责任是其充分发挥作用的关键。本文阐释了企业社会责任的内涵和国内外对企业社会责任认识的现状，分析了我国企业社会责任缺失的主要方面及成因，以此为基础，对我国企业在社会管理创新实践中如何履行社会责任提出相应的建议。

关键词：社会管理；企业社会责任；政府

On the Enterprise's Social Responsibility in the Innovation of Social Management

Abstract：Enterprise is the main body of social management, whether it can effectively play the role of grass-roots base in the practice of social management innovation, is directly related to the effectiveness of the social management innovation, and performing its duty for social responsibility is the key to fully play its role. This paper describes the connotations of corporate social responsibility and the current situation of how to realize the enterprise's social responsibility, analyzes the main aspects and causes of the lack of corporate social responsibility in China. On this basis, this paper makes recommendations accordingly of China's enterprises how to fulfill their social responsibility in the practice of social management innovation.

Key Words: social management; enterprise's social responsibility; government

  经济管理类论文英文摘要的翻译，在时态上常采用一般现在时、一般过去时和现在完成时。一般现在时是使用最广泛的时态，它主要用于陈述性、资料性的论文摘要中；一般过去时主要用于说明某一具体项目的发展情况，介绍经济与管理科学或技术研究项目的具体资料；现在完成时说明论文的发展背景，介绍业已结束的研究项目。如：

Abstract: As the critical aspect of public policy activities, public policy implementation has a crucial role on whether the policy can achieve desired goals. In the framework of the defined deviation of the implementation of public policy and the common forms of the deviation of the implementation, analyzing the causes of the implementation deviation of public policy in order to propose appropriate measures to remedy: Strengthening public policy advocacy efforts to ensure that substantial understanding of policy; Improving the implementation of public policy awareness to ensure that "interest of detachment" of policy; Improving the quality of public policy executive to provide an effective system design capacity, and strengthen the predictability of the policy; Enhancing the quality of public policy to ensure that policy implementation in an orderly manner; Providing effective system designs to build orderly mechanisms for public participation.

Key Words: public policy; policy implementation; deviation of implementation

  在翻译英文摘要时，采用被动语态可以避免提及有关的执行者，使文章显得客观，同时，被动语态的句子在结构上有较大的调节余地，有利于采用恰当的修辞手段，扩展名词短语，扩大句子的信息量，有利于突出有关的概念、问题、事实、结论等内容。但有些表达采用主动语态比被动语态在结构上更简练，表达更为直接有力，可以突出动词所表达的内容。

Abstract: Cost of capital is the core concept of modern finance theory, and also the cornerstone to construct finance theory system. The important role of cost of capital is not only confined to the micro-level, its the meso-level and macro-level applications are constantly being excavated by the academy. After more than one hundred years' development, cost of capital has gradually become a scientific and rigorous academic concept. The nature of cost of capital is the investor's required rate of return, and also the cut off rate of capital investment projects, both are indispensable, which spark off a widespread controversy in the nature of the cost of capital: who eventually determines the cost of capital. This dispute reflects in the complexity of the cost of capital estimation techniques and the confusion of their applications.

Key Words: Cost of Capital; Concept; Nature

除了经常使用被动语态结构之外，非谓语动词形式、名词化结构（表示动作意义的名词（动名词）＋of＋名词＋修饰语，这种词组往往起到从句的作用）也广泛应用于经济与管理类论文英文摘要的翻译中。如：

Abstract: Administrative micro-blog in China's political ecology of public opinion, the first across class and geographical public domain. Wizard national watch dog of government, critical values of the legislative, social democratic and political construction, the country's political system is running, governance improvement plays an important role. Government micro-blog network of government departments and officials in politics, should follow the principle of the necessary state of mind, language, actions, concepts, and truly effective to achieve improved governance.

Key Words: administrative micro-blog; improvements in governance; improvement

综上所述，在进行英文摘要翻译过程中，既要讲究格式规范，又要体现论文特色，以真正达到"首揭其题，切中肯綮"的目的。

2. **论文关键词的翻译**

关键词（key words）是从论文中选取出来用以表达全文主题内容信息的单词或术语，说明论文研究范围、对象、方法和中心论点的专有名词和名词词组。有关中文摘要的内容我们已在前面阐述。英文的关键词置于英文摘要的下面，另起一行。关键词中的单词既可全部小写，也可采用单词首字母大写的方式。详见上例。

（四）外文参考文献的翻译

外文文献包括英文、俄文、德文、法文、日文等多语种文献，本书以最通用的英文作为叙述语种。翻译外文文献的目的是增加学生的参考文献阅读范围，广泛吸收国内外的研究成果，培养学生在研究过程中广泛收集国外研究资料的良好习惯。

翻译的外文文献应主要选自学术期刊、学术会议的文章，有关著作及其他相关材料，应与毕业论文（设计）主题相关，并作为外文参考文献列入毕业论文（设计）的参考文献。每篇外文文献翻译的中文字数一般要求在2 000～3 000字，并在每篇译文首页用"脚注"形式注明原文作者及出处，中文译文后应附外文原文。

第九章

毕业论文的答辩

毕业论文答辩是取得学位的重要程序。本科毕业生完成了学业和毕业论文，要获取学士学位必须通过论文答辩。

第一节 毕业论文答辩概述

一、毕业论文答辩的概念和作用

（一）毕业论文答辩的概念

1. 答辩的概念

答辩，即有问、有答、有辩。毕业论文答辩，可以说是由问、答、辩构成的一种有目的、有计划、学生与教师面对面的、立体型的动态教学考核形式。导师对论文的评语对于评价的质量，有不可忽视的作用。但是，由于这种形式单向性、静态性、个体性的局限，对论文的考核往往疏于全面。而论文答辩，是在特设的答辩环境里，由学院（系）按一定的标准设立、由教师或有关专家组成的答辩委员会或答辩小组，对答辩学生进行提问，答辩学生则必须根据答辩教师的要求进行回答。这种形式，学生既可以答，又可以辩；既便于学术交流，又便于感情交流。教师不仅可以考核论文的质量，还可以考核学生的口头表达能力、思维能力和应变能力。

2. 答辩的特点

（1）直观性。所谓直观性，是指论文作者与答辩教师是面对面的，既有直接的感情交流，也有直接的思想交流和学术交流。教师可直观地提问、质疑，学生也可直观地回答和辩解。这种方式的优越性体现在时间短，见效快，立即解决问题，减少了一些繁文缛节，而且可提高论文的质量，加深教师对学生的全面了解。

（2）即兴性。所谓即兴性，是指在答辩的过程中，对教师提出的问题没有给一定的思考时间，即时回答或者准备时间短暂就回答问题。这种即兴提问、即兴回答的方式，有助于锻炼、提高学生的口头表达能力、思维能力和应变能力；有助于发挥集体的智慧，对论文作出公正的评价；有助于检查、解决论文中存在的问题；也有助于考核学生的整体素质。

（3）立体性。所谓立体性，是指论文答辩的全过程不是平面的、单向的，而是有动有静，有理有节有序，有深有浅，有深沉，有生动，有教师，有学生，又有论文。有动有静，是指教师提问、学生思考和答辩，是静动结合。有理有节有序，是指教师有礼貌地提问，学生有礼貌地回答。如教师提问时常用"请你回答"这样的短句；学生回答完毕之后，常道声"谢谢"，秩序井然，有条不紊。有深有浅，是指教师所提问题有深奥的有浅显的。有深沉，有生动是指学生在思考问题时的那种严肃认真的形象和态度，以及回答完毕得到教师的称赞时那种兴高采烈的感人画面。

（二）毕业论文答辩的作用

学生在完成教学计划规定的全部课程，各项实践环节经考核合格，完成了毕业论文后，即获得答辩资格，可以参加答辩，申请学位。答辩的成功与否，直接关系到论文的价值和成绩的最后判定，是决定学生是否能够顺利毕业的重要环节。论文答辩的意义和作用表现为四个方面。

1. 检验学生综合水平，锻炼学生综合能力

如果说毕业论文的撰写是作者综合能力和知识的结晶的话，那么，论文答辩就是审核作者对所学知识的理解、掌握和运用能力的重要环节。论文答辩是在学生完成了论文写作，经过指导老师初评和答辩委员会或答辩小组老师联合评审的基础上进行的。学生的基础知识和综合能力通过答辩可以得到展示，也受到检验。每个毕业生都可以在认真听取老师的提问和同学的答辩发言中获取教益，得到许多宝贵的启发和借鉴、经验和教训。

答辩是审查论文的一种辅助形式。老师可以通过学生的自我陈述，检查了解学生的整体水平，通过学生的答问和争辩，检阅学生掌握知识的程度、创造性思维的能力和科学研究的水平，考察写作者的理论基础、对论述的问题有无一定的知识基础、是否有创造性的见解和充分扎实的理论修养。

答辩可以锻炼学生的能力。所谓答辩，即有问，有答，还可以辩论。师生对讲，双向交流，学生可以充分阐述、申说、争鸣。一次答辩，对学生的口头表达能力、演讲能力、思维能力、应变能力都是一个锻炼。

在当今社会，能言善辩已成为现代人必备的重要素质。一个人如果掌握了高超的辩论技巧，具有雄辩的口才，他在事业上、在人际交往中就会如鱼得水。正因为如此，自古以来那些胸怀大志的人，都非常重视辩论素质的训练和培养，把拥有精湛的辩论艺术视为其事业成功的得力臂膀，毕业论文答辩是即将跨出校门的大学毕业生，提高辩论技巧和辩论艺术的重要机会，一定要十分珍惜，不要轻易错过。

2. 引导学生遵循学术规范性，倡导良好学风

学术论文写作的过程，是学生接受学术规范性训练的过程。论文答辩会上，答辩者通过与专家教授的对话与交流，更会加深对学术规范的理解，从而真正认识到学术训练要接受学术传统的规定，概念和范畴的使用必须依赖于学科体系、不能随意捏造，引文不能超过一定篇幅，必须注明出处等。有关学风和治学态度的问题在答辩中将要受到考察。答辩还可以检验论文的真实性，考察论文是否为学生独立完成。答辩这一环节，师生面对面就论文的一些问题进行提问和答辩，真伪往往能即刻判定，因此答辩有利于遏止抄袭剽窃、弄虚作假的不良行为，提倡良好学风。

3. 保证评估、鉴定的客观性、公正性

学生在指导老师指导下独立完成毕业论文，对毕业论文的学术评价既不取决于写作者个人，也不取决于指导老师，要客观、公正地评估和鉴定，必须依赖学术评估机制。论文答辩就是一种学术评估机制的体现。答辩小组在审阅论文的基础上，听取答辩者的自述和答辩，从其书面表达和口头表达两方面对论文质量进行全面考核，又经集体讨论给出成绩和评价，如此，可以防止在论文评审过程中的个人化、主观化和随意化，保证评估、鉴定的客观性、公正性。

4. 在学术交流中引发思考，促进论文的修改完善

毕业论文答辩有利于启发学生进行理论思考。论文答辩中，答辩者通过和老师的学术交流，不断受到启发，从而对论文中阐述的问题有更明确深刻的理解，对论题的价值有更全面透彻的认识。论文答辩可以起到启迪思路、拓宽思维空间、开阔学术视野的重要作用。

一篇论文，难免有阐述不够、分析不透、不详细、不完备、不确切的地方，论文答辩时，通过老师的各种提问，答辩者可以发现论文写作中存在的疏漏和问题，从而促使他们对此进行修正和完善。一些偏颇、不当和明显的硬伤，也可以通过答辩得到清除。

（三）毕业论文答辩的形式

论文答辩不等于宣读论文，而是要抓住论文的要点予以概括性的、简明扼要的说明，对答辩老师的提问作出全面、正确的回答。论文答辩的形式很多，具体采用哪一种形式一般由学校统一确定。下面介绍几种形式。

1. 口答

所谓口答，是指学生以口头方式，面对面地与答辩委员会或答辩小组进行答辩的方式。口答是一种毕业论文的常用答辩形式，方式灵活有效。但是，口答只能一个一个学生进行，时间要求比较高，在学生规模比较大的情况下，口答就很难按时完成，所以在很多情况下，口答往往在学生总人数的一定比例之内进行。

2. 笔答

所谓笔答，是指学生以书面的形式回答答辩委员会的提问。笔答实际上是一种考试方式，这种方式比较死板，但适合于大规模的操作，所以，在学生人数比较多时，笔答也时常成为一种补充答辩的方式。

3. 场地答辩

所谓场地答辩，是指通过布置答辩会场，由答辩老师和答辩学生进行面对面的提问、答题和辩论的一种答辩形式。在场地答辩的情况下，学校要进行毕业论文答辩会场地的布置，设置答辩席、教师席和旁听席，几位答辩教师坐成一排，答辩学生坐在对面，答辩教师当面向学生提问，学生当面答题。这种答辩形式是口答中的常见形式，比较适用于教师与学生近距离和深入的沟通。

4. 在线答辩

所谓在线答辩，也称为远程网上答辩，是指利用现代宽带网络资源结合摄像头、耳麦等，通过声音、图像传输工具进行的非面对面的远程答辩形式。这是近年随着网络的兴起而出现的一种新型答辩形式。在实行远程教育时，其学生发布比较散，集中到一个地点进行答辩有很多不便之处，而通过网上答辩就方便多了。远程答辩的开展，预示着网络教育这种以现代网络技术为依托的教育形式的完善与成熟。

5. 即席答辩

所谓即席答辩，是指学生针对答辩教师提出的问题进行当场作答。这种形式下，答辩教师提问后，学生立即回答问题，没有答辩的准备时间，考核学生的快速反应和即席思变能力。

6. 备后答辩

备后答辩则是指答辩教师提出问题后，允许学生有一定的准备时间，一般不超过半个小时。这种形式给予学生一定时间的准备，翻阅一些资料、整理一下思路（须独立进行），有利于提高答辩质量和答辩效果，也是大多数高校所采用的答辩形式。采用即席答辩还是备后答辩，不同的学校有不同的规定，有些学校由学生选择答辩方式，有些学校则是事先指定的。

第二节 毕业论文答辩准备工作

一、建立论文答辩机构

论文答辩机构，一般是指论文答辩委员会或答辩小组。如果学生人数较少，可组成论文答辩委员会，直接领导并参加与论文答辩。如果学生人数比较多，可在答辩委员会之下设若干个答辩小组负责答辩。学士学位论文答辩委员会（或小组），由3～5名教师组成,一般由教授、副教授、讲师担任,经校聘请,也可以适当聘请有实践经验的工程师和专家参加,答辩委员会设主任一人、副主任一人,秘书一人(讲师职称以上的教师担任)。论文答辩委员会的委员及其秘书,论文指导教师不得担任。答辩会议应由秘书做详细记录。如果有一名答辩教师因故缺席,应留下意见,并将其意见在答辩会上宣读;如果有两名教师因故缺席,则不能组织答辩。答辩委员会负责有关答辩的全面工作。

二、学生应该做的准备工作

(一)答辩申请

在学校(或系)指定的时间内,将定稿的毕业论文(一式×份)、论文提纲,一并交给自己的指导教师。指导教师审阅后,写出评语并提出书面成绩建议,由班主任或指导教师在答辩前7天内,将论文送交答辩委员会,申请答辩。答辩委员会进行初审,决定是否批准申请答辩。申请答辩批准后,答辩委员会应提前3天将答辩的时间、地点通知学生。

(二)编写论文自述报告

论文自述报告,是接受答辩的学生在答辩开始时,向答辩委员会(或答辩小组)所作的论文写作情况汇报。论文自述报告的内容包括:选题的初衷、中心论点和主要内容、论文写作的简要过程、导师的指导情况、论文的修改情况。如果自己发现论文的薄弱环节或不妥之处,在自述报告中也可补充修改。总之,自述报告应该反映论文的写作目的、概况、特点、创新及理论价值和实践运用价值。论文自述报告的时间一般是10~20分钟。由于时间有限,语言要精练明快,言简意赅,重点突出,提纲挈领。

(三)草拟论文答辩提纲

答辩提纲是为回答答辩教师的问题而准备的文字材料。答辩教师的答辩题是保密的,学生事前不可能知道。那么,答辩提纲的意义何在呢?一是对论文撰写的全过程及其主要内容在自己的思想中进一步条理化。比如对选题的目的、意义、中心论点的表述,材料的选择和运用,论述分析的方式、方法,论述是否有力,引文的目的和出处,成果的继承和创新,成果的理论意义和现实意义等有一个全方位的梳理。二是"手中有粮,心中不慌"。肃穆的答辩环境,严谨、冷静、一丝不苟的答辩教师,自然或不自然地会使学生产生一种紧张情绪。这个时候,最需要的是沉着、冷静。沉着、冷静的"中流砥柱"就是"手"中的论文答辩提纲。有了答辩提纲,对答辩教师的提问自然会沉着应对。尽管不知道教师所提的问题,但原则和范围是了解的。也就是说,教师的提问是离不开论文所涉及的内容的,答辩提纲将论文所涉及的主要内容和问题全都考虑进去,起码在大的问题上不会翻船。

(四) 论文幻灯片的制作

毕业答辩幻灯片（PPT）不同于一般的幻灯片。做好幻灯片是学生答辩成功的一个重要环节。下面具体谈谈毕业答辩幻灯片的主要内容及制作中需要注意的问题。

1. 答辩报告的内容

答辩报告中需要包含的内容一般包括以下几个方面。

（1）封面（首页）。包括论文标题、答辩人、指导教师、课题的归属、致谢等。有的学校规定不能列出指导教师、学生姓名，需要特别注意。

（2）选题背景和意义。包括选题背景、研究目的、创新性、应用价值等。

（3）论文结构。一般用一页列出章节目录。讲解的时候，不需要一一读出。

（4）研究内容。简明扼要说明理论概括、环境分析、现状、存在问题、解决方案、实施组织等，每个部分一两张 PPT。建议用提纲列出主要观点，用图形表达最好，文字不能太多。不需要一个个章节介绍。

（5）参考文献。一般用一页列出，不需要读出。

（6）个人简介。学习和工作经历，注意反映作者特点。

（7）致谢。向导师、同学和评委致谢。

2. 答辩幻灯片制作的技巧

（1）答辩幻灯片的篇幅。一般 10～15 分钟的演讲时间，答辩幻灯片在 20～25 张，除去封面和篇章标题页和致谢等无内容页面，真正需要讲解的为 20 张左右。幻灯片只需列出要点、关键技术。

（2）封面和封底。幻灯封面要求简洁大方，可选择特征图片如校园风景照片，不要太花哨，干扰主题。

（3）模板。由于科学研究的严肃性，幻灯片模板配色不宜太过花哨，文字或图片的颜色不能过于接近底色，要有一定的对比度。Office 里面附带的母版较少且过于单调，可以自己设计或从互联网上下载。幻灯片里不应该只有文字，同时可以适当加入模式图和流程图，也可加一点小小的花边，标题和正文之间加一条线，或插入学校 logo 等，使幻灯增加色彩。

3. 正文

正文文字作为幻灯片的主体，其表达和处理非常重要，文字的总体处理原则如下。

（1）文字不能太多，切忌把 Word 文档整段文字粘贴到幻灯片内。

（2）文本框内的文字，一般不必用完整句子表达，尽量用提示性文字，避免大量文字的堆砌。做到在很短时间内让观众看完，且不觉吃力。

（3）文字在一张幻灯片内要比例适宜，避免缩在半张幻灯片内，也不要"顶天立地",不留边界。

(4) 每一张幻灯,一般都希望有标题和正文,特别是正文内容较多时,如没有标题,会很难找出重点,观众也没有耐心去逐行寻找。

4. 需注意的事项

以上是幻灯片文字处理的总体原则,在细节处理上还应该注意以下几点。

(1) 字体大小:PowerPoint 默认的文字大小为常用选择,一般标题用 44 号或 40 号。正文用 32 号,一般不要小于 24 号,更不能小于 20 号。

(2) 行、段间距:正文内的文字排列,一般一行字数在 20~25 个左右,不要超过 6~7 行,更不要超过 10 行。行与行之间、段与段之间要有一定的间距,标题之间的距离(段间距)要大于行间距。

(3) 字体选择:作为答辩幻灯,推荐中文字体为宋体,英文字体为 Times New Roman,中文字体建议加粗。也可选择其他字体,但应避免少见字体,届时如果答辩使用的电脑没有这种字体,既影响答辩情绪也影响幻灯质量。

(4) 字体颜色:字体颜色选择和模板相关,一般不要超过三种。应选择与背景色有显著差别的颜色,但不要以为红色的就是鲜艳的,同时也不宜选择相近的颜色。标题字体的颜色要和文本字体相区别,同一级别的标题要用相同字体颜色和大小。一个句子内尽量使用同一颜色,如果用两种颜色,要在整个幻灯内统一使用。

(5) 层次分明:内容顺序为题目——大纲——内容——结束(致谢)。每页内容中又分几个小点时,最好再有个小标题;如果这几个小点内容较多要分几页来表示时,第一页的大标题可设置动画,后几页复制此页再做修改,后几页中的大标题不做动画,这样放映时让人感觉大标题没有动,只是在换下面的内容。

(6) 加入标注:如果怕答辩时忘了词,那就在框图中加入标注,在绘图栏的自选图形中选择标注,可以为标注增加效果,在效果的下三角箭头中选效果选项,将"动画播放后"改为"下次点击后隐藏",效果很好。

(7) 当这页内容条数很多,但很短时,不应一条一条地弹出,因为有时会因为紧张而失手出差错,应一下子都弹出,再一条一条地讲。

(8) 其他文字的配置:幻灯内的脚注、引用的参考文献(一般要求在幻灯内列出本张幻灯片引用的参考文献)、准备一句话带过的材料或在前面幻灯片内多次重复的内容,字体颜色选择和底色较为相近的颜色,不宜太醒目,避免喧宾夺主。

三、论文答辩委员会和教师应该做的准备工作

(一) 论文答辩委员会的工作

1. 审查参加毕业论文答辩者的资格

凡是参加毕业论文答辩者,必须具备下列条件:

（1）必须是已修完高等学校规定的全部课程的应届毕业生，或者是符合有关规定经学校批准同意的上一届毕业生；

（2）必须是所学课程全部考试及格者或合格者。凡是实行学分制的院校，参加论文答辩者必须获得学校准予毕业的学分；

（3）所撰写的毕业论文必须是经过指导教师指导的，并且由指导教师签字同意参加答辩的；

（4）凡同时具有上述三个条件的大学生，方有资格参加毕业论文的答辩，缺乏其中一条则不准参加毕业论文答辩；

（5）要把资格审查结果张榜公布，并通知到学生本人。

2. 制定毕业论文成绩标准

毕业论文的成绩，直接关系到作者的毕业与否，直接关系到作者的学位获得与否。论文答辩委员会或学位论文评审委员会的答辩工作正式开始前，应制定一个统一的评分原则和评分标准，以便共同遵循、实施。

毕业论文成绩的评分，各个高等院校大致相同：一是将成绩分为5个档次，即优秀（90～100分）、良好（80～89分）、中等（70～79分）、合格（60～69分）、不合格（60以下的）；二是将成绩分为4个档次，即优秀（90～100分）、良好（75～89分）、合格（60～74分）、不合格（60分以下的）。

3. 布置答辩会场

毕业论文答辩会场的布置会影响论文答辩会的气氛和答辩者的情绪，进而影响到答辩会的质量和效果。因此，答辩会场应布置得朴实、庄重，尽量创造一个良好的答辩环境。

（二）教师应该做的准备工作

1. 认真审阅论文

论文答辩委员会（或小组）的主答辩教师（或答辩组长），收到答辩委员会分发的论文以后，手中留一份，将其他几份交给另外的答辩教师。接到论文的答辩教师，在仔细阅读、掌握论文基本要点的基础上，审查的重点应该包括以下几方面。

（1）论文的真实性。

（2）结论（即中心论点）是否符合、揭示或反映了经济与管理规律。

（3）掌握和运用基本理论知识的情况。

（4）见解和创新。

（5）篇章结构的逻辑关系。

（6）语言和格式。

（7）指导教师的评语是否公正等。

2. 拟出问题和参考答案

主答辩教师（或答辩组长）根据学校的答辩原则要求和论文的具体情况，拟出2～4个问题和参考答案，交给答辩委员会或答辩小组讨论通过。

第三节 毕业论文答辩程序

一、毕业论文答辩的程序

（一）答辩开始

由论文答辩委员会主任或答辩小组组长，宣布答辩开始，宣布答辩的基本规则、要求和安排。一般会涉及以下几方面：

(1) 介绍答辩委员会或答辩小组成员名单；
(2) 介绍接受答辩学生的姓名、身份（出示并检查学生证）；
(3) 宣读答辩纪律与规则；
(4) 公布答辩的先后顺序。

（二）答辩人作论文概述报告

由答辩人报告论文选题的背景、论文的基本框架和主要观点、论文的创新之处，报告时间一般控制在20分钟以内。在报告论文内容时应基本脱离文稿，不能照着稿子念，可以借助多媒体和幻灯片，边演示边介绍。

（三）答辩委员会提问

在进行论文答辩前，答辩委员会的答辩教师在仔细研读经过指导教师审定并签署过意见的毕业论文的基础上，拟出要提问的问题，一般不少于三个问题。在答辩教师提出问题过程中，同学一定要认真听取，准确做好记录，充分领会答辩教师所提问题，如有不清楚，一定要请求答辩老师重复，以避免因未听清楚题目而造成答非所问，或偏离主题的后果。

（四）答辩人准备

是否安排答辩人准备，因校而异。有一些学校不安排答辩人准备时间，在主答辩教师提出问题后，要求同学当场立即作出回答，随问随答。从考查同学答辩质量的角度考虑，适当安排一些时间给答辩人准备是可行的，并在答辩人准备期间可进入下一个答辩人关于论文主要内容的报告和答辩委员会的提问，便于提高时间效率。答辩人准备时，应逐一对答辩教师所提问题进行整理，可对照论文，查阅一些相关资料，形成基本思路,并作一些书面整理,切忌偏题。答辩人准备时间不超过 30 分钟。

(五)答辩人答辩

答辩人准备完毕后,按问题顺序逐一作出回答。根据学生回答的具体情况,主答辩教师和其他答辩教师随时可以适当地插问。答辩人的答辩时间不少于 15 分钟。

(六)成绩评议

所有答辩人答辩完毕,暂时休会,答辩人暂时退出会场。答辩委员会根据答辩人各方面的条件和答辩情况进行评议,并就是否通过论文答辩进行表决,拟定成绩和评语。

(七)复会

由主答辩教师当面向学生就论文和答辩过程中的情况加以小结,肯定其优点和长处,指出其错误或不足之处,并加以必要的补充和指点,同时当面向学生宣布通过或不通过。对答辩不能通过的学生,说明不通过的理由,并提出修改意见和补答辩安排。

(八)由论文答辩委员会主任或答辩小组组长宣布答辩结束。

二、答辩教师提问的方式

在毕业论文答辩会上,答辩就是提问的方式会影响到组织答辩会目的的实现以及学生答辩水平的发挥。答辩教师有必要讲究自己的提问方式。

(1)提问要贯彻先易后难原则。答辩教师给每位答辩者一般要提三个或三个以上的问题,这些要提的问题以按先易后难的次序提问为好。

(2)提问要实行逐步深入的方法。为了正确地检测学生的专业基础知识掌握的情况,有时需要把一个大问题分成若干个小问题,并采取逐步深入的提问方法。

(3)当答辩者的观点与自己的观点相左时,应以温和的态度、商讨的语气与之开展讨论,即要有"长者"风度,施行善术,切忌居高临下,出言不逊。

(4)当学生回答不到点子上或者一时答不上来的问题,应采用启发式、引导式的提问方法。

三、答辩委员会评定成绩的过程

(一)讨论、研究答辩情况

当全部学生答辩完毕时,答辩暂时休会。答辩委员会(或答辩小组)举行会议,对答辩学生的论文逐个评审。首先宣读指导教师对论文的评语、评阅教师对论文的评语;

然后，结合论文对评语进行评议。

（二）通过决议

根据学生的论文、导师的评语和评阅教师的评语，认真研究学生的答辩情况，并作出评价。根据大家的评价意见，答辩委员会或答辩小组，就学生的论文和答辩情况，写出全面评审意见。成绩以优秀、良好、中等、合格、不合格五级表示。最后，以无记名投票的方式对论文是否通过答辩和是否建议授予学位进行表决。表决结果须经2/3答辩委员会或答辩小组的成员通过方能生效。答辩委员会主任或答辩小组组长在决议上签字。

在论文答辩过程中，如遇到有争议的问题，应及时向有关领导汇报，由领导裁定。在论文答辩和评审过程中，如果发现抄袭或他人代写的疑点，当时又难以作出结论的论文，可宣布暂缓通过。应由教研室负责认真调查核实，待调查核实之后再作结论。

（三）宣布结果

在评语、成绩以及论文是否通过答辩和是否建议授予学位的决议生效之后，可向学生宣布结果。

四、论文成绩的评定标准

毕业论文经过审阅、评阅、答辩三个环节后，由指导教师、评阅教师、答辩委员会或答辩小组结合学生的论文及综合表现分别写出评语并按百分制给出成绩；学生毕业论文最终成绩中指导教师的评定占40%（百分制），评阅教师的评定占20%（百分制），答辩委员会或答辩小组的评定占40%（百分制），综合成绩以五级计分制（百分制）记录。五个档次具体评分标准如下。

（一）优秀（90~100分）

(1) 学术水平与综述。毕业论文的研究方案完全符合专业教学要求。选题具有独特见解，富有新意，有较高的学术价值或较强的应用价值。能综合全面地反映该学科及相关领域发展状况，归纳总结非常正确。

(2) 综合应用基本理论与基本技能的能力。能熟练地综合运用本专业的基本理论和基本技能，表述概念清楚、正确；分析方法非常科学，印证资料非常准确，体现作者有非常强的独立从事科学研究的能力。

(3) 文字表述与科学作风。论文结构非常严谨，逻辑缜密，论述层次清晰，文字流畅。材料非常翔实，图表非常规范，学风非常严谨。

(4) 规范要求。论文文本格式完全符合规范化要求，文本主体部分（包括引言、正文与结论）字数达到标准，外文内容体要正确清楚，参考文献丰富，其他资料齐全。

（5）答辩情况。论文答辩时思路清晰，论点正确，能有理论依据地、非常正确流利地回答问题。

（二）良好（80～89分）

（1）学术水平与综述。毕业论文的研究方案较好地符合专业教学要求。选题具有见解，较有新意，有一定的学术价值或应用价值。能客观地反映该学科及相关领域发展状况，归纳总结很正确。

（2）综合应用基本理论与基本技能的能力。能熟练地掌握和运用本专业的有关基本理论和基本技能，表述概念正确；分析方法很科学，印证资料很准确，体现作者有很强的独立从事科学研究的能力。

（3）文字表述与科学作风。论文结构完整，逻辑性强，论述层次清晰，文字流畅。论文材料很翔实，图表较规范，学风严谨。

（4）规范要求。论文文本格式完全达到规范化要求，文本主体部分（包括引言、正文与结论）字数达到标准，外文内容体要无明显差错和有相当的参考文献，其他资料齐全。

（5）答辩情况。论文答辩时思路较清晰，论点基本正确，能有理论依据地、能正确流利地回答问题。

（三）中等（70～79分）

（1）学术水平与综述。毕业论文的研究方案符合专业教学要求。选题具有一定的实际意义和应用价值。能合理反映该学科及相关领域发展状况，归纳总结较正确。

（2）综合应用基本理论与基本技能的能力。能较好地掌握和运用本专业的有关基本理论和基本技能，表述概念较正确；分析方法较科学，印证资料较准确，作者有独立从事科学研究的能力。

（3）文字表述与科学作风。论文结构合理，符合逻辑性，论述层次分明，文字通顺。材料较翔实，图表较规范，学风较严谨。

（4）规范要求。论文文本格式基本符合规范化要求，文本主体部分（包括引言、正文与结论）字数偏少，外文内容体要无明显差错，有一定数量参考文献，其他资料基本齐全。

（5）答辩情况。论文答辩时思路基本清晰，论点基本正确，能依据专业理论基本上能够正确回答问题。

(四) 合格 (60~69分)

(1) 学术水平与综述。毕业论文的研究方案基本符合专业教学要求。选题见解一般，立意不新。能比较合理地反映该学科及相关领域发展状况，归纳总结正确。

(2) 综合应用基本理论与基本技能的能力。能基本掌握运用本专业的基本理论和基本技能；分析方法科学，印证材料准确，作者有一定的独立从事科学研究的能力。

(3) 文字表述与科学作风。论文结构较松散，逻辑性不强，论述尚有层次，文字尚通顺。论文材料翔实，图表制作稍有误差，学风严谨。

(4) 规范要求。论文文本格式勉强达到规范化要求，文本主体部分（包括引言、正文与结论）字数偏少，外文内容体要差错较多或缺少参考文献，其他资料基本齐全。

(5) 答辩情况。论文答辩时对主要问题能回答，或经启发后才能回答出，回答的内容较肤浅。

(五) 不合格 (60分以下的)

(1) 学术水平与综述。毕业论文的研究方案不符合专业教学要求。选题无自主见解，没有新意或有抄袭、剽窃现象。不能合理地反映该学科及相关领域发展状况，归纳总结不正确。

(2) 综合应用基本理论与基本技能的能力。基本理论模糊不清，基本技能不扎实；分析方法不够科学，印证材料不够准确，作者独立从事科学研究的能力较差。

(3) 文字表述与科学作风。论文结构混乱，内容空泛，逻辑性差，论述层次不清晰，文字表达不清，错别字较多。论文材料不够翔实，图表制作随意，学风不够严谨。

(4) 规范要求。论文文本格式达不到规范化要求，文本主体部分（包括引言、正文与结论）字数过少，缺乏外文内容体要，缺乏参考文献，其他资料也不齐全。

(5) 答辩情况。论文答辩时思路不清晰，论点不正确，回答问题有原则性错误，经提示不能及时纠正。

原则上优秀的比例控制在15%以内，良好的比例控制在35%，中等的比例控制在25%，合格的比例控制在20%，不合格的比例控制在5%以内。

五、评语的写作

高等院校应届毕业生论文的评语，是由论文的指导教师、评阅教师和答辩委员会或答辩小组来撰写的。由于评语是对毕业论文的总评价，它关系到论文能否通过，关系到学生能否毕业，甚至关系到论文是否能够发表，是否能取得相应的学位，所以撰写评语一定要有一个标准，一定要严肃、认真、负责地去写。

各高等院校对毕业论文的评语写作都有自己的具体要求。

作为毕业论文写作的指导教师，主要应该是从论文的内容与写作要求，对论文作出客观公正的评价，一般可以从论文的观点是否正确鲜明、论据是否充分、论证是否严谨、布局谋篇是否合理、表述是否清楚、文字是否流畅等这样几大方面，作出相应的实事求是的评价，写出评语，目的是让论文撰写者对自己的论文水准与质量心中有数，好进一步修改、完善。

作为毕业论文评阅教师，主要是从论文的选题是否符合专业培养目标，深度和广度是否适当；立论是否正确、严密，对前人工作是否有改进或突破，或有独创性；工作量是否饱满，难度大小是否适当；文章综述是否简练完整、有见解；立论是否正确、论述是否充分、结论是否严谨合理；实验是否正确，分析、处理问题是否科学；文字是否通顺、专业用语是否准确、符号是否统一、编号是否齐全、书写是否工整规范；图表是否完整、整洁、正确；论文是否有应用价值；翻译资料综述材料是否合乎标准规范要求等方面进行审阅和评定，写出评语，提出成绩评定的意见。

作为毕业论文答辩委员会的主答辩教师，主要应该是从学生答辩的情况（如答辩态度、回答问题是否准确、思路是否清晰、语言是否流利、对论文不足之处和存在问题的态度及认识等）结合论文的选题价值和意义等方面，作出准确的评价，写出评语，使论文撰写者对自己论文写作中与答辩中存在的问题有所启发和认识，知道毕业论文优秀成绩取得不仅要求会写，而且要求会讲，写作与演讲结合好了才是一篇优秀的毕业论文。

毕业论文的评语写作要掌握好分寸，要把重点放在对论文的评价上，尤其要注意用词、用语。要本着对国家、对学校、对学生负责的态度，认认真真将它写好，使之符合实际，又让学生心悦诚服。至于答辩情况，只要用一二句话在后面作判断。

第四节 毕业论文答辩技巧与注意问题

一、答辩的技巧

成功的演讲是自信和技巧的结合，扎实的专业知识和细致周到的答辩准备工作是成功的前提。使用一些答辩技巧也不可缺少，可以充分展示整理研究材料、展示研究成果的能力，让别人知道自己都做了什么。

（一）答辩前的准备

答辩前的准备包括答辩内容的准备和物质准备。在反复阅读、审查自己论文的基础上，写好供10～15分钟用的答辩报告，并反复练习。在答辩前尚需注意以下细节：事前亲临现场，熟悉现场布置，测试设备（如存放答辩幻灯片的U盘/移动硬盘是否在答辩使用电脑上正常播放PowerPoint版本兼容问题等）；熟悉讲稿；练习如何表达，尤其着重于开场白和结束部分。另外，在答辩前还需要准备好所需品，如论文的底稿、说明提要、主要参考资料，画出必要的挂图、表格及公式，必要时准备相关内容幻灯以备答辩委员会或答辩小组提问。

（二）良好的开场白

开场白是整个论文答辩的正式开始，它可以吸引注意力、建立可信性、预告答辩的意图和主要内容。好的开始是成功的一半，应包括引言、连接、启下三个作用。良好的开场白应做到切合主题、符合答辩基调、运用适当的语言。应避免负面开头，如自我辩解等（如"我今天来得匆忙，没有好好准备……"）既不能体现对答辩委员会或答辩小组专家的尊重，也是个人自信不足的表现，答辩者在各位专家和教师的第一印象中大打折扣。牢记谦虚谨慎是我国的美德，但谦虚并非不自信。同时也要避免自我表现，扬扬得意，寻求赞赏。过度的表现，会引起答辩委员会或答辩小组的专家与教师的反感。

（三）报告的中心内容

报告的中心内容包括：论文内容、目的和意义；所采用的原始资料；论文的基本内容及调研的主要方法；成果、结论和对自己完成任务的评价。在答辩报告中要围绕以上中心内容，层次分明。具体做到：突出选题的重要性和意义；介绍论文的主要观点与结构安排；强调论文的新意与贡献；说明做了哪些必要的工作。

讲稿一般采用幻灯片的方式展示，做到主题明确，一目了然；精选文字，突出重点，简明扼要；适当美化视觉效果，加深印象。答辩时应注意时间、扼要介绍、认真答辩。为此做到以下几点。

(1) 不必紧张，要以必胜的信心、饱满的热情参加答辩。

(2) 仪容整洁，行动自然，姿态端正。答辩开始时要向专家和教师问好，答辩结束时要向答辩委员会或答辩小组专家和教师道谢，体现出良好的修养。

(3) 沉着冷静，语气上有用肯定的语言，是即是、非是非，不能模棱两可。

(4) 内容上紧扣主题，表达上口齿清楚、流利，声音大小要适中，富于感染力，可使适当的手势，以取得答辩的最佳效果。

（四）答辩委员会或答辩小组可能提出的问题

学生报告结束后，答辩委员会或答辩小组专家和教师将会提出问题，进行答辩，时间为10～15分钟。一般包括：需要进一步说明的问题；论文所涉及的有关基本理论、知识和技能；考查学生综合素质的有关问题。评委可能提出的问题一般来源于以下几个方面。

(1) 答辩委员会或答辩小组专家和教师的研究方向及其擅长的领域。

(2) 可能来自课题的问题：是确实切合本研究涉及的学术问题（包括选题意义、重要观点及概念、课题新意、课题细节、课题薄弱环节、建议可行性以及对自己所做工作的提问）。

(3) 来自论文的问题：论文书写的规范性、数据来源、对论文提到的重要参考文献以及有争议的某些观察标准等。

(4) 来自幻灯的问题：某些图片或图表，需要进一步解释。

(5) 不大容易估计到的问题：和论文完全不相干的问题。似乎相干，但是答辩者根本未做过，也不是论文涉及的问题。答辩者没有做的，但是评委想到了的东西，答辩者进一步打算怎么做。

（五）如何回答答辩委员会或答辩小组专家和教师的问题

首先要做到背熟讲稿，准备多媒体，调整心态，做提问准备，进行预答辩。在随后的汇报中突出重点、抓住兴趣、留下伏笔。忌讳讨论漫无边际，由于课题是自己知识的强项，讨论时毫无收敛，漫无边际，往往是内容复杂化，过多暴露疑点难点，给提问部分留下隐患。一个聪明的学生应该"就事论事"，仅围绕自己的结果进行简单讨论，这样提问往往更为简单，回答更为顺畅。到了提问环节，专家或教师提问不管妥当与否，都要耐心倾听，不要随便打断别人的问话。

对专家提出的问题，当回答完整、自我感觉良好时，不要流露出骄傲情绪。如果确实不知如何回答时，应直接向专家和教师说明，不要答非所问。对没有把握的问题，不要强词夺理，实事求是地表明自己对这个问题还没有搞清楚，今后一定要认真研究这个问题。

总之，答辩中实事求是，不卑不亢，有礼有节，时刻表现出对专家和教师的尊重和感谢。注意答辩不纯粹是学术答辩，非学术成分大约占一半，要显示出自己各方面的成熟，要证明自己有学术研究能力。

（六）结束语和致谢

报告结束前一定要进行致谢。导师为学生的成长付出了很多心血，在答辩这种关键时刻，对导师表示正式而真诚的感谢，体现了对导师的尊重，这是做人的基本道理。建议全文念出对导师致谢的段落，其他的致谢段落可以简略一些。同时应当说明汇报结束，欢迎各位专家的提问，使答辩工作顺利进入下一环节。

二、答辩要注意的问题

学生要顺利通过答辩，并在答辩时真正发挥出自己的水平，除在答辩前做好充分准备外，还应注意以下几点。

(一) 要有信心，不要紧张

对于自己写成的毕业论文要有通过答辩的信心。答辩时必须克服容易出现的一些心理障碍，如胆怯分心、萎靡不振、畏首畏尾、一上场就情绪紧张、表情呆滞、语无伦次、手脚不自觉地做小动作等；还要注意消除胡乱揣摩、投机过关等不良心态，否则将会分散注意力，以致造成判断上的失误，不能较好地回答问题。

(二) 仪容整洁，举止端庄

毕业答辩是一个严肃而庄重的场合，参加答辩的大学生一定要注意自己的仪容、举止。要做到衣着整洁，表情自然，落落大方，面带笑容，温文尔雅，彬彬有礼，显示出大学生应有的气质、风度。

(三) 认真倾听，冷静思考

在答辩时，面对答辩委员会或答辩小组教师的提问，答辩人要全神贯注，认真仔细地倾听。最好是边听、边想、边记，防止遗漏。如果没有听清楚，可请老师再说一遍，绝不可贸然回答。也可把自己对问题的理解说出来，请教老师是不是这个意思，得到老师肯定答复后再作答。有的教师也可能故意提出一个反面论点或似是而非的问题，以检验学生是否对问题真正弄懂了。专家和教师提出的问题有的不仅需要"答"有时还需要"辩"。面对这些情况，千万不要慌张，要弄清真意，防止答非所问。

(四) 回答要简明扼要，层次分明

答辩人在弄清专家和教师所提问题的确切含义后，要在较短的时间内反应，要充满自信地以流畅的语言和肯定的语气把自己的想法表述出来，不要犹犹豫豫。回答问题时，一要抓住要害，简明扼要，不要东拉西扯，使人听后不得要领；二要力求客观、全面、辩证，留有余地，切忌把话说"死"；三要条理清晰，层次分明，还要注意吐字清晰，声音适中等。

(五) 回答不出的问题，不可强辩

学生对于不懂的事情，要如实说明情况，虚心求教，切忌不懂装懂，乱说一气。如果会议上提问人所提出的问题超过了论文课题的研究范围，答辩人可作必要的说明。另外，既然是答辩会，就允许有辩论。提问人有时会针对论文不足之处谈出自己的看法，有时也可能提出与论文相反的观点，面对这种情况，答辩者既要谦虚谨慎，勇于弥补论文之不足或修正错误，又要敢于坚持真理，有理有据地解说自己的观点，使答辩专家与教师能正确了解自己的主张和观点。

第十章

毕业论文的评价与发展

第一节 毕业论文的评价

毕业论文的评价与发表是毕业论文工作的最后一道工序,是对毕业论文进行综合评价,并决定是否授予答辩申请人毕业的阶段,也是检验毕业论文的质量和传播毕业论文研究成果的阶段。

对毕业论文的评价是对学生毕业论文质量的综合评价。毕业论文的评价结果直接影响到毕业论文能否按时答辩,因此,各高校要高度重视毕业论文的评价。

一、毕业论文评价的目的与意义

毕业论文是衡量本科生和研究生教学质量的主要标志,其质量不仅反映了毕业申请人的科研能力和学术水平,而且在一定程度上反映了培养单位教育的质量及管理水平。毕业论文评价的结果不仅可以为毕业论文答辩以及毕业评定提供参考依据,同时也可以从中找到提高教学质量和管理水平的措施,为我国的高等教育、科学研究和社会发展服务。

毕业论文评价的意义可以概括为以下三个方面。

(一) 对于提高学生的学术研究能力有着重要的促进作用

撰写毕业论文,实际上是本科生将四年所获取的知识和技能进行综合运用的过程。毕业生通过撰写毕业论文,可以提高自己在学术研究发面的能力,并对将来踏上的相关工作岗位有所裨益。

对于经济管理类专业的毕业生而言,深入研究当前企业管理实践或市场经济运作中某个实际问题或者理论问题很重要,通过撰写毕业论文,能培养学生独立提出问题、分析问题和解决问题的能力,树立理论联系实际的工作作风。评价可以使学生清楚知道自己在学习期间学到的理论和知识,有助于学生总结过去,提高学术研究能力或者应用能力。

（二）有利于促进指导教师自身的科研和教学水平的提升

所谓"教学相长"，教师通过指导学生撰写毕业论文，指导教师能充分发挥自己的理论知识和经验的作用，向学生传递论文撰写的技巧和思路，并对整个过程负责，由此起到一个导向、协助的作用。指导教师所带学生的毕业论文质量直接反映了他自身的工作态度、科研和教学水平。对毕业论文的评价使得指导教师更加重视对学生相关能力和态度的指导与培养，从而全方位地提高导师自身的指导能力、科研与教学水平。

（三）有利于高校营造良好的学术研究氛围

在各种教学评估中，毕业论文经常属于评估的重点。因此，对于高校来说，毕业论文质量的好坏不仅影响到整个学校的教学质量水平，影响到学校学术研究的整体氛围，更影响到学校、学院的声誉。所以他们希望本校的毕业论文从整体上能够有良好的质量，以肯定本校在论文组织管理工作中所付出的努力。评价可以使毕业论文的质量有所保证，进而促进学校的学术研究氛围，提高学校的社会知名度与声誉。

二、毕业论文评价的原则与标准

（一）毕业论文评价的原则

在评价毕业论文时必须遵循综合性、实践性、求是性和保密性的原则。

1. 综合性评价原则

首先要坚持对毕业论文的社会价值、理论价值、技术价值和经济价值等项指标进行全面的评价。当然，各个学科由于性质不同，侧重点也有所不同。社会价值主要是看毕业论文对社会产生的影响，是否有利于社会的进步和人类文明的发展。

理论价值主要包括以下四个方面。

（1）阐明社会现象和自然现象的特征和规律，提出有利于科学事业发展的重大发现。

（2）具有独创性，属于一种新的重大科学成就，并具备创新性和可行性的理论特征。

（3）与原有的理论或技术进行比较，有突出的实质性特色和显著的进步。

（4）充实或纠正、推翻传统的、他人的理论。

经济价值主要表现为其应用范围及推广应用后的经济效果，看它是否能给社会或集团带来经济效益，看它是否有利于发展生产力、有利于增强我们国家的综合国力、有利于提高人民的生活水平。

2. 实践性评价原则

实践是检验真理的唯一标准。任何真理只有通过社会实践，才能证实其正确与否。

反映各种各样科研成果的论文，其学术价值、经济价值和社会影响，主要是通过实践检验来评价。只有通过正确的检验方法，取得足够、正确的参数，经过一段时间的重复性实验和扩大范围的实验，将实验的结果同国内外同类先进成果进行比较、鉴别，才能得出正确的评价。

3. **求是性评价原则**

评价毕业论文必须要有实事求是的科学态度，在其理论价值、社会价值和经济价值等方面要讲真话，不能夸大或贬低。分清创新与继承，提倡百家争鸣，各抒己见。用事实和数据说话，实事求是地做出客观而公正的评价。

4. **保密性评价原则**

对于反映技术开发成果的毕业论文进行综合评价时，首先要考虑是否应该对其进行保密。如果需要保密，那么该论文就不得公开发表，而且按照保密法规定，参加该论文评价的专家和工作人员都负有保密的义务。对于其中的具体资料、技术指标、各种参数、使用设备等都不得外泄。

（二）毕业论文评价的标准

根据上述原则，毕业论文的评价标准应该包括以下六个方面的指标，即论文的创造性、论文的选题、论文中反映出的知识和能力水平、文献综述、论文的工作量和难度、论文的总结与写作。

1. **论文的创造性**

毕业论文的创造性是衡量毕业论文水平的关键指标。所谓创造性就是指开拓新领域，解决未知问题；补充、修正、发展已有理论，纠正原有错误。其主要表现形式是提出新观点、新概念、新见解，或对已有理论提出新解释、新论证，发掘新资料。毕业论文工作是一项科研实践活动，是提高科研能力、创新能力，并最终得出创造性成果的过程。因此，论文成果的创造性无疑是评价论文质量的终极指标，衡量创造性大小的指标是：是否立论正确，在科学技术领域中开拓出了新的知识，如提出新的命题，形成一套完整的理论体系；是否提出新的解决方法，创造了较好的经济效益或社会效益；是否发展或解决了重大的问题以及对某些知识或方法进行了综合和系统化等。

2. **论文的选题**

符合科技发展需要、具有前沿性和高起点的选题是取得创造性的前提条件。虽然好的论文选题未必能够保证写出优秀的毕业论文，但是选题不当绝不可能写出好的论文。一些优秀的学生因选题不当而导致论文达不到要求，这种情况并不鲜见。因此，选题的好坏直接影响毕业论文的水平，是评价毕业论文一个必不可少的指标。

3. **论文中反映出的知识和能力水平**

当今时代的科学技术发展极快，新兴科学、交叉科学不断涌现，只有具备创新素质和能力，才能通过论文工作的实践，形成独立学习和自我更新知识的能力，提高分析问题和解决问题的能力及创造性工作的能力，最终才有可能做出创造性的成果。因此，除论文选题的意义及获得的成果等重要指标以外，将论文中反映出的理论和知识水平及独立工作的能力列入评价指标，可以使评价标准尽可能对学生的实际水平及能力作出全面、准确的描述。

4. 文献综述

在进行论文写作之前必须通过查阅大量的文献资料，经过深入仔细的调查研究，透彻了解本科学领域研究的历史、现状与最新进展，弄清课题的研究难点及国内外已有的研究成果，才能确定自己的研究目标，从而在前人的基础上写出有创造性成果的毕业论文。文献综述集中体现了作者对本学科及相关学科发展动向的熟悉程度以及归纳、总结、提出问题、解决问题的能力，是反映论文学术水平及作者治学态度的一个重要方面，也是论文价值的反映和衬托，因此应是评价毕业论文水平的一个重要指标。

5. 论文的工作量和难度

科研工作不可能一蹴而就，"实践、认识、再实践、再认识"是获得真理的唯一途径。对毕业而言，只有具有一定难度的题目才有望作出创造性成果，而创造性成果只有经过相当一段时间的探索、思考和反复验证后才会产生。因此，论文的工作量和难度与创造性成果的获得紧密相关。

6. 论文的总结与写作

论文的创造性成果只有通过精准达意的文字表达，才能为世人了解。如果把毕业论文工作比喻为辛勤耕耘的过程，那么毕业论文是在肥沃的土壤中，在阳光雨露的滋润下，在精心的耕耘之后结出的丰硕果实，而论文的总结和写作则是果实的收获与加工，其重要意义是不言而喻的。因此，论文的总结是对论文工作的全面展示和升华，是衡量毕业论文质量的重要指标。

三、毕业论文评价的流程

毕业论文的评价一般分为内审与外审两种。内审主要是学生把毕业论文上交给学校有关部门与其他导师评阅。外审主要是在答辩申请人提交论文后，由国内外有相同专业高校的同行专家对论文进行评阅并综合打分，并就是否同意答辩和授予毕业提出建议，校（院）毕业办依据外送专家的评阅意见确定论文是否可以答辩或作修改。从国内高校毕业论文评审的实践来看，学士毕业论文基本上采取内审的方式。而硕士和博士毕业论文一般采用内审和外审相结合的方式。内审程序简单，因此不作详细描述。而外审的流程一般分为以下四个步骤。

（一）确定外送评审对象

外送评审可以是全部外送评审和抽样外送评审。但从外送单位专家的确定到专家评阅意见的汇总与反馈，其工作量比较大，且费用也急剧增大，因此，现在有些高校实行抽样外送评审。只要抽样合理，仍可以起到全部外送的效果。为了保证论文评阅专家有充足的时间审阅论文（如论文评阅时间不少于一个月）及论文的寄送、回收工作的顺利进行，毕业申请人应该在预计答辩的六周前提交论文。但目前一些高校未能为评审专家预留充分的时间，导致评审时间仓促进而可能影响到论文的评审质量。

（二）外送学校专家的确定

确定外送学校时要求考虑以下几点：第一，是否有相关专业或者相关专业的硕士点、博士点；第二，从行业因素考虑，即其硕士点从事的研究方向与外送论文的研究方向是否相近。毕业论文评审人应具备以下条件：①研究方向与所送论文研究方向相近的专家；②相关学科或交叉学科的专家；③对该论文的研究领域的熟悉程度至少在一般以上的专家。一般根据论文的关键词来确定专家。可在"万方数据"或"学术期刊网"等论文数据库中查找近五年来在相应方向上的论文作者、姓名及其所在的学校名称，特别是刊登在核心期刊的论文作者及院校或在相近研究方向中承担了国家级、省部级科研项目的学校。

（三）与相应院校的毕业办取得联系，送交论文

确定外审学校与专家后，由本校的有关负责部门与相应院校联系，分别呈送三名有关专家进行评审，论文评审人及评审意见密封传递，有专人负责送取。有关专家在论文寄达的两周后将评审意见及评阅成绩寄回。

（四）评阅意见的汇总与反馈

论文内外评审结束后，汇总各评审意见，一般存在以下三种情况分别处理，以确定学生论文答辩资格。

1. 评审结果为一致同意答辩及评审结果无较大异议

毕业论文评审完后，如果各专家对论文的评价一致为同意答辩且无较大异议，该论文作者可申请毕业论文答辩。

2. 评审结果虽为同意答辩但存在较大异议

对有较大异议的论文评阅意见，该论文作者应该对专家意见作出回复，写出具体的书面回复意见（包括论文修改情况或申辩意见等），并将修改后的论文以及书面回复意见送达所在毕业评定分委会审定。分会根据该作者的书面回复及论文修改情况，决定是

否需要对论文进行重新评审以及签署是否同意安排答辩的意见，并将该作者的书面回复意见及修改后的毕业论文，以及分会对该情况的处理意见等相关材料送达毕业办公室备案。

3. 评审结果为反对进行论文答辩

论文评阅的过程中如有一位评审专家持否定意见，则再增聘一位专家进行匿名评审；如有两位以上（含两位）评审专家（含增聘）持否定意见，本次毕业申请无效。论文作者必须对该论文做重大修改，在六个月至一年内再重新毕业论文外审。论文重新评审的结果全部通过，方可申请进行答辩。

四、毕业论文评价的办法

毕业论文常见的评价办法主要有定性评析法和定量评析法两种。定性评价主要有评语法和等级法两种。定量评价主要是专家根据给定的评价项目或指标逐项给出分数，如百分制。在毕业论文评审实践中，一般将定性评析法和定量评析法两种方法结合起来。

（一）等级法

一般规定优、良、中、及格和不及格五个等级的评分区间分别为［100，90］、［89，80］、［79，70］、［69，60］、［59，0］，如表10-1 所示。例如，当评价等级为良时，应该在区间［89，80］之间给出评价等级。

表 10-1　等级定性评价表

评价人		等级定性评价							
		1	2	3	4	5	6	7	8
A1	B1	中	良	良	良	优	良	良	良
	B2	良	中	良	良	良	中	良	不及格
A2	B3	优	良	良	优	中	中	良	优
	B4	优	良	良	良	优	良	良	良
	B5	良	良	优	良	中	中	优	中
A3	B6	优	中	良	良	良	良	中	良
	B7	中	良	良	良	优	良	优	良

（二）百分制法

毕业论文评价指标和要素，共有两级，分别为 A1、A2、A3 的一级指标和 B1、B2、B3、B4、B5、B6、B7 的二级指标，如表 10-2 所示。一级指标涵盖了毕业论文评价的选题与综述、成果创新性和理论基础、专业知识与科研能力三个主要方面，二级指标分别从属于相应一级指标，每一个二级指标对应一套相应的评价要素。二级指标规定了定量评价的具体内容，按要求的百分制逐项打分。

表 10-2　百分制定量评价表

评价人		百分制定量评价							
		1	2	3	4	5	6	7	8
A1	B1	79	85	89	87	90	86	87	95
	B2	84	78	82	92	80	78	82	55
A2	B3	93	88	85	90	79	78	89	92
	B4	95	88	87	85	91	86	86	87
	B5	86	84	92	92	78	76	90	78
A3	B6	90	79	85	85	84	87	78	83
	B7	78	82	86	86	90	88	90	82

（三）评语法

评语评价是从评价专家对论文的评语中抽取关键句（可以利用人工抽取或自然语言理解的方法），并把各个关键句分成对应优、良、中、及格、不及格五个档次，如表 10-3 所示。

表 10-3　评语评价等级及其标准表

	优（100～90）	良（89～80）	中（79～70）	及格（69～60）	不及格（59～0）
B1	选题为学科前沿，研究方向非常明确	选题为学科前沿，研究方向比较明确	选题合适，研究方向比较明确	选题合适，研究方向明确	选题不合适，研究方向不明确
B2	综合全面地反映该学科及相关领域发展状况，归纳总结非常正确	客观反映该学科及相关领域发展状况，归纳总结很正确	合理反映该学科及相关领域发展状况，归纳总结较正确	比较合理反映该学科及相关领域发展状况，归纳总结正确	不能合理反映该学科及相关领域发展状况，归纳总结不正确
B3	填补理论研究空白，在本学科达到或接近国际先进水平，运用新方法	填补理论研究空白，在本学科达到或接近国际先进水平	运用新方法，有独到见解，在相应领域取得突破性进展	运用新方法，有新的见解，在相关领域取得进展	没有独到的见解或新的方法，在相应领域没有突破性进展
B4	论文成果具有较大社会效益，有较大实用价值	论文成果具有一定社会效益，有一定实用价值	论文成果有社会效益，对社会建设有促进作用	论文成果对社会建设有促进作用，有实用价值	论文成果没有社会效益，没有实用价值
B5	体现作者坚实的理论基础和系统深入的专业知识	体现作者的理论基础较好，有较深入的专业知识	体现作者的理论基础扎实，有相应的专业知识	体现作者有一定的理论基础和专业知识	体现作者的理论基础和专业知识比较差

续表

	优（100~90）	良（89~80）	中（79~70）	及格（69~60）	不及格（59~0）
B6	分析方法非常科学，印证资料非常准确，体现作者有非常强的独立从事科学研究的能力	分析方法很科学，印证资料很准确，作者有很强的独立从事科学研究的能力	分析方法比较科学，印证资料较准确，作者有独立从事科学研究的能力	分析方法科学，印证资料准确，作者有一定独立从事科学研究的能力	分析方法不够科学，印证资料不够准确，作者独立从事科学研究的能力较差
B7	论文材料非常翔实，结构非常严谨，文字表达非常准确，学风非常严谨	论文材料很翔实，结构很严谨，文字表达很准确，学风很严谨	论文材料较翔实，结构较严谨，文字表达较准确，学风较严谨	论文材料翔实，结构严谨，文字表达准确，学风严谨	论文材料不够翔实，结构不够严谨，文字表达不够准确，学风不够严谨

第二节 毕业论文的发表

论文作为知识创新成果的主要表现形式，代表了一定的研究水平。一篇优秀论文诞生之后，更重要的是以最快的速度在最优秀的期刊上发表，这样才能体现毕业论文的社会价值。

一、毕业论文发表的目的与意义

研究生在读期间必须按要求发表论文的规定，是目前研究生培养单位普遍的做法。研究生必须在公开出版的刊物上发表数篇专业学术论文。有些理工专业甚至要求在国外SCI、EI刊物上发表高水平学术论文。这一规定可以提高研究生教育质量，提高研究生的科研能力及学术水平。本科学生在发表毕业论文方面则不作硬性规定。发表毕业论文至少有如下四点建议。

（一）毕业论文发表是学生研究成果的公开与再次鉴定

如果说毕业论文是学生研究成果的信息储存与记录，那么，毕业论文的发表则是学生研究成果的公开与再次鉴定。一项取得重大成果的研究，只有发表出来后，才能算是完整的，否则，该研究成果很有可能被埋没，无法实现其应有的社会价值。此外，作者的自我认定、导师的评价、答辩委员会的意见虽然重要，但不是唯一的，因为这毕竟是小范围的鉴定与评估。毕业论文如能发表，则是更大范围的学术团体和社会实践对毕业论文质量的一次检验和提高。

（二）毕业论文发表有助于建立本专业的学术交流渠道，深化学术研究

在科技发展日新月异的信息时代，科研领域分工日趋复杂和精细，独门独户、闭门

造车难有大作为。毕业论文通过发表，让同行研究自己的发现，共享自己的研究成果，吸引社会的关注，促进同行的交流，这不仅有益于纠正偏颇，提高认识，激发进一步学习和研究的兴趣，还有助于建立本专业的学术交流渠道，深化学术研究工作。目前，许多高校都规定博士研究生在校期间必须公开发表研究论文，同时也鼓励硕士研究生、本科生发表学术论文。这不仅是为了提高教学质量、提升学校的学术地位，也是为了促使毕业生了解本学科的主要传播媒体，尽早在专业领域建立起学术交流的渠道，促使研究工作的展开。

（三）毕业论文发表可促进学术成果的转化

毕业论文的最终价值体现在其研究成果在社会实践中的推广、运行和发展，只有通过社会实践，才能检验和实现研究成果的转化。而毕业论文的发表则是推广的重要途径。借助媒体的影响和社会力量，可促进毕业论文的研究成果转化为生产力，使其成果在经济建设和社会发展中发挥作用，对经济发展产生直接影响。

（四）毕业论文发表是对人类科学知识宝库的贡献

毕业论文的发表使学生的研究成果作为文献保存下来，成为科学知识宝库的重要组成部分。毕业论文研究成果能够为当代与后代提供借鉴或共享的来源，尽管它可能只是沧海一粟，却是对世界科学知识宝库的一个贡献。毕业论文在一定级别的媒体上（尤其是我国国家级专业级期刊或国外）发表，能带来很大影响。鉴于用于发表的论文与毕业论文在写作风格和要求上有所不同，所以必须对准备发表的论文按照特定期刊的约稿要求进行修改和整理，以符合投向特定刊物的需求。

二、毕业论文发表前的修改

毕业论文在发表前，为了符合有关投稿单位的约稿要求，需要作出相应的修改。发表论文通常就某一方面、某一问题、某一领域或者某一细节展开介绍，要求结构短小但内容完整，强调学术研究的创新性及文章本身的可读性和规范性。

（一）评价稿件的标准

一般来说，各个刊物对论文发表的要求各不相同，但是评价稿件的质量标准通常可以归纳为三个方面。

（1）稿件的学术性。主题是否新颖、超前，论证是否透彻、全面，论据是否确凿、充分，标题有无吸引力，试验数据、图表是否准确、规范等。

（2）稿件结构的科学性。稿件的结构是否清晰，思路是否明确，逻辑是否严密、顺理成章等。

(3) 稿件的语言。文字表达是否清晰，语法是否正确，遣词造句是否精练，标点运用是否恰当，数字用法是否正确，计量单位是否合理，文中外文字母的文种、大小写、正斜体、上下角标是否正确，文中公式的排列是否标注清楚，所引参考文献是否在文末标出，文与图的内容和表示注释的符号与全文是否一致等。

（二）投稿修改的内容

论文投稿前修改的内容可涉及标题、主题、结构、材料、语言等诸多方面。对原稿要敢于狠下心删节，一切围绕中心进行增删，确保文章最终质量。修改内容包括以下三方面。

1. 创新性修改

创新性是毕业论文的价值所在。创新意味着论文的研究成果是前所未有的，不是每个学生都能达到这个要求。毕业论文并不苛求"前所未有"的开创性发现，然而，在前人工作的基础上有所发现、有所开拓还是能够做到的。毕业论文的创新性其实在毕业论文选题和设计环节中已经基本确定下来了，主要体现在选题的创新性和方法、资料、观点的创新性。修改应该凸显新观点和新方法，重点在于挖掘和展示闪光点。因此，毕业论文的修改应该重点突出创新性和亮点，以吸引刊物编辑的眼球。

2. 逻辑性修改

新颖性是论文质量的首要因素，而逻辑性则是论文水平的重大标志。逻辑性是指条理清晰、层次分明。毕业论文投稿要进行篇幅缩减，但必须保留稿件结构完整，主题、结论必须明确。一是论点要突出：就某一问题或领域展开分析，要有条不紊地体现论点和论据。二是结论要清晰：结论是文章的结果，也是论文的核心，结论不要只是停留在具体问题上，而要升到一定理论高度。

3. 规范性修改

论文的规范性所依据的是国家对出版行业的一系列规定，涉及很多方面，既有正文章节的合理设置和编辑，又有摘要、关键词、参考文献等辅文的编写和著录等。必须提醒的是，不同媒体和刊物也有自身的一套规范和排版要求。不同期刊具有自己的独特风格，可能在版式、字体等方面有所不同。修改毕业论文前，要有针对性地了解所投刊物的约稿要求和规范并严格按照这些要求和规范修改毕业论文，使论文符合投稿刊物的版面要求，符合该期刊的个性化特点，赢得编辑对稿件良好的第一印象，以期增加投稿成功的机会。

第三节 毕业论文投稿注意事项

论文要想公开发表，就必须经过投稿环节，一般来说，论文作者都希望论文能够在最大的时空范围内传播交流，这样的话，论文的价值就可以最大化地体现出来。因此，论文投稿前应注意以下事项。

一、投稿稿件的格式要求

目前，不少期刊已加入万方数据资源系统（ChinaInfo）数字化期刊群、《中国学术期刊（光盘版）》及《中国期刊网》全文数据库，作者投稿应按以下格式规范文稿的相应内容。

（1）文稿应包括题名、作者姓名、作者单位（全称）所在省市、邮政编码、中文摘要（100～300字）、关键词（3～8个）、中国图书资料分类号、文献标识码、文章编号。

第一作者简介，应包括姓名、出生年月、性别、民族、籍贯（写至县级或市级）、职称、学位、主要研究方向及详细的通讯地址（尽量能具体到系、办公室或教研室）。如：

古汉民（1978.06- ），男（汉族），广西桂林人，桂林理工大学企业管理系讲师，博士，主要从事人力资源管理。

正文标题层次依次用一、；（一）；1.；（1）等方式表示（具体字体字号以所投稿期刊要求为准），层次不宜过多。

（2）参考文献只列出发表在正式出版物上的主要条目，依次标注在正文内容出现处，一般不超过10篇，不引用内部资料为宜。其书写格式如下。

期刊［序号］作者. 题名［J］. 刊名，出版年，卷（期）. 如：

陈强. 企业上市过程中财务与会计的应用研究［J］. 管理世界，2012（12）.

专著［序号］作者. 书名［M］. 出版地：出版者，出版年. 如：

李炎清编著. 毕业论文写作与范例［M］. 厦门：厦门大学出版社，2011.1.

论文集［序号］作者. 题名［C］. 出版地：出版者，出版年.

学位论文［序号］作者. 题名［D］. 出版地：出版者，出版年. 如：

李德. 中小型企业融资问题研究［D］. 北京：北京工商大学，1998.

专利［序号］专利所有者. 专利题名［P］. 专利国别：专利号，出版日期. 如：

时卫国. 植物自动浇水［P］. 中国专利：CNI 045600，2007-06-10.

国际、国家标准［序号］标准编号，标准名称［S］. 如：

GB 50023—95，建筑抗震鉴定标准［S］.

报纸［序号］作者. 题名［N］. 报刊名称，日期（版次）. 如：

王志辉. 企业文化研究热［N］. 人民日报，1999-02-20（5）.

电子文献［序号］作者. 电子文献题名，电子文献的出处或可获得地址，发表或更新日期.

二、容易被采用的稿件标准

（一）标题简洁明快

标题是论文的眼睛，要用最精确的词语突出论文的内容与主题。太长或冗长，看过之后思索了半天才大约知道其主题，或是所用词语平淡乏味，或是过于烦琐，都与标题的要求相悖。

（二）立论创新

论文中有新的观点，或者在某一方面有所创新，给人新意。如解决了前人悬而未决的问题，或是在原有结论方面有所补充、修正，哪怕是点滴的创新也是十分有意义的。

（三）论文素材丰富并有新意

论文中的很多素材来自作者自身的劳动，数据翔实并有较大的说服力，由此可以得出使人信服的结论。对于编辑部来说，这样的稿件是很受欢迎的。教科书式的撰写方法，重复叙述或连篇累牍论证推导众所周知是最令人讨厌的。

（四）恰当地使用图、表语言

根据论文内容需要，使用最能说明问题的图、表。切忌同时用图、表和文字说明同一问题，使人觉得重复烦琐。一般的情况是，使用了图形或表格说明问题之后，只要稍用文字说明便可。

（五）投稿要有针对性

投稿前，一定要充分了解拟投刊物的办刊宗旨和栏目设置，要了解刊物过去、现在和近期内刊登的内容，栏目设置与自己现有论文内容是否吻合。比如，有的经济管理类刊物是发表经济、管理相关研究论文的，如果写的是一般教育教学方法探讨的文章，就不适合发表在这些刊物上了。

（六）字数要符合要求

论著包括摘要、关键词、图表及参考文献在内全文一般不超过4 000字；综述、讲座一般不超过5 000字；现场调查、评价约2 000字；短篇报道约1 000字。若是想把毕业论文放在期刊上发表，必须将其篇幅压缩在4 500～6 000字，一般最长不要超过8 000字。

（七）认真修改原稿

论文被编辑部寄回并附修改意见时，说明编辑部有用稿的意向。作者可认真地考虑编辑的意见，进行逐条修改；若是认为编辑部提出的修改意见不甚正确，可以有理有据地提出自己的观点，语气要诚恳，措辞要得体。

编辑部对来稿有删改权，不同意删改的，要在投稿时声明，投稿作者文责自负。

（八）仔细核校大样

论文若是正式发表，文中如有关键性的错误，编辑部负有出版责任，由于文责自负，作者也有不可推卸的责任，因为给读者以错误的信息，降低了论文本身的科学价值。因此，作者务必认真校对编辑部寄来的大样。核校时应着重注意文稿中反映科学性的数据、文字、图表、参考文献、外语词汇等，不宜对校样再进行文字加工，切忌增补、删减，这是编辑和录排人员很不欢迎的事。校对时应注意使用规范性的校对符号。校对是一项极为细致的工作，作者虽然熟悉自己的论文内容，但如果不能掌握好校对的方法和技巧，往往不能发现校样中的错误。校对方法有三种。

（1）对校。原稿在左，校样在右，先读原稿，后看校样，逐字逐句逐段校对下去。校对时手眼并用，左手指原稿，右手执笔点着校样，眼睛均匀地在每一字上停留，默读文句时要有一定的间隔，一般以读五六个字或一两个词为宜，较长的句子在分次读完后要在校样上复阅一遍。对校能领会原稿文意，但是容易漏字和标点。

（2）折校。将原稿放在桌面，把校样上部折到背面，留下要校对的那一行字，然后压在原稿上，将校样上要校的那一行与原稿上相应的文字紧挨在一起校对。这种方法不易漏字掉句，但速度较慢，也不易发现文意方面的错误。

（3）读校。一人读原稿，另一人看校样，原稿中的标点符号、另行、另起、空行、重点都要依次读出。读稿的人要每字、每句、每个标点符号读清楚，速度要均匀，对于同偏旁、稀见字和特殊格式都要读出，看样人要聚精会神，仔细辨别。这种方法不适合于公式多、图表多、符号多、外文多的论文。

此外，在决定论文发表与否时，必须考虑有关法律规定。如果该研究工作是关于新技术、新方法或实用型的成果，按照我国专利法规定，一旦作为论文公开发表，就申请不到专利。

三、向国外期刊投稿的要求

（一）编写格式

投稿前，要仔细阅读目标期刊在"征稿须知"或"作者须知"中的有关要求。因为刊物的编辑方针和具体措施是一个动态完善的过程，阅读最新的"征稿须知"或"作者须知"能得知刊物论文长度、格式、术语等方面的新要求。一般说来，向国外投寄稿件应当打印成册，其版面大小、行距、每行字数、字号及图表处理有相应的要求。如投寄杂志社的稿件可用16开纸打印，论文中的图表尺寸可以模仿投递期刊的排版模式处理。参加国际性的会议论文一旦被采用，会议出版机构就进行直接扫描复印发行，因而，会议所用的文稿一般有更加严格的规定。

论文标题的第一个字母和实词的第一个字母均应大写，标题下面为作者单位姓名，论文摘要仍然限制在200~300字内，量纲单位采用国际标准，论文末了的参考文献标引应标准化。

（二）期刊选择

从国外期刊经济来源和主办单位来看，期刊大体可分为三种。第一类是学会创办的刊物。此类刊物往往由著名的科学家担任主编，刊物水平较高、办刊历史长、期刊的影响面较大。该刊物经费一般由会员资助，发表非会员论文需要收取版面费。第二类是政府机关或者研究机构出资创办的刊物，其办刊是以经营为目的，论文水平要求不是很高，投稿命中率相对较高，要收取费用。第三类是权威杂志或一流期刊。论文发表在权威杂志或是一流期刊上，那自然是很惬意的。SCI引用的期刊都属于第一流或具有某种代表性的期刊，作者不妨从中查阅自己的目标刊物，再根据自己论文课题的先进性、新颖性、独创性，与同类刊物上文章质量进行横向比较，以保证既能顺利发表，又有预期的社会效果。同一级别的期刊，当然应当选投权威杂志。这里需要注意的是，同类期刊级别的选择比较复杂，而且权威杂志的资格也不是一成不变的。最近几年，SCI收录我国期刊17种，其中4种已不再收录了。在投稿期刊选择方面，作者还可由以下三种途径进行确定。

（1）由国外同行专家推荐。由于专家对于专业杂志的情况比较了解，此方法的投稿命中率相对较高。

（2）由国内的学术组织或专家向对口刊物推荐，此方法也比较可靠。

（3）作者根据平时对本领域期刊仔细研究的经验，或者查阅《外国报刊目录》，决定投寄刊物，只要论文上水平，也可以如愿以偿。

（三）投稿付款

一般来说，在国外发表论文需要付给杂志社刊登费。美国期刊上发表一篇论文要付30~50美元，有些杂志社收费标准更高。当稿件拟被刊用时，编辑部发给撰稿人书面通知的主要事项就是收取刊登费，缴费困难者也可以回信"无力支付"，编辑部再决定作不登、缓登或免费刊登处理。在国际会议上发表的论文由会议机构开支。据了解，我国学者在国外发表的论文大多数是由国外导师支付的。

因此,对于高质量的论文,希望抢先发表的作者,最好付给刊登费。

(四)外寄手续

向国外期刊投寄论文一般需要经过专业审查,确认不超出保密范围之后,便可从邮局寄发。一般科技论文都是讨论前沿学科或边缘学科的理论及应用研究,离直接经济收益尚远,专业审查能很快通过。

国外期刊编辑部收到稿件后,通常由三个审稿人分别进行审阅,均无异议通过,则提交主编审理,这种情况一般都能用稿并通知撰稿人;如三人中有不同意见或无意采用,也会通知撰稿人进行修改或作退稿处理。

第十一章

毕业论文的组织与指导

毕业论文是培养学生运用所学基础理论、基本方法和基本技能分析解决问题能力的重要途径，是对学生综合能力和素质的全面检验；也是高校教学管理和人才培养质量的重要反映形式，抓好毕业论文的组织与指导是确保毕业论文质量的重要保障；另外，毕业论文的组织、管理、指导是高校教学管理的重要环节。因此，为确保毕业论文的质量、提升人才培养质量，高校必须加强对毕业论文的领导、组织和指导工作，明确管理毕业论文的组织机构及其职责，通过制度设计，加强对毕业论文的过程管理。

第一节 毕业论文的组织机构与职能

为加强对毕业论文的有效管理，高校一般实行统一管理与分级管理相结合的管理体制，为确保宏观和微观管理都能顺利进行而且相互协调，可以成立校、院（系）、室三级管理机构，赋予相应的职能，确保各项目标的实现。

学校应从宏观上对毕业论文实施目标管理，对各学院毕业论文的选题、指导、答辩等各个环节进行过程监控，确保毕业论文的质量。院（系）应在学校毕业论文管理总目标的指导下，成立专门的组织机构，开展本学院的毕业论文工作，制定毕业论文工作方案，明确要求，组织实施。教研室应是毕业论文的具体操办者，负责落实毕业论文的各项工作。

一、学校主管机构

学校毕业论文主管机构由教学工作指导委员会和教务处组成。学校成立教学工作指导委员会作为毕业论文工作的决策机构，负责毕业论文政策的制定；教务处作为毕业论文的校级执行机构，在学校主管教学校长的领导下，负责毕业论文的日常管理工作。具体主要开展以下几方面的工作。

（1）根据教育部及地方教育主管部门对毕业论文的指导性意见要求，结合学校自身特点和人才培养目标，制定学校毕业论文管理办法和写作规范，明确学校的整体管理目标。

(2) 明确毕业论文在教学过程和人才培养计划中的地位，制定毕业论文教学方案和总体工作进程，协调各学院开展毕业论文工作。

(3) 在每年编制预算时，确定毕业论文工作预算，为毕业论文的开展提供一定的经费支持并进行有效管理。

(4) 对毕业论文工作进行过程管理，实时监控毕业论文工作质量。对毕业论文的选题、指导教师确定、开题报告、过程指导、论文答辩、成绩评定等各个环节进行检查，并提出改进意见；适时对各专业的毕业论文工作质量进行评估和考核。

(5) 做好毕业论文总结工作，定时或不定时组织毕业论文工作经验交流。

(6) 抓好毕业论文资料的存档工作。要及时对毕业论文管理资料进行分类、归档，特别是做好优秀论文的整理工作；指导各学院做好毕业论文资料的存档工作。

(7) 组织毕业论文管理方面的教学研究工作，为学科建设、教学改革等方面提供有价值的研究成果。

二、院（系）管理机构

院（系）毕业论文工作一般由主管教学副院长负责，成立毕业论文工作领导小组和答辩委员会，具体领导本院的毕业论文工作。作为毕业论文管理工作的主体机构，在毕业论文三级管理体系中起着承上启下的作用。应承担的具体管理职能包括：

(1) 负责贯彻执行学校有关毕业论文管理规定和要求；

(2) 根据专业特点，制定毕业论文任务下达、选题、指导、答辩等工作实施细则及工作方案；

(3) 对毕业论文工作的全过程进行质量管理，对各专业毕业论文工作各个阶段的执行情况进行检查，审核论文选题，及时更正各个阶段的问题；

(4) 成立专门的答辩委员会或答辩小组，组织论文的答辩和成绩评定工作；

(5) 负责本学院毕业论文经费的管理，做好毕业论文的档案管理；

(6) 做好学院毕业论文工作的总结。

三、教研室

教研室是整个毕业论文工作的最基层组织机构，主要承担具体的微观工作。一般由教研室主任负责毕业论文的管理工作，其他指导教师参与管理工作。教研室主要承担的职能包括：

(1) 贯彻执行学校和院（系）的各项毕业论文管理规定；

(2) 做好指导教师和学生的思想动员工作，确保作为毕业论文工作主体的教师和学生以高度的责任心和认真负责的态度开展毕业论文的指导和写作工作；

(3) 确定选题指导意见，组织教师上报毕业论文题目；

(4) 根据确定的题目，组织学生做好选题工作，并根据学生所选题目，为学生配备合适的指导教师；

(5) 确定毕业论文评阅教师，组织好毕业论文的评阅工作；

(6) 为指导教师提供原始资料、调研途径等基本支持，在各个阶段开展各类座谈会或通过其他形式进行交流；

(7) 组织毕业论文的答辩与答辩成绩的审定；

(8) 根据毕业论文工作开展情况，及时进行毕业论文工作情况总结。

第二节 毕业论文的管理工作

毕业论文管理工作在学校教学管理中占有重要的位置，是一项系统工作。一般从制订毕业论文写作工作安排、下达毕业论文教学任务开始，到完成毕业论文工作总结，整个过程需要一年左右时间，因此，时间跨度非常大；另外，毕业论文管理还具有环节多、流程复杂、涉及面广等主要特征。因此，应按照一定的逻辑顺序去进行组织管理。

从学校总体层面上来看，毕业论文的管理工作主要有以下几个方面。

一、确定和下达毕业论文教学任务

首先，学校应根据自身的特点和人才培养规格，制定毕业论文管理工作规定，明确毕业论文教学目的，确保毕业论文管理的制度化、规范化。毕业论文管理规定一般应包括毕业论文的目的、组织机构及职能、选题的原则和程序、开题要求、指导过程管理、撰写规范及格式要求、评阅与答辩规定、成绩评定、论文检查与质量评价、档案存档等方面的内容。

其次，对于四年制本科来说，一般在第七学期中期开始启动毕业论文工作，确定和下达毕业论文教学任务。各院（系）应在学校总体精神的指导下，根据经济管理类专业的特点和院（系）的具体情况，制定毕业论文工作实施方案或管理细则，开始着手进行毕业论文写作工作日程安排，明确毕业论文的有关要求及日程安排，使毕业论文的管理者、指导教师、学生具体了解毕业论文工作的相关要求。

二、对学生进行毕业论文写作动员和教育

院（系）在接到学校下达的论文教学任务后，应及时将毕业论文的工作安排传达给各教研室主任、指导教师，并对学生进行毕业论文写作动员，让学生充分认识到毕业论文写作的重要性、严肃性、艰巨性。特别是要向学生介绍清楚毕业论文写作的日程安排、写作任务、写作流程、写作规范、各环节的具体要求、写作纪律、论文写作中常见性错误等有关内容，要求学生在写作过程中认真执行。

毕业论文工作动员对学生高质量地完成毕业论文写作具有重要意义。所以，学校、院（系）一定要对这项工作充分重视，认真组织。一般可以由有经验的老师开设论文写作专题讲座，并制作成多媒体课件进行演示，提高效果。指导教师也要事先进行系统性学习，以避免错误性指导。另外，学校要充分利用校园网这个平台，多种渠道并行，宣传有关论文写作的安排、要求、格式规范等。

三、确定指导教师，组织开展选题工作

指导教师的选定往往与选题结合在一起进行，选题的过程在一定程度上就是选指导教师，选指导教师的过程在一定程度上又是选题过程。

因此，为确保毕业论文工作质量，首先，必须为学生配备符合要求的指导教师，院（系）一般应选派具有中级以上职称或具有硕士以上学位、有较高业务水平和科研工作经验、思想作风好、工作责任心强的教师担任指导教师。其次，为便于学生了解指导教师的情况，应及时公布指导教师的基本情况，包括教师的个人简历、科研成果、研究方向等，为学生选择指导教师提供参考。再次，建议学校实行"双向选择"的原则确定指导教师，根据学生的情况与教师的情况，进行双向性的选择，以形成适当的竞争机制。为保证论文指导质量，每位教师指导论文的数量应适宜，一般不超过10位学生。最后，在确定指导教师后，应尽快安排指导教师与学生见面，建立相互联系。

在指导教师基本确定后，教研室应首先组织指导教师提供毕业论文参考选题，经所在专业组织教师统筹后，报院（系）论文领导小组审核批准，由各院（系）在第七学期中期统一公布。其次，组织学生进行选题。由学生结合自身情况，在指导教师的指导下进行选题。学生经申请也可以提出自己的研究课题。学生选题一般为一人一题，两人以上合作一个课题时，要分别列出不同要求，各自独立完成其中的一部分，根据各自的侧重点分别形成各自的论文题目。再次，经过师生双向选择后，初步确定选题。学生选题后经指导教师确认后方为成功。在双向选择中未能落实选题的，由工作小组协调落实。最后，确定选题后，指导教师在规定时间内填写毕业论文任务书，经所在专业工作小组审批后向学生下达执行。

四、组织开题

学生选定题目后，在指导教师的指导下，根据已下达的毕业论文任务书进行论文的前期调研与资料收集准备工作，并准备撰写开题报告。学生的开题报告，须在一定范围内报告和论证，一般由指导教师主持并有3名以上相关专业教师参加，经参加人员认真讨论并作出同意决议，方能通过。开题时间一般可安排在第七学期结束前或第八学期第一周前进行，学生应在规定时间内将开题报告交指导教师。开题报告内容应该填写完整，符合要求。开题报告通过后，学生进入论文研究与撰写阶段。如未通过者，须在一

定时间内补做开题报告。开题报告通过后,原则上一般不再随意改题。如确有特殊原因需改题者,须由学生写出书面报告,经指导教师签署意见,报学院(系)论文工作领导小组审批,并在规定时间内补做开题报告,重新开题。

五、组织指导教师对论文写作进行指导

在确定论文指导教师和指导对象后,学生应该在指导教师的具体指导下完成论文开题报告撰写、论文初稿起草、论文修改、论文定稿、论文答辩准备等各个环节的工作。院(系)应动员指导教师以良好的师德、严谨的学风指导和影响学生,因材施教,以高度的责任心和认真负责的态度指导学生完成毕业论文写作的各个环节。同时也要在指导过程中充分发挥学生的积极性和创新性,避免放任自流和包办两个极端。在学生完成毕业论文之后,指导教师应根据论文质量标准对学生论文质量进行评价,提出建议成绩,写出论文评语。

六、加强过程管理,进行中期检查

为了了解和掌握指导教师的指导情况和学生的写作情况,包括写作进度、完成的质量、出现的问题,更好地做好后期工作,校、院(系)应适时检查指导教师的指导工作和指导过程,发现问题及时纠正和处理,并做好工作记录。校、院(系)一般可在第八学期第5~6周组织进行中期检查工作,主要检查指导教师的指导情况、学生撰写毕业论文进展情况及存在问题、指导教师的指导意见及改进措施等,一般可通过问卷调查、师生座谈会、填写中期检查记录表等方法进行检查。指导教师应对写作不力、表现不佳的学生进行批评教育,并加强督促。院(系)对指导不力的教师也要批评指正,督促教师抓紧做好后期的指导工作。

七、组织论文评阅与答辩

为确保毕业论文质量,毕业论文管理过程一般包括指导教师指导、评阅教师评阅、答辩三个部分。院(系)应成立毕业论文答辩委员会,制定毕业论文评阅及答辩工作方案。在答辩委员会的领导下,根据指导教师不能兼任所指导学生的评阅教师的原则,对学生进行分组评阅,并要求评阅教师及时上报评语和评阅成绩。

根据指导教师和评阅教师的意见,在举行答辩会前,各院(系)答辩委员会(小组)、答辩者三方都要做好充分的准备。院(系)要做好答辩前的组织工作,包括审定学生的答辩资格、组织答辩小组、拟定答辩程序、布置答辩会场等。就答辩小组而言,接到论文后,要认真仔细地审读学生论文,并拟定答辩问题。在完成上述各项准备工作的基础上,严格按答辩程序组织好答辩过程,最后进行答辩评议和答辩成绩的评定。

八、成绩评定和管理

毕业论文是实践教学的重要环节，是学生能否毕业和取得学位资格的重要依据，因此必须对学生的完成情况、完成质量进行考核，评定毕业论文成绩。

毕业论文成绩一般应由指导教师评定、评阅教师评定、答辩评定三个部分组成，具体每部分比例可根据各学校自身情况制定，在毕业论文答辩全部结束后，各院（系）答辩委员会应认真审查学生论文成绩的评定情况，填写毕业论文成绩审核汇总表，报院（系）毕业论文工作领导小组审定后，按学校规定的程序进行论文成绩处理。

九、论文工作总结

为了不断提高毕业论文的水平和质量，有针对性地找出存在的问题和不足，及时改进论文写作及教学工作，在每届毕业论文工作结束后，学校及院（系）应对毕业论文工作认真做好工作总结，重点包括毕业论文工作基本情况、毕业论文工作组织管理情况、毕业论文答辩组织工作及学生答辩情况分析、毕业论文质量分析、存在不足及建议等。

十、论文的存档及管理

毕业论文档案是记录毕业论文教学工作状态的重要资料，也是学校教学档案的重要组成部分，是在毕业论文教学管理和教学实践活动中直接形成的具有保存价值的、反映毕业论文教学运行、教学管理和教学建设的重要标志性材料。一般包括：一是学校和院（系）有关毕业论文管理的规章制度；二是学校和院（系）毕业论文教学环节的过程管理材料，如毕业论文任务书、中期检查记录表、指导教师指导记录、评阅表、答辩情况记录、成绩评定等；三是各届毕业生的毕业论文的成果材料，具体包括开题报告、文献综述、论文正文等。

十一、论文的质量评估

为确保毕业论文教学环节的质量，学校可在每届毕业论文工作完成后，组织校内外专家对毕业论文工作进行系统的质量评估，具体包括学校及院（系）组织管理情况、论文选题情况、指导教师指导情况、开展中期检查情况、评阅情况、答辩组织、成绩评定、毕业论文质量等方面。学校可根据质量评估结果，评出优秀指导教师和优秀论文，对有突出表现的院（系）和指导教师进行适当的奖励，对出现的问题制定具体的改进措施。同时，开展各个层次、类别的经验交流会，提高学校的总体毕业论文质量。

第三节 毕业论文的指导

毕业论文写作不同于一般的文学写作或应用写作，论文写作需要在专门的学科内，运用科学的方法进行创造性劳动。另外，毕业论文的写作是一项艰巨的工作，对于初学者来说，往往不理解毕业论文写作的意义、方法、基本规律等，学生在写作过程中，自始至终都需要教师的鼓励、帮助和指导。因此，毕业论文的写作需要师指导教师利用自身的专业知识、学术水平和写作经验给予系统的指点和引导。教师的指导是确保毕业论文教学质量，确保学生顺利完成毕业论文写作，从而顺利完成毕业论文教学环节的重要保障。

一、指导教师的资格、条件

（一）指导教师的资格

选择符合要求的指导教师是确保毕业论文工作顺利进行的重要条件，学校、院（系）必须对毕业论文指导教师的资格进行认真审核。毕业论文指导教师一般要求具备硕士学位或讲师职务，或通过岗前培训，取得教学资格。根据这一要求，学校一般应选派具有讲师及以上职称或具有硕士学位、有较高业务水平和科研工作经验、思想作风好、工作责任心强的教师担任毕业论文指导教师。为保证论文指导质量，每位教师指导论文的数量不宜过多，经济管理类指导教师一般以指导学生不超过 10 人为宜。指导教师在指导工作中，既要认真负责、抓住关键，又要注意因材施教、严格要求，充分发挥学生的积极性、主动性、创造性，防止包办代替。要鼓励学生在正确的学术思想指导下，勇于探讨和钻研问题。

对于部分高校经济管理类专业邀请校外实务界人员担任毕业论文指导教师，原则上要求所聘用的指导教师应具有中级以上职称或担任所在企事业单位中层管理以上职务。

（二）指导教师的条件

为确保指导教师能够对学生的毕业论文写作进行高质量、规范化的指导，学校在确定指导教师时，除了要考虑指导教师所具备的基本任职资格条件外，还需要考察指导教师是否具备指导毕业论文的能力条件，即确保教师有能力指导学生的毕业论文写作，这样才能对学生起到有益的指导。一般要求指导教师具备以下条件。

1. 思想作风好，具有良好的职业道德修养

毕业论文指导时间跨度长，全程近一个学年，对于学生来说，毕业论文的写作是一项艰巨的学习任务；就教师而言，毕业论文的指导是一项艰巨的教学工作。学生作为论文写作的初学者，往往缺乏必要的写作经验和技巧，在写作过程中，自始至终都需要教师的鼓励、帮助和指导，需要指导教师投入较大的精力和时间。这就要求指导教师有较高的职业道德修养，对论文指导工作认真负责，在思想上高度重视，并将该工作纳入自身日常教学工作计划，对学生负责，对教学质量负责，进而认真地、充分地指导和评阅。

毕业论文指导不同于其他课程的教学，不需要在特定的时间、空间范围内进行教学，对教师和学生不存在严格的纪律约束。作为学校也很难对教师的指导工作量和学生的论文学习量作一个明确的规定，往往会有较大的弹性和空间。这就全凭指导教师的责任心对自己、对学生、对过程进行控制与把握。所以，需要指导教师有良好的工作态度和职业道德，能进行有效的自我约束，自觉遵守指导纪律，同时对学生严格要求，督促学生遵守写作纪律，按时完成各项工作。

毕业论文指导除了指导学生按时、保质完成毕业论文任务外，更重要的是要培养学生勇于探索的创新精神、严肃认真的科学态度和严谨求实的工作作风，指导教师在论文指导过程中所展示的工作作风对学生学风具有直接的示范效应。在论文写作中，指导教师是学生的直接楷模，学生的写作态度、品德行为乃至思维方式都潜移默化地受指导教师的影响。教师的指导行为不但影响论文教学活动的质量，而且在很大程度上决定其能否有效地促进学生优良作风的形成。

2. 专业理论素养强，具有一定的科研能力和学术水平

指导教师的专业理论素养、学术水平直接影响学生毕业论文的质量。这就要求指导教师在专业上、在科研上有一定的造诣，了解本学科的历史、现状、前沿研究动态、发展方向，熟悉国内外的相关研究和最新研究成果，有自己的独到见解。同时，理论研究不能脱离实践运用，特别是经济管理学科作为应用性学科，其理论研究往往需要与社会实际相结合。所以，指导教师还要关注相关实践领域，具有良好的实践能力，以指导学生在毕业论文写作时理论联系实际。另外，学生选题的多样性，要求教师具备多方面的知识，能对不同领域的学科有一定的涉及，有一定深度和广度的研究。

毕业论文写作是学生在教师的指导下综合运用所学知识和能力进行的一种科学研究，在写作过程中，学生需要完成文献综述、开题报告、写作提纲、外文文献翻译、论文正文等一系列成果，具有一定的科研含量和学术水准。针对这样的一项写作工作进行指导，需要指导教师具有相当水平的科研能力，在指导学生写作时才能游刃有余。

3. 拥有良好的写作技巧和写作能力

毕业论文要通过写作来完成，写作是毕业论文的完成过程。无论是有价值的选题、新颖的观点、丰富的材料，还是合理的论文结构、谋篇布局，最终都要通过写作来体现价值。写作就是运用一定的文体格式和语言，将学生一种内在的系统性思考表现为一种外在的整体性文字，写作技巧和写作能力对论文质量也起着决定性的作用。同时，论文

的篇幅比较大，仅仅正文就要求在 8 000 字以上，加上文献综述、开题报告、外文文献翻译等，字数总量达到 15 000 字以上。而且结构比较复杂，有序论、本论、结论；层次多，有中心论点、上位论点、下位论点、段旨等；环节多，而且许多环节可能是学生第一次接触到的，特别是平时锻炼较少的学生，更是需要指导教师加强写作技巧与写作能力的指导。因此，指导教师自身必须要拥有良好的写作技巧和写作能力。

4. 写作基础扎实，具有较高的论文写作指导水平

论文指导是毕业论文的教学方式，是实践性教学环节的具体开展，教师的指导水平就是教学水平的体现，是影响学生论文质量的重要因素。教师要不断地提高自己的指导水平，掌握科学的指导方法，对学生进行高质量的指导。指导教师应根据毕业论文的教学目标，坚持因材施教，充分发挥学生在论文写作中的主体性作用，合理选择研讨式、启发式、纠错式、传授式等不同的指导方法，与学生建立良好的沟通渠道，指导和督促学生按进度计划撰写毕业论文，克服撰写过程中的困难。论文指导应尽可能采用面对面的方式，以便充分交流，适当地可辅助于 E-mail、网络对话和电话等形式进行指导，但必须保证一定的面授时间与次数。

5. 严谨认真，熟悉论文写作规范和要求

第一，指导教师必须具有严谨认真的态度，熟悉学校的人才培养规格和毕业论文教学目标；第二，指导教师要熟悉校、院（系）对毕业论文的写作安排，根据学生选题情况，向学生下达毕业论文的任务书，帮助学生制定科学合理的写作计划；第三，指导教师应熟悉毕业论文各部分的写作要求，包括文献综述的写作要求、开题报告的写作要求、外文文献的翻译要求、论文正文的写作要求等；第四，指导教师应熟悉毕业论文写作的基本流程，指导学生按照论文写作的基本工作程序和工作流程的要求进行写作，循序渐进；第五，指导教师应熟悉毕业论文的规章制度和撰写规范。

二、指导教师的职责和任务

（一）指导教师的职责

指导教师的工作质量，直接影响到学生的毕业论文质量，因此，必须对指导教师的工作职责予以明确，加强管理，督促指导教师切实履行职责，指导教师也一定要以积极、负责、认真的态度做好指导工作。指导教师的主要职责有：全程指导学生论文写作过程；制定毕业论文任务书，明确毕业论文的写作要求和工作计划；组织开题，写出开题意见；对学生的论文提出修改意见；对毕业论文进行评阅，写出评语，评定论文成绩等。

（二）指导教师的任务

1. 指导学生选题并进行研究方法的指导

一般来说，学生会在院（系）提供的参考选题范围内初选一个选题。在学生确定初选题目后，指导教师应对学生所选择的论题进行深入的研究，在充分了解学生以往学习情况、学习能力的基础上，与学生进行商谈，指导学生进一步论证选题，在反复审定后，确定学生论文题目。

学生撰写毕业论文的主要目的，是运用所学知识，独立进行科学研究活动，用科学研究的方法独立解决一个专门的问题。因此，老师指导任务的重点之一是对学生进行科学研究方法、论文写作方法的指导，而不是把有关某个问题的全部材料、知识和论点全盘交给学生。老师要给学生锻炼的机会，培养他们独立进行科学研究的能力。

2. 介绍主要参考资料和文献，指导学生收集与整理有关材料

指导教师应根据学生选题和自身的专业背景、经验积累，向学生介绍本学科的主要参考资料和文献，并告诉他们利用文献资料的具体途径和方法。首先，要指导学生阅读有关选题的政策文献、背景材料、他人的研究成果、相近学科的资料等，指导教师应指导学生尽量收集与课题有关的资料，以便写作论文时有挑选的余地；其次，指导学生确定材料的收集范围，指导教师应向学生提供建议参考书目和报纸杂志，便于学生缩小材料的收集范围；再次，指导学生对收集来的材料进行整理，在认真阅读材料的基础上，将收集的材料按主题或按项目进行分类，认真地对材料的适用性、真实性、典型性等进行辨析；最后，指导学生收集和整理材料的基本方法，如主要数据库查询、做卡片、做笔记、剪贴报纸杂志、图书馆借阅、自己购买等。

3. 审核学生的论文开题报告

开题报告的内容一般包括论文研究的现状与意义、研究目标与内容、论文拟解决的关键问题、研究的基本思路和方法、研究计划及进度安排。开题报告是对毕业论文的主要内容、写作思路和篇章结构的基本构思，实际上是论文初稿的雏形、框架。指导教师应重视开题报告环节，开题的工作做得好，后面的论文写作就可能顺利。指导教师应对学生的开题报告仔细审阅，提出具体的指导意见和修改意见，经学生反复修改直至满意方可。

一般可由指导教师组织三名以上具有论文指导资格的教师组成小组，于第七学期末或第八学期初组织召开开题报告会，听取学生的开题报告，对学生的选题和写作思路进行全面论证，对资料的收集提供新的文献和信息等。开题报告会要特别重视学生开题报告中整体构架的确定，以免论文撰写中对整体构架推倒重来。

4. 定期检查学生的论文进度，指导论文修改与定稿

开题报告后，学生进一步收集资料撰写初稿，指导教师需定期与学生联系，检查学

生的论文进度，指导答疑。采取面谈、电话、E-mail 等多种途径对学生进行富有启发性的有效指导。学生写出初稿后交指导教师，指导教师应作出及时反馈。学生论文初稿的质量如何关系重大，底子较差的论文往往需要通过修改来提高质量，这给指导教师提出了更艰巨的任务，教师得仔细阅读初稿，提出针对性强、可操作的修改意见。

学生在老师的指导下对初稿进行认真修改后，写出第二稿。指导教师进一步提出修改意见。一般来说，一篇论文至少需要经过指导教师两次审阅并提出修改意见，学生一改再改并经指导教师三阅认可后方能定稿。

在具体操作层面上，指导教师可从以下方面指导学生进行论文的修改。一是指导学生斟酌论点和标题，对中心论点和各从属论点作进一步的审视，对论文的标题审视推敲；二是指导学生进一步检查论文层次是否清楚，思路是否通畅，结构是否完整和严密；三是指导学生对材料进行核实与调整，检查引用的材料是否确凿有力，是否有出处，是否能相互配合说明论点，是否发挥了论证的力量，是否合乎逻辑，是否具有说服力，并对材料进行调整；四是指导学生检查论文的语言和标点，包括语言是否准确规范，能否准确地表达论文的内容，语言是否简洁明快，能否精练地表达论文的内容，语言是否生动形象，标点符号的书写是否规范；五是指导学生在学校规定的截止日期前，将论文定稿、校核和打印。

5. 指导学生做好论文答辩的准备工作

在学生参加毕业论文答辩前，首先，教师应指导学生做好论文报告准备，制作多媒体课件；其次，要指导学生熟悉毕业论文答辩程序和时间要求；再次，指导学生进行答辩内容准备；最后，要指导学生论文答辩技巧和答辩注意事项。有条件的学校，可于正式答辩之前，举行预答辩。

三、毕业论文的指导方法

毕业论文教学是一种特殊的教学方式，所谓指导方法就是毕业论文的教学方法，但与一般教学方法相比较，在论文教学中，教师与学生的地位发生了根本性的转变，师生关系发生显著变化，教师只对学生的论文写作起到指点和引导作用，学生才是毕业论文写作的真实主体。在毕业论文的指导过程中，教师要注意根据不同的学生特点，采取有针对性的方法，调动学生积极性、主动性，引导学生开创性地进行毕业论文撰写工作。

（一）毕业论文的指导原则

对于不同的学生，应根据毕业论文的教学目标，综合考虑学生的不同特点、选题方向和指导教师的工作风格，采取不同的指导方法。尽管如此，毕业论文指导还是有一些共同的原则可以遵循。

1. **教学目标一致原则**

毕业论文是为了培养学生综合地、创造性地运用所学知识和技能，提高分析与解决较为复杂问题的能力，培养学生勇于探索的创新精神、严肃认真的科学态度和严谨求实的工作作风，使学生受到科学研究工作各个环节的实际锻炼，初步掌握科学研究的基本方法，具有从事科学研究工作的初步能力。所以，指导方法的选用应有助于论文教学目标的实现，重在提升学生的创新力和研究力。

2. **有的放矢原则**

学生个体差异的存在是一种客观的现实，主要由以下原因引起。一是知识积累的差异，特别是课外知识的积累。二是能力形成的差异，特别是科研能力和写作能力，这是一种综合能力，在于日常的潜移默化、日积月累的提高，学生在入学时这些差距不大，但到毕业时差距就比较大了。上述两种差异，使得不同学生的毕业论文写作能力出现较大差距，指导教师应根据学生能力的不同选择相应的指导方法，即因"才"施教。三是指导教师应根据学生选择的论文题材不同而选用不同的指导方法，即因"材"施教。

3. **教师主导原则**

教师主导原则并不是指教师要完全代替学生进行毕业论文撰写工作，而是指在整个论文写作过程中，要坚持指导教师负责制，由教师引导学生采取有针对性的写作思路和方法，并对毕业论文中的原则性问题进行把关，如选题是否合适、材料是否妥当、观点是否正确、结构是否合理等问题。

4. **学生主体原则**

毕业论文的写作要由学生自己独立地完成，独立思考、自主写作，充分发挥学生的主体性作用，教师的作用则主要是调动学生学习的主动性，引导学生的写作思路，激发学生的创造性和潜能，教师不能越俎代庖。教师在选用指导方法时要充分体现学生的主体性原则。

（二）毕业论文的指导方法

1. **启发式指导方法**

启发式指导方法是指通过指导教师的指点、引导和启示，激发学生自觉地、积极地学习和思考，独立地、主动地参与毕业论文写作实践的教学方法。

启发式指导注重教师的主导性和学生的主体性相结合。在这种方法下，指导教师对学生论文的写作起着主导作用，由教师来对毕业论文中的原则性问题进行把关，如选题是否合适、材料是否妥当、观点是否正确、结构是否合理等问题，但教师不能越俎代庖，代替学生构思和撰写。教师只通过分析提示，启发学生独立思考，充分发挥学生的积极性、主动性和创造性，同时又保证毕业论文的思想性和科学性。学生是论文写作的主体，独立进行写作，独立完成任务；论文是学生个人完成的独立成果，由学生个人对论文的具体论点、论据、数据以及逻辑性等负责。

启发式指导是一种常用的论文指导方法，适用面比较广，这种以教师为主导、以学生为主体的教学方法与毕业论文的教学目标比较一致，既能利用教师的专业知识、写作经验，以启发的方式进行指导，同时又能确保论文是学生个人独立完成的。启发式教学严格意义上说不是一种教学方法，而是一种教学思想，这种思想应体现在各种具体的教学方法中。在论文指导中，具体的启发方法有很多，包括：一是用矛盾进行启发，指导教师把学生思维引到论文矛盾的焦点上，促使他们动脑筋；二是用比喻进行启发，指导教师用学生所熟悉的事物作比喻，可以使问题具体化、形象化，激发起学生的联想和思考；三是用类比或对比进行启发，对于论文写作中的难点，教师要善于从学生已有的生活经验和感性知识中捕捉那些有助于突破难点的事例，用以引起学生相似性启发；四是用设问进行启发，通过指导教师设置问题，供学生思考，通过对这些问题的思考，来间接地完成对论文的思考。

2. 探讨式指导方法

探讨式指导方法是指指导教师以平等的身份参与学生论文选题、构思、论证的探究和讨论，以相互探讨的形式对学生的论文进行指导。

探讨式指导方法的核心是教师与学生的身份是平等的。教师不以专家的身份要求学生应该怎样，不应该怎样，而是以对学生的选题同样进行研究的参与者身份，与学生一起进行研究讨论；学生也不是以被指导者的身份与教师进行交流，学生具有较充分的自主性和独立性。探讨式指导方法的形式是探讨，是教师与学生之间的平等探讨，通过这种平等的讨论，指导教师了解学生的写作思路，学生了解指导教师的指导思路，互相启发，引发联想，从而引发学生创造性设想的连锁反应，并产生大量的创造性、创新性思想和观点。这就改变了一般的以老师为主导、学生为主体的论文指导方法，更加突出了学生的主体性。

探讨式指导一般适用于学生的选题是指导教师新近开始接触的课题，教师就选题内容也还处于研究过程中；或者是学生具有较好的研究基础，能较深入地思考一些问题，有自己的独到见解或深刻理解，并具有较好的表达能力。

教师在运用研探讨式指导时，要引导学生放开思想，围绕中心论点充分发表意见。指导教师对学生的写作思路和主要观点不作出判断性的结论，只从正面阐述自己的意见。指导教师应努力营造一种良好的气氛，使学生能信心百倍地参加到问题的讨论中来，在较短的时间内产生许多设想，想法越多，联想越丰富，成效也就越显著。经过讨论后，指导教师对自己的观点和学生的思路加以概括和整理，并提出建议、意见，供学生参考。

3. 纠错式指导方法

以发现并指出学生毕业论文中存在的错误为主要方式，促进学生改正论文中的错误而逐渐使论文趋于完善的一种指导方法。

错误是学生论文写作中常见的一种现象。论文是反映作者对客观事物的认识，写作论文是一个认识过程，是作者把客观事物用主观认识进行描述、分析。但要清楚地认识客观事物并不容易，反映它更是困难。受各种主客观条件的制约，在认识过程中经常会出现片面性和主观性，作者对研究成果的反映也有一个由不够准确、恰当的过程，到比较准确、恰当的过程。这就使得在论文的写作过程中会经常出现各种各样的错误，如文章结构不清、逻辑混乱、用词不当、词不达意，写出的文章不能完整、准确地反映作者的思想等。所以，纠错是提高论文质量的一种必然方法。论文的修改就是一种常用的纠错方法。论文是写出来的，但论文更是改出来的。修改是论文写作的重要环节，每一次修改都有助于论文质量的提高。

纠错式指导也是指导教师比较习惯使用的一种常用方法。在日常的指导工作中，指导教师在一定程度上扮演的是审查者的角色，学生选题、拟订提纲、完成初稿后都要经指导教师审阅。在每一次审阅中，指导教师的主要任务就是发现文中的错误和不足，给学生指出来，教给学生去修改。

4. 传授式指导方法

传授式指导是指导教师通过系统、全面的讲解形式对学生进行论文写作指导。这是一种以教师为主体、学生被动接受的单向式教学方法，也是我国长期以来比较常用的传统教学方法。在这种方法下，论文的写作以教师为中心，教师通过讲解把如何选题、如何拟订提纲、如何撰写正文等内容传授给学生，学生则被动地接受教师传授的知识和写作安排，如何选题由教师指定，论文的观点由教师提出，论文的结构由教师安排，而学生则没有自己的独立思考。

这种方法从理论上来说不适用于毕业论文的指导，因为它与论文的研究性、创新性教学目标是不相一致的，但在实践中，这种方法还有一定的应用市场，主要是在两种情况下比较适用：一是论文指导中，有一些基本的写作要求、知识、经验需要教师以讲解的方法传授给学生，这时学生是被动接受教师的知识；二是对一些专业基础和写作能力比较差的学生，指导教师往往还需要系统地给学生进行讲解。

毕业论文的指导方法是多种多样的，每一种方法各有缺点，各有适用性，应根据需要进行选择运用。同时，指导方法的分类是相对的，不同方法之间并没有绝对的分界线，有交叉重叠的内容，在实际运用中也需要几种方法结合起来综合运用，以便更好地发挥教师的指导作用。

四、在论文指导的环节中对学生的要求

学生应充分认识毕业论文教学环节的重要性，严格按照学校毕业论文有关规定执行，虚心接受指导教师的指导，独立按时、保质保量地完成毕业论文写作。具体要求

如下。

(一) 认真选题，拟定研究计划

选题是毕业论文写作的第一步，不可以随便选一个了事，需要认真对待。学生的选题应考虑自身实际情况，应有利于自己综合运用所学知识，有利于培养自己的创新能力，并使自己受到必需的专业技能的训练。学生选题应尽可能与学科发展前沿和社会实际相结合。

按照学校规定的时间，学生在第七学期进入毕业论文教学环节，开始选题。第八学期专门安排毕业论文的撰写，一般时间不少于 8 周。毕业论文教学周期一般要求在第八学期的 5 月底前完成。具体包括选题、开题报告、资料收集、调查研究、论文撰写、答辩六个程序。学生应根据这个程序，严格按照院（系）的具体时间要求拟定研究计划。

(二) 认真撰写论文开题报告

论文开题报告必须经过指导教师或者指导教师小组审阅后才能进行论文写作。开题报告的内容一般包括论文研究的现状与意义、研究目标与内容、论文拟解决的关键问题、研究的基本思路和方法、研究计划及进度安排、参考文献等。学生在开题报告中，必须阐述对选题认识是否清楚，对材料准备是否充分，对问题的思考是否透彻，对方法的掌握是否到位。开题报告阐述越充分，就越可能得到指导教师更具有针对性的指导。

(三) 按计划开展资料收集、调查研究等工作，在实践中努力提高解决实际问题的能力

为毕业论文收集资料，是一项烦琐而辛苦的工作，如果学生在此之前没有一些积累的话，这项工作就更加的艰巨。尽管如此，学生还是要尽可能多地收集资料。指导教师可给学生指定必要的参考文献，学生一定要查阅指导教师指定的参考文献，而且还要尽可能地拓宽收集资料的范围。要注意边收集，边思考。注意对资料的来源、出处作好记录。不可完全依赖互联网，只在网上查找资料，网上的资料如出自纸质文献，引用最好以原始的纸质文献为准。

经济管理类毕业论文选题很多涉及社会实践问题，往往需要制作调查问卷，进行一定范围内的社会调查，其工作量也比较大，当然对学生的锻炼价值也更大。学生应根据需要解决的问题，设计好调查问卷，在教师的指导下，开展调查，获取第一手资料。学生应充分利用这样的实践机会，提高自己解决实际问题的能力。

(四) 毕业论文要有一定的创新性，论文的撰写要符合学术规范

毕业论文要有一定的创新性，这是毕业论文写作的基本要求，学生应努力达到。论

文撰写要在充分借鉴他人已有研究成果的基础上，提出创新性的解决措施或研究成果，对他人已经研究透彻的问题就不要再浓墨重彩地去研究了。

论文的内容应是言之有理，持之有据，内容充实，材料可靠。论文撰写要符合本专业的学术规范，严格按照学校毕业论文的规范要求来做。

（五）严格遵守论文学习纪律和院（系）的各项规章制度

为保证学生顺利完成毕业论文教学任务，许多高校都对学生在学习纪律方面有明确的要求，如要求学生主动、定期与指导教师联系、面谈；按时间进度要求完成各项任务；不得无故缺席指导教师的答疑安排，否则按旷课处理；对于缺席时间累计达到三分之一者，取消毕业论文答辩资格，不得参加答辩，论文成绩按不及格处理。学生必须严格遵守相关学习纪律，按时、保质完成毕业论文教学任务。

参 考 文 献

[1] 李炎清. 毕业论文写作与范例 [M]. 厦门：厦门大学出版社，2011.
[2] 尤利群，王序坤，余羡鸿. 管理类学生毕业论文的写作与指导 [M]. 杭州：浙江大学出版社，2009.
[3] 刘晓华，任廷琦. 毕业论文写作导论 [M]. 北京：科学出版社，2004.
[4] 陈国海. 商科学位论文写作与研究方法 [M]. 北京：清华大学出版社，2009.
[5] 王海滋，张雷，许娜. 工商管理类毕业论文写作指导 [M]. 武汉：华中科技大学出版社，2009.
[6] 霍唤民. 经济论文写作 [M]. 北京：首都经济贸易大学出版社，2006.
[7] 卢卓群，普丽华. 中文学科论文写作 [M]. 北京：中国人民大学出版社，2008.
[8] 丁斌. 专业学位硕士论文写作指南 [M]. 北京：机械工业出版社，2011.
[9] 储佩成. 经济管理类专业毕业论文写作指南 [M]. 广州：中山大学出版社，2003.
[10] 中华人民共和国学位条例实施办法 [Z]. 2004-8-28.
[11] GB/T7713—1987 科学技术报告、学位论文和学术论文的编写格式. [S]. 北京：中国标准出版社，1987.
[12] 吴秀明，李友良，张晓燕. 文科类学生毕业论文写作指导 [M]. 杭州：浙江大学出版社，2003.
[13] 候先荣，曹建新. MBA 学位论文写作指南 [M]. 广州：华南理工大学出版社，2006.
[14] 蔡铁权，楼世洲，谢小芸. 教育硕士专业学位论文写作指导 [M]. 杭州：浙江大学出版社，2005.
[15] 孙洁. 毕业论文写作与规范 [M]. 北京：高等教育出版社，2007.
[16] 风笑天. 社会学研究方法 [M]. 北京：中国人民大学出版社，2005.
[17] 陈潭. 公共政策案例分析 [M]. 北京：社会科学文献出版社，2008.
[18] 李兴仁，王荣党. 毕业论文写作指导 [M]. 北京：科学出版社，2008.
[19] 刘建新. 毕业论文写作与答辩 [M]. 北京：新华出版社，2006.
[20] 姚先国，牛海霞，张绍峰. 经济类学生毕业论文写作指导 [M]. 杭州：浙江大学出版社，2004.
[21] 仇立平. 社会研究方法（万卷方法）[M]. 重庆：重庆大学出版社，2008.
[22] 于玉林. 财经科学研究、文献阅读与应用写作 [M]. 北京：经济科学出版社，2008.
[23] 张彦，吴淑风. 社会调查研究方法 [M]. 上海：上海财经大学出版社，2006.
[24] 张兴杰. 社会调查 [M]. 南京：南京大学出版社，2008.
[25] 王萌. 浅谈访谈法中的提问技巧 [J]. 现代教育科学，2006 (5)：105-108.
[26] 孙海法，朱莹楚. 案例研究法的理论与应用 [J]. 科学管理研究，2004，22 (1)：116-120.
[27] 袁方. 社会研究方法教程 [M]. 北京：北京大学出版社，2004.

附录

经济与管理类毕业论文范文

银行动态拨备的逆周期性研究

陈敏诗

摘 要

　　美国次贷危机显示出银行按照国际会计准则对已发生损失计提拨备存在顺周期性缺陷，引起了各界对逆周期宏观审慎监管的关注，而动态拨备制度是实施宏观审慎监管逆周期政策的重要工具。动态拨备制度通过在经济繁荣时期积累拨备为经济衰退时期的贷款损失提供缓冲，缓解金融体系的顺周期性，防止金融损失和系统性风险的积累扩大。本文通过理论分析和利用中国上市商业银行数据进行实证研究，分析银行动态拨备的逆周期性。实证结果显示中国近年来GDP增长率与拨备覆盖率之间存在正相关关系，说明动态拨备制度具有一定逆周期性作用。但是由于中国实施动态拨备制度的时间不长，获得数据有限，而且拨备制度的逆周期性很大程度依赖于金融监管部门的政策导向，中国需要建立健全科学的动态拨备模型和制度。

关键词：动态拨备；逆周期；贷款损失准备；宏观审慎监管

Counter-cyclical Analysis of Bank Dynamic Provision

Chen Minshi

Abstract

　　The United States subprime mortgage crisis shows the pro-cyclical drawback of the loan loss provision based on accrued loss, and leads to the attention to macro prudential regulation in social circles. As an important tool of counter-cyclical policy for macro prudential regulation, dynamic provision provides a cushion for the loan loss of economic recession by accumulating provision in economic prosperity, thereby reducing the pro-cyclicality of financial system and preventing the accumulation and expansion of loan loss and systematic risk. This article analyses the counter-cyclicality of the dynamic provision via theoretical analysis and empirical study by building a Panel Data model based on the data of listed commercial banks of China. The result shows a positive correlation between the growth rate of GDP and provision coverage ratio in recent years, which means that the dynamic provision has some counter-cyclical function. Since dynamic provision has just been put into effect recently, the access to data is limited, and the counter-cyclicality of the provision depends largely on the policy guidance of financial supervision department, a scientific dynamic provision model and regulation need to be established and improved.

Key Words: Dynamic provision; Counter-cycle; Loan loss provision; Macro prudential regulation

目 录

- 一、绪论 ……………………………………………………………………… 248
  - （一）文献综述 ………………………………………………………… 248
    - 1. 国外的研究综述 ………………………………………………… 248
    - 2. 国内的研究综述 ………………………………………………… 249
  - （二）研究框架 ………………………………………………………… 250
  - （三）研究意义 ………………………………………………………… 251
    - 1. 信贷行为的顺周期性 …………………………………………… 251
    - 2. 经济周期波动性 ………………………………………………… 252
    - 3. 动态拨备制度的作用 …………………………………………… 252
    - 4. 研究意义 ………………………………………………………… 252
  - （四）术语说明 ………………………………………………………… 253
- 二、理论分析 ………………………………………………………………… 253
  - （一）贷款损失准备的顺周期效应 …………………………………… 253
  - （二）动态拨备的逆周期性 …………………………………………… 255
    - 1. 动态拨备的基本原理 …………………………………………… 255
    - 2. 西班牙动态拨备模型 …………………………………………… 256
    - 3. 中国的动态拨备制度 …………………………………………… 258
- 三、实证研究 ………………………………………………………………… 261
  - （一）假设 ……………………………………………………………… 261
  - （二）计量模型 ………………………………………………………… 261
    - 1. 变量设定 ………………………………………………………… 261
    - 2. 模型构建 ………………………………………………………… 262
  - （三）实证检验 ………………………………………………………… 262
    - 1. 数据解释 ………………………………………………………… 262
    - 2. Panel Data 模型分析 …………………………………………… 262
- 四、结论 ……………………………………………………………………… 263
- 参考文献 ……………………………………………………………………… 265
- 致谢 …………………………………………………………………………… 267

一、绪论

美国次贷危机暴露出按照国际会计准则根据已发生损失计提贷款损失准备的顺周期性缺陷，根据已发生损失的贷款账面价值和未来现金流计提贷款损失准备，没有覆盖未来损失的预期。在经济上行时期，由于贷款需求高贷款质量良好，不良贷款率低，根据已发生损失所计提的贷款损失准备减少，促进了放贷的增加刺激经济更加繁荣；在经济下行时期，由于贷款质量下降，不良贷款率上升，根据已发生损失计提的贷款损失准备增加，加剧贷款的紧缩和经济萧条。经济上行时期计提的贷款损失准备不足以覆盖经济下行时期的贷款损失，加剧了贷款行为的顺周期性。以此次金融危机为例，经济条件恶化，企业盈利水平下降，违约率提高，银行贷款质量下降，根据已经发生的损失需要计提更多的贷款损失准备，提高了银行的借贷成本，促使银行压缩信贷规模，加剧经济危机。2009 年 G20 匹兹堡峰会宣言中已明确提出要建立前瞻性拨备，而引入动态拨备就是建立前瞻性拨备的一种重要方法。2010 年 9 月《巴塞尔协议》明确提出要建立宏观审慎监管体系，动态拨备制度是宏观审慎监管的重要内容之一。

（一）文献综述

银行信贷行为具有顺周期性，对金融系统的稳定发展和宏观经济的正常运行有重要的不良影响。基于已发生损失计提贷款损失准备的拨备制度会在一定程度上加剧信贷行为的顺周期性，加剧经济周期的波动性。次贷危机发生后已发生损失模型显示出其顺周期性缺陷，各国金融监管当局都在探索研究一种对已发生损失模型的替代方法，而前瞻性的动态拨备制度就是一个很好的选择。前瞻性的动态拨备制度能够在经济上行时期积累足够的贷款损失拨备，覆盖经济下行时期的贷款损失，减缓经济波动的不良影响，很多学者都对动态拨备制度进行研究并分析其逆周期性作用。西班牙于 2000 年就开始实施动态拨备制度，至今已有十余年运行经验，因此国内外均有许多学者在进行动态拨备制度研究时都以其作为实证研究对象。

1. 国外的研究综述

国外学者对动态拨备制度方面的研究比较早，研究成果也比较丰富。早在 1998 年亚洲金融危机之后，就有学者开始建议实施逆周期的宏观审慎监管政策，然而动态拨备制度是在本次金融危机发生之后真正得到广泛关注的。

Gabriel Jimenez 和 Jesus Saurina[1]（2006）通过检验证实了商业银行的贷款损失准备具有顺周期性特征，认为信贷增长和银行未来不良贷款之间存在正向滞后关系，即经济繁荣时期信贷的高速增长和信贷标准的降低最终导致信贷损失的增加，信贷风险在繁荣时期积累并在衰退时期爆发。他们建立了前瞻性的逆周期审慎监管的贷款损失准备工具，认为银行应该在繁荣时期累积拨备应对积累的信贷风险，以加强银行系统的稳定性。

Vincent Bouvatier 和 Laetitia Lepetit[2]（2007）利用欧洲银行的数据检验，认为拨备中的非自由裁量成分会扩大信贷周期波动。经济繁荣时期，银行低估信贷风险而减少非自由裁量拨备；经济衰退时期，银行会提高贷款损失准备而抑制放贷。后向的贷款损失准备制度会放大信贷波动，当银行对贷款损失准备进行向前管理时，能够减小信贷行为顺周期性影响。他们的研究与在欧洲实施动态拨备制度的需要相一致。

John Gieve（2008）提出实施动态拨备制度来弥补货币政策和金融机构之间的监管缺口，要求银行在发放贷款之初就提取准备，以缓冲经济衰退时对银行业的冲击[3]。

Jesus Saurina[4]（2009）对西班牙的历史数据进行分析，认为动态拨备制度有效地帮助西班牙度过本次金融危机，具有良好的逆周期调节功能。他认为动态拨备制度通过事前识别和覆盖贷款组合损失，使银行在经济上行时期提前为经济下行时期构造损失拨备缓冲，增强了个体银行和整个银行体系的恢复能力。

Eliana Balla 和 Andrew Mckenna[5]（2009）对美国的历史数据进行动态拨备制度的模拟实施，得出了动态拨备能平滑经济周期的结论。他们认为动态拨备制度的时点调节比拨备总额调节更重要，动态拨备制度对于美国银行业的周期性收入波动具有平滑作用。但是美国现行的拨备制度存在时机滞后的问题，在一定程度上恶化了经济衰退。他们还对比了西班牙、美国等国家金融危机发生前后的动态拨备计提方法和水平，结果显示西班牙由于实施了动态拨备制度，在危机前积累了拨备而使其金融体系能够度过金融危机。

Torsten Wezel[6]（2010）对乌拉圭逆周期的贷款损失拨备进行压力测试评估，将2001年以来积累的动态拨备所提供的应对宏观冲击的能力进行量化，认为其足够承受一次中等规模的经济冲击。并对西班牙、秘鲁和玻利维亚的动态拨备规则进行评估，发现虽然这些国家动态拨备的累积途径不同，但都体现着在经济繁荣时期积累拨备从而为经济衰退时期提供缓冲的理念。

2. 国内的研究综述

动态拨备制度是实现逆周期性宏观审慎监管的重要工具。与国外研究情况相比，国内对于动态拨备制度的研究成果较少，起步也较晚。近年来随着我国信贷规模的高速增长，特别是金融危机发生之后，我国学者更加重视对动态拨备制度的研究。

孙连友[7]（2004）指出现行的贷款损失拨备制度是商业银行顺周期的一个重要原因，加剧了银行业的顺周期性和经济的周期性波动，而动态贷款损失准备政策可以缓冲这一顺周期性。

王林[8]（2009）认为，商业银行的信贷行为和拨备计提具有顺周期性，商业银行在经济景气时会计提少量贷款损失，为萧条时期贷款损失的增加留下隐患。他关注到整个宏观经济的整体风险，提出建立纳入逆经济周期要素的反周期的拨备制度，降低银行面临的系统性风险，完善银行风险管理体系。

赵纶[9]（2009）对我国商业银行贷款损失计提进行研究，指出充足的拨备覆盖的重要性。他认为不足的贷款损失准备无法弥补经济下行时的贷款损失，经济衰退时实际损失会削减利润侵蚀资本甚至迫使银行倒闭，对整个金融体系造成恶性影响。

徐明东和陈学彬[10]（2010）通过对西班牙动态拨备规则的实施进行分析，指出动态拨备规则虽然不能消除商业银行的顺周期行为，但是降低了顺周期性行为的程度。认为西班牙的动态拨备制度较好地解决了拨备充足性问题，提高了银行系统抵御风险的缓冲能力，使西班牙度过金融危机。

张会清和王剑[11]（2010）对西班牙动态拨备制度的内容和原理进行分析，认为西班牙的动态拨备在此次金融危机中发挥了重要的逆周期调节作用。危机发生之前西班牙动态拨备占贷款总额比例较高，金融危机爆发后动态拨备得到扣减以应对冲击。

段军山、邹新月、周伟卫[12]（2011）利用中国9家上市商业银行2004年至2009年的数据进行面板VAR模型分析，结果表明贷款损失计提与不良贷款率负相关，说明充分计提贷款损失准备的银行其风险管理能力更强，能够阻碍不良贷款率的提高。但是我国商业银行贷款拨备的计提对不良贷款率的影响不敏感，可能是由于我国商业银行动态拨备计提不规范以及与监管部门监管水平有关。

许友传[13]（2011）利用中国银行1992年至2008年的数据进行实证分析，研究了贷款损失准备的管理策略对信贷周期波动的影响，表明由于受到我国宏观经济和银行业特殊情况的影响，顺周期的后瞻性贷款损失准备却倾向于逆周期。

杜婧[3]（2011）对西班牙的逆周期动态拨备制度的运作进行了分析介绍，并对国内8家商业银行的年度数据进行面板分析，检验商业银行拨备系统与信贷波动的关系。其研究结果表明，银行信贷存在顺周期倾向，宏观经济变量是造成信贷波动的原因之一，构成贷款损失准备的非自由裁量变量与信贷波动之间不相关。

综观国内外研究情况，金融危机之后各国都加强了对动态拨备制度的研究和关注。学者们对于商业银行信贷行为和拨备计提的顺周期性进行分析，提出建立动态拨备制度的政策建议，并实证分析动态拨备制度的作用。由于西班牙自2000年开始实施动态拨备制度至今已有12年的发展经验，因此国内外学者很多都以西班牙作为实证研究对象。对国内外研究情况进行比较可以发现国内对动态拨备的研究成果比较有限，主要是因为我国动态拨备制度的发展仍然不完善，发展时间短及可获得数据有限。学者对中国动态拨备的逆周期性进行实证分析的研究更少，因此更值得本文以中国作为实证研究的对象对银行动态拨备的逆周期性进行研究。

（二）研究框架

本文分为三部分，第一部分是综述，阐述本文的相关国内外研究成果、研究框架、研究的意义以及术语说明。第二部分是理论分析，阐述贷款损失准备的顺周期性效应、动态拨备的逆周期性作用机制，并分别介绍和分析西班牙和中国的动态拨备模型及其逆周期性运作机制。第三部分是实证研究，利用中国 10 家上市商业银行的 2005 年至 2010 年的年报数据建立 Panel Data 模型，对中国银行动态拨备制度的逆周期性进行实证分析。

（三）研究意义

1. 信贷行为的顺周期性

银行信贷行为本身具有顺周期性特征，银行信贷规模在经济上行时期进一步扩张，在经济下行时期进一步收缩。经济上行时期，社会生产扩张，贷款需求增加，企业盈利增加，贷款质量上升，商业银行认为此时的信用风险小，会放松信贷政策，扩张信贷行为。而经济下行时期，由于贷款质量下降违约率上升，银行认为此时的信用风险大，会加强信贷管制，紧缩信贷。银行的健康稳定发展不仅取决于其信贷活动的规模，对贷款的预期和非预期损失进行准备也非常重要。信贷增长的波动幅度大于经济增长的波动幅度，贷款信贷行为的顺周期性特征会加剧经济波动的影响，不利于宏观经济的运行发展。这就需要一个具有对抗信贷行为顺周期性的动态拨备制度，并且对其逆周期作用机理进行研究。

根据中国人民银行初步统计，2012 年 3 月末全部金融机构人民币各项贷款余额 57.25 万亿元，同比增长 15.7%。2011 年本外币贷款余额 58.19 万亿元，同比增长

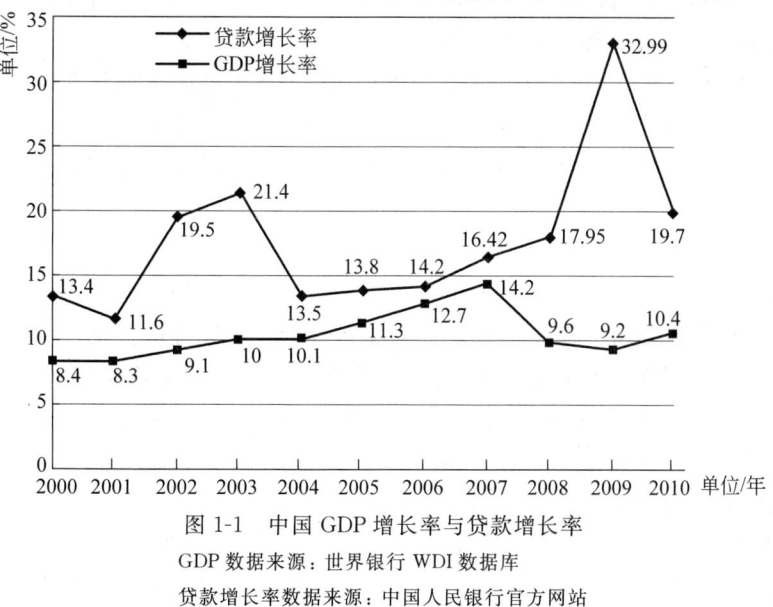

图 1-1　中国 GDP 增长率与贷款增长率

GDP 数据来源：世界银行 WDI 数据库

贷款增长率数据来源：中国人民银行官方网站

15.7%，人民币贷款余额54.79万亿元，同比增长15.8%。

从中国历史数据来看，2000年至2010年的GDP基本保持着增长率逐年递增的发展态势，中国经济除了2008年和2009年之外基本上属于上行阶段。虽然2008年至2009年GDP增长率下滑，但贷款规模却仍然高速增长，在2010年贷款增长率出现下滑趋势，但是增长率仍然高于GDP增长率。贷款增长率的波动幅度比GDP增长率更大，贷款潜在风险可能会在经济下行时期得到释放，值得我们高度关注，更需要实施健全的动态拨备制度主动地积累抵御风险的能力。

2. 经济周期波动性

经济周期处于繁荣、衰退、萧条、复苏的不断循环更替之中，不健全的贷款损失准备制度会发挥顺周期作用，加剧经济周期的波动性，扩大金融风险，不利于金融体系的发展和国家宏观经济的稳定运行。而且在经济上行阶段，金融机构监管者很难说服银行采取审慎的信贷政策。因为经济繁荣时信贷需求扩张和信贷质量提高，银行对于贷款收益有良好的预期，加上银行业界的剧烈竞争，银行更倾向于通过扩张信贷来增加收益并占领市场份额，因此经济上行阶段在银行信贷的推动下经济趋于进一步膨胀。这就需要通过建立逆周期性的动态拨备制度，加强风险监控和抵御能力，推动金融体系健康稳定发展。

3. 动态拨备制度的作用

金融危机之后各国加强对宏观审慎监管的关注，开始意识到追求金融系统的稳定不能仅局限于单个金融机构的管理，而要关注整个金融体系的系统性风险，将整个金融系统的稳定作为政策目标。而动态拨备作为宏观审慎监管的重要工具之一，有助于宏观审慎监管的贯彻实施。一方面，动态拨备制度通过在经济繁荣时期增加拨备，限制信贷盲目扩张，在经济下行时期增加拨备的计提，防止信贷过度收缩，熨平经济周期波动，促进金融体系的稳定发展。另一方面，由于拨备的调节是自动的，能够减少投资者情绪的波动，不会造成市场的恐慌。

4. 研究意义

本文通过对银行动态拨备的逆周期性进行理论研究和利用中国上市商业银行财务报告数据对其进行实证研究，论证银行动态拨备制度的逆周期性运作机理和作用。中国社会主义市场经济仍处于发展阶段，在发展中如果过分进行监管会抑制市场经济的灵活性，如果放任自由则市场经济中的消极情况无法得到遏制。对于我国金融业发展中的银行信贷行为的顺周期性现象，需要实施动态拨备制度对其进行规范。

本文研究的最终意义在于推动中国根据国情并借鉴国际先进经验，建立健全科学的动态拨备模型和制度，增强中国银行业抵御风险的能力，缓和经济波动的冲击，促进中国的金融体系和宏观经济持续稳定发展。本文重点研究内容为论证动态拨备制度的逆周期性作用，而关于如何建立中国动态拨备制度的政策建议则超出本文研究范围，期待中国金融监管当局能够对其进行研究。

(四)术语说明

动态拨备：对贷款预期损失进行前瞻性估计，在经济运行的不同阶段，要求商业银行采取"以丰补歉"的方式提取贷款损失准备金，即在经济上行时期提取更多的拨备以覆盖经济下行时期的贷款损失，以达到逆周期调节拨备计提和提升银行稳健性的目的，是宏观审慎的监管工具之一[11]。

逆周期：经济周期处于繁荣、衰退、萧条、复苏四个阶段的不断重复循环过程中，逆周期就是通过采取一定的方法降低经济周期的波动性。

贷款损失准备：一国商业银行为了抵御资产组合预期损失而从当期损益中提取的弥补到期不能收回的贷款损失的准备金，预期损失由贷款损失准备覆盖，非预期损失由资本覆盖[3]。

宏观审慎监管：一个相对于微观审慎监管的概念，指金融监管当局为维护金融体系稳定，减少金融危机或经济波动对金融体系的冲击，从金融体系整体而非单一机构的角度所实施的管理模式。将金融系统作为一个整体，侧重研究对宏观经济造成的损失，强调风险的内生性，总风险依赖于单个机构的共同行为[14]。

二、理论分析

(一)贷款损失准备的顺周期效应

当经济周期处于上行阶段，信贷需求增加，贷款质量高，银行倾向于计提少量的贷款损失准备，提供更多的贷款，从而推动经济更加繁荣。当经济周期处于下行阶段，贷款质量下降，银行倾向于计提更多的贷款损失准备，压缩信贷规模，从而加剧经济萧条[1]。贷款损失准备的顺周期效应会放大经济周期的波动性，不利于金融体系的稳定发展。

以下举一个例子说明已发生损失模型的顺周期性的运作机制。

表 2-1 已发生损失模型

		t 年 (好)	$t+1$ 年 (好)	$t+2$ 年 (坏)	$t+3$ 年 (复苏)	$t+4$ 年 (好)
资产负债表	贷款存量	100	200	300	400	500
	贷款流量	100	100	100	100	100
	专项拨备存量	0	0	47	62	75
	净贷款	100	200	253	338	425

续表

		t 年（好）	$t+1$ 年（好）	$t+2$ 年（坏）	$t+3$ 年（复苏）	$t+4$ 年（好）
损益表	净利息收入	16	32	48	64	80
	专项拨备	0	0	47	15	13
	利润	16	32	1	49	67

资料来源：Marco Burroni, Mario Quagliariello, Emiliano Sabatini, Vincenzo Tola. Dynamic Provisioning: Rationale, Functioning, and Prudential Treatment. Questioni di Economia e Finanza, November 2009: 8.

表 2-1 是一个简化的资产负债表和损益表，为了集中分析其运作机制对其进行简化假设，假设贷款以每年 100 个货币单位的速度增加，其中净利息收入是贷款总量的 16%，并且假设不良贷款不能从资产负债表中冲销。

采用已发生损失模型的银行在未来损失被确认之前是不会计提拨备的，只有当损失确认发生时才会计提专项拨备。当第 t 年和第 $t+1$ 年经济良好的时候，银行没有发生损失所以不会计提拨备，此时专项拨备为 0。当第 $t+2$ 年经济情况变差时银行才开始计提拨备，大量提取的专项拨备会大幅削减银行利润，当期利润为 1。如果当期的实际损失更大而导致银行利润为负，则银行会减少放贷，从而加速经济萧条。

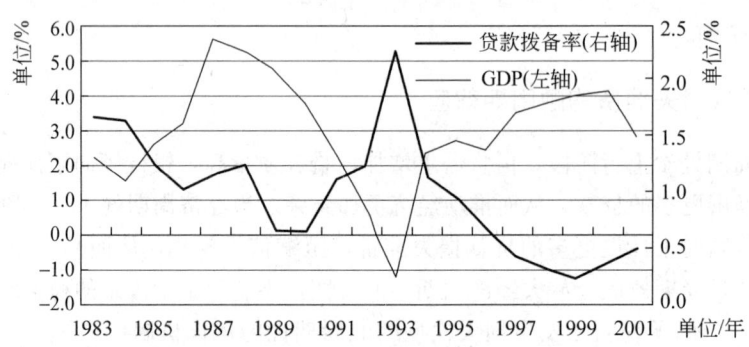

图 2-1 西班牙贷款拨备率和 GDP 增长率

资料来源：银监会财会部动态拨备课题组. 动态拨备在中国银行业的实施研究[J]. 中国金融家, 2010 (8): 14.

西班牙在 2000 年以前采取回顾型的拨备计提制度，基于已发生损失计提拨备（见图 2-1），西班牙在经济上行时期拨备率下降，而在经济下行时期拨备率提高，其贷款损失准备制度具有顺周期性，加剧经济周期波动。我国过去的贷款损失准备计提制度缺乏逆周期性和前瞻性。由于是根据贷款实际发生的损失计提贷款损失准备，没有对预期贷款损失进行考虑，当经济上行贷款质量高时，计提的拨备少，信贷进一步扩张，而且不足以覆盖经济下行时的贷款损失。当经济下行时，计提的拨备多，信贷进一步压缩，加剧经济衰退。

(二) 动态拨备的逆周期性

1. 动态拨备的基本原理

在经济上行时期，银行贷款质量和贷款需求增加，计提更多的动态拨备，抑制信贷过度扩张，为将来经济下行时期的信贷质量下降而造成的贷款损失做准备。在经济上行时期银行放松信贷要求，急剧扩张信贷的行为会造成信贷风险的积累，在经济上行时期就应该要预期到将来经济衰退贷款规模收缩时所带来的贷款损失。当经济下行时期，贷款质量恶化，减少动态拨备的计提，使银行有更多资金用于放贷，并释放前期积累的部分动态拨备用来弥补经济下行时期的贷款损失，减少信贷收缩的冲击，减缓经济衰退和波动。

当采用动态拨备制度时，银行会根据贷款增量引起的预期损失计提拨备。拨备规则为 $DP=\alpha\Delta L-s$[15]，其中 DP 为动态拨备；α 为平均长期预期损失，假设为 15%；ΔL 是贷款增量，假设为每年 100 个货币单位；s 是专项拨备。无论处于经济周期的任何时期，拨备总额为动态拨备和专项拨备之和 $\alpha\Delta L$，即总拨备是每年 15 个货币单位。

表 2-2 基于预期损失的动态拨备模型

		t 年（好）	$t+1$ 年（好）	$t+2$ 年（坏）	$t+3$ 年（复苏）	$t+4$ 年（好）
资产负债表	贷款存量	100	200	300	400	500
	贷款流量	100	100	100	100	100
	专项拨备存量	0	0	47	62	75
	动态拨备存量	15	30	−2	−2	0
	总拨备存量	15	30	45	60	75
	净贷款	85	170	285	340	423
损益表	净利息收入	16	32	48	64	80
	专项拨备 s	0	0	47	15	13
	总拨备 $\alpha\Delta L$	15	15	15	15	15
	动态拨备	15	15	−30	0	2
	额外损失	0	0	−2	0	0
	利润	1	17	31	49	65

资料来源：Marco Burroni，Mario Quagliariello，Emiliano Sabatini，Vincenzo Tola. Dynamic Provisioning：Rationale，Functioning，and Prudential Treatment. Questioni di Economia e Finanza，November 2009：9.

在第 t 年和第 $t+1$ 年经济情形好时,实际损失低于预期损失,引起动态拨备存量的增加,积累的动态拨备可用于经济衰退时期。由于计提拨备使经济上行时期的银行利润得到削减,按照已发生损失计提拨备时 t 年和第 $t+1$ 年利润分别为 16 个和 32 个货币单位,而实施动态拨备情况下分别为 1 个和 17 个货币单位,与前者相比,繁荣时期的利润得到压缩,从而压缩了银行的放贷规模。第 $t+2$ 年经济开始变差,经济上行时期积累的 30 个货币单位动态拨备得到运用,当年提取的 15 个货币单位总拨备也转为专项拨备仍不足以弥补当年损失,仍有 2 个货币单位的额外损失。但是与按照已发生损失计提拨备相比,银行利润仍有 31 个货币单位,前者为 1 个货币单位,银行利润并没有急速下降,因此不会大幅压缩信贷规模,从而缓解了经济衰退所带来的冲击。当第 $t+4$ 年经济恢复的时候,动态拨备又开始积累。动态拨备制度具有平滑利润的功能,在经济繁荣时削减利润,在经济衰退时增加利润,能够降低银行信贷行为的顺周期性,发挥了逆周期性作用。以上例子中动态拨备的积累与繁荣期的长短有关,繁荣期越长动态拨备积累得越多,如果繁荣期很短则动态拨备可能不足以覆盖经济衰退时的贷款损失。因此拨备时机的选择也十分重要,这就需要对拨备规则进行更具体的规定。

2. 西班牙动态拨备模型

2000 年 7 月西班牙开始实施动态拨备制度,其动态拨备框架由一般拨备、专项拨备和统计拨备组成,其中统计拨备的计量有银行内部模型和标准法两种,在经济上行时期通过增加贷款损失准备来覆盖经济萧条时期增加的贷款损失。标准法将银行资产按照风险特征划分为六类——无风险、低风险、中低风险、中等风险、中高风险和高风险,分别规定风险系数,动态拨备通过风险敞口与相应类别资产风险系数相乘计算得出。

为了实施国际财务报告标准,西班牙银行颁布了新的会计指令,将一般准备和统计准备合并为新一般准备,最高额为贷款潜在损失的 125%。2005 年开始实施的新动态拨备模型:

$$dot.gen_t = \sum_{i=1}^{6} \alpha_i \Delta C_{it} + \left(\sum_{i=1}^{6} \beta_i C_{it} - dot.espe_t \right)^{[16]} \tag{2-1}$$

其中 $\sum_{i=1}^{6} \alpha_i \Delta C_{it}$(以下简称 α 项)是各等级标准类贷款的变动额与对应的一般风险系数 α 乘积之和,表示新增贷款潜在损失。标准类贷款按照风险大小划分为无风险、低风险、中低风险、中度风险、中高风险、高风险六个等级。对于不同等级的贷款,其 α 系数不同。

$\sum_{i=1}^{6} \beta_i C_{it} - dot.espe_t$(以下简称 β 项)是各等级的标准类贷款的余额存量与对应的历史平均专项准备率 β 的乘积之和减去对非标准类贷款提取的专项准备金 $dot.espe_t$,是动态拨备逆周期作用的关键所在。

对西班牙的动态拨备模型进行分析,当经济上行时,贷款质量提高,不良贷款率下降,则专项准备的实际计提水平会低于经济周期内的平均水平,此时 β 项的数值为正,动态拨备在经济上行时期得到积累,以备在经济下行时期覆盖贷款损失。当经济下行时,贷款质量下降,不良贷款率增加,专项准备的实际计提水平会高于经济周期内的平均水平,此时 β 项的数值为负,动态拨备在经济下行时期减少,此时动态拨备向专项拨备进行转化,经济上行时期积累的动态拨备在此时得到运用,避免信贷过度收缩和经济严重衰退。通过对西班牙模型的理论分析,可见动态拨备制度可以对经济波动起到缓冲的作用,具有逆周期性。西班牙模型的有效性必须以至少一个经济周期以上的历史损失数据作为计算参数依据,但是对于中国来说,如果要制定动态拨备规则,搜集这一足够的历史数据还需要一定的时间。

图 2-2 显示的是西班牙 1999 年至 2007 年 9 月的 GDP 增长率和贷款拨备率情况。从图中可见贷款拨备率随着 GDP 增长率的变化而发生相应的变动,从 1999 年至 2001 年缓慢下降,2001 年至 2004 年上升,但 2004 年之后呈现出下降趋势。贷款拨备率与 GDP 增长率曲线出现相似的形状,表明当 GDP 增长率上升时贷款拨备增加,当 GDP 增长率下降时贷款拨备率下降,体现出逆周期经济调节的作用。且由图可见 GDP 增长率的波动幅度更大,贷款拨备率的变动相对平稳。说明西班牙实行的动态拨备制度虽然没有完全消除顺周期性,但是降低了顺周期性。

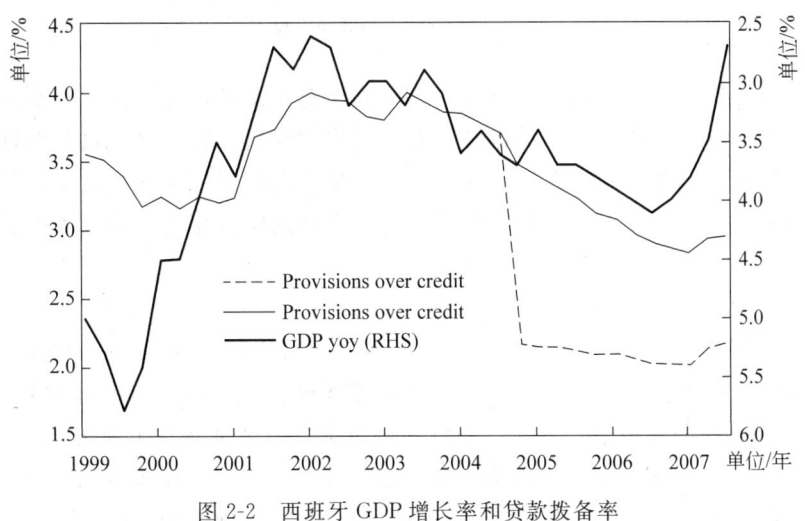

图 2-2 西班牙 GDP 增长率和贷款拨备率

资料来源:Santiago Fernandez de Lis, Alicia Garcia Herrero. The Housing Boom and Bust in Spain: Impact of the Securitisation Model and Dynamic Provisioning. Housing Finance International, September 2008:18.[17]

如图 2-3 所示,2006 年西班牙拨备覆盖率达到 255%,是所有欧洲国家中最高的,

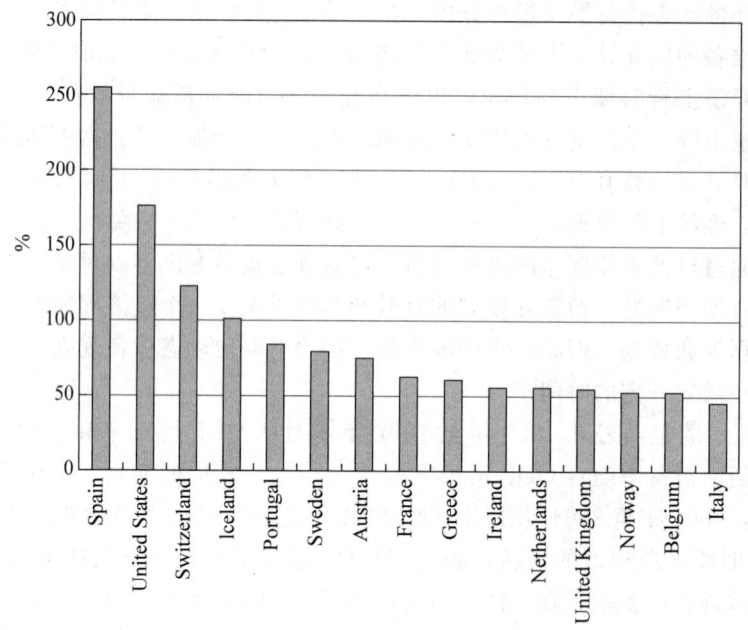

图 2-3　2006 年各国拨备覆盖率

资料来源：Eliana Balla, Andrew Mckenna. Dynamic Provisioning: A Countercyclical Tool for Loan Loss Reserves. Economic Quarterly，Fall 2009：404.

与此同时美国的拨备覆盖率则为 176%[5]。2006 年对于衡量动态拨备制度来说是一个重要的年份，因为动态拨备制度的关键在于拨备计提的时机。在金融危机和全球经济衰退之前，西班牙的动态拨备制度发挥了作用，在危机之前积累的大量的拨备，使西班牙的大银行 Santander 和 BBVA 与其他没有实行动态拨备的银行相比拥有巨大拨备缓冲渡过危机。

3. 中国的动态拨备制度

我国从 1988 年正式建立贷款损失准备金制度，财政部颁布的《关于国家专业银行建立贷款呆账准备金制度的暂行规定》规定，按年末贷款余额的 1% 提取呆账准备金。2002 年财政部颁布的《金融企业会计制度》规定贷款损失准备按五级分类结果的计提，中国人民银行发布《银行贷款损失准备计提指引》，规定贷款损失准备包括一般准备、专项准备和特种准备，一般准备有统一计提比例，一般为贷款余额的 1% 以上，特种准备对已发生损失计提，专项准备根据五级分类原则计提，贷款划分为正常、关注、次级、可疑、损失五类，对后四者分别按照 2%、25%、50% 和 100% 的比例计提专项拨备[18]。贷款损失准备不再按照单一比例提取，而是根据贷款质量进行判断，但是专项准备的计提存在银行的主观判断成分，此时的不良贷款率仍高，贷款损失准备不足。

2003年银监会成立后，银监会将拨备覆盖率作为主要指标，根据经济环境的变化和不同银行金融机构的风险特点对拨备覆盖率的监管要求进行动态调控，由图2-4可见此时中国主要商业银行的不良贷款率开始大幅下降。2006年财政部颁布新的会计准则与国际会计准则全面接轨，《金融工具确认和计量》要求贷款损失拨备的计提采用未来现金流折现法，根据未来现金流量预计的现值低于贷款账面价值的部分提取减值准备。未来现金流折现法考虑到未来的盈利能力和预期损失，而不是简单地按照贷款五级分类的比例计算，提高了拨备计提的前瞻性，同时银监会要求银行提高拨备覆盖率，拨备充足性进一步得到提高。2009年年底中国银监会已向国务院提交实施动态拨备的报告，并获得国务院批准。2011年7月银监会发布《商业银行贷款损失准备金管理办法》，标志着中国的动态拨备制度正式建立。

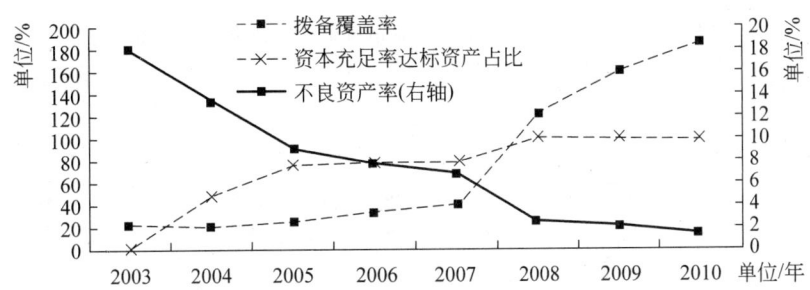

图2-4 中国主要商业银行不良贷款率及拨备覆盖率（2003—2010）

资料来源：徐明东，肖宏. 动态拨备规则的西班牙经验及其在中国实施的可行性分析［J］. 财经研究，2010-10，（44）.

如图2-4所示，随着我国贷款损失准备制度的不断发展，中国主要商业银行的不良贷款率逐年下降，拨备覆盖率逐年提高，特别是在2007年金融危机爆发之后拨备充足性引起监管部门的重视，拨备覆盖率大幅提高。

根据中国银监会统计，截至2011年年底商业银行贷款损失准备金余额1.19万亿元，拨备覆盖率278.1%，同比提高60.4%，风险抵补能力进一步提高。根据中国GDP数据显示，中国经济基本上处于上行阶段，从图2-5和图2-6可见，中国近年主要商业银行不良贷款率逐年下降，拨备覆盖率不断提高。

中国的动态拨备制度并非基于规则，而是以贷款拨备率和拨备覆盖率为核心，采取相机抉择的方式，并基于存量。基于存量就是以余额为计量对象，其中贷款拨备率是指贷款损失准备即拨备与贷款余额的比例，拨备覆盖率是指贷款损失准备与不良贷款余额的比例。《商业银行贷款损失准备管理办法》要求贷款拨备率不低于2.5%，拨备覆盖率不低于150%，并将其中较大者作为监管要求。监管部门会根据经济周期、宏观经济政策、行业政策等因素调节贷款损失准备要求，经济上行时期提高拨备要求，经济下行

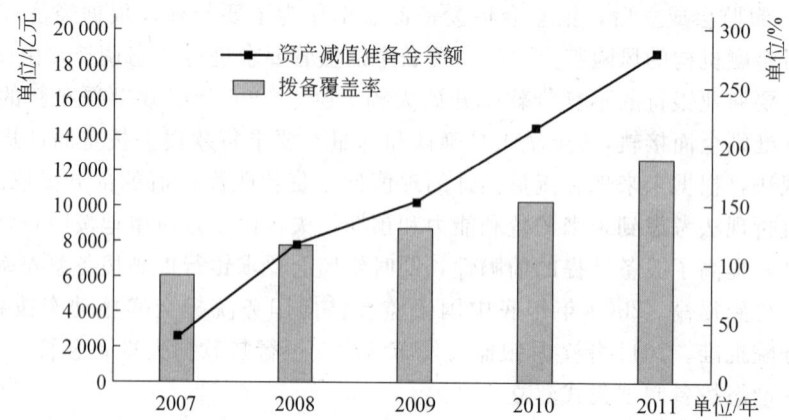

图 2-5　中国 2007 年至 2011 年商业银行资产减值准备及拨备覆盖率
资料来源：中国银监会 2011 年报

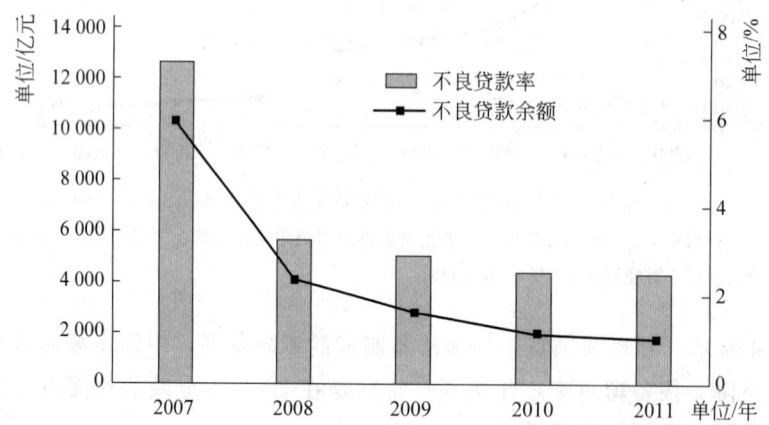

图 2-6　中国 2007 年至 2011 年商业银行不良贷款余额及不良贷款率
资料来源：中国银监会 2011 年报

时期降低拨备要求，并根据各银行业金融机构的盈利能力等情况对其实施差别化的监管。这种基于存量的动态拨备等于按监管要求提取的总拨备与按正常贷款长期潜在损失和不良贷款实际损失提取拨备的差额。银监会财会部动态拨备课题组设计的动态拨备模型为：

动态拨备＝全部贷款×历史不良贷款率×（同期拨备覆盖率＋调整系数）－专项拨备
本期计提的动态拨备＝本期动态拨备－上期动态拨备

其中，历史不良贷款率反映贷款的潜在损失，同期拨备覆盖率表示能覆盖各类贷款损失所应计提的拨备比例，调整系数包含 GDP、产业结构、盈利水平等因素，保证灵活性,专项准备在成本中计提。[19]

根据上述模型,在经济上行时期,由于贷款质量良好贷款需求增加,专项准备计提较少,此时动态拨备增加,压缩银行放贷规模,防止贷款过度膨胀和经济过度繁荣,并且积累的动态拨备为经济下行时期的贷款损失做准备。当经济下行时期,由于贷款质量下降,专项准备计提增加,而此时的动态拨备计提减少,减缓贷款规模的过度下降。当本期计提的动态拨备为负时,应将负的动态拨备回拨当年利润当中,用之前多计提的拨备来弥补当期的贷款损失,防止贷款过度收缩和经济严重衰退,因此动态拨备具有逆周期性作用。

三、实证研究

(一)假设

假设中国银行动态拨备制度具有逆周期性,表现在模型的实证结果中为银行拨备覆盖率与 GDP 增长率之间存在正相关关系。运用中国上市商业银行的年报数据建立 Panel Data 模型,揭示拨备覆盖率与 GDP 增长率之间的正相关关系,即在经济上行时期计提拨备增加,在经济下行时期计提拨备减少。经济上行时,计提拨备增加,抑制信贷增长和经济进一步膨胀;经济下行时,计提拨备减少,防止信贷进一步萎缩和经济恶化,从而推导出中国银行动态拨备制度具有逆周期性。

(二)计量模型

1. 变量设定

不良贷款率和拨备覆盖率是我国商业银行贷款损失准备计提情况的衡量指标,也是衡量银行经营和风险状况的重要指标,因此模型的设定主要选取这两个因素。宏观经济因素方面,考虑 GDP 增长率、长期贷款利率水平和消费者物价指数,但是后两者在模型实证结果中表现并不显著,因此将其剔除,而选取 GDP 增长率代表经济周期的变化。

(1)用 P_{it} 代表拨备覆盖率,即 i 银行在 t 年末的贷款损失准备余额与不良贷款余额的比率,考虑到动态拨备的调整因素,引入其滞后项 P_{it-1}。拨备覆盖率衡量银行抵御信用风险的能力,表示银行计提的贷款损失准备是否足够。

(2)用 G_t 表示 t 时期经济周期变量 GDP 增长率,反应经济周期的不同阶段银行计提动态拨备的变动情况。

(3)不良贷款率 N_{it} 代表 i 银行在 t 时期不良贷款与总贷款的比率,反映银行贷款面临的违约风险。不良贷款率=(次级类贷款+可疑类贷款+损失类贷款)/各项贷款×100%。在评估银行贷款质量时,把贷款按风险划分为正常、关注、次级、可疑和损失五类,其中后三类合称为不良贷款。

(4) ΔN_{it} 表示不良贷款率的增量,即本期不良贷款率与上期不良贷款率的差额,表示银行贷款面临的信贷风险。

2. 模型构建

根据上述变量及假设建立多元线性回归模型:

$$P_{it} = \beta_0 + \beta_1 P_{it-1} + \beta_2 G_t + \beta_3 N_{it} + \beta_4 \Delta N_{it} + \varepsilon_{it} \tag{3-1}$$

其中 β_m ($m=0, 1, \cdots, 4$) 为回归系数,ε_{it} 为随机误差项。

(三) 实证检验

1. 数据解释

由于在 2004 年之前进行规范信息披露的商业银行很少,而且从银行官方网站所得的数据有限,因此取样时间设定在 2005 年至 2010 年。根据各银行的信息披露情况,剔除信息披露不完全的样本银行后,样本选取国内 10 家上市商业银行,分别为中国工商银行、中国建设银行、中国银行、招商银行、交通银行、上海浦东发展银行、南京银行、宁波银行、光大银行、华夏银行。数据来源于各上市商业银行官方网站上公布的年度财务报告。

2. Panel Data 模型分析

用 Eviews6.0 软件对 Panel Data 模型进行估计,首先对序列进行单位根检验,起初 GDP 增长率和拨备覆盖率未能动过平稳性检验,取二阶差分后通过平稳性检验,并且根据研究需要选取不变系数模型。进行 Panel Data 模型估计结果如下。

表 3-1 实证结果表

变量	系数	标准差	t 统计量	P 值
N_{it}	−26.966 57	7.494 612	−3.598 128	0.000 8
P_{it-1}	0.790 100	0.094 283	8.380 078	0.000 0
ΔN_{it}	−32.909 72	12.783 17	−2.574 456	0.013 3
G_t	8.015 736	2.115 557	3.788 948	0.000 4

各变量系数的 P 值均小于 0.05,因此模型中的各变量均显著。

调整后的拟合优度 Adjusted $R^2=0.701\,743$,表示该模型在 70% 的程度上反映出动态拨备覆盖率与 GDP 增长率等各因素之间的关系,但是模型并非十分显著,模型的拟合优度不是很高,可能是因为缺乏长期有效的历史数据支持,通过上市商业银行年度报表所获得的数据有限,并未完全覆盖一个完整的经济周期。

从模型回归的结果来看,不良贷款率 N_{it} 的系数为负,表明拨备覆盖率与不良贷款率具有负相关关系,一方面说明拨备覆盖率高的银行风险防范能力较好。另一方面当不良贷款率提高时表明经济下行，而此时应该计提更少的拨备以放松信贷。而当不良贷款率下降时表明信贷情况好转经济上行，应该计提更多的贷款损失准备以限制信贷盲目扩张和为经济下行时的贷款损失做准备。

G_t 的系数为 8.02，表示 GDP 增长率每增加 1％，拨备覆盖率上升 8.02％。G_t 的系数为正，表明我国银行的贷款损失拨备计提与 GDP 增长率具有正相关关系，贷款损失准备的计提与宏观经济周期波动正相关。即在经济上行时期的拨备计提数量增加，积累贷款损失准备并限制信贷过分扩张；经济下行时期拨备计提数量减少，减缓贷款规模的收缩和经济衰退的冲击，表明拨备制度具有一定的逆周期性作用。

从模型的实证结果来看，拨备覆盖率与 GDP 增长率之间存在正相关关系，推导出中国的动态拨备制度具有逆周期性作用，但是出现这样的结果并不足以说明我国实行了真正有效的动态拨备制度。本文进行实证研究所采用数据是从 2005 年到 2010 年中国上市商业银行的年度财务报告数据，虽然银监会自 2003 成立之后，以拨备覆盖率作为主要的监管指标并对其进行动态调控，但是我国动态拨备制度的标准提出在 2010 年，但真正建立是在 2011 年，本文所研究的是动态拨备制度真正建立之前所实行的动态拨备制度，中国动态拨备制度的有效性还有待进一步研究。由于我国金融监管机构采取相机抉择手段，在经济发展的不同时期适时修改监管要求，使得我国商业银行要按照要求计提足够的贷款损失准备以应对经济周期变化，因此拨备制度倾向于出现逆周期性特征。虽然实证结果推导出中国动态拨备制度的逆周期性作用，但是中国的动态拨备制度仍有待完善和发展，需要建立科学动态拨备模型，提高动态拨备制度的逆周期性。

四、结论

本文通过理论和实证研究，分析银行动态拨备制度的逆周期性。运用中国 10 家上市商业银行 2005 年至 2010 年的年报数据进行 Panel Data 模型分析，结果显示中国银行的贷款损失准备计提与经济周期波动具有正相关关系，即中国银行动态拨备具有逆周期性作用。

中国采用的相机抉择拨备计提方式是得出该实证结果的重大原因。中国银监会根据经济形势和贷款潜在损失的变化发布和调整拨备覆盖率水平，拨备覆盖率监管要求的动态调节倾向于出现逆周期性特征。比如次贷危机后，银监会要求各银行业金融机构拨备覆盖率提高至 130％，之后又调整为 150％，以提高银行业金融机构的风险防范能力[18]。但是相机抉择的监管要求具有强制性且缺乏有力的根据，判断经济周期和确定调整量的工作十分复杂，而规则管理则有根可寻，通过建立动态拨备的标准模型可得出科学的动态拨备数据。中国不能仅依靠单纯的相机抉择来维持金融系统的稳定，应根据中国国情借鉴引入规则管理，与相机抉择相协调，更好地促进金融体系和宏观经济的持续稳定发展。

动态拨备制度依赖于历史损失数据，要注意信息的公开透明，积累足够的历史数据。由于商业银行和监管机构之间的信息不对称，为商业银行操纵利润留下空间。但是随着市场化改革，银行股份制改造和上市之后在信息披露方面会越来越公开，投资者和监管部门将会越来越容易得到银行的财务数据。

　　银行不良贷款率与经济发展周期具有相关性，贷款增长对不良贷款率的影响具有一定时期的滞后性，如果银行根据当前的不良贷款水平来确定未来信贷政策，则会低估经济下行时期的信贷损失，加剧经济衰退。因此要建立逆周期的动态拨备制度就要减少不良贷款对动态拨备的影响，将动态拨备与贷款总量和增量相关联。而且必须按照经济周期变化对历史数据参数进行修正，从而增强其逆周期性和前瞻性作用。对动态拨备的积累和释放要注重时机，注意把握对经济周期的认识，不能单关注 GDP 增长率指标，还要综合考虑银行利率增长、贷款损失形成速度等因素。

　　西班牙动态拨备制度的成功与其模型参数计算依赖的数据相关，西班牙模型中覆盖了 16 年两个经济周期的历史损失数据，而对于中国来说积累这一充分和有效的数据支持建立动态拨备模型还需要一段时间。而且西班牙银行拥有拨备制度和会计制度的制定权利，权利的统一有利于减少拨备制度与会计制度的冲突和动态拨备制度的有效实施。目前中国贷款拨备制度和核销制度由银监会、财政部和税务总局三方共同制定[19]，造成制度不匹配和冲突对动态拨备制度的有效性有不利影响，可见中国仍需要进一步完善其动态拨备制度。

　　虽然实证检验的结果显示我国的银行动态拨备制度具有逆周期性作用，但这并不足够说明我国实施的动态拨备制度科学合理，金融监管部门的政策要求仍对银行拨备计提具有重大导向作用，为了我国金融体系的稳定和宏观经济的发展，必须推动建立健全逆周期的动态拨备制度。

参 考 文 献

[1] Jesus Saurina, Gabriel Jimenez. Credit Cycles, Credit Risk and Prudential Regulation [J]. International Journal of Central Banking, June 2006: 94, 108.

[2] Vincent Bouvatier, Laetitia Lepetit. Banks' Procyclical Behavior: Does Provisioning matter? [J]. International Financial Markets, Institutions and Money, July 2007: 12.

[3] 杜婧. 商业银行动态拨备制度研究 [D]. 天津: 天津财经大学, 2011: 26, 28.

[4] Jesus Saurina. Dynamic Provisioning: The Experience of Spain [J]. Financial and Private Sector Development Vice Presidency, July 2009.

[5] Eliana Balla, Andrew Mckenna. Dynamic Provisioning: A Countercyclical Tool for Loan Loss Reserves [J]. Economic Quarterly, Fall 2009: 404.

[6] Torsten Wezel. Dynamic Loan Loss Provisions in Uruguay: Properties, Shock Absorption Capacity and Simulations Using Alternative Formulas [C]. IMF Working Paper, May 2010: 19.

[7] 孙连友. 动态信贷损失准备政策及其应用 [J]. 国际金融研究, 2004-12: 24.

[8] 王林. 基于完整经济周期的商业银行贷款损失准备计提 [J]. 金融理论与实践, 2009 (7): 88.

[9] 赵纶. 我国商业银行贷款损失拨备计提研究 [D]. 上海: 复旦大学, 2009: 28.

[10] 徐东明, 陈学彬. 贷款损失拨备规则与银行顺周期行为 [J]. 上海金融, 2010 (8): 1.

[11] 张会清, 王剑. 动态拨备制度的实践及对中国的启示 [J]. 上海金融, 2010 (12): 26.

[12] 段军山, 邹新月, 周伟卫. 贷款行为、盈余管理与贷款损失准备的动态调整 [J]. 金融论坛, 2011 (5): 2.

[13] 许友传. 中国银行后瞻性的贷款损失准备管理及其逆周期效应 [J]. 经济科学, 2011 (6): 62.

[14] 中国人民银行济南分行会计财务处课题组. 宏观审慎管理与会计逆周期 [J]. 金融发展评论, 2011 (12): 23.

[15] Marco Burroni, Mario Quagliariello, Emiliano Sabatini, Vincenzo Tola. Dynamic Provisioning: Rationale, Functioning, and Prudential Treatment [J]. Questioni di Economia e Finanza, November 2009: 8, 9.

[16] 左家燕. 动态拨备——西班牙银行的实践 [J]. 现代经济信息, 2011: 159.

[17] Santiago Fernandez de Lis,Alicia Garcia Herrero. The Housing Boom and Bust in Spain:Impact of the Securitisation Model and Dynamic Provisioning [J]. Housing Finance International,September 2008:18.

[18] 徐明东,肖宏. 动态拨备规则的西班牙经验及其在中国实施的可行性分析 [J]. 财经研究,2010-10:44.

[19] 银监会财会部动态拨备课题组. 动态拨备在中国银行业的实施研究 [J]. 中国金融家,2010(8):147,149.

[20] F. Gideon,J. Mukuddem-Petersen,M. P. Mulaudzi,M. A. Petersen. Optimal provisioning for bank loan losses in a robust control framework [J]. Optimal Control Applications & Methods,MAY-JUN 2009.

[21] Kanagaretnam K,Lobo GJ,Yang DH. Loan Loss Provisions,Earnings Management and Capital Management under IFRS:The Case of EU Commercial Banks [J]. Journal of Financial Services Research,OCT 2011.

致　　谢

感谢我的导师蒋海老师，他丰富的学识、严谨的办事作风和认真的工作态度令我敬佩。感谢他在百忙之中抽空对我的论文进行指导，他的专业意见为我指点迷津，他在我的论文写作过程中给予我莫大的关心和帮助，引领我的论文一步一步走向完成。

感谢大学四年来教育过我的所有老师们，他们传授的知识是我论文的重要构成部分，他们对我思维方式的培养无论在今后学术工作还是生活中都将发挥重要作用。

感谢我的室友，她们在我的大学生活中一直陪伴着我，一同学习和成长。感谢她们在生活中给予我照顾，并提供一个良好的学习环境，让我度过了一个充实而有意义的大学生活。我们一同经历了许多，一起笑过也一起哭过。今后我们将各奔前程，但是我们之间的友谊永远不会改变。

感谢我的父母，感谢他们从小到大对我的教育和培养，让我学会坚强独立和感恩，没有他们就没有今天的我。

从论文选题到完成，感谢我的导师、同学、父母一路给予我的帮助和支持，请接受我最真挚的谢意！

会计信息自愿性披露初探

丁 汀

摘 要

本文在前人研究成果的基础上,结合我国国情讨论自愿性披露问题。全文分为五个部分:开篇是引言,阐明本文的研究背景、意义及内容要点;第一部分,自愿性披露概述,从自愿性披露内涵及与强制性披露的关系方面展开论述;第二部分,自愿性披露的动因、经济后果及影响因素的分析;第三部分,论述我国自愿性披露现状,分析其原因,然后就提高我国自愿性披露水平的必要性、有效性和可能性进行探讨;第四部分,本文对自愿性披露在我国的发展,从理论指导、法律保护、改善投资环境等方面提出自己的对策。

关键词:会计信息;自愿性披露;上市公司

The Elementary Research on Voluntary Disclosure of Accounting Information

Ding Ting

Abstract

This paper is an elementary research on voluntary disclosure of accounting information based on the results of the previous studies as well as on China's actual conditions. The body is divided into five parts. The first part is an introduction to the background, significance and the key points of the research. The second part is an analysis of the motives, economic consequences and influencing factors of voluntary disclosure. The third part first analyzes the current conditions in China and the related causes, and then focuses on the necessity, efficiency and possibility of improving China's voluntary disclosure. The last part is about some suggestions to boost the development of our voluntary disclosure, including aspects of theoretical direction, legal protection, improvement of the investment environment and so on.

Key Words: Accounting information; Voluntary disclosure; Listed company

目 录

一、引言 … 272
二、会计信息自愿性披露概述 … 272
  （一）会计信息自愿性披露的内涵 … 272
  （二）自愿性披露与强制性披露的关系 … 273
    1. 信息披露的发展历程 … 273
    2. 现有研究的分析 … 273
    3. 自愿性披露和强制性披露关系的实质 … 274
三、自愿性披露的理论分析 … 274
  （一）自愿性披露的动因分析 … 274
    1. 代理理论 … 274
    2. 信号理论和资本市场的竞争性 … 274
    3. 寻租理论 … 275
    4. 成本效益分析 … 275
  （二）自愿性披露的经济后果分析 … 275
    1. 自愿性披露经济后果：正面影响 … 275
    2. 自愿性披露经济后果：负面影响 … 275
  （三）自愿性披露的影响因素 … 276
    1. 资本市场的发达程度 … 276
    2. 公司规模 … 276
    3. 行业性质 … 276
    4. 公司业绩 … 276
    5. 治理结构 … 277
    6. 海外上市和国际化程度 … 277
四、我国自愿性披露的现状及其分析 … 277
  （一）我国自愿性披露的现状 … 277
  （二）我国上市公司自愿性披露水平的原因分析 … 278
    1. 我国经济方面的影响 … 278
    2. 我国文化方面的影响 … 279
  （三）提高我国自愿性披露水平的"三性"分析 … 279
    1. 必要性分析 … 279
    2. 有效性分析 … 280

  3. 可能性分析 …………………………………………………………… 280
五、我国自愿性披露的对策思考 ………………………………………………… 280
 （一）构建上市公司信息披露理论框架 ……………………………………… 280
 （二）完善会计准则中鼓励并保护自愿性披露的内容 ……………………… 281
 （三）加大信息披露的违规成本 ……………………………………………… 281
 （四）加强 CPA 审核，建立信息披露评价体系 …………………………… 281
 （五）调整产权结构，优化公司治理结构 …………………………………… 282
 （六）改善投资环境，提高投资者素质 ……………………………………… 282
参考文献 ……………………………………………………………………………… 283
致谢 …………………………………………………………………………………… 284

一、引言

许多西方发达国家上市公司的信息披露方式正朝着强制性披露与自愿性披露相结合的方向发展。当然，这与其成熟的资本市场是密切相关的。在我国，随着资本市场的逐步发展，自愿性信息披露有着很大的发展空间，其重要性以及对上市公司和整个资本市场的发展所带来的影响将日趋显著。然而，目前我国对会计信息披露的研究，多着眼于强制性信息披露，而对自愿性信息披露的相关内容的研究和实务活动的开展还远远不够，这与我国目前资本市场不发达、会计理论和实践水平较低等现状有关。随着我国资本市场步入规范化、市场化、国际化的新一轮发展阶段，上市公司信息披露实践迫切需要新的理论引导，特别是需要能够解释中国资本市场独特性和解决其自身问题的理论。我国信息披露制度不完善，资本市场有效性不足是现在的一大国情。本文认为要改善我国信息披露及资本市场现状，提高自愿性披露水平势在必行。基于此，本文对公司自愿性披露问题展开研究讨论。

二、会计信息自愿性披露概述

分析会计信息自愿性披露，首先必须了解会计信息自愿性披露的内涵，而会计信息自愿性披露与强制性披露的关系也是我们研究的关键。

（一）会计信息自愿性披露的内涵

会计信息披露是指在证券市场上借助各种金融工具向公众筹集资金的公司及其相关的个人依据法律规定以完整、及时、准确的方式向所有投资者及整个证券市场公开、公平、公正地披露与该筹资行为相关的信息[1]。一般将会计信息披露按披露方式划分为强制性披露与自愿性披露。强制性披露是指根据一国的公司法、证券法、会计准则和监管部门条例等法律法规的规定所进行的上市公司信息披露。自愿性披露是指除强制性披露之外，上市公司基于公司形象、投资者关系、回避诉讼风险等动机主动对外披露公司信息[2]。然而，笔者认为两者的划分应该从不同角度来看。从政府或法规准则角度，法规规定了哪些公司信息的内容要求强制性披露，用什么方式披露，而对自愿性披露则没有要求，此时自愿性与强制性的划分应该是按方式和内容来分。而从公司自身来看，只有当披露收益大于披露成本时，公司才有足够的动机去进行自愿性披露，所以从公司角度来说，自愿性与强制性的划分应该是按动机来分。

2001 年，美国财务会计准则委员会（FASB）在《改进财务报告：增加自愿性信息披露》的报告中给自愿性会计信息披露下了一个更为专业的定义，即上市公司主动披露的，而非公认会计准则和证券监管部门明确要求的基本财务信息之外的信息。从上述定义中我们不难看出，自愿性披露有"自我服务"的显著特性。国外相关研究也表明自愿性信息披露存在明显的"自我服务"意图，上市公司会策略性地选择不同的披露时间、内容和方式来实现公司或者管理者的目的。

（二）自愿性披露与强制性披露的关系

自愿性披露从一提出就与强制性披露有着"剪不断，理还乱"的关系。因此研究这两者的关系对自愿性披露的研究有很大的帮助。我们可从三个方面来研究自愿性披露与强制性披露的关系。

1. 信息披露的发展历程

美国是全球所有国家中上市公司信息披露发展最早也最好的一个国家，可以说其信息披露的发展历程代表了信息披露发展的整个历史。1929年以前，美国以自愿性信息披露为主。在1929年爆发的经济危机造成了纽约证券交易所大恐慌的背景下，美国国会成立了专门的监督机构SEC（美国证券交易委员会），SEC的成立也标志着美国强制性信息披露制度的建立，从此信息披露方式向强制性披露转变。20世纪60年代末，一些学者认为证券法即强制性披露并没有起到提高上市公司信息披露质量的作用，于是，开始要求减弱市场管制和减少强制性信息披露，增加自愿性信息披露。随着证券市场的发展和公司生存环境的变化，机构投资者和证券分析师队伍发展壮大，投资者和其他利益相关者群体对环境保护、社会责任等方面信息的需求不断增加，上市公司自愿披露信息的动机不断增强并付诸实践[3]。因此，许多上市公司的信息披露开始朝着强制性披露和自愿性披露相结合的方向发展。信息披露的发展历程证明，自愿性与强制性的关系并非完全对立的，两者的相互结合能更好地促进资本市场的发展。

2. 现有研究的分析

国外许多学者已对自愿性与强制性的关系做了许多研究，主要可分为两种。第一种观点是强制性披露水平与自愿性披露水平呈正相关关系。一些学者研究表明，随着强制披露的信息质量的提高，自愿披露的信息也会相应提高。第二种观点是强制性披露水平与自愿性披露水平呈负相关关系。持此类观点的学者有两类：一类认为强制性披露会抑制自愿性披露；另一类则认为当强制性披露质量高时会减少自愿性披露，而当强制性披露的质量降低时自愿性披露的信息就会增加。

本文更加赞成第一种观点。首先，强制性披露是政府保护广大投资者，监督上市公司行为的一种措施，只要披露内容能满足保护投资者安全的需要就足够，侧重于过去的信息；而自愿性披露是公司管理者为了达到特殊目的的一种手段，披露内容更多与自身发展有关，更侧重于未来信息，故两者在内容上并无冲突，是互补的。其次，当强制性披露的信息质量不高时，投资者不信任市场信息，使得自愿性披露信息引起的市场反应并不明显，此时进行自愿性披露的动机也会相应下降。谢志华、崔学刚的实证研究表明我国在提高强制性披露水平时，并没有"挤压"自愿性披露，两者保持同步稳定增长的态势[4]。因此,两者的关系是相互促进并共同推进整体信息披露水平的提高。

3. 自愿性披露和强制性披露关系的实质

通过上述分析可以发现自愿性披露和强制性披露并非它们的定义那样是完全对立的。自愿性披露和强制性披露有紧密的内在联系,自愿性披露和强制性披露都以提高会计信息质量为目标。两者相互促进,共同推进整体信息披露质量的发展。

三、自愿性披露的理论分析

许多国家越来越重视自愿性披露,这是市场经济对会计信息透明化的必然要求。以下分析自愿性披露的动因及经济后果,揭示其受重视的原因,继而分析其影响因素。

(一)自愿性披露的动因分析

当前学者们经常用代理理论和信号理论来解释自愿性披露的动因,笔者在此基础上还借助寻租理论和成本效益理论,这样会使动因解释更加充分。

1. 代理理论

该理论解释了公司管理者为什么向所有者报告信息。在代理理论中,所有者和管理层两者都是经济理性人,所有者(委托人)追求的是投资利益最大化或者公司整体利润最大化,而管理层(代理人)追求自身报酬最大化或者公司的眼前或局部利润,可以肯定代理人不会总以委托人的最大利益行动,而更可能的是利用其信息优势实现自身利益最大化,甚至不惜牺牲委托人的利益,这造成了两者的利益冲突。基于此冲突,他们事先确定一种报酬机制:代理人的收入依赖于企业的剩余,这样使得双方之间的冲突最小化,将双方的利益最大限度地结合起来。必要时委托人对代理人执行契约的情况进行监督。而监督产生代理成本(代理成本包括委托人的监督支出、代理人的保证支出和剩余损失之和)。代理理论认为,这些成本可能会降低管理层的奖金和其他报酬。因此,管理层就有了不与所有者发生冲突从而保持低成本的动机,而自愿性信息披露是管理层降低代理成本的一种手段。这一动机促使管理层做出自愿性信息披露的举动[5]。

2. 信号理论和资本市场的竞争性

信号理论和资本市场的竞争性解释了企业在更大范围内自愿向资本市场披露企业信息的动因。根据信号理论,自愿性信息披露可以提供企业经营质量的信息。信号理论认为好的企业更容易给出信号,也更愿意给出信号,从而在一定程度上消除信息不对称,使得市场上的投资者对该企业有更大的信心[5]。该理论解释了企业自愿向资本市场进行披露的动机:企业相互争夺资本市场上的投资者。当企业进行自愿性披露并因此获得投资者的信任时,企业就获得了好声誉,并保持投资者对企业的持续兴趣,筹集资本的能力就会提高。而企业自愿地披露那些可信且能减少外部人士对企业未来前景不确定性担忧的有关信息时,公司的价值也得到提升。

3. 寻租理论

寻租理论认为：寻租者可凭借寻租获取的垄断地位和主导的垄断价格轻易获得高额利润。在公司管理者和投资者的博弈中，可看出公司管理者占据信息优势，凭借此优势，他可以获取信息租金（即高额利润）。追逐信息租金是资本市场信息披露最本质的特征。信息租金有两种表现形式：直接信息租金和间接信息租金。间接信息租金具体表现为自愿性披露的五大动机：①资本市场交易动机；②控制权竞争动机；③股票报酬动机；④诉讼成本动机；⑤管理能力信号动机[6]。在信息租金的框架下，我们可以这样解释信息披露：对直接信息租金的追逐导致了投资者对信息的需求，对间接租金的追逐诱发了经营者对信息的自愿供给，政府对整个社会福利的考虑介入信息披露形成了信息的强制供给。

4. 成本效益分析

该理论将经济学的理性经济人假定运用于管理者对自愿性信息披露决策的行为分析。如果自愿性披露给管理者带来的效益大于自愿性披露的成本，那么管理者就会进行自愿性披露，反之，则不会进行。自愿性披露的效益和成本在各个国家、各个时期都各有不同。然而，历史证明，随着资本市场的发展，效益大于成本将是一种必然趋势。

因此，从理论上来讲，不管存不存在强制性披露，英明的公司管理者无论从自身效益还是公司发展考虑都会选择自愿性披露。

（二）自愿性披露的经济后果分析

信息披露具有经济后果，使得公司管理层有可能为了特殊利益而进行有选择的披露。这在强制性信息披露上表现为信息披露方式与时间的选择，而自愿性披露的自由度更大，选择性更强，所以研究自愿性披露的经济后果是必须的，以下试作分析。

1. 自愿性披露经济后果：正面影响

第一，提高股票流动性；第二，降低资本成本，自愿性披露能降低风险进而达到降低资本成本的目的；第三，提高公司的声誉和形象，提升公司价值；第四，改善上市公司和投资者的关系；第五，规避诉讼风险；第六，当企业在国际证券市场上发行证券时，详细披露能够增强国外投资者对会计信息的理解，克服因不同会计准则之间的差异而造成的理解障碍。

2. 自愿性披露经济后果：负面影响

第一，增加了公司的报告成本；第二，含有商业机密的信息的披露可能会使公司的竞争对手了解更多的公司信息，削弱竞争优势；第三，可能成为一些不良公司发布含有虚假成分的信息来掩饰自己的经营不善的手段；第四，当上市公司盈利不好时，如果自愿披露的信息含有更大的利空消息，可能会使投资者抛售其手中持有的股票；第五，上市公司向投资者预示风险时，可能影响现有的和潜在的投资者的投资决策，而使公司的财务进一步恶化。

对经济后果的分析表明，自愿性披露虽有一些负面影响，但与强制性披露相比，持续的自愿性披露有着提高股票流动性、改善上市公司和投资者的关系等优势，对强制性披露的作用加以补充和强化。

（三）自愿性披露的影响因素

影响自愿性披露的因素可分为两类。第一，公司外部的影响因素。如强制性信息披露制度的完善程度、国家经济、政治、文化，资本市场的发达程度、审计意见类型等。第二，公司内部的影响因素。如公司规模、行业性质、公司业绩、治理结构、海外上市和国际化程度、公司价值等。笔者认为对公司的自愿性披露的影响主要来自以下六个方面。

1. 资本市场的发达程度

资本市场的发达程度直接关系到进行自愿性披露后的市场上的反应。公司是出于披露后效益即披露后获得收益会大于成本这一目的而进行披露的，披露的收益仰仗于市场对之的良性反应，即吸引更多投资。资本市场欠发达时，投资者对公司信息的披露的关注不足，导致公司自愿性披露的无效性，使得公司丧失披露的动机。从某种意义上说，资本市场的发达程度是公司进行自愿性披露最重要的前提。

2. 公司规模

公司规模是影响自愿性信息披露的重要因素。由于身处更大的市场和需要更多外部资金，规模较大的公司有意愿披露更多的信息以吸引投资者，从而降低资本成本。此外，规模大的公司更加注重自身的社会形象和信誉，通过自愿性披露与投资者进行沟通，可以有效塑造大公司的良好社会形象和改善公司信誉。许多学者对两者关系进行研究发现，两者之间存在显著的正相关性，即公司规模越大，自愿性披露的质量就越高。

3. 行业性质

由于行业之间的差异性，自愿性披露的信息有很大的区别。一般认为，传统公司较少自愿披露能为公司带来巨大价值的人力资本信息；而高科技、高成长公司自愿披露人力资源信息已司空见惯；重工业较少披露与环境有关的信息；公用事业与金融业为了维护自身的垄断地位，自愿披露的动机也不强烈；相对来说，制造业比其他行业会自愿披露较多的信息[3]。

4. 公司业绩

在市场信号传递有效时，资源性披露的程度与公司业绩呈正相关关系。在公司业绩好时，其自愿性信息披露的意愿就高；相反，当公司业绩下滑或亏损时，就会尽量拖延或者隐瞒不报。业绩好的公司，对信息的资源性披露可以很大地提高公司的声望，使得投资者对之产生较大兴趣，公司筹资等更容易，从而形成由公司—投资者—公司的良性循环。业绩差的则反之。

5. 治理结构

目前的一些研究表明,对公司自愿性披露产生影响的公司治理结构因素大致有董事长是否兼任总经理、审计委员会是否存在、所有权分散或集中的程度等。如 Forker 研究发现董事会中独立董事的比例和审计委员会的存在与股票期权信息披露程度呈正相关关系。Simon、Gray 等人对我国香港和新加坡的公司的研究发现,董事会中家庭成员的比例越高则披露程度越低,外部所有权结构的比例与自愿性披露程度呈正相关关系,同时,在"内部人控制"或家庭控制的公司中,自愿性信息披露会少。殷枫对这方面的研究显示,对于我国上市公司而言,董事会是否兼任总经理是影响上市公司自愿性披露程度的重要因素[2]。

6. 海外上市和国际化程度

公司是否在海外上市以及它的国际化程度高低,直接关系到其受到国外法律法规和交易所交易制度的影响程度,从而影响了公司自愿性披露的动机。由于身处国际资本市场的大环境,面临的竞争不再是国内所能比拟的,为了树立良好的公司形象及获得更好的竞争优势,跨国公司有较高的意愿主动披露一些信息,以满足当地投资者的信息需求。

四、我国自愿性披露的现状及其分析

通过自愿性披露的理论分析,可以得知自愿性披露对上市公司来说并非只是一种跟风行为,而是有其渊源的。而每个国家的情况各有不同,这也导致每个国家在自愿性披露方面的表现各不相同,对我国自愿性披露的现状的分析也就显得至关重要。

(一)我国自愿性披露的现状

我国目前主要采用的是对上市公司信息的强制性披露,自愿性披露则刚刚起步。在现实中,我国上市公司自愿性披露的内容和质量都远远不能满足监管部门、证券专业人士以及投资者的需求。乔旭东(2003)对上市公司的自愿性披露行为的研究表明:

(1) 我国上市公司自愿性披露的数量偏少,自愿揭示指数只有 0.31(自愿揭示指数=实际披露项目数/最佳披露项目数),距离最佳还有很大距离;

(2) 自愿披露项目信息含量偏低,对于自愿披露的项目,上市公司多数选择定性的、边缘的、外围的、表面的,而回避那些核心的、关键的、定量的信息,大大削弱了所披露信息的相关性[7]。

此外,笔者通过调查还发现,我国上市公司的自愿性披露主要集中在业绩预警公告(即盈利预测和亏损预测)上。笔者认为这可能是因为盈利预测曾一度属于强制性披露的内容,现在虽改为自愿性披露,但对公司来说,此行为也可能只是一种惯性。2003—

2005 年预警公告的统计，如下表所示。

2003—2005 年上市公司预警公告调查

年度	2003	2004	2005
披露数量	1 051	1 711	1 820

注：数据来源为"证券之星网"。

由上表我们发现，2003 年后我国上市公司的预警公告的数量呈逐年上升的趋势，但其他自愿性披露依旧很少，说明自愿性披露的内容过于单一。这些分析说明我国的自愿性披露仍然处在起步阶段，上市公司自愿性披露信息质量不高，有效性不足。

（二）我国上市公司自愿性披露水平的原因分析

导致我国自愿性信息披露水平不高的原因错综复杂，究其根源在于我国正处于市场经济的转轨时期，发展不平衡与不完善。本文将从经济方面及文化方面进行研究。

1. 我国经济方面的影响

经济的发展程度决定着其他社会领域的发展。我国经济的迅速发展必然出现一些问题，这也是我国自愿性披露水平低最主要的一个原因。一个国家的信息披露总体水平主要受资本市场的发达程度、企业的组织形式和主要筹资渠道三个方面的影响[1]。下面，从这三方面来结合我国国情分析其对自愿性披露水平的影响。

首先，就资本市场而言。我国资本市场还属于弱式有效市场，主要问题如下。①上市公司整体质量不高，公司盈利能力差，投资回报较少，投资者更倾向于短期投机，并不过多地关注公司长远发展方面的信息。而从国际来看，自愿性信息披露的内容恰恰都是关于企业长期发展战略方面的信息。②投资者整体素质不高，缺乏分析财务报告的能力，市场只对财务报表的名义利润作出反应，而不关注公司与自愿性信息披露的程度和质量。③散户投资者过多，一方面分散了对信息披露的需求；另一方面降低了市场对信息处理、判断的总体能力[8]。

其次，就企业的组织形式而言。本文企业组织形式针对的是公司股权结构和公司内部治理结构。虽然我国的上市公司都实行股份制，但是大多数公司由国企改制而成。这就造成目前我国上市公司内部治理结构存在严重的缺陷，主要表现为国有股权"一股独大"和"内部人控制"。一方面，国有股股权主体（即委托人）缺位，使得公司管理者无须面对来自所有者的强大压力，在其报酬由绩效决定且缺少监督机制的情况下，存在盈余操纵的潜在利益冲突和有力机会；另一方面，社会公众受制于持股比例的限制及存在"搭便车"的心理，即使提出全面披露信息的要求，影响力也十分有限。两方博弈的结果是，上市公司只会选择按照有关规定进行强制性信息披露，而尽量避免自愿性信息披露[8]。

再次,就主要筹资渠道而言。债券市场不发达,企业的资金主要来源于借贷资本。其理财方法通常倾向于保守和稳健,以迎合债权人的偏好。因此,企业比较重视强制性信息的披露,对自愿性信息披露采取保留的态度。另外,我国国有企业的资金来源有一大部分是财政拨款或者政策性贷款。

从这三个方面不难看出,我国现阶段的信息披露水平低是有根可寻的。

2. 我国文化方面的影响

中国传统文化深深地影响着中国老百姓的思维方式、处世方式,从而间接地影响到我国的自愿性披露的水平。下面从文化对人的影响的角度来分析文化对我国信息披露水平的影响。

首先,文化对普通老百姓的影响。自古以来,中国人信奉"有备无患""凡事预则立,不预则废"等观念,稳健及规避风险的意识较强,从而表现出了他国难以望其项背的高储蓄率[9]。高储蓄率导致上流动资金不足,人们对风险的过度回避,使得我国的资本市场不够活跃,上市公司的披露行为得不到理想中的反应,披露的动机也大大降低了。

其次,文化对公司管理者的影响。公司管理者偏于稳健,对风险规避意识更强,对商业秘密保护的意识会远远强于披露所带来效益的动机。中国公司管理层的人情关系网十分复杂,公司的一些重要信息对有较大权力的利益相关者来说是不言而喻的,而他们刚好也是信息的主要需求者。另外,由于受到家长制的影响,我国的公司中董事长与总经理经常是同一人兼任的,这样使得剩余索取权和管理经营权纠结在一起,公司老总无须向其他人披露信息。

(三)提高我国自愿性披露水平的"三性"分析

了解了我国自愿性披露的现状及原因,接下来有个重要的问题就是提高我国的自愿性披露水平是否有必要、是否有效及提高的可能。

1. 必要性分析

首先,我国经济的迅猛发展需要配套的信息披露制度,然而我国信息披露的现状表明我国信息披露制度并没有与经济发展相适应,目前重强制性轻自愿性披露的状况亟须改善。

其次,加入WTO后,大量外资进入国内证券市场,这使得国内上市公司对投资者的竞争更加强烈,自愿性披露是提高公司竞争力的一把利器,如果国内上市公司不果断地拿起这把武器,那它们极可能变得毫无竞争力;虽然现在还没有国外公司入户我国的证券市场,但一旦出现这种情况,我国上市公司仅凭强制性披露的信息是完全斗不过经验丰富的国外公司的。

再次,自从出现银广夏、郑百文、琼民源等虚假披露信息案件后,我国资本市场上一直存在着投资者对信息的广泛不信任。其中一个重要的原因就是信息披露制度不完善。只有提高自愿性披露的水平，改善信息严重不对称的情况，才能有效抑制虚假披露的继续发生，改善上市公司与投资者的关系。

2. 有效性分析

为了了解自愿性披露水平的提高是否真的能改善我国信息披露的现状及资本市场的有效性，笔者通过对近几个月有自愿性披露公告的公司信息披露后股价走势的分析，发现自愿性披露可以有效地防止过度投机及避免投资者盲目乐观或悲观，使投资者能清晰地认识到公司的价值，从而做出正确的投资策略。如 600115 东方航空，由于国内外航油价格居高不下造成运营成本大幅增加等原因，东方航空投资者对该公司的投资热情减少。从 4 月 18 日的股票开盘价 2.58 元到 4 月 24 日的收盘价 2.29 元，短短 6 天大跌 10.35％[①]。而随后在 26 日公司自愿披露预亏警告后，使投资者真正认识公司的经营情况，避免投资者因盲目悲观而抛售公司股票。在经过 26 日当日股价短暂下跌后，随后的几天时间内，股价不但没有继续下滑，反而出现上涨的局面，在恢复原先股价后还创出了 3.04 元——该股自 2005 年 7 月份以来的新高。

3. 可能性分析

首先，我国证券市场有了较大的发展，教育水平的提高也使得投资者的数量有了显著增加，质量有了显著提高，证券市场中介机构的队伍不断壮大，机构投资者和专业证券分析师的数量在不断增长，都为自愿性披露水平的提高奠定了基础。

其次，上市公司治理结构和管理体系的不断完善，有效的制衡机制的逐步发展，国内职业经理人市场的出现，对公司经营管理者起到了一定程度的约束作用，他们出于自身利益的考虑，必然会倾向于自愿性披露。

通过上述分析可看出提高我国的自愿性披露水平不仅是必要的、有效的，而且是可能的。

五、我国自愿性披露的对策思考

根据上述的研究分析，要建立符合我国国情的信息披露制度，仍需促进强制性与自愿性披露相结合。我国目前对强制性披露的研究及实践已经上了轨道，而自愿性披露研究相对薄弱。如何改善这一现状？以下是笔者的思考。

（一）构建上市公司信息披露理论框架

我国目前对信息披露的理论研究大都缘于实践中出现的问题，是对其中经验和教训的总结，只停留在就事论事阶段。构建一个理论框架，可以同时为理论研究和实践提供

---

① 数据来源于广发证券。

指导，并由此形成"比较全面、比较详细和有一定前瞻性的信息披露制度"。笔者认为毛洪涛等提出的上市公司信息披露理论框架可资借鉴。该设想的基本思路是由三个层次组成信息披露制度：第一层次，以资本市场为理论研究的基础回答上市公司信息披露是什么（what）这一问题；第二层次，分别从资本市场的市场有效性、市场失灵及市场公平三个假设前提出发研究为什么（why）披露的问题；第三层次，解释和预测上市公司信息披露行为，从而回答披露如何（how）进行的问题[10]。另外，笔者认为，通过构建理论框架，可以发挥以下作用：一是可以纠正学者们在研究过程中出现的认识分歧或理解的错误；二是可以对完善信息披露制度起指导作用；三是可以解决我国在不同经济发展时期的信息披露制度的变化遇到的难题。

（二）完善会计准则中鼓励并保护自愿性披露的内容

在会计准则和披露规则中加入鼓励上市公司自愿性披露信息的内容，列明鼓励自愿性信息披露的种类以解决政策法规落后于公司实践的矛盾。同时，为了避免公司管理层面临不应有的诉讼风险和其他问题，监管部门还需研究制定相关的政策对公司的自愿性披露信息行为加以保护，以防上市公司自愿披露的积极性下降。笔者认为，美国的"安全港规则"为我们提供了较好的借鉴。

（三）加大信息披露的违规成本

在美国，民事赔偿为提高上市公司信息披露的质量，制止虚假信息等作了很大贡献。美国上市公司惧怕民事纠纷甚于行政处罚，因披露虚假信息或没有预先警告投资者风险等而遇到民事纠纷时，可能陷入没完没了的官司中，不仅使公司管理层丧失了用来管理公司的时间和精力，还可能因为民事赔偿而导致公司破产。我国可以学习美国，加强投资者权益的维护力度，从而提高投资者对信息披露的关注，有力地促进市场的有效性，进而促使上市公司提高对自愿性信息披露的重视。另外，还可制定反欺诈条款，对恶意借自愿性信息披露之机误导投资者的上市公司给予处罚。

（四）加强 CPA 审核，建立信息披露评价体系

实践中，一些公司披露的盈利预测信息与实际的业绩相去甚远，误导投资者造成的损失是不可忽视的。随着自愿性披露信息的普及，加强自愿性披露信息的审核必不可少。然而由于自愿性信息披露的内容不像财务报表那样固定，无疑给注册会计师的审核提出了许多新的问题。笔者认为在建立评价体系方面，应由注协或证监会组织提供这方面的指南，注册会计师根据其对公司自愿性披露的内容提出审核意见，警示投资者可能面临的风险。

（五）调整产权结构，优化公司治理结构

由于历史的原因，我国上市公司产权、公司治理结构不尽合理。只有优化公司治理结构，才能从制度上保证管理者将其信息传递给投资者。调整公司产权结构、优化公司治理，就现实情况看，需要做好以下工作。一是解决"一股独大"的股权结构问题，形成以财产所有权分散化为前提的多元化所有权的产权结构及形成剩余索取权与控制管理权相分离的产权结构。二是解决"内部人控制"的治理结构问题，扩大董事会的职权范围，加强董事会对经理层的监督，建立健全独立董事制度及相应的责任制度，扩充监事会的权力，强化监事会的职权。

（六）改善投资环境，提高投资者素质

首先，投资者应加强自身专业素养的培养，多关注公司核心竞争能力、预测性信息等自愿性披露的信息，一旦遭到严重的投资损失，能够冷静分析，借助法律武器保护自己的利益。其次，监管部门应对证券专业分析人士的分析实务进行规范，防止分析师与上市公司私下串通，利用幕后交易攫取不正当的超额利润，以致侵害投资者的利益。再次，建立一套全社会的会计诚信体系，有不良信用的行为记录的公司在工商注册、银行贷款等方面应受到限制。再次，完善对机构投资者的管理，建立针对不法分析师或投资机构的市场退出机制，一旦发现机构投资者有重大的不正当行为，永远不准其再踏足该行业。

综上，本文既对会计信息自愿性披露进行了理论分析，也针对国内信息披露现状提出了自己的思考和看法。通过文章的分析，发现自愿性披露水平的提高对改善我国信息披露的现状将有很大帮助。基于自愿性披露在资本市场及上市公司中作用的日益显现，笔者在文章第五部分提出六个方面的建议，包括构建上市公司信息披露理论框架、完善会计准则中鼓励并保护自愿性披露的内容、加大信息披露违规成本、加强CPA审核和建立信息披露评价体系、调整产权结构和优化公司治理结构、改善投资环境和提高投资者素质，希望对提高我国自愿性披露水平有所助益。

然而，由于自愿性披露研究在国内外学术界均处于探索阶段，以及笔者的知识水平及完成论文的时间和资料等方面的局限，本文尚未对该领域中的一些问题，如自愿性披露的监管、自愿性披露和强制性披露结合的契合点、自愿性披露建设的指导框架等展开更为深入的探讨，这些也是未来可进一步研究的方向。

参 考 文 献

[1] 王雄元. 上市公司信息披露与商业秘密保护 [J]. 财会月刊会计版, 2006 (4).

[2] 殷枫. 公司治理结构和自愿性信息披露关系的实证研究, 审计与经济研究, 2006 (3).

[3] 闫化海. 自愿性信息披露问题研究及其新进展 [J]. 外国经济与管理, 2004 (10).

[4] 谢志华, 崔学刚. 信息披露水平: 市场推动与政府管制 [J]. 审计研究, 2005 (4).

[5] 平狄克, 鲁宾费尔德. 微观经济学 [M]. 第 4 版. 北京: 中国人民大学出版社, 2000.

[6] 王雄元. 自愿性信息披露: 信息租金与管制 [J]. 会计研究, 2005 (4).

[7] 乔旭东. 上市公司年度报告自愿性信息披露行为的实证研究 [J]. 当代经济科学, 2003 (3).

[8] 殷虹. 优化我国上市公司自愿性信息披露管见 [J]. 财会月刊, 2004 (6).

[9] 陈艳. 会计信息披露方式的经济学思考 [J]. 会计研究, 2004 (8).

[10] 毛洪涛, 吉利. 我国上市公司信息披露理论研究评估 [J]. 会计研究, 2005 (9).

[11] 钱翎. 会计信息的强制性与自愿性研究 [J]. 财会月刊 (会计), 2002 (4).

[12] 王雄元, 王永. 上市公司信息披露策略的理论基础 [J]. 审计与经济研究, 2006 (3).

[13] 丁爱琴. 自愿披露的根本性动机——基于成本效益的分析 [J]. 现代会计, 2004 (2).

[14] 唐鸿英. 我国证券市场会计信息披露存在的问题与对策 [J]. 财会研究, 2006 (3).

[15] Wilur G. Lewellen, Taewoo Park, Byung T. Self-serving behavior in manager's diacretionary information disclosure decisions [J]. Journal of Accounting and Economics, 1996, 21: 227-251.

[16] Joshua Ronen, Varda (Lewinstein) Yaari. Incentives for voluntary disclosure [J]. Journal of Financial Markets, 2001, 4: 309-357.

致　　谢

　　一分耕耘，一分收获，能够顺利完成我的毕业论文，首先要感谢我的导师潘琰教授。在繁忙的工作中，她对我的论文给予了精心的指导。潘老师严谨治学的态度、诲人不倦的风范，使我深受鼓舞，她对我们的严格要求，也让我受益匪浅。在此，我对潘老师深表诚挚的谢意！

　　我还要感谢林兢老师、黄莲琴老师、邓丽君老师、张志雄老师、郑声锵老师，四年里，他们给了我极大的帮助，让我无法忘怀。我还要感谢我的家人，他们对我学业上的支持和期望激励着我不断前进。

从肯德基在中国看跨文化营销

黄 河[*]

摘 要

2004年肯德基在中国开设了第1 200家店,把竞争对手麦当劳远远抛在后面,在中国赢得了顾客的广泛好评和极高的受欢迎度,击败了众多的挑战者。本文站在跨文化角度分析肯德基在中国的营销策略,提出值得跨国餐饮公司借鉴的建议。

关键词:肯德基;餐饮;跨文化;营销

---

[*] 作者已保送华南理工大学工商管理学院企业管理专业国际企业管理方向硕士研究生。

Cross-cultural Marketing From the Case of KFC in China

Huang He

Abstract

In 2004, KFC opened its 1 200th shop in China, leaving its rival McDonald far behind and beating one rival after another. KFC has won wide acclaim and is quite popular among Chinese customers. This thesis is to analyze KFC's marketing strategy in China from a cross-cultural angle, attempting to give some suggestions to multinational catering companies.

Key Words: KFC; Food; Cross-cultural; Marketing

目　　录

一、文献综述 ··· 288
　（一）民族文化维纶理论 ·· 288
　（二）科特勒的 4P 理论 ··· 289
　（三）营销的定义和跨文化营销的定义 ··· 289
二、肯德基的成功案例及其在中国的现状 ·· 289
　（一）肯德基的产品创新策略 ··· 290
　（二）肯德基的定价策略 ·· 291
　（三）肯德基的分销策略 ·· 292
　（四）肯德基的公关策略 ·· 293
三、结论和建议 ··· 295
　（一）正确地进行品牌定位 ·· 295
　（二）及时推出适合国人口味的新产品 ·· 295
　（三）恰当的营销渠道和公关活动 ··· 295
参考文献 ·· 297
致谢 ·· 298

肯德基隶属全球最大的餐饮连锁集团——百胜集团,其成功的跨文化营销行为一直为学者津津乐道。肯德基的门店遍布中国大中城市的每一个角落,其作为美国公司在中国取得如此大的成功,引起笔者深思。笔者也试图通过本文挖掘餐饮行业和跨文化营销的更为深刻的内涵,站在跨文化观点上来阐述营销观念。

一、文献综述

(一) 民族文化维纶理论

1. 权力距离 (power distance)。权力距离即在一个组织当中,权力的集中程度和领导的独裁程度以及一个社会在多大的程度上可以接受组织当中这种权力分配的不平等,在企业当中可以理解为管理者和员工之间的社会距离。一种文化究竟是大的权力距离还是小的权力距离,必然会反映在这一社会内成员的价值观中。如果领导的集权和专断深植在员工的头脑中,成为一种理所当然的现象,那么权力分配的不公平不会影响到组织的稳定。

2. 不确定性避免 (uncertainty avoidance index)。在任何一个社会中,不确定的、含糊的、前途未卜的情境,都会让人感到是一种威胁,从而倾向于防止。防止的方法很多,例如提供更大的职业稳定性,订立更多的条令,不允许出现越轨的思想和行为等。不同文化,防止不确定性的迫切程度不一样。相对而言,在不确定性避免程度低的社会中,人们普遍有安全感,倾向于放松的生活态度和鼓励冒险的倾向。而在不确定性避免程度高的社会中,人们普遍有一种高度的紧迫感和进取心,因而易形成努力工作的内心冲动。

3. 个人主义与集体主义 (individualism versus collectivism)。"个人主义"是一种结合松散的社会组织结构,其中每个人重视自身的价值与需要,依靠个人的努力来为自己谋取利益。"集体主义"则是一种结合紧密的社会组织,其中所有的人往往以"在群体之内"和"在群体之外"来区分,他们期望得到"群体之内"的人员的理解,但同时也以对该群体保持绝对的忠诚作为回报。

4. 男性度与女性度 (masculinity versus femininity)。即社会上居于统治地位的价值标准。对于男性社会而言,居于统治地位的是男性气概,如自信武断,进取好胜,对于金钱的索取,执着而坦然,而女性社会则完全与之相反。

通过分析上述文化四维度调查数据,霍夫斯坦特证实了不同民族的文化之间确实存在很大的差异性,他认为这种差异性根植在人们的头脑中,很难改变[1]。

普遍的观点认为,中国属于权力距离较大、不确定性避免程度较高、集体主义感很强、中度男性化的社会。

(二) 科特勒的 4P 理论

1. 产品或服务策略（product）。科特勒教授的定义是"能够为购买者带来满足感或利益的，有形的、服务性的和象征性的东西"，这一定义又被他简化为"产品是被视为能够满足需求的东西"。

2. 价格策略（price）。近年来，价格已经被进一步发展为价格战略，其中包括溢价、季节定价或每日定价等内容。

3. 渠道策略（place）。它涵盖了企业的产品和服务如何接近潜在的消费者或客户，其中包括分销、物流系统和网络服务系统。

4. 促销策略（promotion）。它包含的活动更多，在过去的 30 年中经历了爆炸式的发展。其中包括促销沟通、个人销售、广告推广、直销推广、公共关系等内容。

4P 营销组合认为，在影响企业经营的诸因素中，市场营销环境是企业不可控制的因素，而产品、分销、促销、价格等因素是企业可以控制的，企业应综合运用这四个可以控制的变量来组成一个有效的营销系统以进入企业的目标市场[2]。

(三) 营销的定义和跨文化营销的定义

科特勒把市场营销定义为：营销是个人和群体通过创造并同他人交换产品和价值，以满足需求和欲望的一种社会和管理过程。[2] 参照这个定义，笔者把跨文化营销定义为：在全球化背景下，来自不同文化背景的个人和群体通过在不同文化的市场中创造并同他人交换产品和价值，以满足不同文化背景的需求和欲望的一种社会和管理过程。

二、肯德基的成功案例及其在中国的现状

1987 年，肯德基进入具有悠久饮食文化的古都北京，开始了它的中国发展史。1987 年 11 月 12 日，肯德基在中国的第一家分店在北京前门的繁华地带正式开业。以此为起点，肯德基开始摸索，不断了解和适应中国社会和市场，逐步形成了具有中国特色的管理模式。1992 年肯德基在中国的分店总数只有 10 家，到 1995 年，发展到 71 家。1996 年 6 月 25 日，中国肯德基第 100 家店在北京开设，这是一个里程碑，标志着中国肯德基进入了一个更为稳步发展的阶段。同时成长的是肯德基在中国广大消费者心目中的形象。全球著名的 AC 尼尔森调研公司 1999 年在中国 30 个城市发放的 16 677 份问卷调查显示，最早进入中国市场的西式快餐——肯德基，因其独有的美味和品质，被中国消费者公认为"顾客最常惠顾的"品牌，名列中国前十个国际著名品牌的榜首。

随着肯德基管理经验的逐渐丰富、员工队伍的不断壮大和经营体系的日趋完善，2000 年以后的中国肯德基加速发展。2000 年 11 月，肯德基在中国连锁餐饮企业中第一个突破 400 家餐厅的规模。2001 年 10 月发展到 500 家，2002 年 2 月达到 600 家，11 个

月以后的总数为 800 家。至今中国肯德基已在 200 多个城市开设了 1 000 多家餐厅,在中国餐饮业遥遥领先。不仅如此,中国肯德基还一直保持着良好的经济业绩。肯德基的中国总部"中国百胜餐饮集团"连续三年居全中国餐饮百强之首,2002 年的营业额达到 71 亿元。其中绝大部分来自肯德基。其餐厅数量成长如下图[3]。

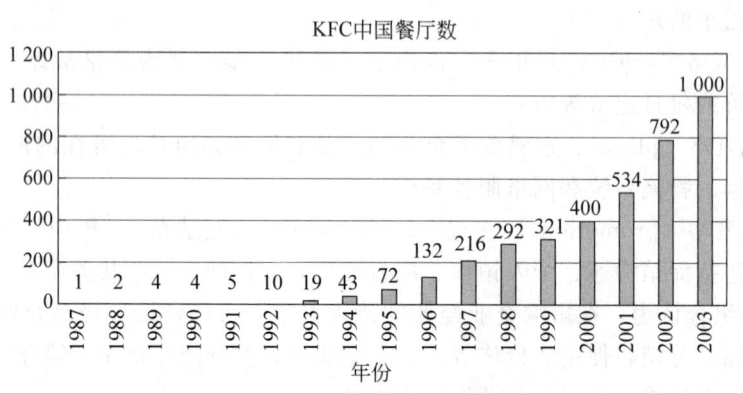

KFC 中国餐厅数量增长图

鉴于肯德基在中国市场发展过程中取得的良好业绩,本文接下来将使用跨文化理论从产品创新、定价策略、渠道和公关四个方面具体分析肯德基的营销策略。

(一) 肯德基的产品创新策略

2002 年 6 月,肯德基"墨西哥鸡肉卷"上市。据肯德基中国网站称,"墨西哥鸡肉卷"选用墨西哥薄饼、鲜脆的生菜、现场腌制和烹调的多汁嫩鸡腿肉,放入由营养丰富的番茄、红椒、洋葱等多种蔬菜配制而成的墨西哥特有的调料"莎莎酱",配以提味的黑胡椒蛋黄卷,用饼皮紧紧"卷"起来,口感独特、吃法新奇,与吃汉堡有不同的新感受。只要一口,就让消费者尝到脆、嫩、酸、微辣的多重美味。

"墨西哥鸡肉卷"被认为是颠覆汉堡吃法的一种新快餐潮流,在中国市场取得了巨大成功。

2003 年 2 月,"老北京鸡肉卷"在中国上市。据肯德基中国网站称,"老北京鸡肉卷"使用与"墨西哥鸡肉卷"同样的面饼,内有烹炸的鸡腿肉条、爽脆的黄瓜条、京葱段,浇上浓郁的甜面酱和汉堡酱。这样的配料,完全与北京烤鸭的风味相同。"老北京鸡肉卷"既结合了快餐的"边走边吃",也满足了本土消费者的口味。

"老北京鸡肉卷"在中国市场也取得了巨大成功,2003 年 10 月,肯德基中国南京公司高层人士曾对《江南时报》记者说:"'老北京鸡肉卷'除了部分消费者抱怨京葱段偏粗以外,市场营销量一路上升。"[4]

为什么肯德基能在市场竞争激烈的中国快餐业里独占鳌头呢?笔者认为,这和肯德基的产品创新分不开。中国是一个中等男性化的社会，人们普遍对新鲜事物有好奇心理，针对这种好奇心理，肯德基以比竞争对手更快的速度推出新产品，赢得了更多的新客户；中国也是一个集体主义倾向较浓的社会，人们对中国传统的文化和食品有很高的认同感，通过这种认同感，用西方吃法的"皮"包住中国传统餐饮文化的"心"，体现了肯德基跨文化营销在产品创新方面的成功策略。从颠覆汉堡的"墨西哥鸡肉卷"到饱含中国特色的"老北京鸡肉卷"，从消费者热衷的"香辣鸡翅"到行业内首推的"新奥尔良烤翅"，从经典的"香辣鸡腿堡"到不辣的"劲脆鸡腿堡"，从传统的鸡肉汉堡到猪肉的"照烧猪排堡"，从"炸"的"香辣鸡腿堡"和"劲脆鸡腿堡"到"烤"的"黄金烤鸡腿堡"，肯德基的产品不断在结合中国文化特色的基础上进行突破和创新，为消费者提供了多样化的选择，也给快餐行业带来了多元化的竞争，肯德基在这种竞争中逐步扩大并巩固了自身在中国快餐行业的领先地位。

（二）肯德基的定价策略

最近两年，肯德基的竞争对手麦当劳行动频频：2003年5月28日，北京地区"巨无霸""麦香猪柳蛋汉堡"等麦当劳招牌产品的价格都不同程度上涨。"巨无霸"由10元涨到了10.40元；"麦辣鸡腿汉堡"化零为整，从9.9元调到10元；"麦香猪柳蛋汉堡"则小涨0.4元，由9.5元变成9.9元。奶昔则略微上扬0.2元。同样，最早在中国亮相的麦当劳招牌店——深圳东门光华楼门店经理告诉记者：深圳地区的"巨无霸"已由10.5元上调到10.8元，部分早餐套餐的价格则有所回落，其调整幅度为0.1~0.7元。来自厦门的消息显示，厦门麦当劳的"派"涨了0.5元，为现在的3.5元。以往16.8元套餐现在均以17元论价，而"朱古力奶昔"则上浮了0.7元。这次涨价之后肯德基明确表示，不跟风涨价[5]。

2004年2月27日，麦当劳在全国推出一项"超值惊喜、不过5元"的促销活动。共有近10款食品价格降到了5元以内，"双层吉士汉堡""麦香鱼汉堡"的价格从10元左右直线降至5元，原价六七元的鸡翅、新地等产品一律降到5元[6]。

针对这次降价，肯德基同样表示，肯德基不会跟风降价。在中国市场上麦当劳比较多地使用了价格策略，而肯德基更多地使用了新产品策略，价格水平一直是维持不动的。为什么会这样呢？而从跨文化的角度来分析，中国是一个权力距离较大的社会，人们很看重消费场所的价格与个人形象之间的关系。肯德基维持不变的价格，有利于保持其在消费者心目中不变的形象，不会随着价格的波动而波动；作为一种西式快餐，肯德基考虑到中国人的集体主义倾向的消费习惯，通过推出"外带全家桶"这样的方式促销也收到了很好的效果，而非麦当劳那样进行单品促销。

(三) 肯德基的分销策略

2005年3月，沸沸扬扬的"苏丹红"事件给如日中天的肯德基一个沉重的打击。在肯德基良好的危机公关下该事件得以迅速告一段落，但是，这个事件很好地诠释了跨文化营销中跨国公司的分销渠道和公关活动。本文将深入分析这一事件。

"苏丹红"事件中有一个很有意思的插曲。2005年3月16日下午，中国百胜餐饮集团公开声明：肯德基新奥尔良烤翅和新奥尔良烤鸡腿堡调料中发现含有"苏丹红一号"，国内所有肯德基餐厅已停止出售这两种产品。声明还说："我们虽然多次要求百胜的相关供应商确保其产品不含'苏丹红一号'成分并获得了他们的书面保证。但是非常遗憾，昨天在肯德基新奥尔良烤翅和新奥尔良烤鸡腿堡调料中还是发现了'苏丹红一号'成分。"肯德基声称从16日起将在全国所有的肯德基分店停止出售新奥尔良烤翅和新奥尔良烤鸡腿堡，同时销毁所有剩余调料，安排重新生产不含苏丹红成分的调料，预计在一周内可恢复新奥尔良烤翅的销售。肯德基将严格追查相关供应商在调料中违规使用"苏丹红一号"的责任，同时就此次食品安全事件向公众致歉。

事隔三天后，3月19日，北京市有关部门在食品专项执法检查中，从朝阳区某肯德基餐厅抽取的原料"辣腌泡粉"中又检测出"苏丹红一号"。这种"辣腌泡粉"用在"香辣鸡腿堡""辣鸡翅""劲爆鸡米花"三种产品上。北京食品安全办、北京出入境检验检疫局紧急约见了北京肯德基有限公司的法定代表人，责令全市肯德基餐厅立即停止销售上述三种食品，调整配方、重新检测后方可上市。加上此前涉"红"的"新奥尔良烤翅"和"新奥尔良烤鸡腿堡"，肯德基已经有5种产品被检出"苏丹红"而停售[7]。

短短的三天时间，肯德基还没来得及算清楚"供应商责任"的"旧账"，自家又有三款产品在北京被查出含有苏丹红。

两次"苏丹红事件"发生的区域范围不一样，第一次是全国性的，未采取任何措施前的苏丹红在肯德基产品中蔓延。第二次只发生在北京（上海、兰州、沈阳等地的肯德基均声明不涉及第二次苏丹红），以肯德基连锁统一采购配送的运营方式，导致单一地（北京）的产品中出现苏丹红，最大的可能是，含苏丹红的原料采购于公开声明发布后仍然在回收过程中"畅通无阻"。这些原料原本当回收，由于管理上的漏洞和执行上的混乱，流入北京肯德基。

肯德基在中国的供应链一向是其自豪：2004年的禽流感让众多以鸡类食品为招牌菜的中餐馆门可罗雀，肯德基因为要求所有鸡肉供应商必须提供由当地检疫部门签发的检验证明而赢得消费者信任。肯德基的网站上明白陈述肯德基的供应商战略：肯德基通过供应商的本地化、扶持性培训和星级系统评估三大策略实现与供应商的战略合作伙伴关系。

1. 供应商的本地化。目前肯德基采用的鸡肉原料100%全都来自国内，85%的食品包装原料都由国内的供应商提供。肯德基的供应源本地化主要通过两个途径实现：第一是国内供应商的规模化，第二是国外供应商的本地化。

2. 供应商的星级评估系统。肯德基的 Star System 是一项专门针对供应商管理的全球评估系统，从 1996 年开始对中国的供应商全面实施。Star System 的评估内容非常细节化而且可操作性很强，这位保证供应商的高质量水准提供了坚实的基础。

3. 供应商的支持性培训。肯德基公司的技术部和采购部也针对供应商的弱点和不足进行相应的培训，技术部主要负责技术转移；采购部则经常拜访供应商以及积极举办交流会，从而把餐饮业的国际标准质量要求传递给肯德基的供应商。

肯德基相关负责人曾介绍，他们不仅要求自己，甚至要求供应商达到全球食品行业 GMP 标准，并要求其具备完整的 HACCP（危害分析与关键点控制）系统以确保食品的安全。物流系统的 GMP 标准是可实现"产品标识与可追溯性"。订单、发货都必须有详细的记录，配送的过程中送给谁了，谁接手的，生产质量部门是谁，都有基于批号的文件记录。一旦产品出现异常，可通过记录跟踪每一起货源。这些声明表明，肯德基应能够根据文件记录完全回收来自"基快富食品有限公司"的含苏丹红的原料。

那么，这个看似完善的系统为什么没有发挥效用呢？1952 年肯德基的创始人山得士上校总结肯德基的成功经验："无论什么时间，什么地点，全世界的标准是一样的。"那么为什么在英国一经发现就成功回收的"苏丹红"在中国却成了漏网之鱼呢[8]？

问题可能出现在很多地方：原料的批号记录不完整、出错；未能遵循原料先进先出的原则，导致漏查；公开信后回收的工作滞后……但归根结底实际上是一个问题：连锁的管理执行不到位。笔者认为从跨文化营销的角度来分析，抛开肯德基本身可能存在的流程设计上的缺陷不谈，由于中国较大的权力距离和男性化倾向，中国的员工普遍存在一种浮躁的倾向，难以踏实认真地去完成一些看起来很细微很琐碎的事情，对于食品业而言，这一点是致命的。沸沸扬扬的肯德基事件背后的根源，其实是小小的广州田洋公司的一批不起眼的原料。如果细致认真地从源头上真正把关，"苏丹红"不会流入肯德基，更加不可能再次出现。这也给在中国的跨国企业一个教训：如何真正地把很好的制度贯彻到企业中的关键，并不在于高管如何卖力，而在于基层的素质如何。也就是说，跨国公司成功的关键在于在一个普遍存在浮躁倾向的国家招聘使用那些沉稳耐心而且细心的员工。

（四）肯德基的公关策略

然而，在反思肯德基的供应链管理没有起到应有的效果时，笔者也发现，肯德基的危机公关有很多值得国内企业学习的地方。面对"苏丹红事件"，肯德基除了主动向全国媒体通报、回收及销毁剩余的所有调料外，还作出对消费者健康负责的承诺，配合政府对其他食品的抽样调查，同时严格追查供应商的法律责任，并提出多项改进措施，以确保不再发生类似事件。经过危机公关，肯德基的客流量在短短一周后便有回升。为弥补经营损失、凝聚人气，肯德基对几款"退红产品"进行打折销售，同时加快新产品研发速度，在全国同时推出一款新口味食品，从而吸引了更多消费者，显示出国际品牌老辣、纯熟的市场驾驭能力。

在这次公关危机中，笔者发现肯德基主要采取了四种危机公关的解决方式，而每种方式都包含了一定的跨文化营销的内涵。

1. 充分利用媒介资源，使用"首脑公关"。危机公关是指当企业遇上信任、形象危机或者某项工作产生了失误时，企业通过一系列的活动来获得社会公众的原谅和理解，进而挽回影响的工作。社会公众受媒体的影响很大，因此，危机公关在很大程度上就应该针对媒体。此次"苏丹红事件"中，肯德基数次召开记者招待会，连一向低调的中国百胜餐饮集团总裁苏敬轼也特地赶赴北京，亲自到肯德基餐厅就餐。在权力距离较大的中国采用这种办法，就是给消费者吃"定心丸"，对恢复消费者的信心有很大作用[9]。

2. 寻找源头，满足消费者的知情欲。和萌芽状态时的危机处理一样，当危机已经如火如荼的时候，办法仍然是从寻找源头开始，因为寻找源头的过程就是解决问题的过程。在这次事件中，肯德基一方面检讨自身的供应链管理；另一方面协助国家相关部门逐步追查，最后成功找到了"苏丹红"的源头。尽管仍然被质疑为"推卸责任"，但是事情既然已经真相大白，消费者的情绪就会平静许多。在中国这样一个男性化倾向明显的社会，人们都喜欢寻根究底，既然找到了并且不是肯德基自身的问题，人们也就把矛头更多地指向了肯德基的供应商而不是肯德基了。

3. 敢于剖析自己，承认错误，利用权威部门的证明。3月22日，肯德基在全国发出通告，称对"苏丹红"的调查已全面完成，有问题的调料都已排除，并得到妥善处理，经检验不含"苏丹红"的替代调料也已准备就绪。新奥尔良烤翅将从3月23日起在各城市陆续恢复销售，短期促销产品新奥尔良烤鸡腿堡将停止售卖。同时，肯德基再次强调，"所有相关产品都已送交国家认可专业机构进行全面检测，化验结果确认所有产品都不含'苏丹红'成分。请广大消费者放心食用"。肯德基的一再认错把消费者的火气降下来不少，为其成功度过危机奠定了基础。在不确定性避免高的中国人心中，使用国家相关部门的证明和报告说服消费者是最直接有效的办法，也最能迅速让消费者安心[10]。

4. 疏导并转移注意力，营造平静的气氛。在召开记者招待会宣布所有产品不"含红"之后，肯德基提出了索赔方案，并在合肥市消协和孙卫东律师的推动调解下，中国百胜集团苏皖市场公共事务部两名负责人就销售"含红"食品一事，当面向"安徽苏丹红索赔第一人"吴忠琪致歉。同时，肯德基迅速在中国各地推出公关活动：在石家庄推出"欢乐娃娃'肯德基'杯首届幼儿基础体操电视大赛"；在大连推出"肯德基汉堡吃得快擂台赛"；4月4日，肯德基的一款新式甜品——"泰妃椰奶蛋挞"在全国市场同时上柜出售。肯德基通过一系列新闻迅速转移了消费者的注意力，营业额迅速恢复。在集体主义感强的中国社会里营造这样一种平静气氛和积极担负社会责任的态度，很大程度上也软化了消费者的对立情绪。

三、结论和建议

中国本土快餐和洋快餐的竞争已经是一个老话题了，但是中国大陆为什么一直无法出现像菲律宾的快乐蜂那样成功在本土击退洋快餐的本土快餐店？原因很多，笔者从跨文化营销的角度出发认为中国本土快餐应该向成功的肯德基学习以下几点。

（一）正确地进行品牌定位

肯德基进入中国走的是"身边的洋快餐"的路线，营造的是一个中低档的朋友聚会、休闲的气氛。肯德基一方面强调自身对鸡类食品的专注——不否认自身作为"洋快餐"的特点；另一方面又强调自己着力于"中西结合"——既满足了消费者尝试新产品的欲望，又照顾到消费者的爱国情绪，所以得到了广泛的认可。中国的本土快餐在中国能否也强调自己的"中国味"呢？如果有一天扩展到美国，能否也在强调自己"中国味"的同时，推出中西结合的产品来迎合美国消费者呢？笔者拭目以待。

（二）及时推出适合国人口味的新产品

肯德基推出新品的速度其实比麦当劳快不了多少，但是为什么每次肯德基的新品都让人印象深刻呢？这与其对国人口味的了解是分不开的，中国是一个集体主义倾向的国家，中国人都有很强的爱国心理，对于自己国家口味的东西往往分外钟情，也就是当"墨西哥鸡肉卷"走向"老北京鸡肉卷"的时候人们如此关注，而同一时期的麦当劳推出的"粟米汤"却应者寥寥的原因。中国的本土快餐是否也能够像肯德基一样在新产品新口味上下功夫呢？

（三）恰当的营销渠道和公关活动

在渠道建设方面，肯德基在选取门市店地址上很下了一番功夫，其店面的选取分了好几个步骤：收集这个地区的资料、根据这些资料划分商圈、考察这个商圈内最主要的聚客点、确定人流线路，这和很多中式快餐店随便选址绝对不同；同时其在产品供应链上的控制也很有一套，这个也是很多专家对中式快餐的诟病——无法做到供应链的标准化，也就是无法做到产品的标准化。

至于公关活动，曾败在肯德基手下的中国本土快餐"荣华鸡"的公关活动与肯德基比较就显得相形见绌了。"荣华鸡"对其产品的描述是："色泽金黄，皮脆脱骨，肉嫩鲜滑，香味浓郁"，并以"荣华鸡，香喷喷"作为促销用语；在食品的配套上是"灵活多样";在销售上是"价格低廉";"荣华鸡"喊出了"荣我中华"的口号,并声称"和洋快餐叫板""洋快餐走到哪儿我就开到哪儿"。"荣华鸡"的公关资料中,笔者只看到了"口号性"的东西,看不到值得称道的细节。公关活动的高下,在细节上体现得淋漓尽致[11]。

综上所述,笔者认为,中式快餐要学习肯德基做好跨文化的营销,首先要从本土做起。菲律宾的快乐蜂做到了,相信有一天中国的本土快餐也能做到!

参 考 文 献

[1] Hosfstede G, Bond M H. The confucius connection: from cultural roots to economic growth [J]. Organizational Dynamics, Spring 1998, 12-13.

[2] [美] 菲利普·科特勒. 科特勒市场营销教程 [M]. 北京：华夏出版社，2004.

[3] 肯德基中国网站 [OL]. www.kfc.com.cn.

[4] 艾枚. 肯德基"八大菜系"蚕食市场 [N]. 江南时报，2003-10-25.

[5] 忻建一. 麦当劳全国涨价十天　肯德基按兵不动不跟进 [N]. 新华日报，2003-06-11.

[6] 杨华. 麦当劳十种产品全国大降价　肯德基表示不会跟风 [N]. 新快报，2004-02-27.

[7] 杨滨. 北京肯德基再现苏丹红　辣鸡腿堡等3种食品停售 [N]. 北京晚报，2005-03-19.

[8] 谢扬林. 物流中心失职　肯德基身陷"苏丹红"危机 [N]. 中国经营报，2005-03-28.

[9] 胡笑红. 百胜餐饮总裁苏敬轼现身肯德基危机公关前线 [N]. 京华时报，2005-03-29.

[10] 夏天. 危机公关考验跨国公司智慧 [N]. 新民晚报，2005-03-28.

[11] 汪中求. 细节决定成败 [M]. 北京：新华出版社，2004.

致　　谢

  在论文完成之际，笔者也即将告别熟悉的厦门大学校园，回到广州的华南理工大学继续研究生的求学生活。本文得到了指导老师林志扬教授的悉心指导，老师在百忙之中抽出时间认真审阅我的论文并且进行了字斟句酌的修改，在此再次对老师的指导表示由衷的感谢。

  同时也要感谢对本文有直接帮助的朋友：广州的赵尚节，他用丰富的企业管理经验给笔者提供了宝贵的意见；厦门大学新闻系的徐文艳，她用敏锐的视角发现了肯德基"苏丹红事件"的价值，并给了笔者很多新的想法。

浅谈目标管理在知识型员工应用中的改进

叶喆喆

摘 要

知识经济时代来临,知识型员工的创造力和积极性是企业提升核心竞争力的宝贵资源,绩效评估作为人力资源管理的核心措施,能够帮助企业形成持久的竞争优势,在对知识型员工的绩效评估中,目标管理方式遇到了许多挑战。本文首先明确界定目标管理的概念,然后阐释知识型员工的定义,重点论述如何在知识型员工身上更好地运用目标管理,最后提出具体的改进意见。

关键词:知识型员工;目标管理;应用;改进

Improvement in Knowledge Type Staff Who Are Managed by The MBO

Ye Zhezhe

Abstract

In the era of knowledge economy, the creativity and enthusiasm of knowledge workers are essential to the core competitiveness of enterprises. The employees' performance evaluation, as the core measure of Human Resource Management, can help a company to obtain durable competitive strength. During the evaluating process, MBO meets a lot of challenges. The thesis first explains the concept of MBO and the definition of knowledge staff. Then, it focuses on how to make best use of knowledge staff in MBO. At last, according to his specialty and his understanding, the author puts forward suggestions about how to enhance the human resources' quality in the execution of MBO.

Key Words: MBO; Knowledge type staff; Application improvement

目 录

一、目标管理的基本概念 ·· 302
  （一）目标管理的含义 ··· 302
  （二）目标管理的特点 ··· 302
二、目标管理的优缺点分析 ·· 303
  （一）目标管理的优点 ··· 303
  （二）目标管理的缺陷 ··· 303
三、知识型员工的工作特点分析 ·· 304
四、目标管理对知识型员工的应用 ··· 304
  （一）强调自我控制，将责任和权利交给知识型员工 ······································ 304
  （二）让知识型员工参与决策 ··· 305
  （三）细分目标，不断为知识型员工提供发展机会 ··· 305
  （四）打破固定工作，让知识型员工自己挑选项目 ··· 306
五、目标管理在知识型员工应用中的改进 ··· 306
  （一）适当制定分段目标，增强员工信心 ··· 306
  （二）用目标激励取代相互竞争 ··· 306
  （三）从关注目标实现的程度转为关注成长 ·· 307
  （四）通过反馈和指导来培养能力和提高满意度 ·· 307
六、总结 ··· 308
参考文献 ·· 309
致谢 ·· 310

目标管理于20世纪50年代中期出现于美国,以泰罗的科学管理和行为科学理论(特别是其中的参与管理)为基础形成了一套管理制度。这种制度鼓励员工参与制定工作目标,进行自我管理。员工的工作成果由于有明确的目标为考核标准,受到的评价和奖励就能更客观、更合理,这大大激励员工为完成企业目标而努力,该管理模式尤其适用于主管人员的管理,所以被称为"管理中的管理"。这种管理模式广泛地应用在对知识型员工的绩效管理中,微软、华为对其研发人员就普遍实行目标管理。

一、目标管理的基本概念

(一)目标管理的含义

目标管理是一种程序或过程,指企业中的上级和下级一起协商,根据企业的使命确定一定时期内企业的总目标,由此决定上下级的责任和分目标,并把这些目标作为企业经营、评估和奖励每个单位和个人贡献的标准。

目标管理的历史并不长,1945年,管理学家德鲁克(Peter Drucker)在其名著《管理实践》中最先提出了"目标管理"的概念,其后他又主张"目标管理和自我控制"。德鲁克认为,并不是有了工作才有目标,而是相反,有了目标才能确定每个人的工作。所以"企业的使命和任务,必须转化为目标",如果一个领域没有目标,这个领域的工作必然被忽视。因此管理者应该通过目标对下级进行管理,企业最高层管理者确定了企业目标后,必须对其进行有效分解,使其转变成部门、个人的分目标,管理者根据分目标的完成情况对下级进行考核、评价和奖惩[1]。

目标管理提出以后,便在美国迅速流传。时值第二次世界大战后西方经济由恢复转向迅速发展的时期,企业急需新的方法调动员工积极性以提高竞争能力,目标管理应运而生并被广泛运用,很快为日本、西欧国家的企业效仿。

(二)目标管理的特点

目标管理以Y理论为基础,Y理论主要观点是:一般人本性不厌恶工作,如果给予适当机会,人们喜欢工作,并渴望发挥其才能;多数人愿意对工作负责,寻求发挥能力的机会;能力的限制和惩罚不是促使人为企业目标而努力的唯一办法;激励在需要的各个层次上都起作用;想象力和创造力是人类广泛具有的。因此,人是"自动人"。激励的办法是:扩大工作范围;尽可能把职工工作安排得富有意义并具挑战性;工作之后引起自豪,满足其自尊和自我实现的需要;使职工达到自我激励。只要启发内因,实现自我控制和自我指导,在条件适合的情况下就能实现企业目标与个人需要统一起来的最理想状态[2]。它与传统管理方式相比有鲜明的特点,可概括为下列三点。

1. 重视人的因素。目标管理是一种参与的、民主的、自我控制的管理制度,也是一种把个人需求与企业目标结合起来的管理制度。在这一制度下，上级与下级的关系是平等、尊重、依赖、支持，下级在承诺目标和被授权之后是自觉、自主和自治的。

2. 建立目标锁链与目标体系。目标管理通过专门设计的过程，逐级分解企业的整体目标，将其转换为各单位、各员工的分目标。从企业目标到经营单位目标，再到部门目标，最后到个人目标。在目标分解过程中明确权、责、利三者，使其相互对称。这些目标方向一致、环环相扣、相互配合，形成协调统一的目标体系。每个员工完成自己的分目标，整个企业的总目标才有完成的希望。

3. 重视成果。目标管理以制定目标为起点，以目标完成情况的考核为终结。工作成果是评定目标完成程度的标准，也是人事考核和奖评的依据，目标完成情况成为评价管理工作绩效的唯一标准。完成目标的具体过程、途径和方法，上级并不过多干预。所以，在目标管理制度下，监督的成分很少，而控制目标实现的动力很强。

二、目标管理的优缺点分析

（一）目标管理的优点

1. 目标管理会给企业内易于度量和分解的目标带来良好的绩效。技术上具有可分性的工作，由于责任、任务明确，使用目标管理会常常起到立竿见影的效果，技术上不可分的团队工作（TNE）则难以实施目标管理。

2. 目标管理有助于改进企业结构的职责分工。由于企业目标的成果和责任力图规划一个职位或部门，容易导致授权不足与职责不清等问题。

3. 目标管理启发了自觉，调动了职工的主动性、积极性、创造性。由于强调自我控制、自我调节，将个人利益和企业利益紧密联系起来，因而提高了士气。

4. 目标管理促进意见交流和相互了解，改善人际关系。

（二）目标管理的缺陷

1. 说服管理目标接受目标管理比较困难：企业设置目标时总是以企业总目标为中心，将其分解，下放到员工头上，很少考虑员工个人目标需求和偏好。层层分解目标也无法全面和准确反映总目标的思路，员工无法清楚知晓企业的总体发展方向，只能被动接受目标，难以产生心理认可。

2. 目标管理容易倾向短期目标：分解出来的目标经常要考核，迫于短期目标的压力，知识型员工会减低风险承担精神，这将大大削弱他们的创新能力。员工容易为短期目标而牺牲长期目标。如分企业经理为达到短期财务指标进行短期投机；研发技术人员追求短平快项目，忽视重点难点攻关项目；营销部门进行压价抢单，忽略企业整体市场规划。

3. 目标管理使员工和评价者的注意力集中在目标上，忽视达成目标的过程和行为。

4. 目标管理经常使用量化考核，设立大量可测量指标，这些指标虽然有利于改善员工的工作行为，使绩效评价客观化，但是过多的指标会束缚知识型员工的手脚，减少他们的权限。如在新产品的开发过程中，技术人员常常不能按照企业的固定程序行事。

三、知识型员工的工作特点分析

根据彼得·德鲁克的定义：知识型员工是指那些掌握和运用符号与概念，利用知识和信息工作的人。开始是指经理或执行经理，现在扩展到大多数白领和技术工作者（如企业技术开发部的工程师、中高层管理者、律师、会计师等），知识型员工是具有知识资本产权并以知识为载体实现价值增值的人。知识型员工的工作具有以下四个特点。

1. 自主性。知识型员工具有自己的专业特长，在某一领域是专家，自主性强，在工作中强调自我引导，不喜欢上级领导的遥控指挥。工作的顺利进行完全有赖于知识型员工发挥自主性，他们容易将个人目标与企业目标结合起来，注重发挥自己的专业特长，成就自己的事业。

2. 创新性。创新是知识型员工工作的最重要特征，知识型员工从事的不是简单的重复性工作，而是在复杂多变的环境下依靠自己的知识、经验和灵感进行的挑战性工作，他们要应对各种可能发生的情况，推动技术的进步，不断更新产品和服务。

3. 流动性。知识型员工对企业的依赖性低，企业与员工是一种相互需要的关系。知识型员工大都清醒地知道他们专业能力对他们未来的职业发展程度起决定性的作用，他们对专业的忠诚往往多于对企业的忠诚。他们一旦有了更高的追求而企业又忽视或不能满足这种需求时，就会跳离原企业。因此只有在共同价值观的基础下，紧密联合企业的发展规划同其个人职业发展，才能有效地激发他们对企业的忠诚[3]。

4. 复杂性。知识型员工的工作过程难以观察，他们的工作主要是思维性活动，劳动过程以无形为主，可以发生在任何场所，工作也没有确定的流程和步骤，其他人很难知道应该怎样去做，因此对劳动过程的监督没有意义也不可能。知识型员工的工作牵涉面广，多以团队形式出现，劳动成果是集体智慧的结晶，个人成绩难以分割，不同部门的工作性质也有很大差别。知识型员工劳动成果复杂，成果本身很难度量，比如，分企业经理的业绩就很难量化，原因不仅是财务指标难以真实、全面地反映其经营状况，也在于影响经营因数的多样性[4]。

四、目标管理对知识型员工的应用

（一）强调自我控制，将责任和权利交给知识型员工

将责任和权利交给知识型员工，充分发挥知识型员工参与管理企业的积极性，让知

识型员工从"管理者要我干"转变为"我要干",实现自我控制。彻底改变知识型员工被动接受管理的状态,唤起知识型员工的团体意识,使其意识到自己在企业中的价值,从而鼓励他们在各自的领域里创造性地工作,有效地促进目标的实现。

实行自我控制能激发蕴藏在知识型员工中的积极性,使他们积极主动地实现分解出来的目标,并以此指导自己的行动。实行自我控制还能促进知识型员工研究和解决目标实施中出现的各种问题,提出并实践切合实际的富有创造性的建议,从而推动目标管理不断深入发展。

管理者要提醒知识型员工在积极实现目标的过程中注意以下几个方面的问题。

1. 经常比较自己实施目标的情况与目标要求,及时总结现有成果并研究发展问题。
2. 了解与别人的差距,请教别人。
3. 注意自己工作的进度和质量,与其他部门协调。
4. 经常地、定期地与上级取得联系,避免盲目性[5]。

(二)让知识型员工参与决策

目标管理是激发员工超越现状的创造过程。企业目标的层层展开,实际上是一个集思广益,改革创新的过程,把员工的智慧和创造力凝聚到企业总目标上,这其中极为重要的一点便是让员工积极参与决策过程,让知识型员工参与决策和目标制定时,要注意以下四个方面。

(1) 整个企业的目的与其组成部分的目的,即使不能遍及所有企业成员及企业受益者,也必须与大多数人的各自要求和愿望充分协调。

(2) 企业中各个成员的目标及其所占的比例,必须"采用能够高度激发动机的方法来确定,以便使当事人能得以完成"。

(3) 为了完成在经本人的同意基础上制定的目标,企业及其下属企业所采用的方法和手续必须能够高度激发企业成员的动机,必须是能够充分发挥企业成员所拥有的潜力的方式。

(4) 企业采用的工资、奖金、红利、利息等"报酬制度",必须让知识型员工感到是足以公正地补偿他们所作的努力和贡献的代价。

管理者必须调动知识型员工参与决策的积极性,只有得到知识型员工的充分参与,目标才具有说服力,由于知识型员工的积极参与,许多管理者根本预想不到的目标也会被提出并得以肯定,这些目标往往能够给企业带来现实的利润[6]。

(三)细分目标,不断为知识型员工提供发展机会

管理者必须摒弃那些日薄西山的经营内容,不断寻找新的事业机会,要不断地细分目标,为知识型员工创造新的职位、新的职业发展机会,这将促使知识型员工对企业产

生更加深厚的感情。最大限度地细分目标和随目标而来的工作将给知识型员工创造新的个人发展机会，这是对知识型员工的最有效激励。新的事业机会的出现、企业中新的职任空缺，这些都是有上进心的知识型员工梦寐以求的，管理者可以根据知识型员工对这些新事业、新职位的渴望和热情程度，判断他们是否积极，是否骄傲自满。细分出来的工作还会促进知识型员工展开竞争，促使他们全力工作以得到新的发展机会，这无形中增强了企业的活力[7]。

（四）打破固定工作，让知识型员工自己挑选项目

现代企业中已经没有通常意义上的企业结构，企业的管理体制、企业结构比过去富有弹性。在目标管理体制下建立一种通过开发项目的领导人和知识型员工的自由挑选，打破固定工作的界定，让知识型员工在不同的项目上自由施展多方面的才能[8]。

五、目标管理在知识型员工应用中的改进

（一）适当制定分段目标，增强员工信心

企业应该有一个指引未来发展方向的大目标，这对于企业的长远发展至关重要。但这个大目标往往与当前的工作距离太远，员工在工作中根本把握不住，看不见它的影响，这就需要制定分段目标。通过各个阶段的目标的实现，最终实现总目标。

企业实力的增长、规模的扩大不可能一蹴而就，如果没有分段目标来评定经营成果，员工容易因目标太遥远而失去信心。企业要经历组建、发展、壮大、稳定的各个阶段，每一个大的阶段中又可以细致地分许多阶段，每个阶段都应该有一个目标，没有分段目标和分段目标的实现，企业总的发展目标就只是空想。分段目标让知识型员工有所适从，因此可以产生更高的积极性，也更容易让知识型员工在较短时间内看到成果，这对他们来说是最好的鼓励[9]。

（二）用目标激励取代相互竞争

自我激励对企业和员工的益处并不只表现在这种员工相互间的心理状态上，更重要的是自我激励促使员工尽力实现目标。对知识型员工而言，自我激励十分必要。自我激励源于期望。当人们有了某种需要，就会引发人们用行动去实现目标，以满足需要，当目标还没有实现的时候，这种需要就成为一种期望。期望本身就是一种激励力量，推动其行为向着能满足这种需要的目标努力。但是，只有当人们认识到所要追求的目标是有价值的，并且觉得经过努力能够达到这个目标时，才会促使他们去实现目标。因此，目标激励力量的大小，取决于效价和期望概率两个因素。公式为：

$$激励力量 = 效价 \times 期望概率$$

管理者应当认真研究目标价值（效价），与知识型员工一起为他设置合理目标。通过合理设置目标，诱发其动机，促使其将需要、动机和行为与企业目标联系起来，以调动和激发积极性。

（三）从关注目标实现的程度转为关注成长

评估的目的会影响评估的过程和员工的行为，如果过于关注目标的实现，评价者容易犯近因性错误，忽视员工努力的过程，也会促使员工急功近利。知识型员工提供的是创造性劳动，每一时间阶段工作的性质或环境状况都有所不同，知识型员工善于在过程中学习，注重自身的成长，他们在专业领域的中遭受的失败的经验和总结也是实现下一个目标的宝贵财富。如果因员工一两次目标业绩不佳，就将其调离岗位或阻止其继续进行该项目的开发，这将大大打击他们的积极性，也影响继任者的信心。因此对他们绩效评估不能只确定为优、良、中或实现目标、未实现目标的单纯的分数值，而是注重他们的努力对目标实现的贡献以及在当期目标实现过程中所获得的能力对下一个目标实现可能会具有的价值。

因此在目标的制定过程中要注重目标内容的连续性和发展性，在目标业绩评价中要选定参照体系；通常有上期业绩、同行业业绩、企业内部其他人业绩、预算业绩、固定基数标准等；根据不同参照体系自身的特点，选择适用不同的领域。通过业绩的参照比较，来确定知识型员工职业的进一步发展规划，例如培训学习、职位升迁、工作轮换等，并由此来构建企业的人才梯队。

（四）通过反馈和指导来培养能力和提高满意度

在实际工作中，知识型员工更重视企业对绩效评估的反馈和指导。这种反馈和指导有双重作用。首先，它能培养和提高员工的能力。经研究发现，及时的和具有建设性的反馈和指导往往是帮助员工达到目标的最有效的方式。因为大部分的评价者或管理者曾经是这一行业最出色的人员，他们也是整个目标项目的总体规划者，对外界环境的变化掌握得更为全面。通过阶段性的评价反馈，来帮助接受者了解什么是好的以及需要进行什么改进。平等、开放、活跃的反馈性讨论也有助于激发知识型员工的内在潜力和灵感。其次，它可以提高满意度。反馈和指导是管理层与知识型员工之间最重要的沟通方式，通过阶段性的反馈，员工可以了解企业对他们的真实期望，知道实际目标与企业所要求的目标的符合程度，来自彼此双方对绩效的反馈可以让评价者与员工对工作中遇到的困难达成共识，提高双方相互理解的层次，提高员工对评价结果的接受程度。

反馈和指导有正式的和非正式的。正式的反馈有定期召开小组会，与员工共同讨论他们工作和完成目标的情况，当出现问题时，根据员工的要求进行专门性的研讨，以及定期的书面报告来往。非正式的反馈和指导则存在于任何时候，如经常的走动，了解情况并同每位员工的聊天，对工作进展的看法等。通过不断地评价和反馈，形成一种循环的系统性的目标管理方式。根据以上分析，可对这种循环的系统性目标管理设计模型如下图所示。

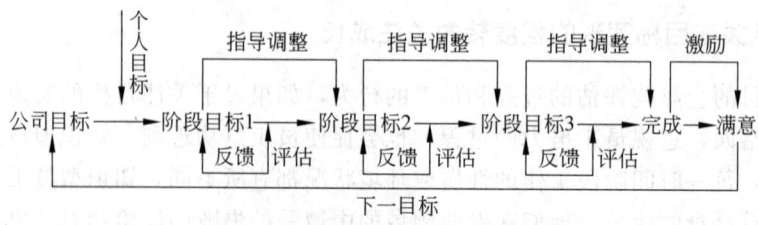

系统性目标管理循环示意图

六、总结

随着知识经济的发展，知识型员工的涌现，不断给传统的管理理论和方式带来挑战，人力资本的作用日益大于物质资本的作用，通过管理来激发知识型员工的创造欲和发展他们的创新能力显得尤为重要。知识型员工的工作努力与价值创造受到其自身特点和需求的影响，要实现目标，就必须使目标管理变得更为人性化和柔和化，同时这也是现代管理理论和方式的发展方向。

参 考 文 献

[1] [美]德鲁克. 管理的实践 [M]. 台北：台湾中天出版社，1999.
[2] 周三多. 管理学 [M]. 北京：高等教育出版社，2002.
[3] 王玉芹，叶仁荪. 高科技企业员工离职模型 [J]. 中国人力资源开发，2001 (10).
[4] 李剑，叶向峰等. 员工考核与薪酬管理 [M]. 修订版. 北京：企业管理出版社，2002.
[5] 巫成功. 目标管理 [M]. 北京：中国商业出版社，2002. 10.
[6] 郑晓明. 现代企业人力资源管理导论 [M]. 北京：机械工业出版社，2002.
[7] 周朝琦等. 目标成本管理 [M]. 北京：经济管理出版社，2000.
[8] 张向前，黄种杰，蒙少东. 信息经济时代企业知识型员工的管理 [J]. 经济管理，2002 (2).
[9] 王忠宗. 目标管理与绩效考核 [M]. 广州：广东经济出版社，2002.

致　　谢

　　值此毕业论文完成之际，首先要感谢的是蒋晓蕙院长对本人毕业论文耐心而又详尽的指导。身为院长的她，虽然公务繁忙，却时刻惦记着学生的论文写作进度，并要求我及时与她沟通和交流。蒋院长以其渊博的知识，严谨的治学态度以及诲人不倦的精神，从研究思路、论文结构和语言表达等方面进行了详细的指导，使我的论文不断完善和提高。在此，也向蒋院长表示最衷心的感谢！

广州市政府信息公开的公民因素研究

周鹭君

摘　要

政府信息公开作为现代社会一种民主制度、一种行政行为与行政文化，在现代公民社会的民主参与、透明政府建设中占据极为重要的地位。广州市 2003 年颁布的《广州市政府信息公开规定》走在我国政府信息公开的前列，为国家和全国各地进行政务公开立法提供了重要经验。

广州市政府信息公开实施之初还主要依靠传统的行政手段进行推动，而现在已形成系统化、信息化的执行方式。广州市政府 2011 年主动公开的信息量与 2008 年相比较有了 500% 的增长，这既有效地减轻政府机关处理公民依申请公开的工作量，也可使公众广泛知晓或者参与政府信息。依申请公开是公民知情权的体现，2011 年的依申请信息量是 2008 年的 4%，4 年间申请信息量的上升到回落，一方面体现出公开之初公民的参与主动性和积极性；另一方面体现出随着公民提出的信息公开申请和诉讼增多，给政府赋予了更大的责任和压力，推动政府不断增强信息公开的主动性，不断扩大信息公开的范围，丰富信息公开的内容，提高信息公开的层次和水平，满足公民的知悉需要。

公民的认知度、参与度、满意度都直接或间接地影响着政府信息公开发展的深度与速度。因此，要评价广州市政府信息公开的实施情况及研究改善的方向，必须真实地从公民因素对政府信息公开的推动作用的角度进行调查与分析。本文从广州市政府信息公开情况实施效果出发，通过对广州市政府信息公开作用发挥以及公民参与情况的调查分析，了解广州市政府信息公开的落实程度与比较各种实施方式的优缺点，从而提出完善广州市政府信息公开的政策建议。

关键词：政府信息；信息公开；公民因素；政策建议

Research on the citizen factors of the opening of Guangzhou municipal government information

Zhou Lujun

Abstract

As a democratic system and an administrative behavior and culture in modern society, government information disclosure plays an important role in the democratic participation of modern civil society and the construction of a transparent government. Issued in 2003 by Guangzhou Municipal Government, *Guangzhou Government Information Disclosure Provisions* has been leading the band and offered valuable legislation lessons to both the central government and local governments throughout the country.

Civic awareness, participation, satisfaction will directly or indirectly influence the development of government information disclosure mechanism, both in breadth and depth. Therefore, to evaluate the implementation and improvement of Guangzhou municipal government information disclosure, we must investigate and analyze from the perspective of citizen. This essay puts forward some suggestions on how to perfect Guangzhou government information disclosure on the basis of diagnosing its implementation effects, functions and the citizens' participation, understanding its implementation and comparing the advantages and disadvantages of various embodiments.

Key Words: Government Information; Information Disclosure; Citizen factors; Policy suggestion

目 录

- 一、引言 ··· 315
  - （一）研究的背景和意义 ·· 315
    1. 研究的背景 ··· 315
    2. 研究的意义 ··· 315
  - （二）相关概念解析 ··· 315
    1. 政府信息的内涵 ··· 315
    2. 政府信息公开的内涵及其原则 ··· 316
    3. 公民参与的内涵 ··· 317
- 二、《广州市政府信息公开规定》的实施效果分析 ··························· 317
  - （一）《广州市政府信息公开规定》的制定与影响 ······················ 317
  - （二）广州市政府信息公开的实施效果分析 ······························ 318
    1. 广州市政府信息公开工作总体效果概况 ···························· 318
    2. 广州市政府及市直部门的政府信息公开效果 ····················· 318
- 三、广州市政府信息主动公开与公民参与、推动信息公开对比分析 ··· 320
  - （一）广州市主动公开与公民依申请公开政府信息的数据对比 ····· 320
  - （二）公民参与对广州市政府信息公开的推动作用 ···················· 323
    1. 促进确立信息公开的程序与标准 ····································· 323
    2. 促进政府部门的责任区分 ·· 323
    3. 促使更多实现"公开为原则，不公开为例外" ······················ 324
- 四、公民因素在推动广州市政府信息公开中存在的问题 ··················· 324
  - （一）主体性权利意识缺乏 ·· 324
  - （二）主动参与意识淡薄 ··· 325
  - （三）监督意识缺乏、规则意识不强 ·· 326
  - （四）信息识别和自控能力低下 ·· 327
- 五、扩大公民参与，推动广州市政府信息公开的政策建议 ················ 329
  - （一）服务型政府应改变传统"官本位"思想，培养公民的主体意识 ··· 329
  - （二）公民应提升参与推动政府信息公开的积极性 ···················· 330
  - （三）大众传媒协助培养公民的监督与规则意识 ······················· 330

（四）NGO促进政府与公民的合作，增进公民的信息识别与自控能力 ………… 331
六、结论……………………………………………………………………………… 331
参考文献……………………………………………………………………………… 333
致谢…………………………………………………………………………………… 335
附录…………………………………………………………………………………… 336

一、引言

(一) 研究的背景和意义

1. 研究的背景

2003 年广州市颁布《广州市政府信息公开规定》(以下简称"规定"),成为全国第一个对政府信息公开进行立法的城市。2005 年,广州市成为全国政务主动公开和依申请公开制度建设试点城市。

"规定"实施之前,2002 年广州社情民意研究中心指出:广州市政府信息公开渠道主要为报纸电视,互联网作用正在加强;虽然参与渠道不断增多、公民参与意识也在提高,但方式不为公民了解、渠道不畅通的问题比较突出,而且还阻碍了公民的热情[1]。

"规定"实施之后,2007 年该中心报告显示公民对广州市的政务公开的总体满意度在九成以上,并受到公众的广泛认可。而且,公民对政府信息公开最满意的是网站和媒体报道的方式;九成受访公民认为,政务公开后,广州市政府工作作风有改进[2]。

当前,无论是政府主动公开还是公民依申请公开,在方式、范围、深度、时效各方面都产生巨大的变化。条例实施准备迈入第十年,广州市政府信息公开的执行效果应根据变化的形式需求进行重新评估。

2. 研究的意义

(1) 了解政府信息公开实施现状以及分析出公民参与政府信息公开过程中存在的问题,为广州市构建阳光政府提供有效的改善公民参与政府信息公开活动的政策建议[3]。

(2) 保障公民的知情权与监督权,更大限度地获得并使用政府信息,了解政府的行政管理活动,降低公民对政府的不信任,加强两者之间的相互融合。

(3) 公民的知情权得到保障,获取到更多政府信息,避免谣言对社会稳定发展的影响,缓解公民与政府的矛盾,促进和谐社会的发展。

(4) 使公民了解民主政治的基本观念和理念,推进公民社会建设,有助于稳固民主政体的长期发展。

(二) 相关概念解析

1. 政府信息的内涵

根据"规定"第二条所示:政府信息,是指各级人民政府及其职能部门以及依法行使行政职权的组织在其管理或提供公共服务过程中制作、获得或拥有的信息①。

政府信息涉及立法、行政管理等各个领域,覆盖了社会政治、经济、科技、文化等

---

① 广州市人民政府. 广州市政府信息公开规定 [Z]. 2002-11-06.

各个方面，对公民、法人、其他组织的社会生活与经济活动在当今信息社会里有着非常广泛的影响。

2. 政府信息公开的内涵及其原则

政府信息公开主要是指政府行政机关和其他有关机构依法将在行使国家行政管理权过程中产生或取得的与行政事务有关的文书资料等信息主动或应请求向社会公众公开的制度。政府信息公开是强调行政机关议事活动的结果公开，而不仅指行政机关议事活动的过程公开。行政机关议事活动的过程公开和结果公开共同构成了政府信息公开的内容[1]。

它承认公民对国家拥有的信息有公开请求权，同时，国家对这种信息公开的请求有回答的义务，政府信息公开的程度，直接关系到整个社会信息资源的开发利用程度，事关每个公民、各个社会组织的切身利益。政府信息公开是政府权力运行过程或其结果的表现形式，无论是政府信息的产生还是政府信息的公开都离不开行政权力，因此政府信息公开具有鲜明的行政性，同时，并不是所有的政府信息都能公开，它以不能损害国家利益或他人利益为前提，基于行政公开所获得的公共利益必须和基于不公开所获得的公共利益相互平衡，各种利益相互平衡是社会生活的重要基础，因此它还具有一定的有限性[4]。

2007年4月正式公布的《中华人民共和国政府信息公开条例》（以下简称"条例"），进一步将我国政府信息公开的原则归纳为公正、公平、便民三原则[5]。

公正原则。凡是政府所掌握的、符合条例要求的信息都应该公开，公开与否不由政府机关决定，只有法律规定不公开的政府可以不公开，即遵循"公开为原则，不公开为例外"的公开原则，同时政府机关收集、公开政府信息的行为应该是符合法律要求的。

公平原则。法律面前人人平等，政府信息面前也应人人平等。确立公平原则就是政府信息面前人人平等的体现，就是强调政府信息所具有的公开特点和公共性的特征，它意味着公民、法人和其他合法的社会组织，都具有平等的获取、使用和保护政府信息的权利。政府信息公开归根结底就是保障了公众的知情权，维护了公民的合法权利。

便民原则。政府信息公开义务人应当采取公民、法人或其他组织易于获取的方式公开政府信息。其中包括四个重点：信息的时效性、获取的便利性、不收费原则以及实施救济原则[2]。

政府信息公开是增进政府工作透明度、推进民主法治建设、促进科学发展的必然要求，也是充分发挥政府信息服务群众生产、生活和经济社会活动作用的客观需要[6]。

---

① 印颖. 公民知情权视域下的我国政府信息公开问题研究 [D]. 华中师范大学，2009.
② 李斌. 我国政府信息公开阻力与对策研究 [D]. 电子科技大学，2008.

3. 公民参与的内涵

公民参与是现代民主社会的本质要求。公共管理的本质特性是公共性和服务性，其价值要求是追求公共利益，实现公共管理的价值需要公民参与。长期以来，公民参与主要是在政治领域内被关注、被应用，对公民参与的研究主要集中在政治民主问题上。在当代，公民参与已经超越政治民主的界限，成为公共管理领域内的普遍现象。"公民参与，不仅指公民的政治参与，即由公民直接或间接选举公共权力机构及其领导人的过程，还包括所有关于公共利益、公共事务管理等方面的参与"①。

"规定"第十九条规定，"涉及个人或组织的重大利益，或者有重大社会影响的事项在正式决定前，实行预公开制度，决定部门应当将拟决定的方案和理由向社会公布，在充分听取意见后进行调整，再作出决定"②。由此证明重大决策"预公开"，事先让民众知道，如何操作都要让民众参与讨论，这能够有效增强政府决策民主性，预防腐败，实现风险预警。

二、《广州市政府信息公开规定》的实施效果分析

（一）《广州市政府信息公开规定》的制定与影响

2001年12月11日，中国正式成为世贸组织成员，成员方政府必须履行"政府透明规则"。其时我国的政务公开已推行多年，但未正式从法律层面予以规范和保障。

2002年5月，广州市成立《广州市政府信息公开规定》立法起草小组。2002年11月6日公布，2003年1月1日起正式实施，主动向社会公开事权、财权、人事权等方面的政府信息。

广州市在全国率先制定并实施《广州市政府信息公开规定》，其中指出"政府信息以公开为原则，不公开为例外"，同时明确了"信息公开是政府的义务，是公民的权利"。

2003年年初，广州出现"非典"疑似病例，但当时政府相关部门并未及时公布。"非典事件"使政府与公民真切地认识到政府信息公开的重要性，对信息公开的要求和呼声也不断增强。2月11日广州市政府率先召开新闻发布会公开"非典"疫情，就是根据"规定"采取的积极措施，实施效果起到安定民心、避免传言和谣言造成大面积传播的作用[7]。

"规定"公布实施后，在全国引起示范效应和连锁反应。此后一两年，上海、深圳、重庆、北京、厦门等地陆续制定了政府信息公开的相关规定，建立了新闻发言人等配套

---

① 朱崇伦. 公民主体生成——公民参与公共政策问题探析［D］. 黑龙江大学，2010.
② 广州市人民政府. 广州市政府信息公开规定［Z］. 2002-11-06.

制度。随着一些地方政府纷纷制定信息公开规章，中央政府立法的时机渐渐成熟。《中华人民共和国政府信息公开条例》在制定过程中，亦多次听取广州市政府和"规定"起草者的意见，"规定"的大部分条文都被条例所采纳。广州、上海等地的立法实践，也为中央政府立法提供了大量宝贵经验[8]。

2006年广州市又配套出台了全国第一部规范依申请公开政府信息工作的规章《广州市依法申请公开政府信息办法》，率先将依申请公开政府信息工作予以制度化。

（二）广州市政府信息公开的实施效果分析

1. 广州市政府信息公开工作总体效果概况

夯实了透明政府的建立基础。各级政府和市直各部门的政务公开工作小组负责组织、协调和督查政务公开工作。广州市政府办公厅增设政务公开处，更使得广州市政府信息公开工作的开展有专门机构、专门人员、专项经费的保障，确保信息公开工作稳步实现。同时政府信息公开也有效防止了部门利益法制化，使权力运行得到有效监督，确保行政立法质量稳步提高[9]。

方便了群众办事。电子政务平台、市民网页等创新便民服务措施的建设，满足公民的生活、生产、科研和查验自身信息需要。与公民息息相关的民生事项如市民户籍、结婚、生育、入学、医疗、就业、住房、交通和企业注册、年审、投资、基建、认证、缴税、环保等领域内容的公开，为公民的生活、工作提供了方便、快捷的政府服务；突发事件、城市建设等信息的公开防止了不法分子对谣言的渲染，安定了民心[10]。

扩大了公众参与。政府信息公开，不仅能调动和发挥人民群众的积极性、主动性、创造性，保障人民群众的知情权、参与权、表达权、监督权，而且是体现民意和公民有序参与政治的重要途径。公民不仅可以通过依申请政府信息公开了解自身所需的信息，而且能通过网络问政、官方微博、现场咨询服务、专题询问会、统一大接访等互动渠道表达利益诉求、为政府工作出谋献策[11]。

2. 广州市政府及市直部门的政府信息公开效果

（1）广州市政府信息公开的主要成果

2003年"非典事件"，广州市政府首次依据"规定"公开突发事件，顺畅地公开疫情情况，使民心安定。

2005年，广州市被确定为全国政务主动公开和依申请公开制度建设试点城市。

2008年，广州市政府从加强组织领导、规范公开范围和流程、拓宽公开内容、完善公开形式、强化监督考评等方面开展工作并取得明显成效。

2009年，广州市政府积极组织开展业务培训和工作研讨活动，丰富公开载体，创新公开形式，拓宽公开内容，形成了一套规范、有效、便捷的政府信息公开工作体系，实现了政府信息公开工作新的飞跃。

2010年,广州市政府稳步推进涉及民生重大事项决策公开,加强对各区(县级市)及各街(镇)等基层单位政府信息公开工作的检查指导和督促,将全市政府信息公开工作推上了一个新的台阶。

2011年,广州市政府突出"阳光行使权力,造福于民",大力推进政务公开规范化、政府信息制作精细化、政府服务人性化,在推动法治政府、"阳光"政府、责任政府、服务型政府建设方面取得了新成效。

(2)广州市政府信息主动公开的数据成果体现

2008—2011年,广州市年度新增主动公开政府信息分别为17.92万条、37.3万条、41万条、111.2万条,呈逐年递增态势。4年中,全市各级政府机关共受理信息公开申请185万多件,基本全部答复;其中"同意公开"和"部分同意公开"的为184.13万件,占申请总数的99.41%。如图1所示。

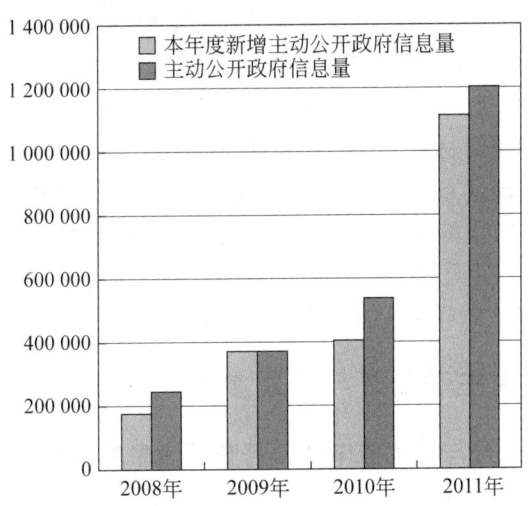

图1　2008—2011年广州市主动公开政府信息量

政府对于信息公开坚持"公开为原则,不公开为例外",逐步扩大主动公开信息量,完善信息公开渠道,对与公众密切相关的重大事项、规章制度和发展规划、公共资金使用、政府机构和人事等方面的政府信息,基本实现了主动公开。

表1　广州市政府主动公开年度报告的市直部门数量

	2008年	2009年	2010年	2011年
主动公开年度报告的市直部门数量/个	13	25	33	38

随着政府的信息公开的脚步加快,越来越多市直部门也加入到政府信息公开当中来。它们向公民公开年度人、事、财方面的信息,让公民更直观地了解各部门每年的信

息公开状况。

为方便公众了解、获取政府信息，广州市各级政府部门积极丰富信息公开载体，实现了政府信息公开的多元化，目前已形成的包括市政府门户网站、各部门网站、政府信息公共查阅点、政务公告栏、电子显示屏、电子触摸屏、咨询专线电话、便民手册、新闻发布会、相关报纸刊物等多种途径在内的政府信息公开体系。

广州市政府的主要信息公开方式为以下四项。其一，广州市政府2011年开始启动智慧广州"五个一"建设的先导工程，积极推进市民网页建设，在门户网站上为每一位市民开设一个网上个人主页，力求实现从被动、分散服务向主动、"一站式"服务的转变，拓展公民了解政府信息的方式并协助公民参与到政府信息公开进程中。其二，广州市政府每月两刊定期发行《广州政报》公开政府规章，规范性文件，与经济、社会管理和公共服务相关的文件，以及人事任免、机构设置、领导讲话、经济运行等重要信息。组织《广州日报》等新闻媒体对全市性重大活动和重要会议进行报道。其三，政府信息公共查阅点。2009年，市档案局政务服务窗口挂牌成立"广州市政府信息公开查阅中心"，收集市委、市政府和80多个市直单位1996年以来各种政策性、法规性、公益性、服务性可公开的文件和编研材料。其四，新闻发布会。2008年至2011年，通过广州市新闻中心举办343场新闻发布会，及时向社会公布亚运会、亚残会、轨道交通建设、污水治理、机构改革、城市规划等政府重大新闻信息。此外，广州市各级政府部门还通过政务公告栏、办事指南、电子显示屏、电子触摸屏、咨询电话、宣传活动、宣传手册等形式，向公众公开政府信息[12]。

三、广州市政府信息主动公开与公民参与、推动信息公开对比分析

（一）广州市主动公开与公民依申请公开政府信息的数据对比

2009年，广州市开始公布上一年度的政府信息公开年度报告，其中包括主动公开政府信息、依申请公开政府信息、咨询处理、存在问题和改进措施等方面的政府信息公开情况。

根据2008年度至2011年度的广州市政府信息公开年度报告可整理出如下信息。

2008年政府主动公开的信息数量与公民依申请公开的信息数量基本持平，当时政府的主动公开信息的途径较少。当时广州市政府门户网、政府新闻发布机制等固有的公开途径还不够成熟；"网上服务大厅"的建设还属于刚起步，建设不完善难以发挥新平台的大范围影响大幅度推进的作用[13]。

2009年广州市颁布了《关于2009年广州市深化政务公开工作的意见》，目的在于加强门户网建设、提高政府的服务能力、深入推进政府信息公开……参与政府信息公开的方式拓宽了，公民的权利意识通过政府宣传开始逐步提高，令公民依申请公开政府信

息数量在一年内翻了两倍,大幅超过政府主动公开的信息数量[14]。

2010年广州市规范政府信息公开基础性工作、扩大群众参与范围、对亚运和垃圾处理等重点事项问计于民。政府更采取主动措施,将民生工作、财政预算、重大项目实施情况等政府信息通过多途径进行公开,主动公开信息量较2009年上升50%;而公民的参与热情不减,依申请公开政府信息数量基本持平[15]。

2011年政府规范透明政府信息公开、加强信息化建设、强化监督措施,为方便公众了解、获取政府信息,积极拓展政府信息公开载体,创新政府信息公开途径和方式,建立并形成了便民、务实、高效的政府信息公开体系。2011年新增主动公开政府信息111.2万条,这是一个质的飞跃。政府信息规范分类、公开形式增加了拓展网络问政、官方微博、现场咨询服务、专题询问会、统一大接访等新的互动渠道,令政府主动公开信息的渠道更畅通、便于群众知情[16]。

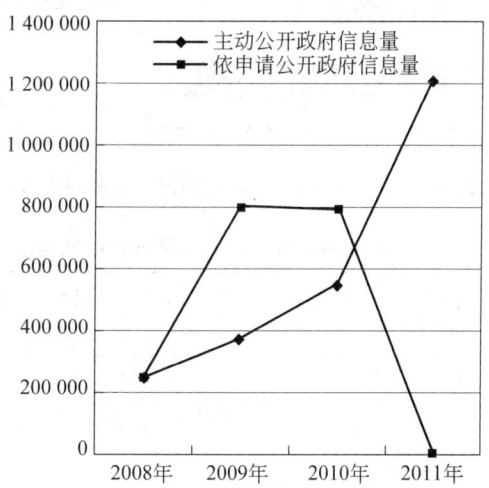

图2 政府主动公开与公民依申请公开政府信息数量对比

根据公民逐年增加的依申请政府信息的类别,广州市政府相应地作出公开范围的扩大以及深度的加强,令公民能更多地从政府主动公开政府信息中获取自身需要。所以到了2011年主动公开政府信息量达到四年的最高点1 205 304条,依申请公开政府信息量却降至最低点10 552条。

为了更好地体现公民依申请公开政府信息方式比例的比较,图3取消将当面申请数加入到柱状图的效果对比中。

从图3四年的依申请公开方式的比例对比可知,当面申请公开政府信息一直是公民主要选用的申请方式,而随着主动公开政府信息的广度深度变化,以及公民了解政府信息的数量与方式增多,使得公民依申请公开的信息量下降,2011年依申请数量为主动公开数量的0.88%，与2010年的数量相比更是骤减了77.58万条。这样的数据比较结果，可以显示出：一是政府的主动公开信息的广度、深度、时效性有了大幅度的提升，制度规定的修改贴合了政府信息的发展，公开流程渐趋顺畅，公开方式有了极大的发展；二是公民由于接收到更多准确的政府主动公开信息而减少了申请公开的数量，也了解并熟悉更多申请信息公开的方式，使得依申请公开形式在数量和比例上有了明显的变化。

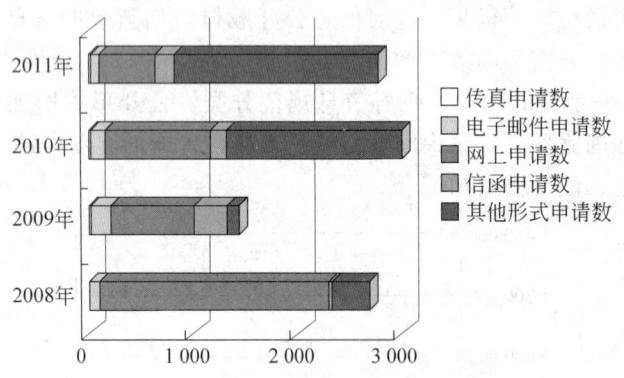

图3　公民依申请公开政府信息方式数量对比

表2　公民依申请公开政府信息方式数量对比

	当面申请量/条	传真申请量/条	电子邮件申请量/条	网上申请量/条	信函申请量/条	其他形式申请量/条
2008年	253 745	0	105	2 193	38	346
2009年	796 852	15	209	787	314	102
2010年	783 388	9	158	995	158	1 671
2011年	7 793	8	83	548	188	1 932

表3　市政府和市直各部门中申请量前五位

2008年	市国土房管局	市规划局	市新广局	市财政局	市劳动和社会保障局
2009年	市工商局	市国土房管局	市规划局	市财政局	市人力资源和社会保障局
2010年	市地税局	市交委	市公安局	市工商局	市国税局
2011年	市国税局	市交委	市公安局	市工商局	市国税局

从表3可看出，公民申请公开政府信息量最多的都是围绕公民生活、生产、研究或查验自身信息需要的部门。其中信息包括政府财政预算及执行情况、城市规划、民生工作、执法管理处理情况、招商引资等。

息数量在一年内翻了两倍,大幅超过政府主动公开的信息数量[14]。

2010年广州市规范政府信息公开基础性工作、扩大群众参与范围、对亚运和垃圾处理等重点事项问计于民。政府更采取主动措施,将民生工作、财政预算、重大项目实施情况等政府信息通过多途径进行公开,主动公开信息量较2009年上升50%;而公民的参与热情不减,依申请公开政府信息数量基本持平[15]。

2011年政府规范透明政府信息公开、加强信息化建设、强化监督措施,为方便公众了解、获取政府信息,积极拓展政府信息公开载体,创新政府信息公开途径和方式,建立并形成了便民、务实、高效的政府信息公开体系。2011年新增主动公开政府信息111.2万条,这是一个质的飞跃。政府信息规范分类、公开形式增加了拓展网络问政、官方微博、现场咨询服务、专题询问会、统一大接访等新的互动渠道,令政府主动公开信息的渠道更畅通、便于群众知情[16]。

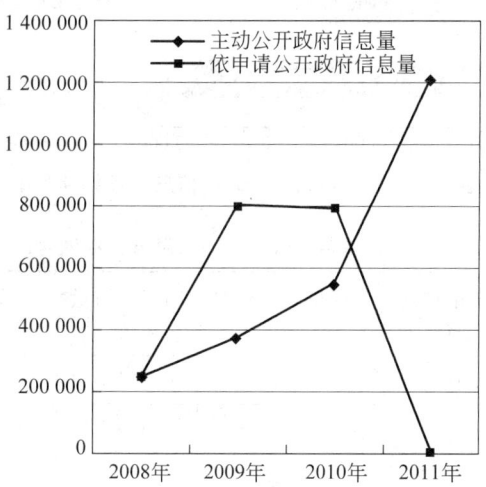

图2 政府主动公开与公民依申请公开政府信息数量对比

根据公民逐年增加的依申请政府信息的类别,广州市政府相应地作出公开范围的扩大以及深度的加强,令公民能更多地从政府主动公开政府信息中获取自身需要。所以到了2011年主动公开政府信息量达到四年的最高点1 205 304条,依申请公开政府信息量却降至最低点10 552条。

为了更好地体现公民依申请公开政府信息方式比例的比较,图3取消将当面申请数加入到柱状图的效果对比中。

从图3四年的依申请公开方式的比例对比可知,当面申请公开政府信息一直是公民主要选用的申请方式,而随着主动公开政府信息的广度深度变化,以及公民了解政府信息的数量与方式增多,使得公民依申请公开的信息量下降,2011年依申请数量为主动公开数量的 0.88%，与 2010 年的数量相比更是骤减了 77.58 万条。这样的数据比较结果，可以显示出：一是政府的主动公开信息的广度、深度、时效性有了大幅度的提升，制度规定的修改贴合了政府信息的发展，公开流程渐趋顺畅，公开方式有了极大的发展；二是公民由于接收到更多准确的政府主动公开信息而减少了申请公开的数量，也了解并熟悉更多申请信息公开的方式，使得依申请公开形式在数量和比例上有了明显的变化。

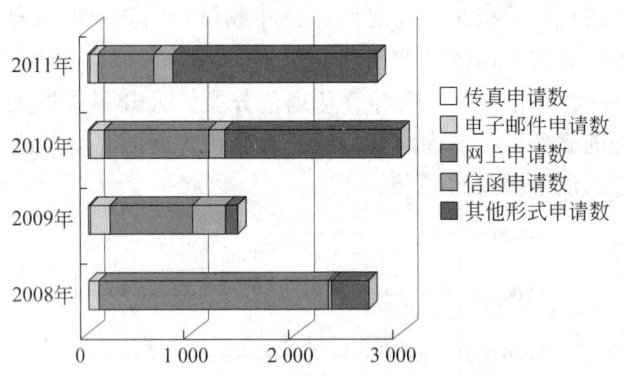

图 3　公民依申请公开政府信息方式数量对比

表 2　公民依申请公开政府信息方式数量对比

	当面申请量/条	传真申请量/条	电子邮件申请量/条	网上申请量/条	信函申请量/条	其他形式申请量/条
2008 年	253 745	0	105	2 193	38	346
2009 年	796 852	15	209	787	314	102
2010 年	783 388	9	158	995	158	1 671
2011 年	7 793	8	83	548	188	1 932

表 3　市政府和市直各部门中申请量前五位

2008 年	市国土房管局	市规划局	市新广局	市财政局	市劳动和社会保障局
2009 年	市工商局	市国土房管局	市规划局	市财政局	市人力资源和社会保障局
2010 年	市地税局	市交委	市公安局	市工商局	市国税局
2011 年	市国税局	市交委	市公安局	市工商局	市国税局

从表 3 可看出，公民申请公开政府信息量最多的都是围绕公民生活、生产、研究或查验自身信息需要的部门。其中信息包括政府财政预算及执行情况、城市规划、民生工作、执法管理处理情况、招商引资等。

（二）公民参与对广州市政府信息公开的推动作用

2003 年的"非典事件"是"规定"颁布的导火索。公民有知悉"非典"疫情信息的权利，也需要了解预防抗击"非典"的信息；政府有公开疫情信息的义务，安定民心的责任。然而当时政府的信息公开尚不透明成熟，因此，公民的信息需求积极地推进了政府信息公开的必然与规定的实际建立、公开的快速执行。

公民参与政府信息公开的活动，都会或多或少地推动到广州市政府信息公开的发展，促进信息公开的进一步完善。

1. 促进确立信息公开的程序与标准

2009 年，专职打假人徐大江向广州市工商局、物价局、卫生局、林业局、文化局、质量技术监督局、食品药品监督管理局七个部门提出了完全相同的信息公开申请，要求公开 2008 年 1 月 1 日至 2009 年 5 月 5 日期间对流通领域（商场、超市、百货大楼）的所有行政处罚决定书，但得到的回复竟各不相同。工商局答复是不予公开，物价局答复可以公开所有行政处罚决定书，质监局要征求具体行政相对人才能公开，林业局则答复暂缓公开，理由是暂时难以确定徐大江申请的信息是否属于依申请公开的范围，药监局表示只能提供一份违法行为情况汇总表。

此次事件是公民参与政府信息公开的积极性和政府部门相互"踢皮球"的博弈，政府信息公开的不成熟直接挫伤公民参与公开的热情度与满意度。

显然，在对待徐大江案上，广州市各相关机关缺乏统一、明确的程序和标准。之后，政府为确保各项重大决策充分体现民意，增强决策程序的透明度，广州市在听取民意方面落实了若干措施，如 2010 年修订了 2006 年即已颁布的全国首部规范公众参与行政立法工作的地方政府规章——《广州市规章制定公众参与办法》，出台了《广州市重大行政决策程序规定》、《重大民生决策公众征询工作规定》，进一步完善了公众参与的规则和程序。

2. 促进政府部门的责任区分

2011 年 4 月下旬，广州市建委宣布拟投 1.5 亿元升级改造光亮工程，消息一出，质疑声四起。广州女孩区佳阳先后向建委、发改委申请公开光亮工程可行性报告，但建委先以"我委非 1.5 亿元光亮工程可行性研究报告审批管理部门和建设单位"为由，建议向发改委咨询，将球传至发改委；发改委以其只是审核项目建议书和可行性报告的单位，并非制定该报告的单位为由，建议向工程的主管单位市建委咨询，将球再次传到建委。迟至 2011 年 7 月 7 日，建委正式约见区佳阳，回应光亮工程可行性研究报告有关问题，此事方告平息。

由于"官本位[①]""不公开为例外""申请程序繁复"等原因，导致公民申请政府信息公开的道路一直不顺畅，消减公民主动推进政府信息公开的力量。

广州市政府2011年颁布的政务公开工作要点通知与前几年区别最大的一项是强调了要重点逐步推进信息分类制作规范化，规定各政府部门实现信息制作、管理的规范化，确保信息内容的全面性、准确性和权威性。政府进行各部门的责任区分可使政府信息公开的道路更顺畅，同时更方便公民经由各责任部门获取政府信息。

3. 促使更多实现"公开为原则，不公开为例外"

2011年的"PM2.5"事件，广州市环境保护局明确表态，在2010年亚运召开前夕，广州市已开始测量空气中的PM2.5，但当时并不愿意即时向公民公开公布，理由是要等待上级通知。这种理由不符合"条例"规定，显然难以成立，这也体现了相关部门在公开政府信息时偏重求稳的谨慎心态。面对公民的了解需要，政府总是推出各种各样的理由，不公布或推延公布的时间[17]。

2012年3月8日，公民终于可以通过广州环境保护网和广州市环境监测中心站网站及时向公众发布PM2.5监测结果。

公民对自身申请公开政府信息权利的执行使得更多本就应该向公民公开的政府信息能够更快地实现公开，使"公开为原则，不公开为例外"得以实现。

从上述事件可以看出，并不是所有公民都会参与到实质申请政府信息公开的活动中。关于了解政府信息，公民也许是通过政府网站查询，也许是通过大众传媒知悉，但各种直接间接的方式都能显现出公民对政府信息了解的需要。公民的意识正在提升，暂时可能还不是一个全面的提升，但相信通过先行者的行动模范作用，会有更多的公民会把握好依申请公开政府信息的权利，建立起良好的参与意识，真正参与到广州市政府信息公开的发展中，并因此更好地推进广州市政府的信息公开发展。

四、公民因素在推动广州市政府信息公开中存在的问题

（一）主体性权利意识缺乏

权利意识是指特定的社会成员对自我利益与自由的认知、主张和要求，以及对他人认知、主张和要求、利益与自由的社会评价。从概念可以看出，公民的权利意识包括两方面的内容：一方面是指公民要正确认识和全面理解作为公民其自身所依法享有的权利；另一方面是指公民在行使权利和保护自己的合法权益时不得侵犯他人的利益[18]。

广州市部分公民在2003年"规定"颁布之前就已经有较高的主体性权利意识，各项社会热点事项就能体现出其主体性权利意识，如2009年的徐大江案、2011年"拇指

---

① 官本位是一种以官为尊、以官为贵、以官为本的行政理念。

妹"事件、2012年"PM2.5"事件等都反映出广州市公民对政府信息公开的积极性。

但多数公民仍然缺乏主体性权利意识,未能完全自觉地认识到自己是国家主体的一部分。这与公民自身法律、政治、文化素质不高及政府过去"官本位"的管理方式扼杀公民权利意识养成机会有关。

根据调查结果显示,虽然政府信息公开的发展越来越顺畅,但公民的主体性权利意识还很薄弱。根据图4显示,63%受访公民认为公开信息是政府的事,对此表示厌倦或持与己无关的态度。然而,图5中显示,67%受访公民认为自己还是有了解政府信息的需要,但通过现场访谈了解到,这部分公民都难以确定自己需要政府信息的目的。综观"规定"实施9年,政府更多的力量投入在从加强信息公开的范围、深度与速度的政府改善主动公开的角度出发,相比较起来较忽略公民权利意识的培养。

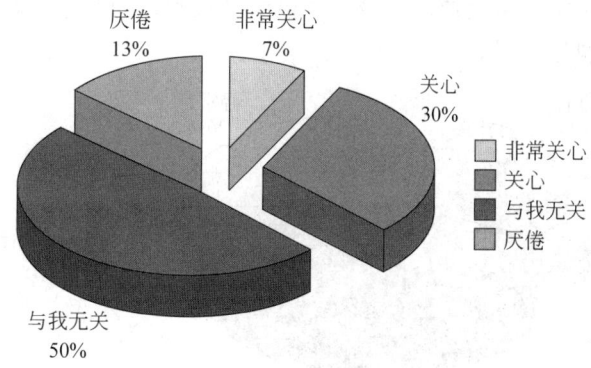

图4 公民对政府信息公开的态度

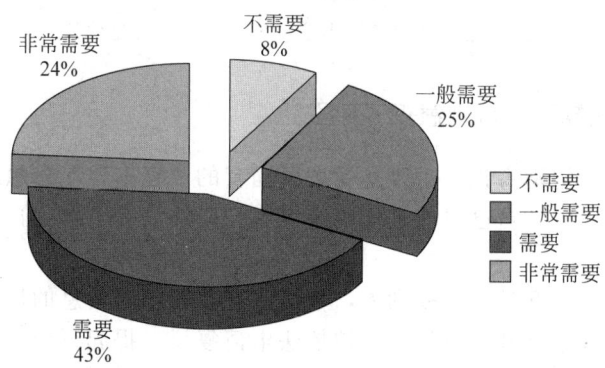

图5 公民对政府信息的需求程度

(二)主动参与意识淡薄

公民权利意识的缺乏,导致公民的参与意识淡薄,从而影响了他们在政府信息公开活动中的参与积极性。公民参与意识是公民主体性权利得以实现的重要方式。参与意识虽然不等于参与行动,但却是公民参与行动的前提。没有强烈的参与意识,自然也就不可能有参与的行动[18]。

公民没有正确认识和全面理解作为公民其自身所依法享有的权利,会直接影响到公民个人参与政府信息公开的实质参与程度。公民尚未完全了解自己在知情权保障体系中是能够并应当占据主动地位的,并未懂得应以更为积极的心态争取更多的知情权利。在受到政府的侵权时,应积极主动地寻找合法有效的救济途径,在公民权利和政府权力的博弈中占据主动。

调查结果显示,超过七成受访公民表示从未参与或偶尔有过参与政府信息公开活动(见图6),由此证明公民的参与意识仍然处在较低的水平。公民应该更多地通过了解政府信息及参与政府决策,主动使用自身的政治参与权利,为服务性政府建设提出意见与建议,使之更好更快地发展。

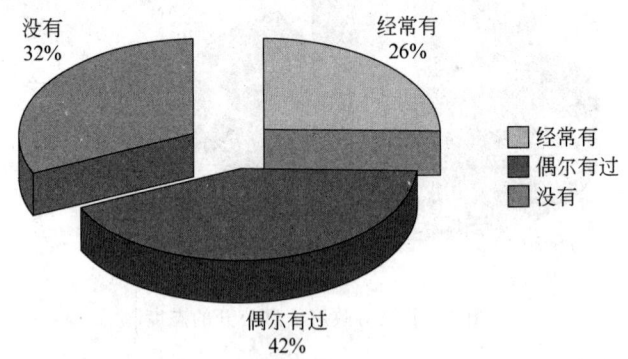

图6 公民向政府提出信息公开申请或意见建议

(三)监督意识缺乏、规则意识①不强

公民缺乏监督与规则意识,主要是受公民固有的"官本位"思想影响。公民一直对规则的理解是由别人管,自己只能是规则遵守者,而并没有了解到自己手中握有实质的监督权[19]。

公民是政府信息公开的公开权利人,依法享有获取政府信息的权利。公开权利人不服公开、部分公开或不公开决定的,有权依法申请复议、提起诉讼或请求赔偿。公民可以通过政府的主动公开了解政府的信息,还可以通过依申请公开政府信息,但是很多公民都忽略了。除了以上两点,还可以通过监督来履行自己在政府信息公开中的权利。

---

① 规则意识是一种社会意识,概括地说,规则意识是人们对规则的认识和态度,以及对规则的起源、性质、作用和意义的观点和理论的总和。

政府通过完善法律制度强化自身的被监督意识，但对于培养公民的监督意识投入力量不足。公民监督意识与规则意识的培养需要通过公民对政府信息公开规章制度的更多了解，并且在政府信息公开不合理或不明确时，通过申请公开、复议、诉讼和申诉等手段来实现公民对政府信息的监督。

但从调查访谈中可知道，72%受访公民都从未正式了解或只知道政府出台的相关信息公开的法律法规（见图7）。他们对监督或法律法规的认识很少，只停留在"我知道有这个条例"及"我不知道内容""我不清楚如何进行监督"。对法律法规的严重认知不足，令公民无法适时适度行使对政府信息公开的监督权，或者通过过激的手段参与到政府信息公开活动中。

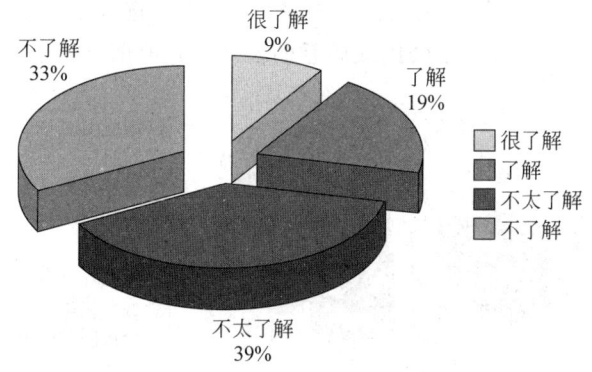

图7 公民对政府信息公开规章制度的了解程度

促进公民认知"条例"及实现监督权的发展过程无法一蹴而就，这需要政府、公民自身、大众传媒各方面的共同努力改善。

（四）信息识别和自控能力低下

社会信息超过90%掌握在政府手上，公民只能看到或初步了解这些信息的最终结论，但很难去了解具体的数据真实性及全面性，这是由于政府方面的公布不具体与公布透明性不足导致的[①]。同时，另一个原因在于公民本身，由于公民对政府信息了解的不足以及对于具体专业性信息的不了解，导致他们在信息认知上会存在理解上的疏忽或误会。然而公民的信息获取不全面或理解性差异都会使同一政府信息在公民中产生不同的影响及意见。

现实中，公民信息识别和控制能力不高主要表现为三点：大部分公民缺乏自觉关注政府管理的热情，也就不会自觉学习政府颁布的各项信息公开政策，对政府信息的掌控

---

① 印颖. 公民知情权视域下的我国政府信息公开问题研究［D］. 华中师范大学，2009.

能力就显低下；公民缺乏足够的专业知识和能力来辨析和识别政府信息的合法性；公民遭遇信息不公开带来的伤害时维权的控制能力较弱[4]。

公民理应通过合法的申请手续对政府信息提出公开要求，但公民接受政府信息的方式会不同程度地影响公民对政府主动公开的接受程度及公民依申请公开政府信息的方式选择。少部分公民由于极端思想影响，会通过不合适的行为对政府信息提出公开要求，或一而再地申请公开非公开范围的政府信息。他们对于依申请公开政府信息没有通过合适的行为来进行，甚至是扰乱了信息公开的流程步骤，一定程度上阻碍了政府信息公开的发展。

如图 8 所示，250 名受访公民中，224 人次主要通过电视广播媒体报道的方式了解政府信息公开，181 人次选择公民间讨论闲聊、167 人次选择新闻发布会。而图 9 显示，这三种主要的了解方式同时也是公民最满意的公开方式的前三位。

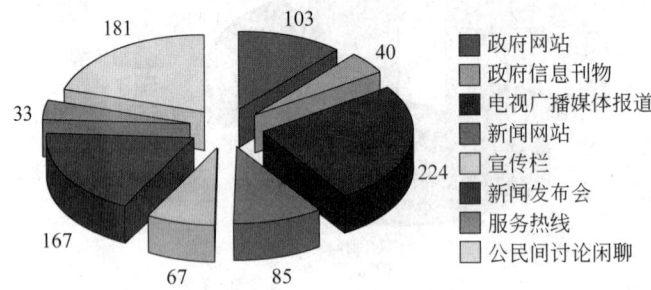

图 8　公民了解政府信息的方式

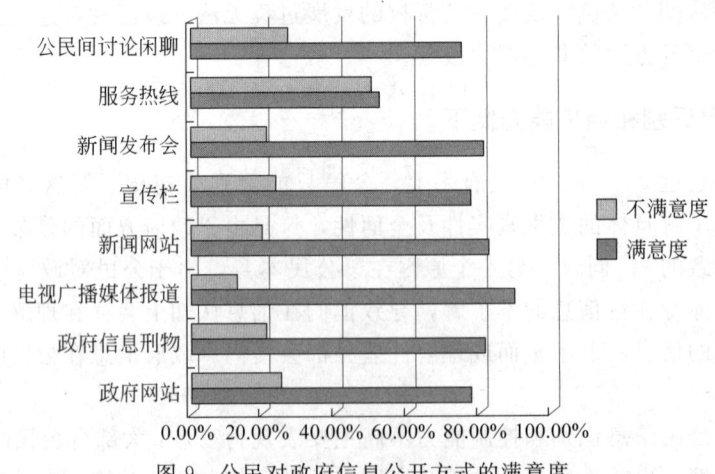

图 9　公民对政府信息公开方式的满意度

在调查过程中与受访公民的访谈总结出：大众传媒正确与快速宣传政府信息的行为

越来越受到公民的认可,而且政协委员、大学教授、时事评论员等对政府了解较多、信息公开参与度较高的公民通过在电视广播媒体上对政府信息作出的各项分析评价会加深公民对政府信息的思考甚至有助于提高公民参与政府信息公开活动的积极性;公民间讨论闲聊有助于拓宽政府信息的公开广度并能深入到对政府信息了解贫乏、参与度较低的公民群体里,但不能否认,这种了解方式容易产生信息传播的误差,从而影响公民对政府信息的正确理解,这种情况甚至会降低公民对政府的信任度;新闻发布会形式正规,方便政府与大众传媒双向沟通,传播面广,扩散迅速,是公布重大信息的首选方式之一。

反观使用度及满意度最低的服务热线,由于在政府信息公开之初的长时间占线无法接通及公民对服务热线固有服务差反馈慢的印象,导致受访公民中只有33人愿意选择通过服务热线了解政府信息,受访公民中52%对服务热线满意,不满意的受访公民中87.5%未曾通过服务热线了解政府信息。

五、扩大公民参与,推动广州市政府信息公开的政策建议

(一)服务型政府应改变传统"官本位"思想,培养公民的主体意识

公民的主体意识淡薄主要原因是政府的传统"官本位"思想根深蒂固,未能向"民本位[①]"思想转变完全。政府在公开内容、决策前预公开等方面存在不足,让公众了解的信息量公开得不够。更深一层地思考,政府信息公开遇到的最大问题,更多的不是如何落实、完善行政机关应主动公开的内容,而是如何督促、推动行政机关履行"依申请公开"的职能。政府的固有"官本位"思想,会影响从管理型政府到服务型政府的转型。

进一步完善政府信息公开工作规划或方案,按照重点突出、先易后难、循序渐进,有计划、有步骤地推进政府信息公开工作。既有总体目标,也有每年工作计划,着力解决工作中最为突出的问题。尤其是随着当前信息公开工作进入深水区,更需要政府作出统一部署、详尽安排[21]。

加强培训宣传和总结交流。加强对领导干部和政府信息公开业务人员的培训,提升公开意识,提高业务水平。加强总结交流,定期召开经验交流会、工作研讨会等,为各级机关和部门提供学习交流的平台,使各级政府人员正确树立为人民服务的思想。

此外,还要加大对"条例"的宣传力度,增强市民的主体意识,扩大政府信息公开、政府公开在公众中的知晓度,营造良好的社会氛围。

---

① 民本位就是指政府在进行行政管理活动中,坚持为人民服务,把实现人民的利益作为政府管理的最终目的,按照公民意志进行公共管理活动。

(二)公民应提升参与推动政府信息公开的积极性

政府信息公开都不能单单寄希望于政府的"自觉",而应当更多地寄希望于公民的广泛参与——公民通过向政府提出信息公开申请、向法院提起信息公开诉讼,促使政府对信息公开申请作出答复、对信息公开诉讼进行应诉。由于政府信息"公开为原则,不公开为例外",政府必须公开的信息是大多数,可以不公开的信息只是极少数,公民提出政府信息公开申请和诉讼的理由,必将远远多于政府能够拒绝公开的理由,公民提出政府信息公开申请和诉讼的速度,也必将远远高于政府能够拒绝公开的速度。所以,公民提出的信息公开申请和诉讼,必将给政府赋予更大的责任和压力,推动政府不断增强信息公开的主动性,不断扩大信息公开的范围,丰富信息公开的内容,提高信息公开的层次和水平[21]。

虽然政府是信息公开的主体,政府信息公开必须经由政府的渠道,必须由政府具体实施,但是,在当前和今后相当长一段时间内,由于政府信息公开内在地需要公民的参与和推动,完全可以说,公民对于政府信息公开应当承担的责任一点儿不比政府小,公民能够发挥的作用有时甚至比政府发挥的作用还要突出。无论是中共党员、民主党派人士、群众,还是干部、工人、学生,每个人都应当而且能够通过自己的方式,为推动政府信息公开尽责尽力。

(三)大众传媒协助培养公民的监督与规则意识

在信息化时代,媒体日益成为公民广泛政治参与的虚拟社区,它在传播政治知识和激发公民参与政治事务管理等方面具有其他中介所不可替代的作用。根据调查,86%的调查对象会通过报纸杂志、电视广播、网络媒体等大众传媒,了解政府信息及参与信息公开的相关活动。大众传媒已经成为公民认识了解政府信息的一大途径。而且,公民对媒体的信任程度与公民的政治参与意识成正比,可以看出,大众传媒在公民中占有越来越重要的地位。

公民只有了解到政府的工作,才有机会使用自身的监督权,向政府提出意见与建议,避免政府的"拍脑袋决策"。

大众传媒向公民正确并及时地传达政府的各项政策走向及机构信息,使公民第一时间了解到政府的工作走向。大众传媒通过宣扬先进的监督和规则意识,唤醒公民的主体意识、提高公民的参与积极性。同时,通过正确引导,让公民对各项依申请公开政府信息的规则充分了解,一方面为公民申请公开政府信息提供指南与方向;另一方面避免部分公民由于法律法规的宣传空洞,导致非法获取政府信息的行为。

（四）NGO 促进政府与公民的合作，增进公民的信息识别与自控能力

非政府组织在政府信息公开中所发挥的作用，主要为以下方面。第一，它促进公民"感悟上的公开"而非"事实上的公开"，使公众能感受到更多的政府信息公开。政府信息公开实质是要实现政府与公众之间的互动。但是往往很多情况下政府与公众之间并不能实现直接的信息交流与沟通，非政府组织作为一个中间环节，在政府对公共事务和政府采购的商讨中，参与讨论和发言，实现了政府与公民之间的间接互动。非政府组织通过自身的利益表达和利益协调机制，缓解了政府与公民之间的关系，促进了政府与公民的合作。第二，由于非政府组织的非政府性和准公共性，使得它的某些功能可以与政府的某些职能达到共通，那么它在政府信息公开的过程中就可以"替代"政府行政机关行使信息公开的一些职能，增进公民对政府信息的识别能力；根据 NGO 的正确引导，避免公民使用过激的行为去参与到政府信息公开的活动中[22]。

部分 NGO 如中国红十字会、中国儿童少年基金会、中国残疾人福利基金会等，在中国具有较长的历史和"半官方"的特色。它们对于社会事件或特定人群的各项活动信息的公开，其实也是公开了参与其中的政府部门的相关处理情况。如红十字会在汶川地震后对受影响地区的援助情况、绿色选择联盟对中国企业的环境污染监督、中国妇女发展基金会对受家庭暴力的妇女进行保护及援助等。

NGO 为政府所作的这些稳定功能，不仅符合建设精简"小政府"的政府改革目标，促进政府职能转变，并且能够降低行政成本，提高行政效能。从而在某种意义上说，NGO 在保障公民知情权、推进政府信息公开的建设方面发挥了积极的作用。

六、结论

政府信息公开顺应了时代发展，是建立有中国特色社会主义民主的必然要求。广州市作为我国各级政府机关的一个缩影，以其数年的实践证明，政府信息公开在促进依法行政、推进民主法治建设方面发挥了重要作用，取得了引人注目的成绩。

广州市政府信息主动公开不仅在公开信息量、范围和深度、时效性上做到阶段性的改进，而且能总结历年公民依申请公开政府信息的趋向，在下一年度的主动公开中更关注公民的信息公开需要。广州市的主动公开措施提高了公民的政治参与热情、促进了政治民主的进步。公民的依申请公开活动对政府信息公开的管理与执行有积极的推动作用。

但"规定"执行至今，其效果离订立之时的预期仍存在一定程度上的距离，尚未满足绝大部分公民获取信息的需要。法律法规修改与公民意识发展方向的不同步、政府执行力的强硬度未完全树立、公民自身意识缺乏的问题都影响到广州市政府信息公开的执行效果和程度。

本文根据 2008—2011 年广州市政府信息公开年度报告与笔者设计的广州市政府信息公开的公民因素调查问卷的结果，分析出公民因素在参与政府信息公开活动中存在的问题，并为此提出政府引领、自身发展、大众传媒推动与 NGO 协助四个角度的政策建议。但由于笔者的水平有限，只能为此研究提出浅薄的意见。广州市政府信息公开的进一步改善需要政府与每一位公民的共同努力。

广州市政府信息公开工作目前并非尽善尽美，但我们有理由相信，面对社会转型的客观形势和群众对民主法治的强烈呼声，它必将进入一个加速发展的新时期。

参 考 文 献

[1] 广州政务公开状况公众评价调查课题组. 公民政治参与状况广州民意调查[EB/OL]. http：//www.c-por.org/reportview.aspx? tid＝39&id＝37，2002-5-27.

[2] 广州政务公开状况公众评价调查课题组. 广州政务公开状况公众评价调查总报告[EB/OL]. http：//www.c-por.org/reportview.aspx? tid＝85&id＝692—2，2007-6-29.

[3] 黄燎原. 广州打造"阳光政府"政府信息公开实施三个月[EB/OL]. http：//www.southcn.com/news/gdnews/nanyuedadi/200303240737.htm，2003-3-24.

[4] 杨霞. 政府信息公开实现条件研究[D]. 北京：首都师范大学，2006：34-40.

[5] 中华人民共和国人民政府. 中华人民共和国政府信息公开条例[Z]. 2007-4-05.

[6] 杨寅，黄萍. 我国政府资源管理的现状及完善——以美国联邦政府制度经验为参照[C]. 大国策：通向大国之路的中国政治. 北京：人民日报出版社，2009，27-28.

[7] 广州市政府门户网. 1998—2011年：从"政府的网站"到"我的网站"[EB/OL]. http：//www.echinagov.com/gov/special/special52/，2012-3-1.

[8] 李学. 信息公开\公民认知度与地方透明政府建设[J]. 东南学术，2011，(1)：84-88.

[9] 张朝丽. 政府信息公开之问卷报告[J]. 领导文萃，2011 (23).

[10] 吕艳滨. 打破政府信息公开的"玻璃门"[J]. 领导之友，2011 (7).

[11] 周云帆. 我国政府信息公开立法[C]. 大国策：通向大国之路的中国政治. 北京：人民日报出版社，2009，12-23.

[12] 徐兵等. 广州市政府信息公开的现实研究[R]. 广州：中共广州市委党校，2011.

[13] 中国广州政府门户网站. 2008年广州市政府信息公开工作年度报告[EB/OL]. http：//www.gz.gov.cn/publicfiles/business/htmlfiles/zwgk/sbj/201011/696344.html，2009-3-30.

[14] 中国广州政府门户网站. 2009年广州市政府信息公开工作年度报告[EB/OL]. http：//www.gz.gov.cn/publicfiles/business/htmlfiles/zwgk/sbj/201008/587132.html，2010-3-29.

[15] 中国广州政府门户网站. 2010年广州市政府信息公开年度报告[EB/OL]. http：//www.gz.gov.cn/publicfiles/business/htmlfiles/zwgk/sbj/201103/776750.html，2011-3-21.

[16] 中国广州政府门户网站. 2011年广州市政府信息公开年度报告[EB/OL]. http：//www.gz.gov.cn/publicfiles/business/htmlfiles/zwgk/sbj/201203/

906599.html,2012-3-21.
- [17] 张文祥. 政府信息公开与"微博驱动"[J]. 青年记者,2011 (20).
- [18] 韩良良. 我国公民权利意识的培养[J]. 河北科技,2010 (8).
- [19] 曹林. 缺乏规则意识,不守规矩怎么就成了中国人的共性[EB/OL]. http://www.ce.cn/cysc/cysczh/200611/02/t20061102_9240457.shtml,2006-11-2.
- [20] 杜学文. 基层政府信息公开:问题\成因与对策[J]. 理论探索,2011 (3).
- [21] 伍俊斌. 社会转型期扩大公民政治参与的必要性分析[J]. 领导科学,2011 (1).
- [22] [韩] Heungsik Park. 韩国的行政公开改革研究[M]. 北京:法律出版社,2003:142.

致　　谢

　　时光匆匆飞逝，四年的努力与付出，随着论文的完成，终于让我在大学的生活得以画上完美的句点。

　　论文得以完成，首先要感谢蔡运记老师，因为论文是在蔡老师的悉心指导下完成的。蔡老师渊博的专业知识，严谨的治学态度，精益求精的工作作风，诲人不倦的高尚师德，严于律己、宽以待人的崇高风范，朴实无华、平易近人的人格魅力给我留下了深刻的印象。蔡老师平时工作都非常繁忙，加上本来就有的教学任务，工作量之大可想而知。然而，蔡老师都在百忙中抽出时间为我们指导论文，还经常在周末或者是晚上抽出时间为我们指导论文，而且每一次都是态度认真、教学严谨，让我感到钦佩和尊敬。蔡老师指导我论文的写作方向和架构，并对本论文初稿进行逐字批阅，指出其中谬误，使我有了思考的方向，他循循善诱的教导和不拘一格的思路给予我无尽的启迪，他的严谨细致、一丝不苟的作风，将对我未来的学习生涯有着深远的影响，也是我工作和生活中的榜样。蔡老师教导我的不仅是论文上的知识，更是做学术研究的方法和做人做事的态度，再次感谢蔡老师的栽培和悉心教导。

　　回首自己的求学生涯，父母的支持一直都是我最的大动力。父母不仅给了我丰裕的物质生活，更是我强大的精神支柱，是他们给了我现在的一切，是他们成就了现在的我。父亲的谆谆教导，母亲的深切关怀，都深深地刻在我的心里。很快，我就要转变社会角色，成为职场新人，我一定会更加努力做一个对社会有用的人，不辜负父母对我的深切期望。

　　在这里，我还要特别感谢同是蔡老师带领的毕业论文小组的同学，在论文的写作过程中，我们一起探讨论文问题直到深夜，她们给了我很大的启发，也为我的论文提出了宝贵的建议。另外，还要感谢在大学期间所有传授我知识的老师，不积跬步，无以至千里，各位任课老师认真负责，在他们的悉心帮助和支持下，使我能够很好地掌握和运用专业知识，具备解决和分析问题的能力，并在论文中得以体现，顺利完成毕业论文。还要感谢大学身边的所有好友，因为有你们，使我的大学生活更加精彩和难忘。

　　总之，此次论文的写作过程，我收获了很多。此次论文的完成既为大学四年画上了一个完美的句号，也为将来的人生之路做了一个很好的铺垫。再次感谢蔡老师的栽培和悉心教导，感谢爸爸妈妈的鼓励和支持，感谢在大学期间传授给我知识以及给我帮助和鼓励的老师、同学和朋友，谢谢你们。

附　录

广州市政府信息公开的公民因素调查问卷

尊敬的各位先生女士们：

　　本调查旨在了解广州市政府信息公开的公民因素方面，填写问卷需占用您两分钟时间，调查采用不记名方式，您所填写的资料仅用于分析研究，我们会对个案的具体数据和信息严格保密。感谢您的参与！请回答下列问题，在框内打"√"。

第一部分：基本信息情况

项目	分类	选项	项目	分类	选项
户籍地	广州市户籍居民			国有企业从业人员	
	外籍本地工作者			集体企业从业人员	
	外籍旅游者			三资企业从业人员	
性别	男			私营企业从业人员	
	女		职业	个体经营者	
政治身份	党员			党政干部、科教文卫工作者	
	团员			失业、下岗人员	
	民主人士			退休人员	
	普通群众			农民	
受教育程度	高等教育			学生	
	中等教育				
	初等教育				
收入水平	1 000 元以下				
	1 000～3 000 元				
	3 000～10 000 元				
	10 000 元以上				

第二部分：政府信息了解情况

1. 您对政府信息公开的态度？
   A. 非常关心　　　　B. 关心　　　　　　C. 与我无关　　　　D. 厌倦
2. 您是否曾向政府提出信息公开申请或意见建议？
   A. 经常有　　　　　B. 偶尔有过　　　　C. 没有
3. 您对广州市政府信息公开规定的了解程度？
   A. 很了解　　　　　B. 了解　　　　　　C. 不太了解　　　　D. 不了解
4. 您通常从哪些方式获取政府信息？（可多选）
   A. 政府综合门户网站
   B. 政府信息专刊
   C. 网络、报刊、广播、电视等其他媒体
   D. 政府信息公开厅、公开栏、电子屏幕、电子触摸屏等
   E. 政府信息公开服务热线
   F. 其他，如公民间的沟通、_____
5. 您对各项获取政府信息方式的满意程度？
   A. 政府综合门户网站　　　　　　　　　　　　　　　　满意　不满意
   B. 政府信息专刊　　　　　　　　　　　　　　　　　　满意　不满意
   C. 网络、报刊、广播、电视等其他媒体　　　　　　　　满意　不满意
   D. 政府信息公开厅、公开栏、电子屏幕、电子触摸屏等　满意　不满意
   E. 政府信息公开服务热线　　　　　　　　　　　　　　满意　不满意
   F. 其他，如公民间的沟通　　　　　　　　　　　　　　满意　不满意
6. 您个人对政府信息的需求程度是？
   A. 不需要　　　　　B. 一般需要　　　　C. 需要　　　　　　D. 非常需要
7. 影响您不愿意向政府申请信息公开的原因是？
   A. 制度缺陷，没结果
   B. 政府态度不好
   C. 过程过于复杂
   D. 个人成本太高
   E. 不需要
   F. 其他_____